중소기업 전략기술로드맵 2025~2027

시스템반도체

중소벤처기업부, 중소기업기술정보진흥원

목 차

제 1 장. 전략분야 환경분석

제1절 개요 ·· 3
  1. 개념 ·· 3
  2. 구축 범위 ··· 5

제2절 환경 분석 ·· 9
  1. 정책 동향 ·· 9
  2. 산업 여건 및 시장 현황 ···································· 20
  3. 기술 및 표준화(규제) 동향 ································ 27
  4. 환경분석 종합 ··· 36

제3절 품목로드맵 ··· 39
  1. 품목 후보군 도출 및 선정 ································ 39
  2. 전략품목 로드맵 구축 ······································· 52

목 차

제 2 장. 전략품목 환경분석

전략품목 #1 차량용 반도체 ·· 53

제1절 개요 ··· 55
  1. 정의 및 필요성 ·· 55
  2. 범위 및 분류 ··· 62

제2절 환경 분석 ··· 67
  1. 시장 현황 및 전망 ·· 67
  2. 기술개발 동향 ·· 70

제3절 특허분석 ·· 83
  1. 특허동향 분석 ·· 84
  2. 주요 기술 키워드 분석 ·· 88
  3. 주요 출원인 분석 ·· 93
  4. 분석 종합 ·· 98

제4절 기술개발 로드맵 ··· 105
  1. 요소기술 도출 및 핵심 요소기술 선정 ··· 105
  2. 기술로드맵 구축 ·· 113

목 차

제 2 장. 전략품목 환경분석

전략품목 #2 바이오·헬스케어 반도체 ·· 115

제1절 개요 ·· 117
1. 정의 및 필요성 ·· 117
2. 범위 및 분류 ·· 122

제2절 환경 분석 ·· 125
1. 시장 현황 및 전망 ·· 125
2. 기술개발 동향 ·· 129

제3절 특허분석 ·· 137
1. 특허동향 분석 ·· 138
2. 주요 기술 키워드 분석 ·· 142
3. 주요 출원인 분석 ·· 147
4. 분석 종합 ·· 152

제4절 기술개발 로드맵 ·· 159
1. 요소기술 도출 및 핵심 요소기술 선정 ·· 159
2. 기술로드맵 구축 ·· 164

목 차

제 2 장. 전략품목 환경분석

전략품목 #3 전력반도체 ··· 167

제1절 개요 ·· 169
   1. 정의 및 필요성 ··· 169
   2. 범위 및 분류 ·· 172

제2절 환경 분석 ·· 177
   1. 시장 현황 및 전망 ··· 177
   2. 기술개발 동향 ··· 183

제3절 특허분석 ·· 191
   1. 특허동향 분석 ··· 192
   2. 주요 기술 키워드 분석 ·· 196
   3. 주요 출원인 분석 ·· 201
   4. 분석 종합 ·· 206

제4절 기술개발 로드맵 ·· 213
   1. 요소기술 도출 및 핵심 요소기술 선정 ·· 213
   2. 기술로드맵 구축 ·· 218

목차

제 2 장. 전략품목 환경분석

전략품목 #4 아날로그·디지털 제어 반도체 ········· 221

제1절 개요 ········· 223
1. 정의 및 필요성 ········· 223
2. 범위 및 분류 ········· 227

제2절 환경 분석 ········· 231
1. 시장 현황 및 전망 ········· 231
2. 기술개발 동향 ········· 235

제3절 특허분석 ········· 243
1. 특허동향 분석 ········· 244
2. 주요 기술 키워드 분석 ········· 248
3. 주요 출원인 분석 ········· 253
4. 분석 종합 ········· 258

제4절 기술개발 로드맵 ········· 265
1. 요소기술 도출 및 핵심 요소기술 선정 ········· 265
2. 기술로드맵 구축 ········· 271

목 차

제 2 장. 전략품목 환경분석

전략품목 #5 시스템반도체 설계 IP ·· 273

제1절 개요 ·· 275
   1. 정의 및 필요성 ·· 275
   2. 범위 및 분류 ··· 278

제2절 환경 분석 ··· 281
   1. 시장 현황 및 전망 ·· 281
   2. 기술개발 동향 ··· 285

제3절 특허분석 ··· 293
   1. 특허동향 분석 ··· 294
   2. 주요 기술 키워드 분석 ·· 298
   3. 주요 출원인 분석 ··· 303
   4. 분석 종합 ·· 308

제4절 기술개발 로드맵 ·· 315
   1. 요소기술 도출 및 핵심 요소기술 선정 ······································· 315
   2. 기술로드맵 구축 ··· 322

목 차

제2장. 전략품목 환경분석

전략품목 #6 보안용 인공지능 반도체 ·· 325

제1절 개요 ··· 327
  1. 정의 및 필요성 ·· 327
  2. 범위 및 분류 ·· 331

제2절 환경 분석 ··· 335
  1. 시장 현황 및 전망 ·· 335
  2. 기술개발 동향 ··· 339

제3절 특허분석 ·· 345
  1. 특허동향 분석 ··· 346
  2. 주요 기술 키워드 분석 ·· 350
  3. 주요 출원인 분석 ·· 355
  4. 분석 종합 ·· 360

제4절 기술개발 로드맵 ·· 367
  1. 요소기술 도출 및 핵심 요소기술 선정 ································· 367
  2. 기술로드맵 구축 ·· 373

(2025~2027)

중소기업 전략기술로드맵

제1장. 전략분야 환경분석

시스템반도체

제1절 개요

1 개념

가. 정의

※ (정의) 시스템반도체는 정보 및 신호의 취득, 변환, 연산, 처리, 제어, 가공 기능을 담당하는 전자소자이며, 본 전략분야는 시스템반도체를 설계·생산하는 기술 및 그에 따른 제품을 모두 포함

- (시스템반도체) 시스템반도체는 데이터 저장이 주 용도인 메모리반도체와 달리 여러 기능을 단일 칩에 통합하여 경제성 및 편의성을 극대화하고, 다양한 기능을 가지는 시스템을 하나의 반도체에 집적하고, 소프트웨어와 융합하여 시스템의 고성능화, 소형화, 저 전력화 및 스마트화를 주도하는 반도체
  - 기능적 특성에 따라 애플리케이션별 맞춤형 솔루션을 제공하며, 주요 유형으로는 마이크로프로세서(MPU), 그래픽처리장치(GPU), 신호처리칩(ASIC), 센서용 반도체(MEMS), 전력반도체(Power Semiconductor) 등이 있음

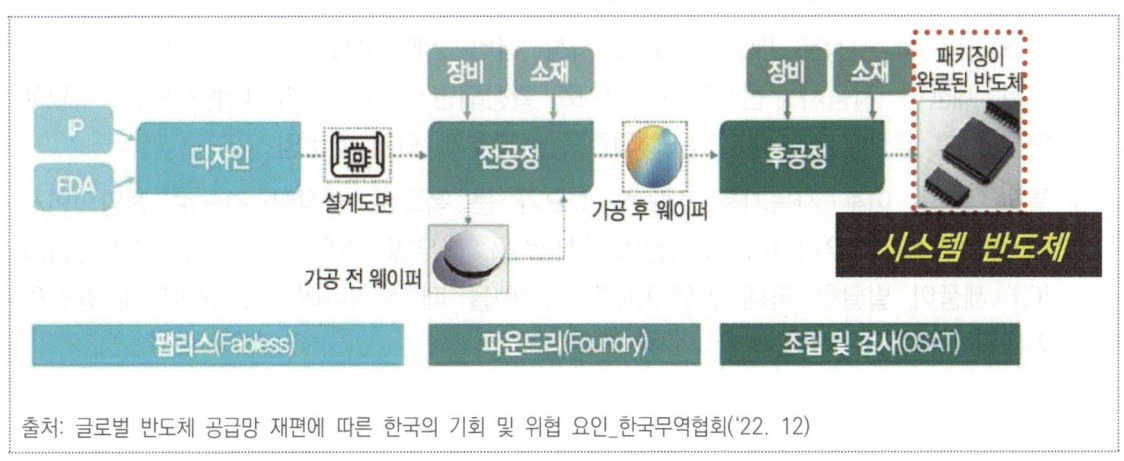

출처: 글로벌 반도체 공급망 재편에 따른 한국의 기회 및 위협 요인_한국무역협회('22. 12)

[반도체 제조 공정]

나. 필요성/시급성

❊ 전 세계 산업은 4차 산업혁명으로 시작해 코로나19라는 굵직한 패러다임을 관통하며 변화를 거듭하고 있으며, 이 가운데 시스템반도체는 산업 분야를 막론하고 변화를 주도하는 기초단위로서 주목받고 있음[1]

- 주요 국가들은 시스템반도체 시장을 선도하기 위한 장기계획 추진
- 4차 산업혁명과 코로나19는 전 산업 분야에 디지털 전환을 가속화 했으며, 특히 AI를 중심으로 데이터 수집·저장·처리에 필요한 소프트웨어 및 하드웨어를 연결하는 프로세스는 필수가 되고 있음
  - AI 알고리즘은 관련 기술이 오픈소스로 공유되고 있으며, 데이터 규제에서 자유로운 장점이 있으나, 데이터 처리를 위한 하드웨어는 미국과 대만, 중국 등 주요 선도국가에서 강세를 보이고, 우리나라를 비롯한 세계 각국은 데이터를 처리하는 핵심 하드웨어인 시스템반도체 개발 추진
  - 미국은 인력, 기술, 자본 등 인프라가 골고루 발달한 전통적인 시스템반도체 강국으로, 세계 시장의 60% 이상을 차지하고 있으며, 중국은 '중국 제조 2025'를 시작으로 반도체 굴기를 통해 추격 중

❊ 메모리 반도체는 기술이 발전함에 따라 가격 경쟁력 단계로 접어들었으나, 시스템반도체는 시장에 따라 수요가 다를뿐더러 설계 기술력과 우수한 설계인력으로 차별화된 경쟁력을 갖출 수 있음

- 시스템반도체 시장은 메모리반도체 시장 대비 2배 이상의 크기로, 이는 데이터 처리 제품이 자동차, 전자제품 등으로 확장되면서 수요처가 다변화되고 수요에 따른 맞춤 생산이 가능해져 수요 의존도를 낮추게 되기 때문임
- 특히 '25년 이후 자동차용 반도체 수요가 큰 폭으로 성장할 것으로 전망되면서 시스템반도체가 우리나라 주력산업 경쟁력을 좌우할 것으로 보이며, 가전제품과 ICT 제품이 발달한 국내 산업구조를 고려했을 때 우리나라 시스템반도체 성장이 기대됨

---

[1] 시스템반도체 주목해야 하는 이유, '산업구조'에 있다._헬로티('21.12)

2 구축 범위

가. 대표적 분류기준

❖ 반도체는 FAB 공정, 설계, 소재, 장비, 차세대 반도체로 분류

[반도체 산업 기술 체계]

대분류	중분류	소분류
FAB 공정	BEOL 공정	다층금속배선 기술
		다층배선 절연막 기술
		차세대 배선 기술
		평탄화 공정
	FEOL 공정	Channel 공정 기술
		Gate Stack 공정 기술
		Isolation
		Mask Lithography
		Maskless Lithography
		Shallow Source/Drain 형성 기술
	Foundry 특화 공정 기술	Analog 및 Mixed signal 공정
		FD-SOI 공정
		FinFET 공정
		전력반도체 공정
	Packaging	3D stack 기술
		Flip chip package
	메모리 특화공정	DRAM
		MCOs
		MCP
		MEMS
		NAND Flash
		PRAM
		ReRAM
		SRAM
		STT-MRAM
	측정/검사 기술	공정 모니터링 기술
		박막 및 소자 분석기술
설계	SoC 기반기술	SoC 설계 및 검증
		아날로그
		프로세서
	메모리 설계	비휘발성 메모리
		휘발성 메모리
소재	공정 소재	CMP용 소재
		Hard Mask
		Precursor
		SOD(Spin On Dielectric) 소재
		Target 소재
		가스 소재
		도금 용액
		세정&식각액(wet 공정)

대분류	중분류	소분류
소재	노광 소재	Anti-reflection Coating(ARc)
		Mark
		resist
	웨이퍼	Si
		SOI(Silicon On Insulator)
		화합물 반도체
	패키징 소재	Bonding 소재
		Bump 소재
		Dicing 소재
		Heat Sink 소재
		TSV용 소재
		기판
장비	전공정 장비	가스제어 장비
		노광 장비
		배선 장비
		산화 장비
		세정 장비
		식각 장비
		열제어 장비
		웨이퍼 제조 장비
		이온 주입 장비
		증착 장비
		평탄화 장비
	후공정 장비	Dicing(절단) 장비
		EDS 장비
		공정 모니터링 장비
		패키징 장비
차세대 반도체	기타 SoC	로봇/드론 반도체
		바이오 헬스케어 반도체
	디스플레이/웨어러블 반도체	디스플레이 SoC
		실감영상 SoC
		웨어러블 SoC
	센서 반도체	모션센서 기술
		물리/화학 특성 감지
		이미지 센서 기술
		지문감지
	전력/에너지 반도체	에너지 변환
		전력 제어
	지능형 반도체	고신뢰 기술
		저전력 기술
		지능화 기술
	차량용 반도체	운전 지원/ 모니터링
		차량용 전력 제어
		차량용 통신 제어
	통신용 반도체	개인/ 정보보안
		네트워크 지원

출처: 2023년 특허 메가트렌드 분석 보고서-반도체_한국특허전략개발원('23.12)

나. 기술로드맵 전략분야 특정

✳ 시스템반도체는 SoC 기반기술, IP 기술과 함께 다양한 분야의 반도체를 분야의 범위로 선정

[시스템반도체 산업 기술 분류]

분류	세부 분류	기술정의
SoC 기반기술	고신뢰 기술	• 기능안전성 설계, 정보보안 반도체 설계 기술, 고신뢰 소자 설계를 포함하는 고신뢰 반도체 기술
	저전력 기술	• 저전력 로직 아키텍쳐 및 IP, 저전력 차세대 메모리 아키텍처, 저전력 무선 통신 설계, 저전력 소자 및 공정 기술을 포함하는 저전력 반도체 기술
	지능화 기술	• 초병렬 매니코어 프로세서, 딥러닝 뉴럴넷 코어, 초고속 온칩 프로세서-메모리, 재구성형 인공지능 회로설계, 지능화 소자 및 공정기술을 포함하는 지능형 반도체 기술, 시스템에 내재화되어 인식·추론·학습·판단 등 지능형서비스를 구현하기 위한 SW와 SoC가 융합된 반도체
	설계 및 검증 기술	• SoC 설계 및 검증은 반도체 설계 SW Tool 기술, SoC 플랫폼 기술, EDA(Electronic Design Automation) 소프트웨어 기술을 포함
IP 기술	IP 기술	• 재사용 가능한 반도체 구성 블록(예: ADC, PLL, DC-DC 변환기, 인터페이스, 프로세서 등)을 기반으로 하여, 다양한 반도체 시스템에 효율적으로 통합할 수 있는 설계 기술
인공지능 및 보안 반도체	AI 프로세서 반도체	• AI 알고리즘을 위한 고성능 병렬 연산을 지원하며, 딥러닝과 머신러닝 같은 복잡한 연산 작업을 처리하는데 최적화된 중앙 처리 장치
	AI DPU 반도체	• 데이터 처리와 전송에 특화되어, AI 및 데이터 중심 애플리케이션에서 대량의 데이터를 실시간으로 분석하고 최적화된 방식으로 처리하는 반도체
	AI 인터페이스 반도체	• AI 시스템과 외부 하드웨어 장치 간의 고속 데이터 전송 및 저지연 연결을 제공하여, 센서나 카메라 등에서 수집된 데이터를 실시간으로 AI 프로세서에 전달하는 역할을 수행하는 반도체
	온디바이스 AI 반도체	• 클라우드와의 연결 없이 기기 자체에서 AI 연산을 수행해 실시간으로 데이터를 분석하고 결정하며, 개인정보 보호와 빠른 응답 속도가 요구되는 환경에서 최적화된 반도체
	보안 반도체	• 데이터 탈취, 위변조, 불법 복제, 도용 등을 방지하고 해킹을 감지, 차단하며 안전한 정보의 교환 및 저장을 위한 인증 및 암/복호화, 침입 감지/차단 반도체 및 HW/SW 통합 솔루션
디스플레이 반도체	디스플레이 구동 SoC	• 디스플레이 SoC는 프레임 비율 조절을 위한 다중 주파수 및 다중 출력 주파수 변조 기술 및 전문가용 모니터에 사용되는 고품질 및 정확한 컬러 표현과 렌더링이 더 높은 스케일러/FRC 기술, 터치 엔진 SoC 기술, DDI(Display Driver IC)에 전달/전송되는 데이터의 양을 조절하여 화질을 개선해주는 타이밍 컨트롤러(T-CON) 기술, 디스플레이 구동칩(DDI, DISPLAY DRIVER IC) 기술을 포함
	디스플레이 인터페이스 SoC	• 디스플레이 장치와 다양한 입력 신호(예: 영상 데이터)를 처리하고 연결하는 모든 기능을 하나의 칩에 통합한 반도체로, 영상 신호 처리, 디스플레이 제어, 그래픽 렌더링 등의 역할을 수행하며, 고해상도 영상 전송과 디스플레이 출력에 필요한 다양한 인터페이스 표준(DP, HDMI, MIPI 등)을 지원

분류	세부 분류	기술정의
센서 반도체	실감영상 SoC	• 디스플레이/웨어러블 반도체에서 실감영상 SoC은 다차원 실감 영상 구현 기술을 위해 영상 데이터 입력을 위한 카메라 제어용 반도체, 초실감 영상 디스플레이를 위한 디스플레이 드라이버 반도체 및 초실감형 UX용 영상 처리를 위한 IP 등의 개발이 필요, UHD(Ultra High Definition) SoC 기술을 포함
	물리 특성 감지	• 온도, 압력, 가속도, 거리, 위치, 속도 등과 같은 물리적 변화를 감지하고 이를 전기 신호로 변환하는 반도체로, 자동차, 스마트 기기, 산업 장비 등에서 물리적인 환경 변화를 모니터링하고 제어하는 데 사용
	화학 특성 감지	• 특정 화학 물질이나 가스, 이온의 농도 변화를 감지하고 이를 전기 신호로 변환하는 반도체로, 공기질 모니터링, 가스 감지, 물질 분석 등 화학적인 환경 변화를 감지하는 데 사용
	바이오 센서 기술	• 생물학적 요소(예: 단백질, DNA, 글루코스 등)와 상호작용하여 생물학적 신호를 전기 신호로 변환하는 반도체로, 주로 의료 및 헬스케어 분야에서 생체 물질을 실시간으로 모니터링하거나 분석하는 데 사용
	이미지 센서 기술	• 이미지센서 기술은 CMOS Image Sensor(CIS), IR 센서, Depth 센서, 자외선 센서 기술, 3D 이미지센서, 거리 측정 방식에 따라 위상 차이를 이용하는 I-ToF, 거리 측정 방식을 시간 차이를 직접 측정하는 방식인 D-ToF 센서, 영상 신호 처리 개선을 위한 Image Signal Processor(ISP) 등을 포함
전력/에너지 반도체	에너지 변환	• 실리콘 카바이드(SiC), 질화갈륨(GaN), 갈륨옥사이드(Ga2O3) 등의 신소재 웨이퍼로 제작된 반도체로써, 고전압에서 사용할 수 있고 전력 변환의 효율이 우수하며 고속 동작이 가능. 신재생에너지(예. 태양전지, 연료전지, 압전소자 등)에서 얻어진 미세전류, 미세전압 등의 소전력(미세전력)들을 효율적으로 저장 및 변환하는 기술
	전력 제어	• 전력 변환 IC, 전력반도체 SoC, 에너지 변환 IC 기술 및 전력관리반도체(PMIC) 기술 등을 포함
차량용 반도체	자율주행 및 ADAS 반도체	• ADAS(Advanced Driver Assistant System)용 신호 프로세서 SoC 기술, 운전자 상태 모니터링(DMS) SoC 기술, DVM(Driver & Vehicle Monitoring) SoC 기술, 차량용 유선 네트워크 플랫폼 SoC 기술, V2X SoC, TPMS(타이어공기압경보장치), 에어백, 추돌·차선이탈 경보, 주차보조, 후방카메라, 서라운드 뷰 카메라, E-Mirror, In-Cabin ADAS 기술을 포함
	전기자동차용 전력 반도체	• 차량용 전력 제어 SoC 기술, 고전압 차량용 전력반도체 기술, 전력반도체 SoC 기술, 전력 제어 SoC 기술을 포함
	스마트카 및 보안 반도체	• 차량용 유선 네트워크 플랫폼 SoC기술, V2XSoC기술, 차량내 인포테인먼트(IVI,In-VehicleInfotainment), LIN 통신(Local Interconnect Network), CAN(Controller Area Network) 등을 포함
	인포테인먼트 반도체	• 운전자와 승객에게 정보 및 엔터테인먼트를 제공하는 시스템의 핵심 반도체로, 커넥티드카 환경에서의 통신 및 데이터 처리 역할을 수행
통신용 반도체	이동통신 반도체	• 정보 보안, 개인정보 보호, IoT 정보 보안 및 디지털 방송 콘텐츠/저작권 보호 등과 관련된 정보 보호, 빅데이터 보안, TEE(trusted execution environment), 고신뢰성을 지원할 수 있는 SoC 기술
	네트워크 반도체	• 광대역 네트워크 SW-SoC 기술, 초저전력 Connectivity SW-SoC 기술, 고속 이동통신 SW-SoC 기술, SDR SoC 설계 기술을 포함

제2절 환경 분석

1. 정책 동향

가. 주요국 정책 동향

① **미국**

- 미국은 반도체를 국가안보의 핵심품목으로 인식하고 대중 반도체 수출 통제 조치를 강화하며 중국을 배제한 공급망 구축을 위해 주요국 대상 외교적 노력을 강화('22.10)

- 첨단 반도체 등 대중 수출 통제를 통해 상무부는 고급 반도체와 생산장비의 對중국 수출을 통제하고 중국의 기술 발전을 원천 봉쇄하는 조치 도입('22.10)
  - 특정 고성능 컴퓨팅 및 메모리 반도체 및 AI/슈퍼컴퓨팅용 반도체 제조 장비의 중국 수출 시 허가제 도입, 미국인의 반도체 관련 중국 취업 허가제 도입 등의 조치 도입

[수출통제 강화 조치 주요 내용]

구분	세부 내용
칩 수출 통제	• 특정 첨단·고성능 컴퓨팅 칩과 포함 제품 수출통제목록(CCL) 추가
칩 제품 요건 추가	• 중국 내 슈퍼컴퓨터나 반도체 개발·생산 목적 제품에 새로운 라이선스 요건 추가
적용 범위 확장	• 특정 외국산 첨단 컴퓨팅 제품, 슈퍼컴퓨터 최종 사용 목적 외국산 제품 대상으로 수출관리 규정(EAR) 적용 범위 확장
제품 범위 확장	• 라이선스 요건이 적용되는 외국산 제품 범위를 거래 제한 목록에 등재된 기존 28개 중국 기업으로 확대
장비 수출 통제	• 특정 반도체 제조 장비 및 관련 제품을 수출통제목록(CCL)에 추가
반도체 제품 요건 추가	• 특정 IC 생산용 중국 반도체 제조시설 공급 제품에 새로운 라이선스 요건 추가 • 중국 법인 보유 시설에 대한 라이선스는 '거부 추정' 기준 적용 • 다국적 기업 시설에 대한 라이선스는 사례별 적용 여부 결정
지원 제한	• 미국인이 라이선스 없이 중국 내 특정 반도체 제조시설에서 IC 개발·생산 지원 행위 제한
양자컴퓨팅	• 반도체 제조 장비 및 관련 제품의 개발·생산을 목적으로 하는 수출 품목에 새로운 라이선스 요건 추가
유망기술	• 중국 외부에서 사용될 목적으로 설계된 제품의 특정적·제한적 제조 활동을 허용하여 반도체 공급망에 대한 단기적 영향을 최소화하기 위해 임시 일반면허(TGL) 발부

출처: Commerce Implements New Export Controls on Advanced Computing and Semiconductor Manufacturing Items to the People's Republic of China (PRC)_U.S. Department of Commerce('22.10)

- 상무부 산업안보국은 수출통제개혁법 1785조 하 반도체 관련 소재 및 기술을 수출통제 대상을 지정('22.08)
  - 초고성능 반도체 제작에 쓰이는 산화갈륨·다이아몬드 소재, 3나노 이하 공정의 핵심인 차세대 GAAFET(Gate-all-around field effect transistor), 전자컴퓨터 설계자동화 소프트웨어, 항공우주 분야에 쓰이는 가스터빈 가압연소 기술 등 4개를 수출통제 대상으로 추가 지정

- 미국 내 반도체 제조시설에 대한 투자 및 연구개발인력 양성을 통하여 미국 반도체산업의 기술 및 생산의 종합적 경쟁력 제고를 목표로「반도체와 과학법(CHIPS and Science Act of 2022)」발효('22.08)
  - 법안의 핵심은 인공지능 및 반도체를 포함하여 연관 첨단산업 역량 강화 및 기술패권 유지를 위한 2,800억 달러(약 365조 원) 규모의 연방 재정투자
    - 인공지능과 반도체를 포함한 에너지, 바이오, 양자 정보 기술 등 첨단분야의 연구, 인력양성, 기반확충에 2,000억 달러(약 260조 원)의 연방 재정 투입
    - 미국 내 반도체 제조시설 건설 지원에 390억 달러(약 51조 원), 반도체 R&D 및 인력양성에 132억 달러(약 17조 원) 등 미국 반도체산업의 연구, 개발, 제조 분야에 527억 달러(약 69조 원) 지원

- 미국 내 반도체 제조시설 건설 및 첨단기술 연구 지원을 주요 내용으로 반도체 지원법 제정('22.07)
  - '22년 8월 시행운영위원회 설립, '22년 9월에 국립표준기술연구소 하에 사업사무소·연구개발 사무소를 각각 설치하였으며 '23년 2월 구체적인 보조금 신청 절차 및 지침 공개

- 바이든 대통령, '21년 2월 대선공약인 '미국 제조업 부흥과 공급망 회복'에 따라 4개 핵심산업(반도체·배터리·희토류·의약품)의 공급망 위험요인과 정책권고를 포함한 보고서를 100일 내 제출하도록 행정명령('21.02)
  - 보고서는 미국의 최첨단 반도체 생산역량이 부족하다고 지적하고 미국의 기술적 우위 보호, 반도체 생산·R&D에 최소 $500억 지원, 인력 파이프라인 구축, 중소기업 지원, 동맹국·우방국과의 협력을 제언

② 중국

- 기술허브로 불리는 선전시의 중심부, 푸텐구는 관내 신규 반도체 회사에 대해 정부 자산을 시가보다 최대 60% 할인된 가격으로 임대하며 민간 자산을 임대할 경우, 매년 임대료의 절반 혹은 3년간 800억 위안을 제공하겠다는 반도체 자립 지원책 발표('23.06)
  - 선전시는 50억 위안을 투자해 반도체 국유기업, 성웨이쉬를 설립('22.03)

- '22년 12월 칩렛(chiplet) 기술 표준화 연맹을 발족하였으며, 향후 첨단 패키징 기술 확보에 대한 투자를 늘릴 것으로 보임('22.12)
  - '디지털 중국'전략을 실현하고 미국과의 AI 경쟁에서 우위를 점하기 위해 첨단 반도체 확보가 필수적인 상황으로, 첨단 패키징을 통해 칩 성능을 향상하거나 우회 방법을 통한 첨단 반도체 확보를 추진하고자 할 것

- 자국의 반도체산업 육성을 위해 ① 국가전략, ② 국가 반도체기금, ③ 커촹반(科創板), ④ 세제지원 등을 활용하고 있음('21.03)
  - 「제14차 5개년 계획 및 2035 중장기 목표」에서는 반도체를 중점 과학기술 분야로 선정하고, 특히 미국의 제재를 피하기 위해 중국의 약점이 되는 설계 소프트웨어(EDA), 고순도 소재, 중요 제조장비 및 제조기술, IGBT, MEMS, 첨단 메모리 기술, SiC 및 GaN 등 3세대 반도체 개발에 힘을 쏟을 전망
  - 제2기 국가 반도체기금이 '19년 10월부터 290억 달러 규모로 시작하였으며, 중국판 나스닥인 커촹반도 '19년부터 반도체 기업들의 주요 자금공급원 역할
  - '20년 8월 중국은 반도체산업 육성을 위한 새로운 세제 지원책을 발표하고 '21년 들어 본격 시행에 들어감

- 중국은 '14차 5개년 계획 및 2035 중장기 목표'에서 '35년까지 '20년 GDP의 두 배 성장을 목표로 설정하고, 연구개발비를 매년 7% 이상 늘릴 것을 명기('21.03)
  - 중국은 이를 위해 '쌍순환(雙循環, Dual Circulation) 발전전략'과 '기술혁신'을 강조하는 자립자강(自立自强)식 성장전략을 채택
  - 구체적 수단으로 신성장 동력 구축을 위한 양신일중(兩新一重) 정책을 채택: △신형 인프라 △신형 도시화 △중대 인프라(교통·수자원) 투자정책

- 중국은 전략적으로 미국의 대중제재 분야(설계툴, 제조장비, 소재)를 중심으로 자체역량 개발·강화에 적극 나설 것으로 전망

[13차 5개년 계획 vs. 14차 5개년 계획에 나타난 반도체 육성 목표]

발표 연도	5개년 계획	목표 및 강조 분야	계획 추진 결과
2016	13차 5개년 계획 (중국제조 2025)	반도체 설계제조(14nm 로직) 패키징 산업 제조장비(성숙노드)	설계: HiSilicon 제조: SMIC 테스트 및 패키징: JCET 장비: NAURA, AMEC 등 선진기업 육성
2021	14차 5개년 계획	반도체 설계툴 제조 (10nm 미만, 첨단 메모리) IGBT, MEMS, 고순도 소재 및 중점장비, SiC, GaN 등 3세대 반도체	미국의 대중견제 분야(설계툴, 제조장비, 소재) 중심으로 자체 역량 개발·강화 전망

출처: 미·중 갈등과 중국의 반도체 산업 육성전략 및 전망_KIEP 대외경제정책연구원('21.07.)

✱ 중국 국무원은 '20년 8월 4일 「새로운 시기 집적회로 산업 및 소프트웨어 산업의 고품질 발전 촉진을 위한 정책 통지 (이하 '통지')」를 발표하고 첨단기술을 보유한 기업에 대해 세제지원 등을 강화함('20.08)

- △세제 △투융자 △R&D △수출입 △인재 확보 △지식재산권 보호 등 8개 정책 분야에서 반도체·소프트웨어 산업에 대한 지원조치 강화를 통해 반도체·소프트웨어 산업의 발전을 가속화할 방침 표명

- 중국 재정부(财政部) 등 3개 부처는 '21년 3월 16일 「집적회로 산업과 소프트웨어 산업 발전 지원을 위한 수입 세수 정책에 관한 통지」를 발표하고 '통지'의 집적회로 산업과 소프트웨어 산업 관련 부품에 대한 수입 관세 면제내용 구체화

- 중국 재정부(财政部) 등 3개 부처는 '21년 3월 29일과 4월 22일 '통지'에서 언급된 세금우대 적용기업에 대한 조건 구체화

✱ 중국은 '14년 9월 200억 달러 규모의 제1기 국가집적회로산업투자기금 (国家集成电路产业投资基金, 빅펀드)을 설립하고 반도체산업에 투자하였으며, '19년 10월 290억 달러 규모의 제2기 빅펀드를 설립함('19.10)

- 투자 배분의 관점에서 제1기 빅펀드는 주로 중국의 반도체 제조 분야에 집중되었고, 제2기 빅펀드는 중국의 반도체 생태계에서 누락된 연결 고리를 보완하는데 집중될 것으로 전망

③ EU

✳ 세계 최대 반도체 종합연구소인 IMEC을 운영 중이며 「기술경쟁 우위 확보를 위한 범유럽 공동연구 프로젝트」 추진('22.12)

- 벨기에 비영리 기관으로 설계, 시제품 제작, 소량생산 등 고객사 맞춤형 기술 솔루션·서비스를 제공과 대학, 산업체를 위한 설계 교육훈련 등 수행
- 정부로부터 일부 운영 예산을 지원받고 있으나, 대부분 연구 프로젝트가 IIAP(IMEC Industrial Affiliation Program)를 통해 진행되므로 다른 연구소와 다르게 저비용 구조로 운영되는 것이 특징

✳ EU 집행위원회, 유럽 반도체법(European Chips Act)을 규정 형태로 발의('22.02)

- EU의 반도체 제조 점유율을 10%에서 20%까지 확대하고 공급망 탄력성 제고를 목표로 '30년까지 R&D 투자 확대, EU 반도체기금 조성, 공급망 위기 대응 등에 430억 유로 이상의 공공·민간투자 동원
- 유럽 반도체 이니셔티브 설립을 통해 유럽의 집적 반도체기술 설계 능력 강화, 누구나 이용 가능한 파일럿라인 지원 및 개발, 양자 칩 개발을 위한 최첨단 기술 및 엔지니어링 역량 제고, 역량 센터 네트워크 형성 지원, 관련 기업의 자금조달을 위한 반도체기금 운영 및 투자 유치 등의 활동
- 처음 시도되는 반도체 제조 역량을 갖춘 설비인 '통합생산 설비'와 '개방형 EU 제조공장'에 대한 체계를 제시하여 공급망 안정화에 기여
- EU 회원국과 EU 집행위원회 간의 긴밀한 조정체계를 마련하여 반도체 위기 가능성을 모니터링하고 위기 발생 시 공동 대응

✳ 반도체산업 기술경쟁의 우위 확보를 위해 범유럽 공동연구 프로젝트를 추진 중('21.08)

- 주요 프로그램으로 Euro PAT-MASIP 프로젝트, Silicon Euorope 프로젝트, Europractice 프로그램 등 추진

[범유럽 공동연구 프로젝트]

프로젝트	주요 내용
Euro PAT-MASIP	• '17년 유럽 9개국 28개 기업이 참여로 시작된 소재·부품·장비 분야의 산업 경쟁력 강화를 위한 R&D 사업
Silicon Euorope	• 유럽지역의 전자산업분야 2,000개 이상의 기업, 연구소 간의 생태계 구축 및 협력을 위한 대표적인 얼라이언스
Europractice	• '95년 이후, IMEC을 포함한 유럽지역 5개의 연구소를 통해 중소·중견 반도체 기업의 반도체IC 제작을 위한 기술, 장비, 자금을 지원(1.5조 원)

출처: 대만 반도체 전략의 주요 내용과 전망_KIEP 대외경제정책연구원('21.08)

4 일본

✕ 일본 경제산업성, 일본의 반도체 부활을 위한 정책 전개를 3단계로 나눠 발표('21.06)

- 'IoT용 반도체 생산 기반의 긴급 강화', '일미 제휴에 의한 차세대 반도체 기술 기반 확보', '글로벌 제휴를 통한 미래 기술 기반 확보' 등 3단계로 전개해 나갈 예정

✕ 경제산업성은 '반도체 전략'을 발표한 데 이어, 스가(菅義偉) 내각이 반도체 전략을 '성장전략'에 담아 각의 결정('21.06)

- 경제산업성은 민관합동의 '반도체·디지털산업 전략검토회의'를 개최하고, 일본의 반도체산업 경쟁력 강화 방안과 서플라이체인 안정화 관점에서 반도체 전략 수립 논의('21.03)

✕ 일본의 반도체 전략은 △첨단 반도체 양산체제 구축 △차세대 첨단 반도체의 설계·개발 강화 △반도체기술의 그린이노베이션 △국내 반도체 제조기반의 재생 △경제 안전보장 관점에서의 국제전략 추진으로 구성됨('21.06)

- 일본 정부는 가장 큰 약점을 세계 유망의 파운드리 부재로 보고, 국내 반도체 소재·제조장치 산업의 강점과 결합하는 방식으로 외국의 첨단 파운드리를 유치하는 전략으로 방향 선회
- 포스트 5G 네트워크의 보급 확산 등에 따른 디지털화 관련 반도체산업의 육성 차원에서 차세대 첨단 로직 반도체의 설계·개발에 주목하고, 반도체기술의 그린이노베이션을 촉진하기 위해 파워반도체와 광전자 반도체 집중육성 계획

[일본정부의 디지털화 관련 첨단 로직 반도체의 설계·개발 프로젝트]

프로젝트	주요 내용	비고
포스트 5G 정보시스템 관련 반도체 기술개발	• 포스트 5G 네트워크의 초저지연성과 다수동시접속을 실현하기 위해 특히 중요한 시스템으로 이용되는 반도체 기술 개발 • 멀티 억세스 엣지컴퓨팅(MEC)용 대규모 첨단 로직 칩의 설계 기술. 예 3nm 이후의 SoC 설계기술, AI 액셀러레이터 칩 개발(소시오넥스트)	포스트 5G 기금 (50억 엔)
	• 멀티억세스엣지컴퓨팅(MEC) 서버용 광역대·대용량 메모리 모듈의 설계기술(키옥시아)	포스트 5G 기금 (50억 엔)
차세대 그린 데이터센터 기술개발	• 고성능 컴퓨팅(HPC)·AI에 의한 고성능·저소비전력의 차세대 데이터센터를 실현하기 위해 CPU 설계나 그린파워반도체 등 반도체 기술과 광전자기술을 융합한 시스템 개발	그린이노베이션 기금, 포스트 5G 기금
차세대 자동차 컴퓨팅 기술개발	• 자율주행차·전기자동차·커넥티드카의 SoC·센서 등에서 컴퓨팅을 최적화하는 소프트웨어의 설계·반도체 설계기술 외에, 자동차광전 자기술의 연구개발	그린이노베이션 기금

출처: 일본의 반도체전략 특징과 시사점_KIEP 대외경제정책연구원('21.07.)

○ 일본 정부는 외국 파운드리의 협력을 이끌어내어 세계에서 가장 많지만 대부분 노후화된 국내 반도체 생산설비를 현대화하고 신·증설한다는 방침

[일본정부의 국내 반도체 제조기반 재생·강화 대책]

대책	주요 내용
서플라이체인 강화 대책	• 정부 보조금을 활용하여 제조장치나 재료·소재를 포함한 반도체산업의 리쇼어링 지원정책. 2020년 이후 총 5,168억 엔의 예산확보
로직 반도체의 하이엔드·미들엔드 공장 입지확보 지원	• 첨단 로직 반도체의 국내 제조기반의 확충과 관련하여 하이엔드는 물론 자동차·산업기계· 가전 등에 사용되는 미들레인지에 대해서도 국내 입지확보 지원
기존 반도체 공장의 재생	• 반도체의 안정적 공급을 확보하기 위해 국내의 기존 공장을 쇄신·재생. MCU·메모리·센 서·파워·아날로그 분야의 기존 공장의 개·보수나 파운드리 비즈니스의 집약에 의한 활성화
반도체분야 기술개발 목표 공유	• NEDO 기술전략연구센터(TSC)가 반도체, 재료·제조장치 기술전략을 수립하고 기술로드맵을 통해 산관학이 기술개발 목표를 공유

출처: 일본의 반도체전략 특징과 시사점_KIEP 대외경제정책연구원('21.07)
자료: 経済産業省(2021. 6), 「半導体戦略」, p. 37 및 経済産業省, 「サプライチェーン対策のための国内投資促進事業費補助金 (令和２年５月公募(先行審査除く))採択事業者一覧」(20201120005-1.pdf(meti.go.jp), 검색일: 2021. 6. 14)

○ 또한, 반도체 기술유출방지에 유념하면서 국제전략으로서 미국, 대만, 유럽 등 동맹국과 협력하여 이노베이션과 안정적 공급 확보 도모 계획

[일본정부의 경제안전보장 관련 국제전략]

전략	주요 내용
첨단기술의 'intelligence' 강화	• 반도체, 고성능컴퓨팅(HPC), 양자기술 분야에서 서플라이체인의 'choke point' 기술을 특정하고, 보호·육성 정책 추진
수출관리·기술관리	• 외환법에 기초한 수출관리나 투자관리 외에도, '종합이노베이션전략 2020'을 바탕으로 반도체 등 중요기술에 대한 우위성·취약성을 파악하고, 기술 유출경로별 종합적 유출방지책 구축
'동료국'과의 산업정책 협력	• 미·일 서플라이체인·민감기술 협력: 반도체를 포함한 서플라이체인 및 민감기술의 육성·보호에 관해 협력 • 일·대만 산업협력 가교 프로젝트 교류 회의: 정기적으로 반도체 등에 관한 긴밀한 정보공유와 의견교환 실시 • 일·유럽 심포지엄: 유럽의 연구기관 및 반도체 업체와 함께 차세대 파워 반도체, 엣지 컴퓨팅, 3D 패키징 등을 주제로 한 심포지엄 개최 • GAMS 활용: 반도체산업에 대한 각국의 보조금 제도 등에 대한 정보를 공유하고, 무역을 왜곡하지 않고 투명하고 비차별적인 보조금제도가 정착되도록 논의 주도

출처: 일본의 반도체전략 특징과 시사점_KIEP 대외경제정책연구원('21.07)
자료: 経済産業省(2021. 6), 「半導体戦略」, p. 45를 바탕으로 작성

5 대만

- 대만의 기술 및 핵심 장비·소재 경쟁력 강화를 위해 반도체 제조 분야의 기술우위를 유지하는 한편 핵심 장비·소재 기술 영역의 도약을 통해 전략 자원 및 기술의 국산화를 추진하고, 선진 제조 공정의 생태계를 주도적으로 구축하고자 함('23.08)
  - 대만 반도체산업이 '30년까지 1나노(nm) 웨이퍼 제조공정 진입 목표를 달성해 글로벌 반도체 산업사슬에서 대만이 차지하는 핵심 위치를 공고히 하고, 글로벌 반도체산업의 새로운 영역을 선도하기 위한 경쟁력 확보방안을 지속 마련

- 과학기술 산업의 국제 경쟁에서 우위를 차지하기 위해서는 전문 인력의 양성 및 확보가 중요하다는 판단 하에 대만정부는 산학 연계의 국내 디지털 인재 육성과 국제 핵심 인재 유치 확대를 추진하고 있음('22)
  - '국가중점 분야 산학협력 및 인재양성 혁신조례'('21.05)를 통해 반도체 등 중점분야에서 전문연구학원 설립·운영 자금을 공동으로 마련하고 석·박사급 인재를 양성·배출하는 것을 골자로 함
  - 반도체 분야의 고급인력을 양성하는 이른바 '반도체 대학원'은 '21년 7월부터 설립인가를 받았고 '22년부터 시작

- 대만의 반도체 전략은 반도체 산업의 △제조기반 강화 △기술 및 핵심 장비·소재 경쟁력 강화 △고급 인재의 안정적 확보를 통해 기존의 강점을 유지·발전시키고 새로운 기술의 우위를 선제적으로 확보하는데 중점을 두고 있음('21.04)
  - '21년 4월 대만행정원은 반도체 제조, 인재, 기술 및 자원 등의 3가지 측면을 중심으로 자주적 반도체 생태계를 구축하여 국제 경쟁력 유지와 제고를 촉진하는 전략 방향을 다시 한번 표명

- 대만 경제부는 대만이 세계적인 '반도체 첨단공정센터'로 부상하고 2030년 반도체 생산액이 5조 대만달러('20년 3조 대만달러 돌파)에 도달하는 것을 목표로 소재·장비의 국산화를 지원해 나갈 방침임('21.03)

- 대만은 중요 산업정책으로 '6대 핵심 전략 산업 추진방안'을 마련하고 정보·디지털 및 민생·전략비축물자 산업분야에 반도체 육성계획을 포함('20.05)
  - [정보·디지털 산업] 반도체 첨단 제조공정 및 차세대 반도체 기술의 연구개발 강화와 영역별 혁신 응용발전의 촉진을 통해 대만 ICT 기술의 국제 경쟁력 우위 유지 목표

나. 국내 정책 동향

❖ **(반도체 메가 클러스터 조성)** 경쟁국들의 클러스터 구축에 대항하여 미래 반도체 주도권 및 국가 경제안보 확보를 위한 메가 클러스터 조성('24.01)

  ➲ **(목표)** 시스템반도체 시장 점유율 10% 달성, 공급망 자립률 50% 달성, 글로벌 과학기술 허브로 발전 등 세계 최대·최고 반도체 메가 클러스터를 조성

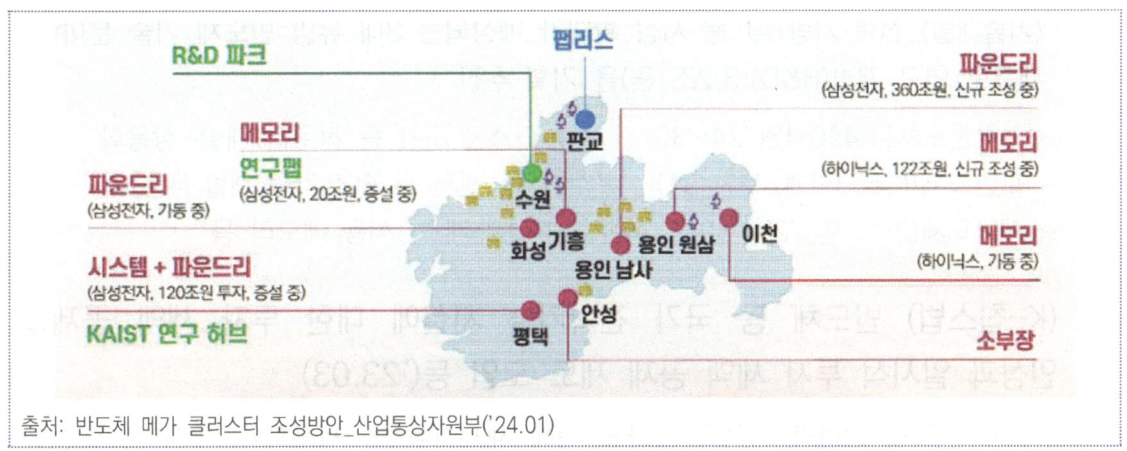

출처: 반도체 메가 클러스터 조성방안_산업통상자원부('24.01)

[반도체 메가 클러스터 비전]

  ➲ **(내용)** 인프라 및 투자환경 조성, 반도체 생태계 강화, 초격차 기술 확보, 우수 인재 양성 및 유치 등

[메가 클러스터 조성을 위한 4대 육성 과제]

구분	주요 내용
인프라·투자환경 조성	• 정부 주도의 전력·용수 인프라 구축 • 인센티브 확충, 킬러규제 혁파 등 투자환경 지속 개선
생태계	• 소부장 경쟁력 강화, 국내 취약기술은 해외기업 유치로 보완 • 팹리스 육성으로 반도체 밸류체인 완성 • 미·일·EU(네덜란드)·영 등 반도체 주요국과의 협력 체계 구축으로 공급망 안정화 강화
초격차 기술	• 3대 미래 반도체 거점 구축 및 연구 인프라 강화 → 판교(AI), 수원(화합물), 평택(신소자·첨단 패키징) • 공공 팹 연계 및 글로벌 팹 연계를 통한 팹 서비스 연계·협력
인재	• R&D, 특화교육프로그램, 규제완화를 통한 글로벌 수준의 인재 확보

출처: 반도체 메가 클러스터 조성방안_산업통상자원부('24.01)

- **(시스템반도체 생태계 강화 이행전략)** 첨단 제조 기술 개발, 협업 체계 구축을 통한 기술 이전 및 상용화 촉진, '30년까지 시스템반도체 시장 점유율 10% 목표('23.03)

  - (주요 내용) 세계 최대 규모 '반도체 클러스터' 구축, 설계-제조-후공정 전반의 생태계 경쟁력 업그레이드, 차세대 반도체 대규모 핵심기술 개발 지원, 세제·재정, 우수인력 등 반도체 성장기반 강화, 공급망 재편에 대응한 해외 기술협력 및 수출 지원

  - (기술개발) 전력·차량·AI 등 시장 확대가 예상되는 3대 유망 반도체 기술 분야에 대규모 연구 개발(R&D)(3.2조 원)을 기획·추진

    ※ 전력반도체(4,420억원,'24~'30) : 모듈·IC·소재·소자 등 전주기 개발·상용화
    ※ 車반도체(6,653억원, '25~'31) : 프로세서·센서 등 6대 기술 개발·상용화
    ※ AI반도체(2.1조원, '23~'30) : AI반도체 설계·제조, AI용 메모리 등

- **(K-칩스법)** 반도체 등 국가 전략기술 시설에 대한 투자 세액 공제율 인상과 일시적 투자 세액 공제 제도 도입 등('23.03)

  - (목적) 반도체 산업의 경쟁력 강화를 위해 세제 혜택을 제공하고, 투자 및 고용을 촉진하기 위한 법안

  - (내용) 세액공제율 상향, 시설투자 세액공제, 일몰 연장 등

  - (세액공제율 상향) 기존 8%에서 최대 25%로 상향 조정하며, 2023년 한시적으로 투자한 금액에 대해 기본공제율을 상향하고, 직전 3년 평균에 비해 늘어난 투자 금액 중 10%를 추가 공제

  - (시설투자 세액공제) 반도체 등 국가전략기술 시설투자를 대상으로 시설투자에 대한 세액공제율을 상향하고, 임시투자세액공제제도 도입

- **(반도체 초강대국 달성전략)** 메모리반도체를 넘어 시스템반도체를 육성하고 종합 반도체 강국을 실현('22.07)

  - '튼튼한 기업과 우수한 인재가 이끄는 반도체 초강대국 달성'이라는 비전하에 다양한 전략과 세부과제들을 설정

  - (추진 전략) 기업 투자 촉진, 인재 양성, 시스템반도체 선도 기술 확보, 견고한 소부장 생태계 구축 등

(국가전략기술 육성방안) 반도체·AI·배터리 등 경제안보, 국가 경쟁력과 직결되는 첨단산업을 미래전략산업으로 육성하며 초격차 확보 및 신격차 창출 등('22.10)

- 12대 국가전략기술 선정 및 각 분야 세부 목표 제시
  - 시스템 반도체 점유율을 3%('21)에서 10%('30)로 상승 목표
- 반도체 분야의 국가전략기술 임무중심 전략로드맵 수립('23.08)
  - 고성능·저전력 AI 반도체, 반도체 첨단 패키징, 전력반도체, 차세대 고성능 센서 등 시스템반도체 관련 중점기술 선정

[반도체 분야 국가임무·전략]

중점기술	기술 확보 목표		세부 내용
고집적·저항기반 메모리	상용 메모리 초격차 유지		• 3D DRAM 등 DRAM·NAND 플래시 고집적화 기술 확보 통한 시장 점유율 공고화
	차세대 메모리 신소자 확보		• 고속 정보처리 및 비휘발성 특성을 갖추어 AI 구현에 최적화된 자성·저항기반 소자(MRAM·PRAM·RRAM) 및 신개념 소자(FeRAM 등) 상용급 기술 확보
고성능·저전력 인공지능 반도체	AI 반도체 회로		• 현 상용 공정(CMOS)을 활용한 초고성능 AI반도체 소자·회로 개발
	PIM-NPU 플랫폼		• 초저전력 환경에서도 높은 연산성능(10TFLOPS/W)을 구현할 수 있는 차세대 저전력 AI반도체 설계 및 기반 기술 개발
	AI 시스템 SW		• 국산 AI반도체의 클라우드 본격 적용을 위한 최적화 SW 개발·실증
반도체 첨단 패키징	첨단패키징 설계 기술		• 초거대 AI 구현을 위한 고밀도·고에너지효율 설계 역량 확보
	이종집적 공정 플랫폼		• 하이브리드 본딩 등 초미세·대면적 이종집적 패키지 전극 접합 공정 플랫폼 구축
	제조 및 테스트 소부장		• 기능성 소재 및 초미세·고밀도 공정용 부품·장비 기술 확보
전력반도체	화합물소재 다변화		• 기존 실리콘 소재를 대체하는 실리콘카바이드, 산화갈륨 등 소재 기술확보
	소재 설계·공정		• 초고전압(UHV) 전력소자 및 구동회로 일체형 소자 기술 확보
	IC·모듈·시스템 상용화		• 전기차량용 전력변환 모듈 기술 확보
차세대 고성능 센서	(스마트기기) 고정밀화		• 스마트기기용 고정밀센서 (음향, 모션, 촉각 등 생체인식) 설계·제조 기술 고도화
	(모빌리티) 초지능화		• 자율주행 등 첨단 모빌리티용 인지센서 (레이터, 라이다, 비전 센서 등) 성능 강화
	(극한환경) 저전력화		• 국방·우주 등 극한 환경에서 활용가능한 저전력 및 전원 자립형 센서기술 확보
반도체 소·부·장	前공정 핵심기술 자립화	노광	• 노광 공정에 활용되는 핵심 소재·부품(감광재, 마스크 등) 자립도 향상 • EUV 이후 초미세 원자수준(BEUV급) 차세대 리소그래피 원천기술 확보
		식각	• 고유전율 소재(High-K)용 원자단위 박막 에칭(ALE) 공정 부품·장비 기술 확보
		증착	• 원자단위 박막 증착(ALD) 공정장비 자립화율 제고

출처: 국가전략기술 임무중심 전략로드맵_기술패권 경쟁 분야_과학기술정보통신부('23.08)
※ 반도체 분야 중 시스템 반도체 해당 영역만 파란색 음영 표시

2 산업 여건 및 시장 현황

가. 산업특징 및 구조

✣ 시스템반도체는 SoC 기반기술, 기타 SoC, 디스플레이/웨어러블 반도체, 센서 반도체, 전력/에너지 반도체, 지능형 반도체, 차량용 반도체, 통신용 반도체로 구성

- (후방산업) 소재(실리콘, 연마액, 산화제 등), 장비(포토리소그래피 장비, 증착 장비, 에칭 장비, 이온 주입 장비, 화학기계연마 장비 등), 반도체 설계 소프트웨어 등의 분야로 구성
- (전방산업) 스마트폰 및 모바일 기기, PC 및 노트북, 서버 및 데이터 센터, 자동차 산업, 산업용 및 IoT 기기, 의료기기, 우주·항공 등의 분야 등으로 구성

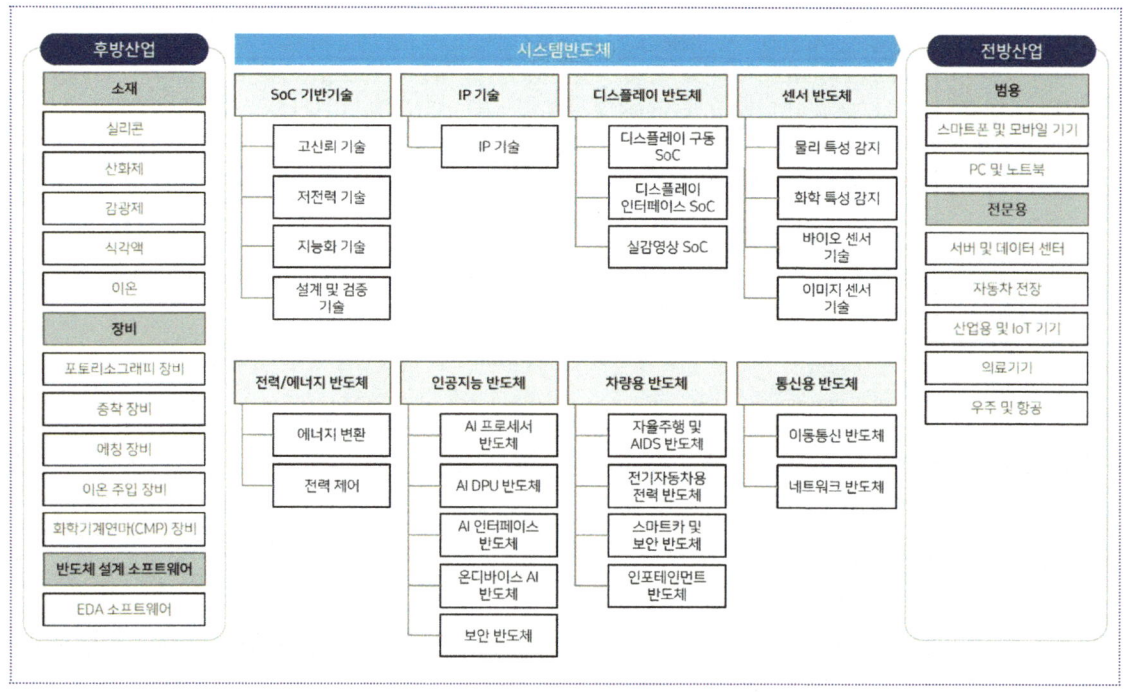

[시스템반도체 산업 구조]

나. 국내 산업생태계

- 시스템반도체 국내 생산액은 2016년 155,419억 원에서 2021년 240,989억 원으로 연평균 7.6% 성장
  - (사업체 수) 2016년 313개에서 2021년 410개로 연평균 5.6%를 기록하며 꾸준히 증가
  - (종사자 수) 2016년 16,923명에서 2021년 22,179명으로, 연평균 5.6%의 성장세가 나타남.
  - (내수액) 2016년 508,504억 원에서 2021년 655,787억 원으로, 연평균 5.2%씩 증가하며 내수 시장의 확대를 나타냄.
  - (수출액) 2016년 20,467백만 달러에서 2021년 39,751백만 달러로, 연평균 14.2%로 급성장
  - (수입액) 2016년 22,646백만 달러에서 2021년 31,478백만 달러로, 연평균 6.8%를 기록하며 증가함.

[시스템반도체 국내 산업 추이]

구분	2016년	2017년	2018년	2019년	2020년	2021년	CAGR ('16~'21)
사업체수 (개)	313	297	302	298	387	410	5.6%
종사자수 (명)	16,923	17,856	16,953	16,039	21,396	22,179	5.6%
내수액 (억원)	508,504	520,999	510,187	567,047	607,037	655,787	5.2%
수출액 (백만$)	20,467	25,356	26,466	25,700	30,262	39,751	14.2%
수입액 (백만$)	22,646	22,525	21,405	20,762	24,649	31,478	6.8%

출처: 2022 ICT 실태조사_과학기술정보통신부('23.07)
수치 : 사업체 수, 종사자 수, 내수액은 반도체 부품업 / 생산액, 수출액, 수입액은 시스템반도체 전자부품

다. 시장 규모 및 전망

1 세계 시장

- 시스템반도체의 세계 시장 규모는 7년간 연평균 성장률 4.5%로 증가하며 '22년 약 2,670억 달러에서 '28년 3,482억 달러 규모로 성장할 것으로 전망
  - 이러한 성장세는 전 세계적으로 고성능 컴퓨팅(HPC)과 5G 네트워크의 확산에 따른 수요 증가가 주요 원인으로 분석됨
  - (AI 및 클라우드 컴퓨팅 수요 증가) 딥러닝 및 머신러닝과 같은 데이터 기반 기술의 발전은 고성능 프로세서와 AI 가속기 역할을 하는 시스템반도체의 수요를 촉진하고 있음
  - (IoT 디바이스의 폭발적 성장) 가전, 헬스케어, 자동차 등 다양한 분야에서 IoT 디바이스가 보급되면서, 이를 지원하는 시스템반도체의 필요성이 증가하고 있음
  - (자율주행차 시장의 확산) 차량용 반도체 기술의 집약체인 시스템반도체는 자율주행차의 두뇌 역할을 담당하며, 관련 시장의 성장과 궤를 같이 하고 있음
  - (5G 및 통신 인프라 발전) 5G 기술 확산은 고속 데이터 전송과 처리 능력을 요구하며, 이를 가능케 하는 시스템반도체 시장의 확장을 견인하고 있음

[시스템반도체 세계 시장 규모 및 전망]

(단위: 억 달러, %)

구분	'22년	'23년	'24년	'25년	'26년	'27년	'28년	CAGR ('22년~'28년)
세계시장	2,670	2,777	2,960	3,070	3,201	3,332	3,482	4.5%

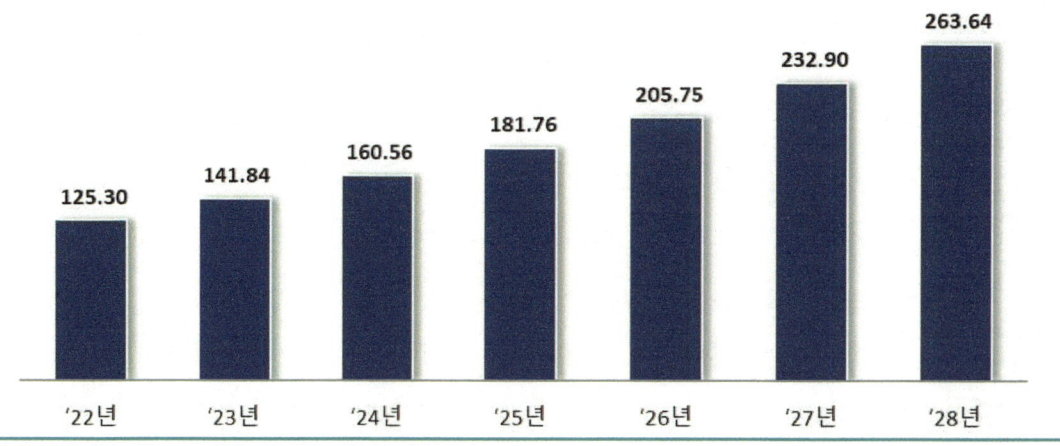

출처: WSTS '20, Gartner '20, OMDIA 20.3Q1('22.02)

2 국내 시장

❖ **시스템반도체의 국내 시장 규모는 7년간 연평균 성장률 4.5%로 증가하며 '22년 약 11조 1,100억 원에서 '28년 14조 5,000억 원 규모로 성장할 것으로 전망**

- 글로벌 시장 대비 다소 완만한 성장세를 보이지만, 기술 경쟁력 강화를 통해 국내 산업 생태계가 지속적으로 확대될 가능성을 시사
- (AI 및 데이터 경제 활성화) 정부와 기업의 데이터 중심 경제 전략과 AI 기술 도입 가속화는 고성능 시스템반도체 수요를 창출하고 있으며, 특히, 클라우드 서비스와 데이터센터 구축의 확대가 시장 성장의 핵심 동력으로 작용
- (미래차 산업의 확장) 자율주행 및 전기차 시장의 성장과 더불어 차량용 반도체의 중요성이 부각되며, 시스템반도체 시장의 세부 분야로서 자동차 전용 반도체가 국내 수요를 견인
- (산업 전반의 디지털 전환(DX)) 제조, 의료, 에너지 등 전통 산업 분야에서도 디지털 전환이 가속화되면서, 다양한 응용 분야에서 시스템반도체의 역할이 증대

[시스템반도체 국내 시장 규모 및 전망]

(단위: 조 원, %)

구분	'22년	'23년	'24년	'25년	'26년	'27년	'28년	CAGR ('22년~'28년)
국내시장	11.11	11.56	12.32	12.78	13.32	13.87	14.50	4.5%

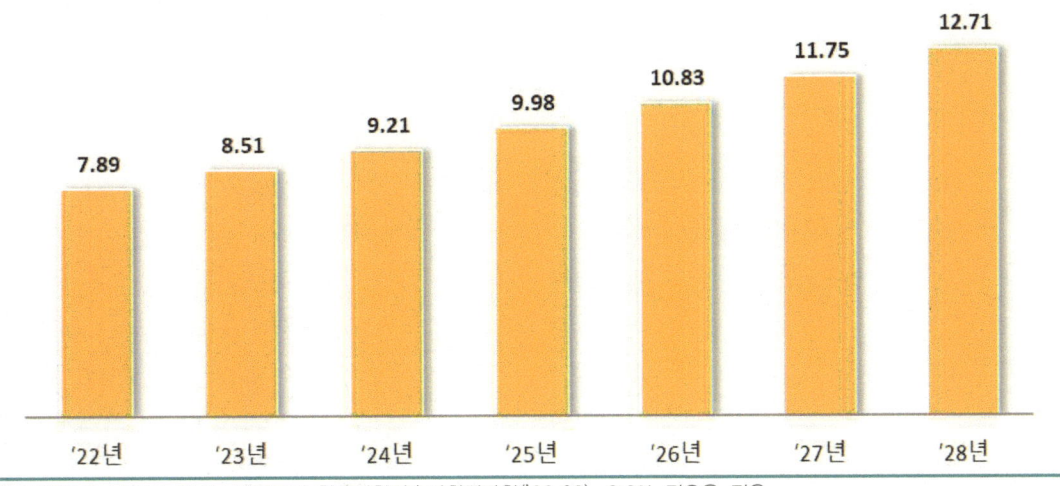

출처: KISTEP 브리프 01시스템반도체_한국과학기술기획평가원('22.02), 3.2% 점유율 적용

라. 주요 업체 동향

※ 국내 중소기업은 설계와 다양한 분야에서 전문성을 바탕으로 혁신적인 솔루션을 제공 중

- ➲ SoC 설계 및 검증에서 모듈식 설계 플랫폼 및 아웃소싱 제작 서비스 제공
- ➲ AI, IoT, 고성능 컴퓨팅 등 다양한 분야에서 특화된 설계 솔루션 제시

[시스템반도체 분야 주요 플레이어 현황]

구분		기업명	
해외기업	미국	• Intel • Broadcom • Qualcomm • AMD • NVIDIA • Texas Instruments	• IBM • Google (TPU) • Microsoft (Project Brainwave) • ON Semiconductor
	중국	• BOE Technology	• Huawei
	일본	• Renesas Electronics • Mitsubishi Electric	• Sony Semiconductor Solutions
	대만	• AU Optronics	
	독일	• Infineon Technologies • Continental	• Bosch
	스위스	• STMicroelectronics	
국내기업	대기업*	• 삼성전자 • SK하이닉스 • DB하이텍 • LX세미콘	• KEC • LG전자 • LG이노텍 • 텔레칩스
	중소기업	• 에이디테크놀로지 • 아이앤씨 • 오픈엣지테크놀로지 • 에이디칩스 • 엠씨에스로직 • 다우엑실리콘 • 아이브이테크 • 칩스앤미디어 • 비에이치	• 퀄리타스반도체 • 리벨리온 • 뉴블라 • 딥엑스 • 이녹스 • 세경하이테크 • 와이엠씨 • 제이스텍 • 에스앤에스텍

* 「중견기업 성장촉진 및 경쟁력 강화에 관한 특별법」에 따른 중견기업 이상의 기업을 '대기업'으로 표기

❈ **(해외 주요기업)** 전자 부품, 자동차, 산업용 로봇 등 다양한 분야에 적용 가능한 첨단 반도체 기술을 개발하고 있으며, 전력 밀도 극대화, 고성능 컴퓨팅, 5G 통신, 3nm 노드 프로세서 대량 생산 등을 통해 성능 향상과 비용 절감을 목표

- (Texas Instrument) 전력 밀도를 극대화해 성능을 높이면서도 크기를 줄여 비용을 낮춘 '전자기간섭(EMI) 필터 집적회로(IC)'를 출시하며 전자부품뿐만 아니라 자동차와 산업용 로봇 등 다양한 분야에 접목
- (NVIDIA) GPU, AI반도체, 차량용 반도체를 주력 제품으로 하며, 칩과 소프트웨어를 활용한 AI 데이터 공장을 구축해 자율주행 전기차 등의 제품 생산 예정
- (Intel) 데스크탑 PC/서버 등에 탑재되는 프로세서, 네트워크 칩, 그래픽칩, 플래시 메모리 등 고성능 컴퓨팅 관련 반도체 세계 시장 주도
- (Qualcomm) AP 아키텍처, 통신칩(CDMA, MSM 등)이 주력 제품이며, 애플과 아이폰용 5세대(5G) 이동통신용 모뎀칩을 '26년까지 3년간 공급하는 계약을 체결
- (Broadcom) 유무선 통신 반도체 기업으로 광범위한 반도체 칩 및 인프라 소프트웨어 솔루션을 디자인, 설계, 개발 및 공급
- (애플) M3 시리즈를 통해 칩 성능을 향상시키고, 반도체 설계를 내부화하여 외부 공급업체에 대한 의존도를 줄이고, 인도와 미국으로의 확장을 포함하여 글로벌 생산 및 공급망을 다양화하는 데 중점

❈ **(국내 대기업)** 모바일, 자동차, 디지털 이미징 등 다양한 분야에서 제품 라인을 다각화 중이며, 첨단 공정 개발을 통해 지속 가능한 성장에 투자하고 소비자 및 산업용 애플리케이션을 위한 시스템 반도체 분야에서 입지를 확대 중

- (삼성전자) 프리미엄 모바일 AP '엑시노스 9(9820)', 차량용 반도체 '엑시노스 오토 V9', 5G 토탈 모뎀 솔루션 등 다양한 제품을 개발하고 모바일, 자동차, 디지털 이미징, 보안, 에너지 관리 등 다양한 분야에서 시스템 반도체를 설계 및 생산
- (SK하이닉스) 주로 메모리 반도체(DRAM 및 NAND)를 생산하지만, 일부 팹을 활용하여 시스템 반도체인 CMOS 이미지 센서(CIS)도 생산
- (DB하이텍) 아날로그 및 파워 반도체 파운드리에 주력하며, MEMS(가속도 센서, 회전축 센서)와 IGBT(자동차용) 등 신규 공정 개발을 통해 지속 성장을 도모
- (LX세미콘) 디스플레이 구동칩(DDI)을 주력으로 하며, 차량용 및 가전용 시스템 반도체, 전력 관리 반도체(PMIC), 마이크로컨트롤러유닛(MCU) 등을 개발

- (텔레칩스) '엔돌핀' 등 자율주행 칩과 '돌핀 7' 등 차세대 제품 개발 등 인포테인먼트와 차량용 반도체를 중심으로 글로벌 입지를 확대하는 한편, CES 2024 등을 통해 글로벌 파트너십을 강화

(국내 중소기업) 멀티미디어 영상신호처리, AI반도체, 통신칩 등 특화된 기술 개발로 틈새시장 공략에 주력하고 있으며, 자동차, 데이터 센터, IoT 애플리케이션과 같은 신흥 분야에서 혁신을 가속화하고 제품 제공을 확장하기 위해 투자를 적극적으로 유치 중

- (칩스앤미디어) 멀티미디어 영상신호처리 IP(H.264, HEVC 등) 등을 개발하여 TV, 모바일에서 사용되는 멀티미디어 SoC를 개발하는 기업에 판매하며 자동차, 드론용 멀티미디어 솔루션 등으로 시장 확대 추진
- (세미파이브) 반도체 설계 플랫폼 스타트업으로, 2019년 설립 후 한달 만에 100억 원 투자를 받은 데 이어 지난해에는 340억 원 펀딩에 성공하며 기술력을 인정받고 있음
- (리벨리온) '20년 말 카카오벤처스, 신한캐피탈에 투자를 받으며 칩 설계에 속도를 내고 있으며, AI코어 설계를 마무리하고, 금융회사, 데이터센터 등에 특화된 시스템온칩(SoC) 출시 계획
- (퓨리오사 AI) 인공지능(AI) 반도체 스타트업으로, 800억 원 규모의 시리즈B 투자 유치에 성공하였으며, 국내 팹리스 스타트업 투자유치 중 가장 큰 규모이며, 클라우드 기반 데이터센터에 쓰이는 AI 반도체 개발 스타트업으로, 2017년 설립 이후 4년간 제품개발에 필요한 하드웨어와 소프트웨어를 직접 개발
- (에이디칩스) 임베디드 MCU IP 개발, MCU 내장 등 칩을 설계하며, 고성능 그래픽 기능과 저전력 소모를 목표로 하는 고집적 SoC MCU 개발
- (아이앤씨) SoC 기반 기술, 통신용 반도체 개발을 주력으로 하며, 세계 최초 T-DMB SoC 개발, Wi-Fi, PLC, LTE 등의 통신용 반도체 칩 개발
- (오픈엣지테크놀로지) SoC 기반 기술, 지능형 반도체, 차량용 반도체 개발하며, 메모리 컨트롤러, DDR PHY, On-chip Interconnect, NPU 등의 IP 개발 및 제공
- (픽셀플러스) 고성능 이미지 센서 반도체와 자동차 반도체 등을 개발
- (실리콘마이터스) LPDDR5용 차세대 전력 관리용 반도체 출시
- (딥엑스) AI에 최적화된 시스템 반도체를 개발하며 엣지 AI용 NPU 'DX-M1'으로 중국·대만 시장에서 두각

3. 기술 및 표준화(규제) 동향

가. 기술개발 동향

- **(고성능 및 저전력)** 최신 시스템반도체는 성능을 극대화하면서 전력 소모를 최소화하는 방향으로 발전 중이며, 이는 배터리 수명을 연장하고, 에너지 효율성을 높이는 데 중요한 역할 수행
  - FinFET 기술 : 모바일 및 고성능 컴퓨팅 애플리케이션의 전력 소비를 줄이고 성능을 향상
  - FD-SOI(Fully Depleted Silicon on Insulator) : IoT 장치를 포함한 다양한 애플리케이션에서 에너지 효율성과 속도를 향상
  - GAA(Gate-All-Around) : 반도체 트랜지스터의 구조를 혁신적으로 개선한 차세대 공정 기술로, 이 기술은 기존의 핀펫(FinFET) 방식에서 발전하여 트랜지스터의 게이트가 전류가 흐르는 채널을 네 면에서 모두 감싸는 구조로 구성

- **(고집적도 및 미세 공정)** 반도체 공정 기술은 5nm 이하의 미세 공정으로 진화하고 있으며, 이를 통해 칩의 크기를 줄이고 성능과 집적도를 높이는 기술이 주목 받는 중
  - 시스템 온 칩(SoC) : 프로세스 코어, 메모리, I/O 포트 및 기타 주변 장치를 결합하여 필요한 모든 전자 구성 요소와 시스템을 단일 칩에 통합
  - 다중 칩 모듈(MCM) : 여러 개의 집적 회로(IC)를 단일 패키지에 통합하여 고밀도 구성 요소 배치를 가능하게 함

- **(엣지 컴퓨팅)** 데이터 처리를 클라우드가 아닌 현장에서 직접 수행하는 엣지 컴퓨팅의 중요성이 증가하고 있고, 이를 위해 전력 효율적이고 고성능의 엣지용 반도체가 필요

- **(다양한 응용 분야)** 자율주행차, 드론, 로봇 등 다양한 분야에서 시스템반도체의 활용이 확대되고 있으며, 각 분야에서 특화된 기능을 제공하는 맞춤형 칩 개발이 활발히 진행 중
  - (자동차 반도체) 차량 안전 및 자율 주행 기능 관련 첨단 운전자 지원 시스템(ADAS) 칩, 전기 자동차의 에너지 효율성과 성능 최적화 관련 EV 파워트레인 반도체 등

- (통신 반도체) 데이터 전송 속도를 향상시키고 대기 시간을 줄여주는 밀리미터파 기술, 5G 통신 장치의 성능 및 통합을 향상시키는 RF-SOI(Radio Frequency Silicon on Insulatro) 등

- (AI 반도체) AI 기능을 직접 칩에 통합하는 추세가 강화되고 있으며, 실시간 데이터 처리와 분석을 가능하게 하여 스마트 기기의 성능을 향상시키는 중

  - GPU(Graphics Processing Units) : 그래픽 렌더링용으로 설계된 GPU는 병렬 처리 기능으로 인해 AI 계산에 광범위하게 사용 중
  - TPU(Tensor Processing Units) : 기계 학습 작업을 위해 특별히 설계되어 AI 워크로드에 더 높은 효율성 제공
  - FPGA(Field-Programmable Gate Arrays) : 제조 후에 용도에 맞게 재구성할 수 있는 유연한 집적 회로
  - ASIC(Application-Specific Integrated Circuits) : 특정 AI 애플리케이션에 맞게 최적화로 설계된 용도 맞춤형 고효율 전용 칩
  - 뉴로모픽 프로세서 : 인간 두뇌의 신경 구조와 기능을 모방하도록 설계되어, AI 처리 능력 향상을 위해 정보 처리, 패턴 인식, 데이터 학습에서의 뇌 효율성이 재현되는 것을 목표로 하는 AI 반도체

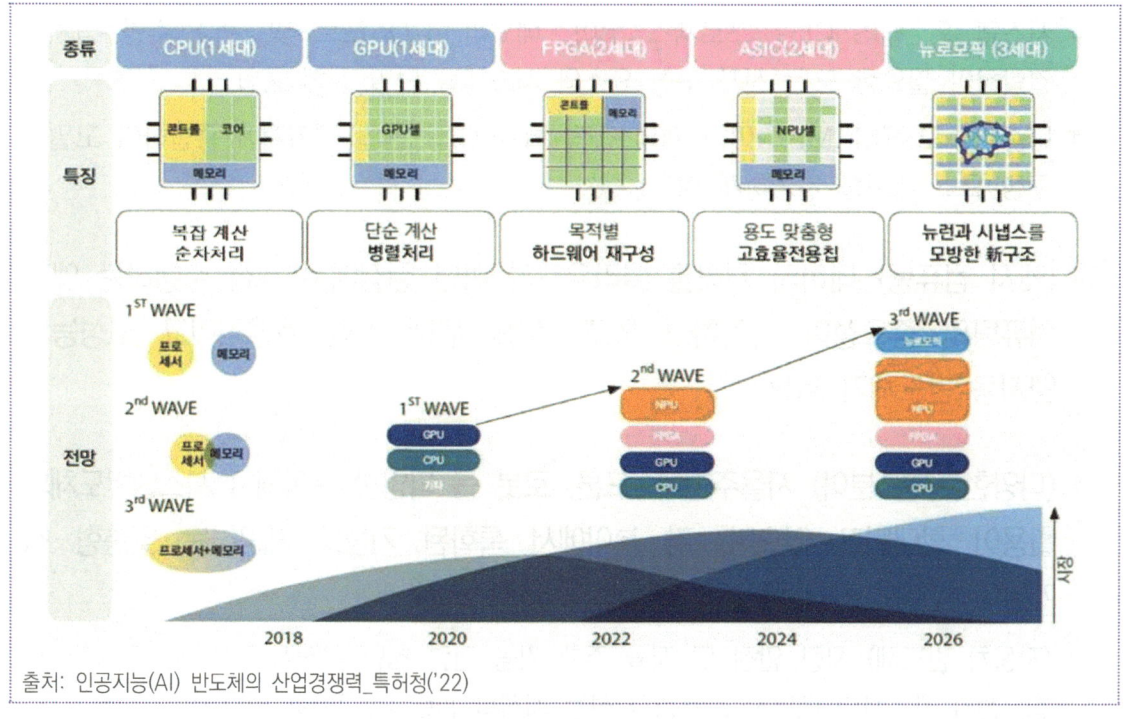

출처 : 인공지능(AI) 반도체의 산업경쟁력_특허청('22)

[AI 반도체 기술 진화]

나. 정부 R&D 투자동향[2)]

1 지원 현황 일반

◉ 최근 3년간('21~'23) 시스템반도체 분야의 R&D 과제 건수는 총 744건으로 연평균 3.7% 증가하였으며, 이 중 '중소기업'이 수행한 과제는 약 63.2%에 해당하는 470건으로 확인

[전체 R&D 과제 대비 중소기업 지원 건수]

(단위: 건, %)

구분		2021	2022	2023	총합계	CAGR
전체		237	252	255	744	3.7%
중소기업	건수	143	163	164	470	7.1%
	비중	60.3%	64.7%	64.3%	63.2%	

◉ 전체 R&D 투자액은 총 4,085억 원 규모로 연평균 17.7% 증가하였으며, 이 중 약 59.7%에 해당하는 2,438억 원이 '중소기업'을 지원

[전체 R&D 투자액 대비 중소기업 지원 규모]

(단위: 억 원, %)

구분		2021	2022	2023	총합계	CAGR
전체		1,189.33	1,249.54	1,646.87	4,085.74	17.7%
중소기업	규모	754.06	782.60	901.52	2,438.19	9.3%
	비중	63.4%	62.6%	54.7%	59.7%	

---

2) 정부 R&D 투자 동향은 NTIS(ntis.go.kr)의 최근 3년간('21~'23) R&D 과제 데이터를 활용하여 분석함

② 중소기업 지원 현황

주요 부처별 지원현황

- 최근 3년('21~23년) 간 중소기업을 지원한 시스템반도체 분야의 R&D 과제 건수를 주요 부처별로 분석한 결과, 중소기업이 수행한 총 470건 중 약 48.5%에 해당하는 228건이 중소벤처기업부의 지원 사업으로 확인되었으며, 이어 산업통상자원부(195건), 과학기술정보통신부(36건) 등의 순으로 나타남

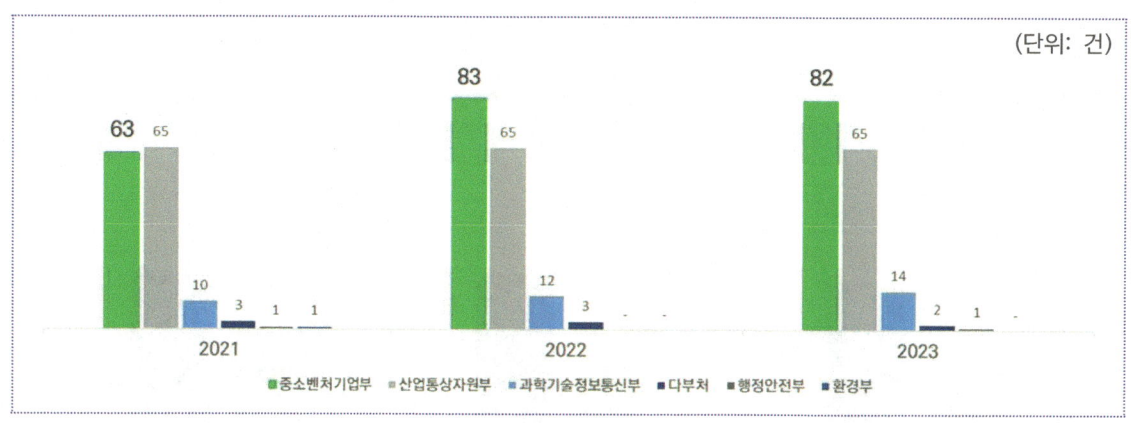

[주요 부처별 R&D 과제 중소기업 수행 현황]

- 정부투자연구비의 중소기업 투자 현황을 주요 부처별로 분석한 결과, 중소기업에 투입된 2,438억 원 중 약 64.9%에 해당하는 1,583억 원이 산업통산자원부의 투자연구비로 확인되며, 이어 중소벤처기업부(399억), 과학기술정보통신부(355억) 등의 순으로 확인

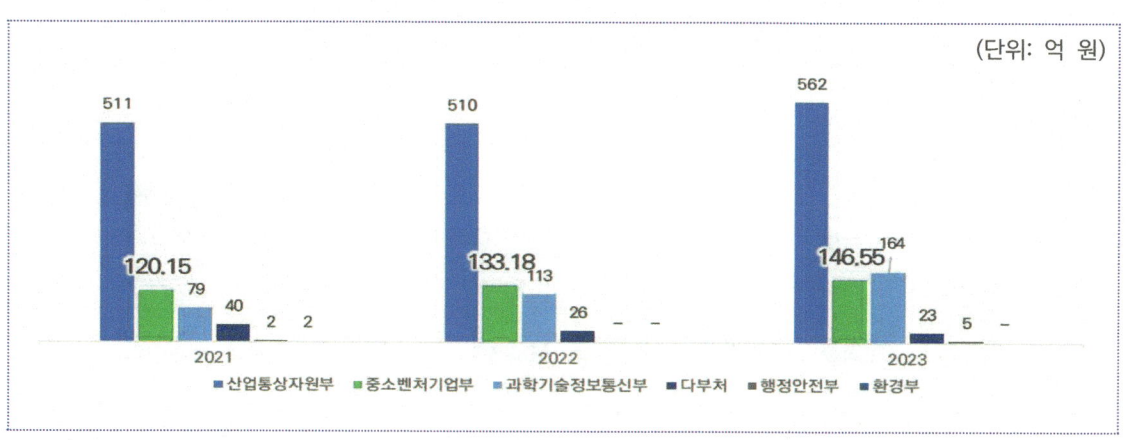

[주요 부처별 정부투자연구비 중소기업 지원 현황]

❖ R&D 단계별 지원현황

- 중소기업이 수행한 R&D 과제 건수를 연구개발 단계별로 분석한 결과, '개발연구' 단계가 약 85.3%로 가장 많이 수행된 것으로 나타났으며, 이어 응용연구(11.1%), 기타(2.3%), 기초연구(1.3%) 순으로 확인

  - '개발연구' 단계의 R&D 과제 수행 건수는 '21년 122건, '22년 141건, '23년 138건으로 총 401건

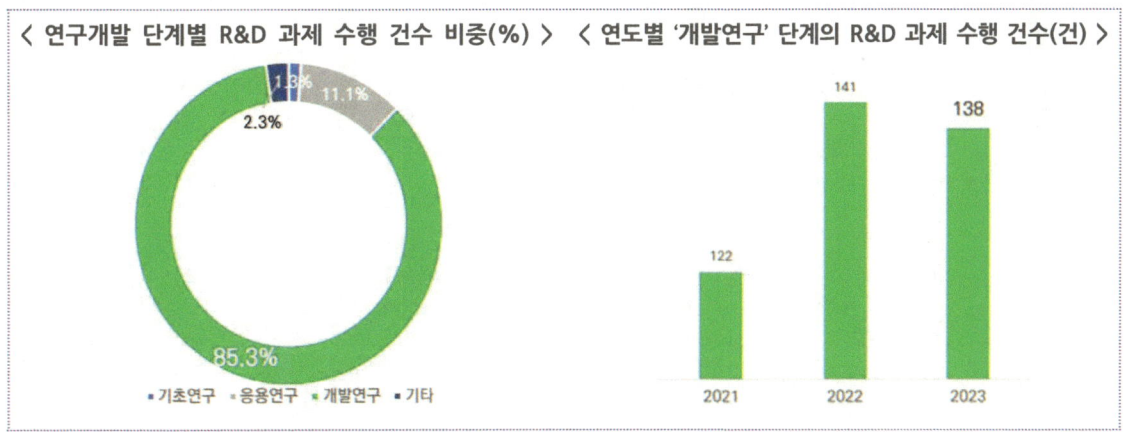

[연구개발 단계별 R&D 과제 중소기업 수행 현황]

- 중소기업이 수행한 R&D 과제의 정부투자연구비 투입 현황을 연구개발 단계별로 분석한 결과, '개발연구' 단계가 약 81.0%로 가장 많이 수행된 것으로 나타났으며, 이어 응용연구(15.8%), 기초연구(1.8%), 기타(1.4%) 순으로 확인

  - '개발연구' 단계의 정부투자연구비 투입 규모는 '21년 594억 원, '22년 624억 원, '23년 755억 원으로 총 1,974억 원

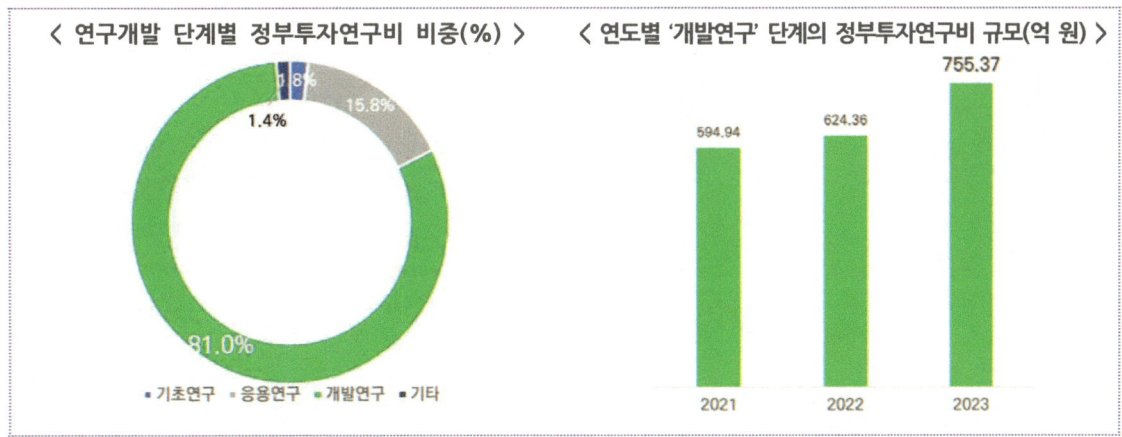

[연구개발 단계별 정부투자연구비 중소기업 지원 현황]

연구 분야별 지원현황

- 중소기업이 수행한 R&D 과제 건수를 주요 연구분야별로 분석한 결과, 'SoC'가 153건으로 가장 많게 나타났으며, 이어 측정/검사장비(46건), 반도체장비용 핵심부품/제조장비(29건), 인공지능(13건), 기타 반도체장비(12건) 등의 순으로 확인

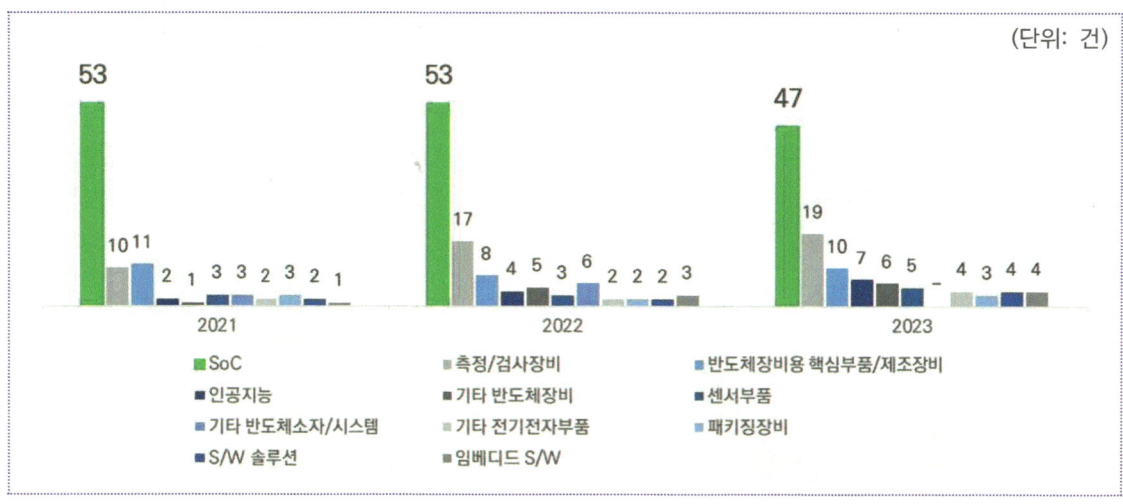

[주요 연구분야별 R&D 과제 중소기업 수행 현황]

- 중소기업이 수행한 R&D 과제의 정부투자연구비 투입 현황을 주요 연구분야별로 분석한 결과, 'SoC'가 1,115억 원으로 가장 높게 나타났으며, 이어 측정/검사장비(99억), 반도체장비용 핵심부품/제조장비(90억), 인공지능(88억), 센서부품(69억) 등의 순으로 확인

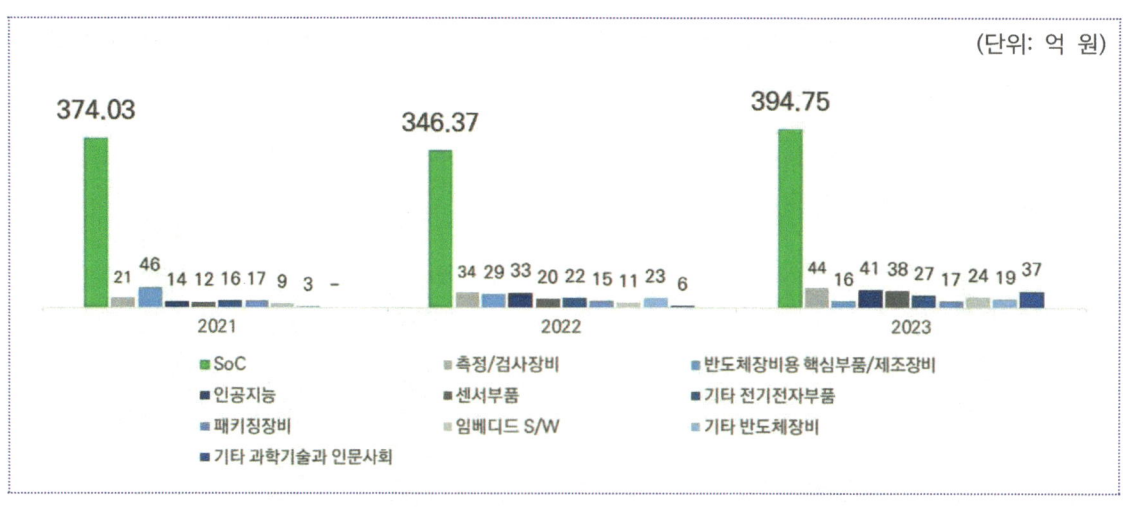

[주요 연구분야별 정부투자연구비 중소기업 지원 현황]

✖ 적용 분야별 지원현황

◐ 중소기업이 수행한 R&D 과제 건수를 적용 분야별로 분석한 결과, '제조업(전자부품, 컴퓨터, 영상, 음향 및 통신장비)'이 212건으로 가장 많은 과제가 적용되었으며, 이어 제조업(전기 및 기계장비)이 117건, 제조업(자동차 및 운송장비)이 29건으로 주로 제조업 분야에서 적용되고 있음을 확인

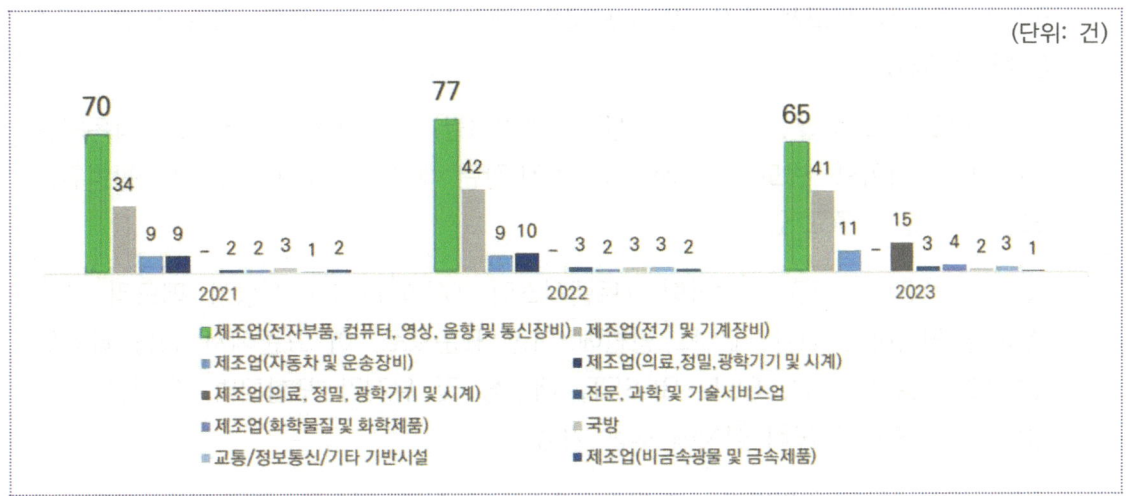

[주요 적용분야별 R&D 과제 중소기업 수행 현황]

◐ 중소기업이 수행한 R&D과제의 정부투자연구비 투입 현황을 주요 적용분야별로 분석한 결과, '제조업(전자부품, 컴퓨터, 영상, 음향 및 통신장비)'이 1,240억 원 규모로 확인되며, 이어 제조업(전기 및 기계장비)이 471억 원, 제조업(자동차 및 운송장비)이 165억 원 수준으로 나타남

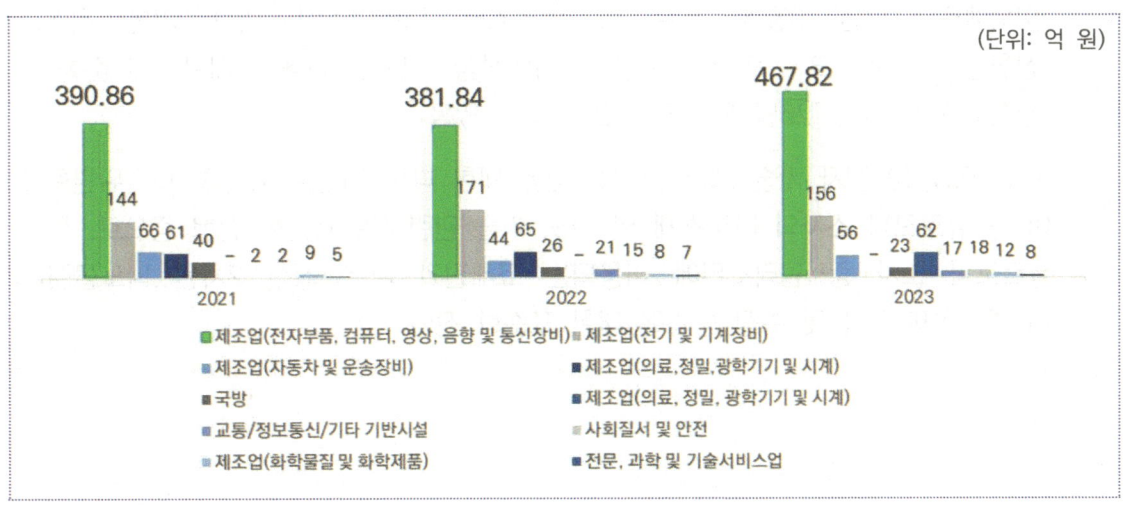

[주요 적용분야별 정부투자연구비 중소기업 지원 현황]

다. 표준화(규제) 동향

국제 표준화 현황

- (IEC TC47) 반도체 전반적인 표준을 주도하고 있으며, AI 반도체[3] 관련 표준은 WG6에서 저항 메모리 관련 성능 측정 표준 1개와 자동차용 신뢰성 테스트의 표준화 로드맵 보고서 1건 및 뉴로모픽 멤리스트 소자 관련 평가 방법 4건이 진행되고 있음

  - '유연반도체 표준화', '인체 통신', '웨어러블 반도체의 표준화', '자동차용 반도체', '바이오 반도체 센서 및 소자'관련 차세대반도체 기술의 광범위한 표준화 등을 다루고 있음

  - (IEC 62951-9 ED1) 단극형 1트랜지스터 1저항(1T1R) 저항성 메모리 셀의 성능을 평가하기 위한 테스트 방법에 대한 표준으로, 이 표준에서 성능 테스트 방법에는 읽기, 형성, SET, RESET, 내구성 및 유지가 포함되며, 유연한 장치 및 경질 저항성 메모리 장치에 적용 가능

  - (IEC TR 63357:2022(E)) '22년 10월에 제정된 것으로, 자동차에 사용되는 집적회로에 대한 결함 테스트 방법의 표준화 로드맵에 대한 문서로, 자동차는 매우 낮거나 높은 온도, 진동, 고주파 신호 등과 같은 가혹한 환경에 노출되기 때문에 열악한 환경으로 인해 발생할 수 있는 결함에 대한 테스트 방법이 필요하므로 이러한 가혹한 환경으로 인해 발생할 수 있는 차량용 반도체의 고장 가능성에 대해 검사하고, 고장 검사 방법에 따른 평가 결과 설명

  - 이외에도 '23년 5월에 뉴로모픽 멤리스터 디바이스에 대한 기본 특성, 선형성, 스파이크 의존 소성, 비대칭성 평가방법에 대한 표준화가 진행되고 있으며, '26년 완료를 목표로 하고 있음

- (IEC TC113) 전자 기술 제품 및 시스템에 대한 나노 기술을 표준화하는 위원회로 이 중 뉴로모픽 소자의 나노소재 및 나노 기술 관련하여 표준화 진행 중으로, 특히 뉴로모픽 소자 중 멤리스터에 이용되는 그래핀과 같은 최신 2차원 나노물질을 이용한 소재 평가 및 측정 방법에 대한 표준화 진행

---

[3] 시스템반도체는 정보처리를 위한 반도체로서, AI 반도체를 포함하고 있음

- (ISO TC22 SC32) 전기·전자 부품과 전기/전자 시스템 단양 사양에 대한 표준을 하는 그룹으로 그 중 WG8은 기능안전 WG으로 자동차 전자제어장치의 고장으로 인한 위험을 제거/방지/완화하기 위한 설계/분석/시험 방법 등 최신 기술을 표준화하고 있음
  - 향후 자율주행차의 개발·경쟁이 본격화되고 있는 가운데, 자율주행차 보급 및 확산을 위해서는 차량용 반도체의 표준화가 선행되어야 함
  - '18년 제안된 ISO 26262 2nd 표준에서는 반도체의 기능 안정성을 규정하기 위한 표준이 추가 제안되어 자동차용 AI 반도체 모두에 적용될 예정

국내 표준화 현황

- TTA 지능형반도체 프로젝트 그룹(PG417)
  - AI 반도체 분야 표준 개발과 아울러 표준의 적합성, 상호운용성 표준에 관한 연구 활동을 하고 있으며, 관련 국제기구와의 표준화 협력을 위해 필요한 활동 포함
  - 반도체 소자, 센서, AI 프로세스 등 다양한 분야에 대한 표준을 개발하고 있음
  - (TTAK.KO-10.1229) 차량용 반도체의 직렬 주변기기 인터페이스 버스를 위한 순환 중복 검사 방법으로 차량용 반도체의 직렬 주변기기 인터페이스 버스에서 순환 중복 검사의 구조, 전송 및 검증을 정의
  - (TTAK.KO-10.1301) 차량용 반도체의 집적회로간 버스를 위한 순환 중복 검사로 차량용 반도체의 집적회로 간 버스에서 순환 중복 검사의 구조, 전송 및 검증을 정의
  - 향후 차량용 반도체를 이용한 AI 서비스 분야에 대한 표준 개발 예정

4 환경분석 종합

가. 관점별 환경분석 종합

[시스템반도체 관점별 기회요인/위협요인]

구분	기회요인	위협요인
정책	• (K-반도체 전략 등 대규모 투자 지원) 'K-칩스법', 'K-반도체 전략', 'K-클라우드' 등 정부로부터의 투자 인센티브, 세제 혜택을 통해 시스템반도체 육성을 위한 막대한 투자 지원 중 • (반도체 생태계 자립화 기반 지원) 전력·용수 등 필수 인프라 구축 등 투자기반 마련 및 첨단기술 연구거점 조성, 초기 시장수요 창출 등 국가전략기술로 중점투자	• (자국 기술보호주의로 규제 강화) 반도체는 국가핵심기술로 산업기술보호법 등에 따른 기술 보호를 위한 법·제도적 장벽이 높아 신규 기업의 시장 진입이 어려움 • (기술패권주의 심화로 기술 교류 제한) 미국의 핵심기술 통제 전략, 중국의 반도체 생태계 확장 정책 등 주요국의 기술 규제 및 공급망 통제로 인해 국제 협력과 기술 이전이 어려워질 가능성 상존
산업	• (AI 반도체 분야의 낮은 진입 장벽) AI 반도체는 설계와 알고리즘 개발이 중심이 되는 분야로, 대규모 생산 시설로 인한 초기 투자 부담 없이 설계 역량만으로 진입이 가능하여 중소기업의 진출 증가 추세 • (대기업 중심의 강력한 지역 생태계 구축) 삼성전자, SK하이닉스 등 대기업이 지원하는 강력한 반도체 생태계를 구축하여, 기술을 선도하고 제조 및 설계에 중점을 둔 중소기업 네트워크를 육성 중	• (높은 자본 및 기술 요구사항에 따른 진입장벽) 반도체 산업은 상당한 자본 투자와 고급 기술 전문 지식을 요구하여 진입 장벽이 높고, 신규 진입자의 수를 제한하고 잠재적으로 경쟁과 혁신을 저해할 수 있음 • (가치사슬의 유기적 연계 부족에 따른 취약성) 가치사슬의 세분화, 지정학적 위험, 공급 병목 현상, 특정 지역에 대한 전략적 의존성 등에 대한 제한된 대응 능력으로 취약성 악화 리스크 존재
시장	• (소비자 전자제품 리더로서 수요 견인) 한국은 가전제품 분야의 글로벌 리더이며, 가전제품의 생산 수요가 시스템반도체 수요를 주도 중 • (ICT 기술 발전에 따른 신규 시장 지속 창출) 스마트 헬스케어, 자율주행차 등 다양한 산업에 특화된 다품종 소량 생산을 요구하는 신규 시장의 지속적 창출로 수요 급증	• (국내 소비의 부재) 수출 시장에 대한 과도한 의존으로 국내 기업이 생산을 확장하고 신기술을 테스트할 기회가 제한되어 글로벌 시장 변동에 더 취약 • (대기업 위주의 시장 마켓 형성) 중소기업은 국제 마케팅에 어려움도 있는데, 기존 시장 자체가 대기업 위주로 형성되어 다양한 마켓 형성에 어려운 상황
기술	• (첨단 제조 기술 우위 기반 경쟁력 보유) 극자외선(EUV) 리소그래피와 미세선 포토리소그래피 기술의 발전 등 한국의 반도체 제조 분야 최첨단 역량이 경쟁력을 제공 • (6G와 AI의 통합 발전 가능성) 선도 분야인 6G 기술이 신속하게 배포되면 6G 관련 반도체 기술을 개발하고 AI 기능을 반도체 제품에 통합하여 발전할 수 있는 기회가 조성	• (낮은 시스템반도체 기술 수준) 최고 기술 보유국 대비 67.8% 수준의 기술 보유로 글로벌 주요국에 비해 낮은 기술 수준으로 인한 혁신 제품 개발 지연 가능성 존재 • (7nm 미만은 공정에 대한 고비용) 7nm 미만의 노드에서 반도체를 생산하려면 비싼 장비와 높은 R&D 및 관리 비용이 발생하고 생산량이 많을 때만 경제성을 달성할 수 있어서 중소기업의 비즈니스에는 높은 리스크로 연결

나. 중소기업 대응전략

❖ 맞춤형 설계 역량 강화

- 중소기업은 공동 설계 인프라 및 EDA 툴을 활용하여 초기 설계 비용을 절감하고, 전문 인력 양성을 통해 설계 역량을 강화할 필요

  - (전략적 설계 인프라 투자) 반도체 설계의 초기 비용 절감을 위해 공동 설계 인프라 및 EDA(Electronic Design Automation) 툴을 공동으로 활용하여 초기 진입 장벽을 낮춤.

    ※ 공동 설계 인프라: 클라우드 기반의 설계 도구 및 서버 자원
    ※ EDA 툴: Synopsys, Cadence와 같은 전문 설계 소프트웨어

  - (전문 설계 인력 확보) 반도체 기업을 퇴직한 반도체 전문가의 경험과 지식을 활용하는 고용 제도를 통해 기업의 기술 격차를 해소하고 실용적인 디자인 역량을 강화하며 인력 부족 문제를 해결하고 설계 역량을 향상 도모

❖ 설계 기술 개발 및 생산 역량 강화

- AI와 6G 등 첨단 기술에 필요한 고성능 시스템 반도체 소자를 개발하여 경쟁력을 확보하고, 첨단 공정 기술을 통해 생산성 향상 추진

  - (설계 기술 개발) 특화된 설계 기술을 개발하여 저전력, 고성능 또는 ASIC(주문형 집적 회로) 등 고유한 요구 사항이 있는 틈새시장을 공략하고, 차별화된 제품 라인업을 구축하여 경쟁 우위를 확보

    ※ 특화된 설계 기술 예시: DFM, 저전력 설계 기법, 통신/자동차/의료용 ASIC 설계 등

  - (제조 기술 확보) 첨단 제조 기술을 확보하기 위해 국내외 연구기관과 협력하여 기술 이전 및 공동 개발을 추진하여 생산성 및 수율을 높이고 원가 경쟁력을 강화

    ※ 첨단 제조 기술: EUV 리소그래피, 3D 패키징, TSV(Through-silicon Via), 원자층 증착(ALD) 등

❖ 공급망 리스크 관리

- 반도체 제조에 필요한 원자재 및 부품의 안정적인 공급을 위해 다각화된 공급망을 구축하고, 재고 관리 시스템을 강화하여 공급 중단 시에도 신속히 대응할 수 있는 체계를 마련

  - (부품 공급 안정화) 반도체 제조에 필요한 원자재 및 부품 공급의 안정성을 확보하기 위해 다각화된 공급망을 구축하고, 다국적 기업과의 협력을 통해 공급망 리스크를 최소화

    ※ 주요 부품: 실리콘 웨이퍼, 금속 배선, 화학 물질 등

- **(재고 관리 시스템 강화)** 수요 변동성에 대응할 수 있는 재고 관리 시스템을 구축하여 공급 중단 시 신속히 대처할 수 있는 체계를 마련

    ※ 불확실한 수요 변동: IT 제품의 급변하는 시장 수요, 자연 재해로 인한 공급 불안
    ※ 재고 관리 시스템: 예측 기반 재고 관리, JIT(Just-In-Time) 시스템 등

❖ 해외 시장 진출 및 협력 강화

➡ 주요 반도체 소비국가와의 네트워크를 강화하여 해외 시장 진출 기회를 확대하고, 현지 파트너와의 협력을 통해 시장 접근성을 향상

- **(글로벌 네트워크 구축)** 주요 반도체 소비국가와의 비즈니스 네트워크를 강화하여 해외 시장 진출 기회를 확대하고, 현지 파트너와의 협력을 통해 시장 접근성 향상

    ※ 주요 반도체 소비국: 미국, 중국, 독일, 일본, 한국

- **(표준 및 인증)** 국제적인 품질 및 환경 기준을 준수하여 글로벌 시장에서의 신뢰도를 높이고, 표준 준수와 인증 획득을 통해 수출 확대 추진

    ※ 주요 국제 표준 및 인증: ISO 9001(품질 관리), ISO 14001(환경 관리), JEDEC 표준, ISO 26262(자동차 기능안전), IATF 16949(차량용 반도체 품질 보증), AEC-Q100(차량용 반도체 신뢰성 평가)

❖ 지속 가능한 기술 개발 및 성장 추구

➡ 친환경 소재 사용 및 에너지 효율 향상을 위한 기술 등이 정부 이니셔티브가 되고 관련 활동을 하는 중소기업이 정부 지원 대상이 되어 기술 혁신 장려 요청

- **(지속 가능한 기술 개발)** 친환경 소재와 에너지 효율을 고려한 지속 가능한 반도체 기술을 개발하여 환경 규제에 대응하고 장기적인 성장을 도모

    ※ 친환경 소재: 무독성 화학 물질, 재활용 가능한 반도체 재료
    ※ 에너지 효율: 저전력 소자, 고효율 전력 관리 시스템

- **(파트너십 강화)** 우수 사례를 공유하고 지속 가능한 기술을 개발하기 위해 중소기업, 연구 기관, 대형 반도체 기업 간의 협력을 통해 상호 이익이 되는 생태계를 육성

    ※ 대표 사례 : Arm Flexible Access(AFA), Fabless Challenge, 인천 반도체 산업 동반 생태계 조성사업 등

제3절 품목 로드맵

1 품목 후보군 도출 및 선정

가. 품목 후보군 도출

✱ '23년도 기술로드맵 전략품목 검토 및 통합조정, Middle-Up-Down 신규 품목 발굴을 통한 「시스템반도체」 품목 후보군 8개 최종 도출

[시스템반도체 분야 품목 후보군]

구분	품목	설명	출처
1	전력반도체	• 전력 에너지를 변환·전송·제어하는 반도체로, 전압, 전류, 주파수, 직류(DC)/교류(AC) 등을 변환하는 역할을 담당하는 부품	'23년 기술로드맵
2	아날로그·디지털 제어 반도체	• 빛, 소리, 온도와 같이 연속적인 아날로그 신호를 디지털 신호로 변환 또는 역변환하는 반도체	'23년 기술로드맵
3	시스템반도체 설계 IP	• 반도체 칩 개발에 필요한 반도체 IP를 의미, 여러 종류의 칩에서 공통적으로 반복 사용 가능한 특정 기능을 회로로 구현된 범용 회로 블록을 말하며, IP 구동에 필요한 펌웨어 및 시스템 소프트웨어까지 포함	'23년 기술로드맵
4	보안용 반도체·솔루션	• 데이터 탈취, 위변조, 불법 복제, 도용 등을 방지하고 해킹을 감지, 차단하며 안전한 정보의 교환 및 저장을 위한 인증 및 암/복호화, 침입 감지/차단 반도체 및 HW/SW 통합 솔루션	'23년 기술로드맵
5	차량용 반도체	• 자동차 내부에서 사용되는 반도체로, 각종 차량 시스템을 제어하고 센서, 엔진, 트랜스미션 등의 장치들을 움직이는 모터 등의 구동장치에 사용됨. 차량용 반도체는 전력반도체, ECU, 센서, 자율주행 반도체, 인포테인먼트용 반도체 등으로 구분 가능	'23년 기술로드맵
6	바이오·헬스케어용 반도체	• 환자 맞춤형 진단 및 치료로 바뀌고 있는 의료 환경 패러다임의 변화와 더불어 개인의 생활습관, 질병의 진단과 치료, 예후 등에 대한 대용량 데이터를 확보하여 분석하면서 서비스를 제공하는 장치에 활용	'23년 기술로드맵
7	센서 반도체	• 물리적, 화학적, 생물학적 신호를 감지하고 이를 전기 신호로 변환하는 반도체로, 다양한 환경 변화를 실시간으로 모니터링하고 제어할 수 있는 기술	전문가
8	인공지능 반도체	• AI 알고리즘과 연산을 효율적으로 처리하도록 설계된 반도체로, 고성능 병렬 연산과 딥러닝, 머신러닝 작업을 지원하며, AI 기반 시스템의 성능을 극대화하는 역할	전문가

출처: '23년 기술로드맵, 중소기업 니즈, 수요처 니즈, 대국민(재밍), 전문가 등

나. 전략품목 선정

❖ 전략품목 선정 결과

➡ 전문위원회 평가 및 최종 검토를 통한 전략품목 6개 선정

구분	전략품목명	개요	개발 목표
1	차량용 반도체	• (정의) 차량에 사용되는 반도체로, 각종 차량 시스템을 제어하고 센서, 엔진, 트랜스미션 등의 장치들을 움직이는 모터 등의 구동장치에 사용되는 전력반도체, ECU, 센서, 자율주행 반도체, 인포테인먼트용 반도체 등을 포함 • (범위) 차량에 사용되는 자율주행 반도체 설계, 전기자동차 반도체 설계, 커넥티드카 반도체 설계, 차량 제어 반도체 설계, 반도체 신뢰성 및 기능안전 기술, 이에 따른 모듈, ECU, 펌웨어, 시스템소프트웨어의 개발을 포함	차량에 사용되는 신뢰성과 기능안전이 높은 시스템반도체 설계, 이에 따른 모듈, ECU, 펌웨어, 시스템소프트웨어의 개발
2	바이오·헬스케어용 반도체	• (정의) 환자 맞춤형 진단과 치료기술 등 바이오·헬스케어 기술에 사용되는 반도체로, 개인의 생활습관, 질병의 진단/치료/예후 등에 대한 대용량 데이터를 확보에 활용되는 감지, 신호처리, 통신용 반도체 등을 포함 • (범위) 환자 맞춤형 진단과 치료기술과 클라우드 기반의 디지털 헬스케어기술 등을 포함	다양한 바이오과 헬스케어 산업에 적용되는 기기와 서비스 산업의 활성화를 위한 반도체 적용 기술 확보
3	전력반도체	• (정의) 하이파워 전력을 변환·처리·제어 하는 반도체로, 전기를 변환하는 부분에서 전압, 전류, 주파수, 직류(DC)/교류(AC) 등 전기형태를 변환하는 스위치 역할을 담당하는 반도체 등을 포함 • (범위) 전기자동차, 태양광, 사물인터넷, 인공지능, 모바일 기기, 그리드 전력망 등 전력의 제어가 필요한 모든 전기전자제품 및 시스템의 핵심부품 등을 포함	기반 소자기술 및 모듈 기술 확보에 따른 다양한 산업분야 적용

4	아날로그·디지털 제어 반도체	• (정의) 빛, 소리, 온도와 같이 연속적인 아날로그 신호를 디지털 신호로 변환하거나 디지털 신호를 아날로그 신호로 역변환하는 반도체로, 물리적, 화학적, 생물학적 신호를 감지하여 이를 전기 신호로 변환하는 센서반도체 등을 포함 • (범위) 아날로그·디지털제어 반도체 구현 기능에 따라 ADC, 증폭기(Amplifier), 비교기(Comparator), 인터페이스(Interface), 통신(Communication), 센서(Sensors) 등 연속적인 신호를 감지 및 처리하는 아날로그 반도체와 DSP(Digital Signal Processing), 음성인식 등을 위한 프로세서, MCU, Actuator 구동 및 제어용 반도체 등 디지털화된 신호를 감지, 처리, 제어하는 디지털 반도체	아날로그, 디지털제어 반도체 기술의 확보와 국내 파운드리 서비스와 연계를 통한 맞춤 생산 등 자급 공급망 확보와 국내외 수요처 다변화
5	시스템반도체 설계 IP	• (정의) 반도체 칩 개발에 필요한 반도체 IP로, 여러종류의 칩에서 공통적으로 반복 사용 가능하도록 특정 기능을 회로로 구현한 범용 회로 블록을 말하며, IP 구동에 필요한 펌웨어 및 시스템, 소프트웨어 등을 포함 • (범위) 특정 공정 기술에 최적화된 Hard IP, HDL로 기술되어 공정에 무관한 Soft IP, IP를 구동하기 위한 펌웨어 및 시스템소프트웨어, FPGA 구현 및 검증, MPW 구현 및 검증을 포함	시스템반도체 설계 및 개발에 필요한 각종 반도체 IP 설계, 이에 따른 FPGA, MPW 검증, 이에 따른 펌웨어, 시스템소프트웨어의 개발을 포함
6	보안용 인공지능 반도체	• (정의) 인공지능(AI) 기술의 구현과 데이터 보안 기능을 결합한 고성능 반도체로, AI 연산 처리와 시스템 보호를 동시에 수행하도록 설계되어 AI 모델 학습 및 추론 가속화, 데이터 암호화, 인증, 보안 부트(Secure Boot)와 같은 핵심 기능을 포함 • (범위) 데이터 탈취, 위변조, 불법 복제, 도용 등을 방지하고 해킹을 감지, 차단하며 안전한 정보의 교환 및 저장을 위한 인증 및 암/복호화, 침입 감지/차단 반도체 및 HW/SW 통합 솔루션	보안용 인공지능 반도체 알고리즘 구현, FPGA, 반도체칩 개발 및 산업분야 적용

전략품목 정의서

01 차량용 반도체

구분		내용
개발 방향(유형)		■ 미래 산업 응용 특화 　　　□ 에너지 효율 및 정밀 제어 □ 지능형 시스템 지원
분류 체계	산업기술	- 반도체 소자 및 시스템
	과학기술	- ED04 반도체 소자·회로
주요 이슈		- 미래차 트렌드에 따라 차량 1대당 탑재되는 차량용 반도체 수가 증가하고 있으나 현재 생산이 수요를 따라가지 못해 반도체 품귀 현상으로 자동차 산업의 단일 장애점 (Single Point of Failure)으로 여겨지고 있음 • 국내 차량용 반도체 기업의 숫자나 규모가 크지 않은 편이어서 국내 자동차 산업이 외국 차량 반도체 회사에 크게 의존하고 있으며 차량용 반도체를 육성하지 않을 경우 국내 자동차 산업에 큰 위험 요소가 될 수 있음 • 특히 차량 전자 시스템이 중앙 제어 아키텍쳐 (Zonal Architecture)로 변화함에 따라 NXP, STMicro, TI, Infineon 등 몇몇 외국 차량 반도체 회사의 시장 지배력이 더욱 크게 확대되고 있어서 국내 자동차 산업의 보호를 위해서라도 국내 차량 반도체 기업의 육성이 절실함 - 차량용 반도체의 최근 트렌드로 자율주행 반도체, 전기자동차 반도체, 커넥티드카 반도체 등을 들 수 있음 • 자율주행 반도체는 자율주행 제어를 수행하는 AD, ADAS 반도체, 차량 주위 환경을 감지하는 센서 반도체 등을 들 수 있음 • 전기자동차 반도체는 고전압 대전류를 변환 제어하는 전력 반도체, 배터리의 충방전, 제어, 보호를 수행하는 BMS 반도체 등을 들 수 있음 • 커넥티드카 반도체는 차량과 외부 간의 무선 통신을 수행하는 C-V2X, DSRC/WAVE 반도체, 차량 내의 유선 통신을 수행하는 Ethernet, CAN/CAN-FD 반도체, 차량 통신에 필수적인 차량 보안 반도체 등을 들 수 있음
정의 및 범위		- (정의) 차량용 반도체는 차량의 전자 제어를 담당하는 반도체이며 자율주행, 전기자동차, 커넥티드카 등 미래 자동차를 주요 타겟으로 하는 다양한 시스템반도체를 말함 - (범위) 차량에 사용되는 자율주행 반도체 설계, 전기자동차 반도체 설계, 커넥티드카 반도체 설계, 차량 제어 반도체 설계, 반도체 신뢰성 및 기능안전 기술, 이에 따른 모듈, ECU, 펌웨어, 시스템소프트웨어의 개발을 포함함

- 차량에 사용되는 신뢰성과 기능 안전이 높은 시스템반도체 설계, 이에 따른 모듈, ECU, 펌웨어, 시스템소프트웨어의 개발을 포함함

	핵심 요소기술 명칭	기술개발 목표
개발목표	프로세서 반도체 기술	• 자율주행의 핵심 연산을 수행하고 차량 전체를 제어하기 위한 프로세서 반도체 기술
	센서 반도체 기술	• 차량 주위 환경을 인식하여 자율주행을 수행하기 위한 비전, 레이더, 라이다, 초음파 등 센서 반도체 기술과 이에 따른 물체 인식, 신호 처리, 센서 퓨전 기술
	전력 반도체 기술	• 고전압 대전류의 변환과 모터 제어를 수행하는 SiC, GaN, PMIC 등 전력 반도체 기술
	BMS 반도체 기술	• 배터리의 충전, 방전, 모니터링, 보호, 밸런싱, 폭발 감지, 잔량 추정, 수명 예측 등을 수행하는 BMS 반도체 기술
	V2X 반도체 기술	• 커넥티드카와 외부 사이의 통신을 수행하는 C-V2X, DSRC/WAVE 등 무선통신 반도체 기술
	IVN 반도체 기술	• 차량전자시스템내의 Ethernet, CAN/CAN-FD/CAN-XL, FlexRay, LIN, SENT 반도체와 이를 통합한 네트워크 프로세서 반도체 기술
	보안 반도체 기술	• 차량의 해킹, 탈취, 오동작, 부정 제어를 방지하는 암복호화 및 인증 반도체, 해킹 감지 및 차단 반도체 기술
	차량 제어 반도체 기술	• 차량의 주행, 조향, 제동, 현가, 공조, 편의 장치를 제어하는 반도체와 이에 따른 안정 주행, 충돌 방지, 승차감 향상 기술
	반도체 신뢰성 및 기능안전 기술	• 가혹한 온도, 습도, 내외부 전자파 등에 의해 차량용 반도체가 오동작하지 않게 하는 신뢰성 기술, 차량용 반도체에 설계 또는 구현 결함이 있어도 사고나 위해를 초해하지 않도록 회피하는 기능안전 기술

02 바이오·헬스케어용 반도체

구분		내용
개발 방향(유형)		■ 미래 산업 응용 특화　　□ 에너지 효율 및 정밀 제어 □ 지능형 시스템 지원
분류 체계	산업기술	- 전기·전자-반도체소자 및 시스템
	과학기술	- 과학기술-인공물-전기/전자-반도체 소자·회로
주요 이슈		- (감염병진단) COVID-19 이후 다양한 감염병의 사전 대응을 위한 감염병 진단용 바이오 전용 시스템반도체 기술의 수요 증가 　• (실시간처리) 다양한 현장에서 감염병을 실시간 진단할 수 있는 반도체 기술이 적용된 진단키트 수요 증가 　• (고감도감지) 유전자 증폭 없이 또는 저증폭된 시료를 진단할수 있는 반도체 기술 기반의 고감도 감지기술 - (맞춤형헬스케어) 인공지능 및 IT 기술과 결합된 개인 맞춤형 헬스케어 기술 　• (개인용헬스케어) 가정 및 사무공간 등 병원이 아닌 다양한 공간에서 개인의 건강관리를 위한 개인용 헬스케어기기의 시장 확대 　• (AI기반헬스케어) 다양한 개인의 생체정보를 기반으로 질병 예방, 치료 등을 위한 개인용 헬스케어기기의 수요 확대 - (첨단산업 초격차기술) '24년 산업통상자원부는 「新산업정책2.0」 전략을 발표하여 바이오 산업을 초격차 확보가 필요한 첨단산업으로 지정함 　• (공정고도화) 첨단바이오의약품 제조공정 고도화 R&D 기획 진행중 　• (바이오소부장) 바이오 제조 경쟁력 강화를 위한 「바이오 소부장 기술개발 로드맵*」 마련 　　* 바이오 핵심원료, 부자재, 장비 등 60개 핵심품목의 단계적 기술개발 로드맵
정의 및 범위		- (정의) 바이오·헬스케어용 반도체기술은 식품, 미용, 의료, 건강관리를 위한 다양한 분야에 활용되는 시스템반도체 기술임 　• (바이오반도체) 배양, 진단, 검사, 치료 등의 바이오 기술에 적용되는 감지, 신호처리, 통신 등을 위한 시스템반도체 기술 　• (헬스케어반도체) 개인의 건강관리 및 질병 예후 분석을 위한 보조형 의료기기 또는 헬스케어에 적용되는 감지, 신호처리, 통신 등을 위한 시스템반도체 기술 - (범위) 환자 맞춤형 진단과 치료기술과 클라우드 기반의 디지털 헬스케어기술 등을 포함 　• (바이오반도체) 식품, 화장품, 의료 산업(X-ray, MRI, CT 등 의료기기)에 활용되는 기술 　• (헬스케어반도체) 피부관리, 수면분석 등을 위해 적용되는 침습, 비침습 등 웨어러블 형태의 기기)에 활용되는 기술

	핵심 요소기술 명칭	기술개발 목표
개발목표	바이오 물질 배양기술	• 식품, 화장품, 의료 등의 제품에 활용되는 다양한 바이오 소재 및 물질의 안전성 평가 및 검증을 위한 반도체 기반의 배양환경과 성능평가기술 확보 (3D 생체조직칩/오가노이드, MPS 등)
	바이오 신호 감지기술(센서기술)	• 뇌파, 심전도 등의 생체신호와 바이러스, 세균 등 바이오 물질로부터 발생되는 다양한 바이오 신호를 기반으로 신체 상태를 모니터링할 수 있는 시스템 반도체 기술 확보
	바이오 신호처리 기술	• 다양한 자극으로부터 획득 및 변환된 전기 및 광 신호의 분석과 처리를 위한 신호처리 및 신호분석(인공지능 기반의 패턴인식 및 처리 기술)을 위한 시스템반도체 기술 확보
	바이오 자극 기술	• 치료와 진단을 위해 사용되는 다양한 물리적 및 화학적 자극원(광, 초음파, 전자기파, 이온, X-ray, 가스 등)을 구현하기 위한 시스템반도체 기술 확보
	통신 기술	• 감지부로부터 획득된 신호의 전달과 처리 및 저장을 위한 신호 전송용 반도체 기술로 유선과 무선기술 확보 (IEEE 802.15.6 인체통신 표준기반 통신 시스템반도체 기술 등)

- 다양한 바이오과 헬스케어 산업에 적용되는 기기와 서비스 산업의 활성화를 위한 반도체 적용 기술 확보

03 전력반도체

구분		내용
개발 방향(유형)		☐ 미래 산업 응용 특화　　■ 에너지 효율 및 정밀 제어 ☐ 지능형 시스템 지원
분류체계	산업기술	- 대분류 : 전기·전자 - 중분류 : 반도체소자 및 시스템
	과학기술	- 대분류 : ED. 전기/전자 - 중분류 : ED04 반도체소자·회로
주요 이슈		- 최근, SiC 반도체 및 GaN 반도체의 기술 개발의 효과로 높은 에너지 변환 효율 및 전력 전송 효율 특성 맞는 전기자동차, 모바일 기기의 충전 포트, 데이터 센터, 전력 그리드망 등, 다양한 분야에서 수요가 늘어나고 있는 추세. 특히 전기자동차와 모바일 기기의 경우 새로운 시장수요에 의해 그 개발 시급성이 크고, 다양한 수요에 대한 확장 가능성도 매우 큼 • SiC 반도체의 경우, 고온, 고전력, 고전압 특성이 우수하고 기존 실리콘 반도체의 제조공정과 호환되며 우수한 안정성과 양산성을 장점으로 미래 반도체 분야에서 신산업 투자분야로 급성장 중임. GaN 반도체의 경우, 고전력 특성과 빠른 스위칭 응답특성으로 저전력의 고속 무선충전 전력 소자 시장의 확장성이 매우 큼 • 전력반도체의 경우, 파운드리를 이용한 소자 레벨의 제품군과 이를 이용한 전력 모듈 기술 개발이 거대 투자 없이 중소기업에서 충분히 기술력을 확보할 수 있는 분야로 판단되며 이를 기반으로 다양한 사업 확장이 용이할 것으로 판단됨.
정의 및 범위		- (정의) 전력 에너지를 변환·전송·제어하는 반도체로, 전압, 전류, 주파수, 직류(DC)/교류(AC) 등을 변환하는 역할을 담당하는 부품 - (범위) 전기자동차, 태양광, 사물인터넷, 인공지능, 모바일 기기, 그리드 전력망 등 전력의 제어가 필요한 모든 전기전자제품 및 시스템의 핵심부품 등을 포함
개발목표		- 기반 소자기술 및 모듈 기술 확보에 따른 다양한 산업분야 적용

핵심 요소기술 명칭	기술개발 목표
전력소자 효율 및 신뢰성 향상 기술	• 전력 밀도 증가에 따른 소자 열화를 해결하기 위한 전력 효율 및 신뢰성 향상 기술 구현
전력 소자 및 모듈 방열 향상 기술	• 고전압/대전류의 동작 시 발열에 의한 손실로 소자의 성능저하 및 심각한 경우 소자의 파괴로 이어질 수 있는 상황 이를 방지하기 위한 소자 및 모듈 방열 설계 및 구조 개발
고전압 대전류 평가 기술	• 고전압/대전류 소자 및 모듈의 동작 메커니즘을 분석한 특성 분석 기술 구현
전력소자의 모듈 제조 기술	• 전력소자와 주변 부품으로 이루어진 모듈을 제작하는 제조기술로 최적의 모듈 제작과 이를 수정하는 repair 기술을 결합한 제조 기술 구현

04 아날로그·디지털제어 반도체

구분		내용
개발 방향(유형)		☐ 미래 산업 응용 특화 ■ 에너지 효율 및 정밀 제어 ☐ 지능형 시스템 지원
분류 체계	산업기술	- 전기 · 전자-반도체소자 및 시스템
	과학기술	- 과학기술-인공물-전기/전자-반도체 소자·회로
주요 이슈		- **IT 산업전반에 활용되는 아날로그·디지털제어용 시스템반도체의 적용 분야 확대** • (아날로그반도체) 가전, 자동차, 다양한 산업시스템 등에 확대 적용되고 있어 아날로그 반도체의 수요가 증가하고 있음 • (디지털제어반도체) 인공지능기술이 모바일, IoT, 통신, 자동차 등 모든 산업에 적용되며 대용량의 디지털 처리와 제어를 위한 신호의 처리와 저장용 반도체 수요가 증가하고 있음 - **아날로그·디지털제어 반도체의 시장확대** • (아날로그반도체) IC인사이트에 따르면 '24년 아날로그반도체 시장 규모는 전년 대비 12%가 성장한 832억 달러 규모로 예상됨 • (디지털제어반도체) 인공지능(AI) 반도체 매출이 큰 폭으로 성장하면서 글로벌 AI 기반 반도체 매출은 '23년 536억6천만달러(약 73조원)에서 올해 712억5천만달러 (약 97조원)로 33% 증가할 것으로 예상됨(테크포럼, 인공지능 반도체 및 시스템반도체 기술개발 동향 및 시장전망 인용) - **고신뢰·고성능·저전력화·고집적화** • (고신뢰·고성능) 우주, 국방 등 고신뢰와 고성능의 반도체의 수요증가로 극한환경에서 적용 가능한 반도체 수요 증가 예상 • (저전력화·고집적화) 디지털제어 반도체의 경우 처리속도에 따라 소모전력의 감소가 필요하며 3nm 이하의 미세공정으로 초고집적화가 진행중임
정의 및 범위		- **(정의) 연속적인 아날로그 신호(빛, 소리, 온도 등)를 디지털 신호로 변환하거나, 디지털 신호를 아날로그 신호로 역변환하는 기능을 포함한 반도체 기술로, 물리적, 화학적, 생물학적 신호를 감지하여 이를 전기 신호로 변환하는 센서반도체를 포함함** • (아날로그반도체) 빛, 열, 압력 등의 물리적인 정보, 가스 등의 화학적인 정보, 바이러스 등의 바이오 정보 등의 아날로그 신호를 감지하여 전기적 신호로 변화하는 시스템반도체 기술 • (디지털제어반도체) 디지털화된 신호의 처리, 분석, 판단, 제어를 위한 시스템반도체 기술 - **(범위) 아날로그·디지털제어 반도체 구현 기능에 따라 아래와 같은 예** • (아날로그반도체) ADC, 증폭기(Amplifier), 비교기(Comparator), 인터페이스 (Interface), 통신(Communication), 센서(Sensors) 등 연속적인 신호를 감지 및 처리하는 시스템반도체 • (디지털 반도체) DSP(Digital Signal Processing), 음성인식 등을 위한 프로세서, MCU, Actuator 구동 및 제어용 반도체 등 디지털화된 신호를 감지, 처리, 제어하는 시스템반도체

- 아날로그, 디지털제어 반도체 기술의 확보와 국내 파운드리 서비스와 연계를 통한 맞춤 생산 등 자급 공급망 확보와 국내외 수요처 다변화

	핵심 요소기술 명칭	기술개발 목표
개발목표	ADC/DAC 시스템반도체	• 고성능 아날로그 – 디지털 또는 디지털-아날로그 신호 변환 시스템반도체 기술 확보
	제어용 시스템반도체	• 전자 제어를 위한 Micro 컨트롤러 및 관련 SW를 • 임베디드하여 원칩화한 고집적, 저전력 시스템반도체 기술 확보 (MCU, NPU, GPU 등)
	센서용 시스템반도체	• 물리적(진동, 소리, 빛 등), 화학적(가스, 이온 등), 생물학적 신호(바이러스 등)를 감지하여 이를 전기 신호로 변환하는 고성능·고신뢰 시스템반도체 기술 확보
	Actuator, 로봇 구동용 시스템반도체	• 모터, 로봇 등의 액츄에이터를 구동에 사용되는 고성능·고신뢰 시스템반도체 기술 확보
	DSP 시스템반도체	• 디지털 신호를 고속 및 다중 연산하여 고속, 저전력 처리가 가능한 시스템반도체 기술 확보

05 시스템반도체 설계 IP

구분		내용
개발 방향(유형)		☐ 미래 산업 응용 특화　　■ 에너지 효율 및 정밀 제어 ☐ 지능형 시스템 지원
분류 체계	산업기술	- 반도체 소자 및 시스템
	과학기술	- ED04 반도체 소자 · 회로
주요 이슈		- 최근 시스템반도체 부품이 모빌리티, 가전, 바이오, 헬스케어, 우주, 항공, 국방, 에너지 등 다양한 산업 분야에서 활용되며 산업의 경쟁력의 핵심이 되고 있음 • 시스템반도체의 다양한 응용 분야에 대응하기 위해 매우 많은 기능 블록이 필요하며 이들 기능 블록의 복잡도와 전문성이 높아서 시스템반도체 설계 회사가 이들 기능 블록을 모두 자체 개발하기에는 많은 어려움을 겪고 있음 • 이들 기능 블록은 대부분 국제 표준 또는 사실상 표준으로 그 역할과 기능이 정해져 있기 때문에 재사용 가능한 반도체 IP의 형태로 구매하여 사용되는 경우가 많음 • 반도체 IP의 복잡도가 크게 증가함에 따라 반도체 IP의 판매 가격도 크게 상승하고 있으며 이에 따라 반도체 IP 회사의 시장 경쟁력이 크게 강화되고 있으며 다양한 반도체 IP가 활발하게 시장에 공급되고 있음 • 반도체 IP는 종류가 다양하고 다품종 소량생산이 많기 때문에 대기업보다는 중소기업에 적합하며 실제로 반도체 IP 회사의 대부분은 검증된 기술력을 가진 중소기업임 - 대부분의 시스템반도체가 TSMC, 삼성전자와 같은 파운드리 회사에서 위탁 생산되고 있기 때문에 파운드리 회사와 반도체 IP 회사의 협력 관계와 생태계 조성이 매우 중요해지고 있음 • 시스템반도체 설계 회사가 파운드리 회사에 위탁 생산을 맡길 때 중요하게 참고하는 기준 중의 하나가 다양한 반도체 IP 보유 여부이기 때문에 파운드리 회사와 반도체 IP 회사가 밀접하게 연결되어 산업 생태계를 조성하고 있음 • 이에 따라 반도체 IP 회사는 시스템반도체 회사들을 개별적으로 상대할 때보다 반도체 IP의 판매 기회가 크게 확대되고 수익성도 크게 좋아지고 있음 • 특히 우리나라는 시스템반도체 설계 회사, 파운드리 회사, 반도체 IP 회사가 다양하게 잘 발달되어 있으며 반도체 IP가 시스템반도체 산업 전반에서 필수적인 역할을 수행하고 있기 때문에 중소기업 위주의 반도체 IP 지원 정책이 절실하게 필요함
정의 및 범위		- (정의) 시스템반도체 설계 IP는 반도체 칩 개발에 필요한 반도체 IP로, 여러 종류의 칩에서 공통적으로 반복 사용 가능하도록 특정 기능을 미리 구현해놓은 기능 블록을 말함 - (범위) 특정 공정 기술에 최적화된 Hard IP, HDL로 기술되어 공정에 무관한 Soft IP, IP를 구동하기 위한 펌웨어 및 시스템소프트웨어, FPGA 구현 및 검증, MPW 구현 및 검증을 포함함

- 시스템반도체 설계 및 개발에 필요한 각종 반도체 IP 설계, 이에 따른 FPGA, MPW 검증, 이에 따른 펌웨어, 시스템소프트웨어의 개발을 포함함

	핵심 요소기술 명칭	기술개발 목표
개발목표	반도체 IP 설계 기술	• 시스템반도체를 설계할 때 반도체 내에 포함시켜 재사용 가능한 기능 블록인 반도체 IP의 설계 기술, 연결 기술, 제어 기술, 구현 기술, 검증 기술, 공정 최적화 기술
	프로세서 코어 설계 기술	• 시스템 연산과 제어를 담당하는 프로세서 코어의 명령어 집합, 아키텍쳐, 연산기 유닛, 가속기 유닛, 메모리 시스템, 버스 시스템, 고속화 및 저전력 기술
	인공지능 연산 코어 설계 기술	• 다양한 AI 기능을 수행하기 위한 인공지능 연산 코어의 아키텍쳐, 연산기 유닛, 메모리 시스템, 버스 시스템, 온디바이스 알고리즘, 고속화 및 저전력 기술
	네트워크 및 인터페이스 설계 기술	• 표준에 기반한 LTE, 5G, Ethernet, WiFi, BT 등 네트워크 IP 기술, MIPI, HDMI, DP, SERDES 등 인터페이스 IP 기술
	SW-SoC 설계 기술	• 어플리케이션을 HW, SW로 단일 프레임워크 내에서 함께 설계 및 구현하는 HW-SW Codesign 기술, 시스템반도체 칩만으로 수행하기 어려운 다양하고 복잡한 어플리케이션을 소프트웨어 융합으로 해결하는 기술

06 보안용 인공지능 반도체

구분		내용
개발 방향(유형)		☐ 미래 산업 응용 특화 ■ 에너지 효율 및 정밀 제어 ☐ 지능형 시스템 지원
분류 체계	산업기술	- 대분류 : 전기·전자 - 중분류 : 반도체소자 및 시스템
	과학기술	- 대분류 : ED. 전기/전자 - 중분류 : ED04 반도체소자·회로
주요 이슈		- 인공지능 기술은 여러 가지의 알고리즘(DL)이 제시됨. 그러나 성능에 대한 기대 확보가 어려웠지만 최근 인공지능 반도체(GPU)의 속도 증대와 더불어 비약적인 발전을 하며, 최근 GPU의 초고속 성능 증대는 더욱 인공지능 발전을 가속함. • GPU는 초기 고화질 그래픽 연산을 처리하기 위해 개발되었으나, 인공지능 딥러닝의 반복적인 연산을 행렬 연산을 병렬처리하여 수백개의 연산 프로세서에 그대로 적용시킬 수 있어서, 인공지능 연산의 핵심 반도체로 역할 수행 • FPGA(Field Programmable Gate Array)는 여러 가지 용도에 RTL 프로그램을 재활용 할 수 있기 때문에 개발시간 단축과 높은 유연성에 따라 인공지능 알고리즘 변화에 효과적 적시 대응 - 주로 NPU는 GPU의 복잡한 연산구조를 단순화 시킨 구조로 주로 ASIC의 형태로 개발되고 있음, 인공지능 연산에 최적화된 메모리 중심 컴퓨팅(Memory-Centric Computing), 뉴로모픽 반도체, 데이터프로세서(DPU) 등 구현을 위한 활발한 연구 진행 - 보안반도체는 최근 인공지능 기술 기반의 다양한 도발을 감지하고 차단하는 기능의 반도체가 발전하고 있으며, 또한 암복호화 등 기존의 암호칩의 개발도 다양하게 추진되고 있음 • 보안용 인공지능 반도체는 중소기업의 창의적 아이디어로 알고리즘 구현 단계 및 FPGA 검증단계 그리고 반도체 칩의 개발 및 양산단계까지 다양하게 적용할 수 있을 것으로 판단
정의 및 범위		- (정의) 인공지능 알고리즘을 효율적으로 실행할 수 있는 가속화 기능을 갖추고 있으며, 동시에 민감한 데이터를 안전하게 처리하고 보호하는 암호화 및 인증 기능을 포함하는 반도체 - (범위) 데이터 탈취, 위변조, 불법 복제, 도용 등을 방지하고 해킹을 감지, 차단하며 안전한 정보의 교환 및 저장을 위한 인증 및 암/복호화, 침입 감지/차단 반도체 및 HW/SW 통합 솔루션
개발목표		- 보안용 인공지능 반도체 알고리즘 구현, FPGA, 반도체칩 개발 및 산업분야 적용

핵심 요소기술 명칭	기술개발 목표
AI 프로세서 기술	• AI 알고리즘을 위한 고성능 병렬 연산을 지원하며, 딥러닝과 머신러닝, 데이터 처리 같은 연산 처리 구현
AI 반도체 인터페이스	• AI 시스템과 외부 하드웨어 장치 간의 고속 데이터 전송 및 저지연 연결 구현
온디바이스 AI 반도체	• 클라우드와의 연결 없이 기기 자체에서 AI 연산을 수행해 실시간으로 데이터 처리 구현
보안 반도체	• 데이터 탈취, 위변조, 불법 복제, 도용 방지, 해킹 감지, 차단, 안전한 정보의 교환 및 저장을 위한 인증 및 암/복호화, 침입 감지/차단 반도체 구현

2 전략품목 로드맵 구축

(총론) 우리나라의 시스템반도체 생태계 강화 및 상용화 필요성 이슈에 대응하는 산업 응용형 반도체, 차세대/고성능 반도체, 지능형 시스템 지원 반도체 개발을 위한 등 품목 로드맵 구축

- (차량용 반도체) 차량에 사용되는 신뢰성과 기능 안전이 높은 시스템반도체 설계
- (바이오·헬스케어 반도체) 다양한 바이오과 헬스케어 산업에 적용되는 기기와 서비스 산업의 활성화를 위한 반도체 적용 기술 확보
- (전력반도체) 기반 소자기술 및 모듈 기술 확보에 따른 다양한 산업분야 적용
- (아날로그·디지털 제어 반도체) 아날로그, 디지털제어 반도체 기술의 확보와 국내 파운드리 서비스와 연계를 통한 맞춤 생산 등 자급 공급망 확보와 국내외 수요처 다변화
- (시스템반도체 설계 IP) 시스템반도체 설계 및 개발에 필요한 각종 반도체 IP 설계
- (보안용 인공지능 반도체) 보안용 인공지능 반도체 알고리즘 구현, FPGA, 반도체칩 개발 및 산업분야 적용

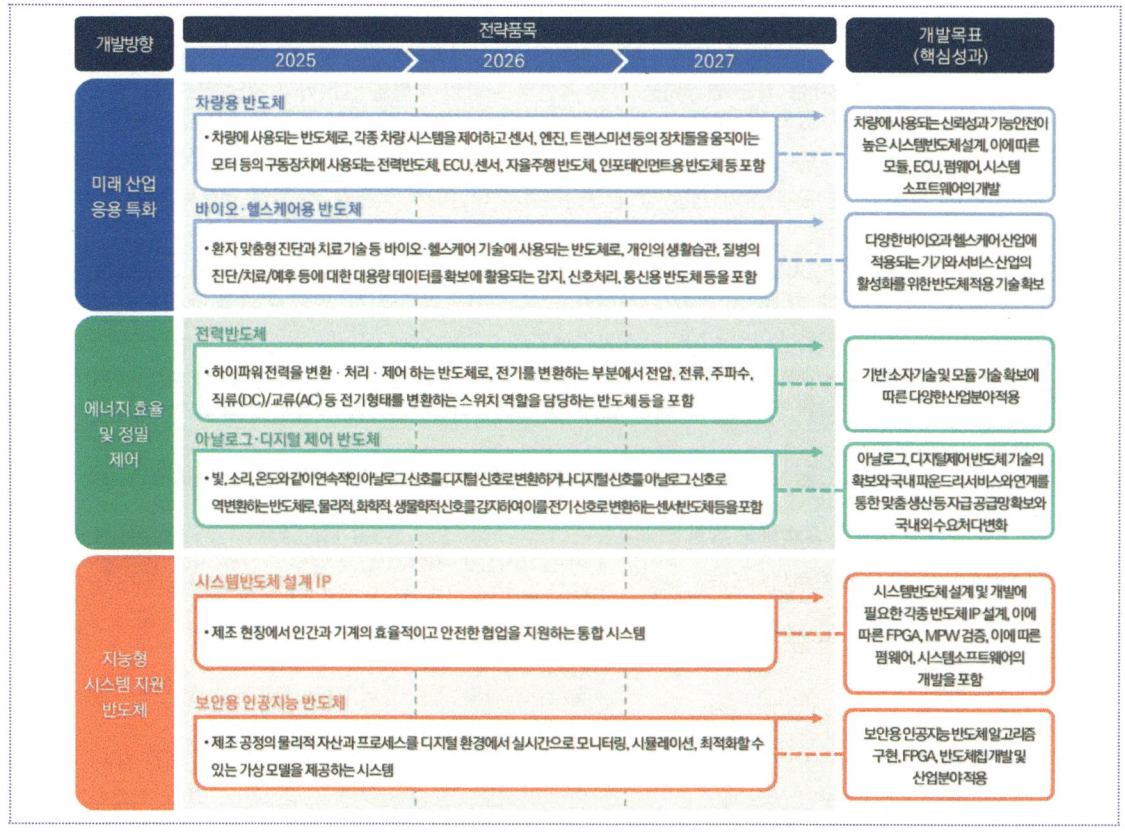

[「시스템반도체」 분야 품목 로드맵]

(2025~2027)

중소기업 전략기술로드맵

제2장. 전략품목 환경분석

01_차량용 반도체

제1절 개요

1. 정의 및 필요성

가. 정의

- 차량용 반도체는 차량 내 시스템을 제어하고 센서, 엔진, 트랜스미션 등의 주요 장치를 작동시키는 핵심 전자소자로, 차량의 전자화 및 자동화를 지원하며 전력반도체, ECU, 센서, 자율주행 반도체, 인포테인먼트용 반도체 등을 포함

  - 차량용 반도체는 높은 신뢰성, 내구성, 온도 안정성을 요구하며, 차량의 환경(진동, 고온, 저온, 습기)에 견딜 수 있도록 설계됨
  - 정보를 처리하기 위한 연산, 추론 등의 목적으로 제작되는 시스템반도체이며, 고전류 출력을 위한 드라이버 IC, 전원을 공급하는 파워 IC, 자동차 전장 시스템을 제어하는 MCU* 등 수많은 반도체가 자동차에 탑재

  * Micro Controller Unit

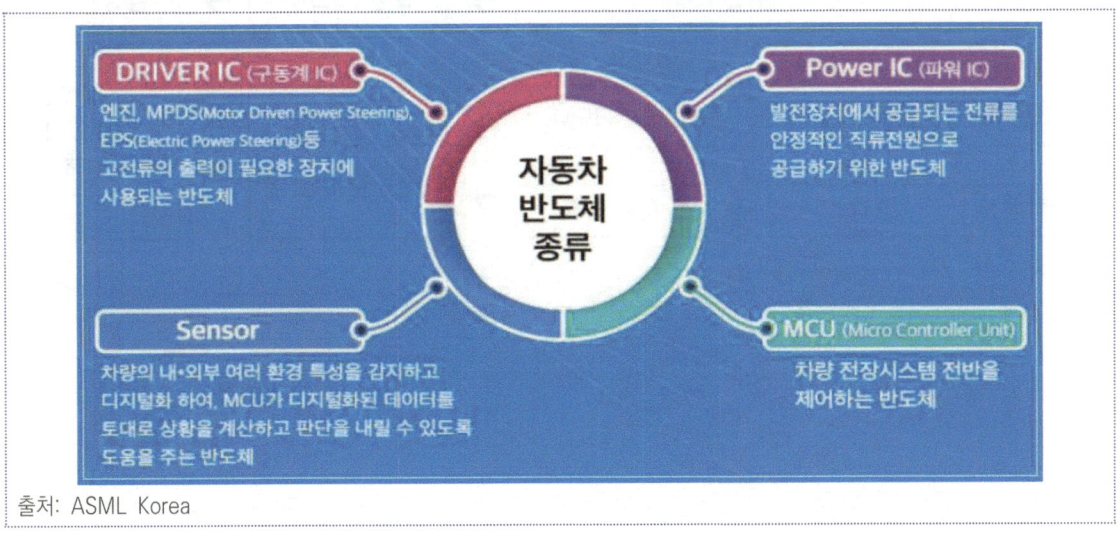

출처: ASML Korea

[차량용 반도체 종류]

- 현재 가솔린, 디젤 등 내연기관 자동차에는 평균 200~300개, 전기차에 1,000개의 반도체가 탑재되고 있으며, 자율 주행차에는 약 2,000개의 반도체가 탑재될 것으로 전망[4]

  - 미래 자동차는 자율주행, 인포테인먼트* 등 부가서비스가 융·복합되어 반도체의 성능이 차량의 기능·안전·편의를 좌우하기 때문에 차량용 반도체의 중요성과 수요가 지속 증가할 것으로 예상

    * Infotainment : 정보(Information)와 오락(Entertainment)의 합성어로 자동차가 이동수단을 넘어 문화와 생활공간으로 거듭나고 있다는 의미

  - 엔진 배출가스 규제 강화로 전기차 및 자율 주행차 개발이 활발해지면서 인포테인먼트, ADAS*, 전기 파워트레인용 전력반도체, 센서 등의 수요가 급증할 것으로 예상

    * 첨단운전자보조시스템(Advanced Driver Assistance System)

- 차량용 반도체의 경우, '부품(반도체 설계→제조)→모듈→시스템→완성차' 순서로 공급되며, 자동차/반도체 산업의 공급망(Value Chain)이 결합된 형태

  - (자동차 VC) 완성차 기업은 1차 협력사를 통해 반도체 간접 조달

  - (반도체 VC) 시스템반도체의 일종인 차량용 반도체는 대부분 설계~제조 분업을 통해 생산되는 것이 일반적이며, 일부는 IDM이 직접 생산

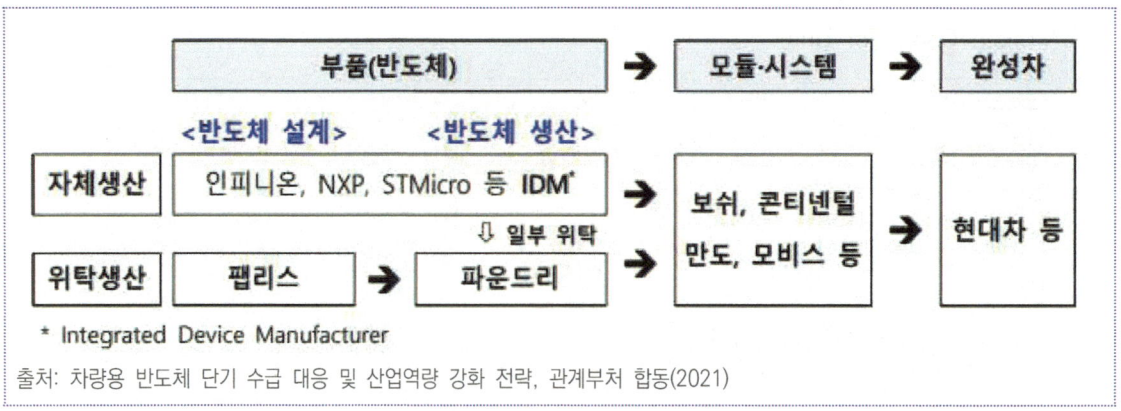

출처: 차량용 반도체 단기 수급 대응 및 산업역량 강화 전략, 관계부처 합동(2021)

[차량용 반도체 공급망 개념도]

---

4) 차량용 반도체 정확히 알자!, 대한민국 정책브리핑 산업통상자원부(2022)

나. 기술 개발 필요성

❋ 최근 자동차 산업은 '모빌리티 산업'으로 확장되고 있으며, 환경 보호 필요성 및 반도체 기술의 비약적 발달에 힘입어, 전기차, 스마트카, 자율주행 등 전동화 트렌드를 중심으로 패러다임 전환 중

- 뉴노멀시대 진입, 기후변화 이슈 및 ICT 기술 발전으로 촉발된 4차 산업혁명 이슈가 내연기관 중심의 글로벌 자동차 산업에 큰 변화를 주고 있음

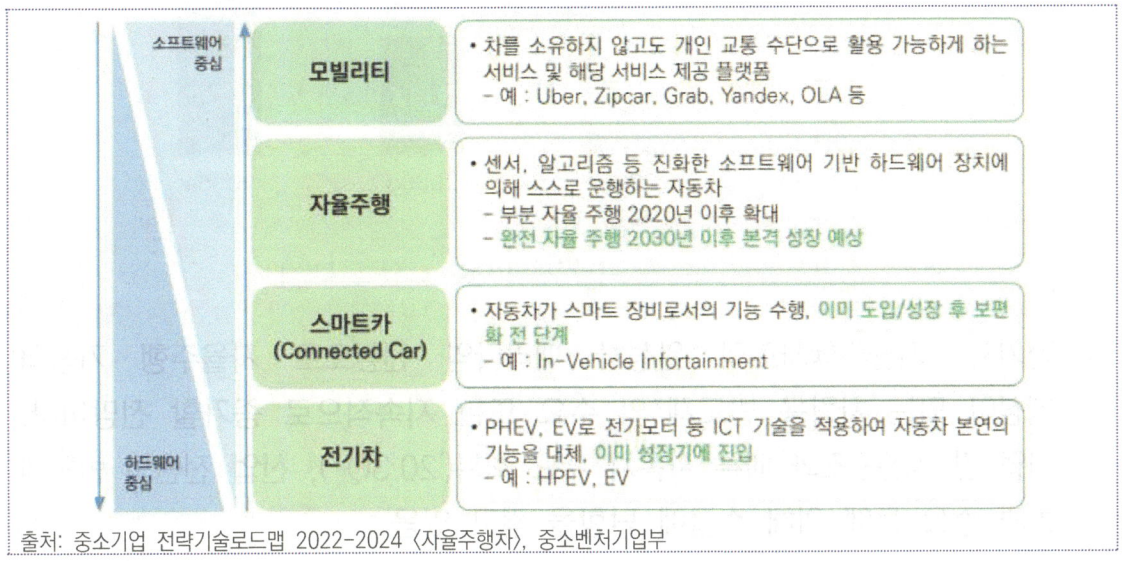

[글로벌 자동차 산업의 패러다임 변화]

- '20년 이후 등장한 파리기후변화협약*은 자동차 산업의 지형을 바꿀 수 있는 메가 트렌드로 부각되고 있으며, 인공지능 및 정보통신 등 IT 발전으로 자율주행차 시대가 다가오고 있음

  * 이전 수준 대비 지구 평균 온도가 1.5℃ 이상 상승하지 않도록 온실가스 배출량을 단계적으로 감축하는 방안의 협약이며, 한국의 경우 '30년까지 24.4% 감축이 목표

  - 5개의 자율주행 레벨 중 현재는 '레벨 2'의 초기 단계로 미래 시장 규모의 증가 가능성이 가장 큰 분야이며, '레벨 2'의 활성화가 전망되는 '25년에는 전체 자동차 매출의 63%가 자율주행 기능을 탑재하고 있을 것으로 예상

  - 글로벌 자율주행 시장 규모는 '25년 1,549억 달러, '30년 6,565억 달러, '35년 1조 1,204억 달러로 전망

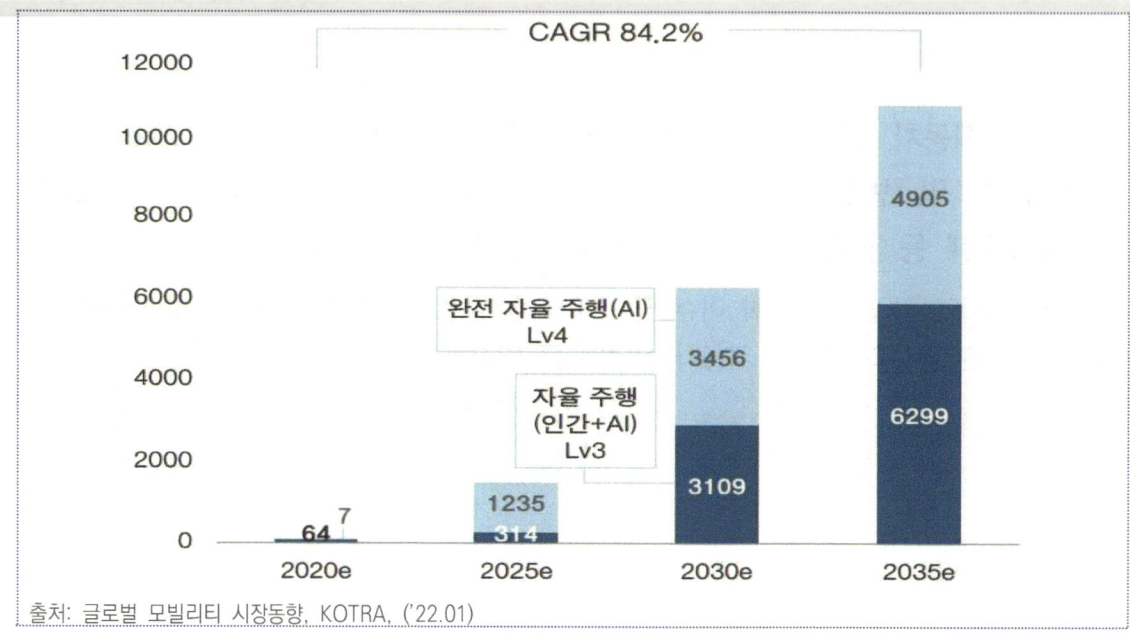

[글로벌 자율주행 시장 전망(단위 : 억 달러)]

❋ 전기차, 자율주행차로의 완성차 패러다임 전환으로 자율주행 기능의 핵심이 되는 차량용 반도체*의 수요 또한 지속적으로 증가할 전망이나, 기업 간 경쟁구조와 빠른 자동차 수요 회복('20.3Q~), 산업 전반의 반도체 초과 수요 등에 의해 수급에 난항을 겪고 있음

  * 자동차를 구성하는 각종 기계 및 전자 부품을 상호 연결하고 제어하는데 사용되는 부품

- (차량용 반도체 특징) 차량용 반도체는 주행·조향·제동·동력·통신·편의·안전 등의 기능을 수행하며 기존 반도체에 비해 높은 내구성·신뢰성·안전성이 요구됨

 - 안전을 최우선으로 하는 산업 특성상 부품·모듈은 높은 검증기준*이 요구되며 개발에서 양산까지 최소 5년이 소요되고, 상용화 시 30년간 의무적으로 생산해야 함

  * 차량용 전장품의 높은 수준의 기능·안전 신뢰성 확보를 위해 ASE-Q100, IATF 16949, ISO 26262 등 표준 인증이 필수적으로 요구됨

 - 초미세 공정을 활용한 첨단 시스템반도체와 달리 차량용 반도체는 설계·제조 난이도와 개발생산 비용 대비 수익이 상대적으로 낮음

  * 차량 정보처리·연산 기능을 수행하는 자율주행차의 부품 중 MCU(Micro Controller Unit)의 경우 10달러 미만의 저가 제품 중심으로 10% 미만의 이윤이 발생함

❇ **(시장 전망)** 차량용 반도체 시장은 '26년 676억 달러로 연평균 10%의 성장이 전망됨[5]

- 기능별로는 센서, Mixing, MCU* 등이 높은 성장세를 보일 것으로 예상하고 있으며, 용도별로는 게이트웨이**/DCU***, 전기자동차향, ADAS****가 높은 성장세를 보일 것으로 예상

    * 자동차용 마이크로 컨트롤러(Micro Controller Unit)

    ** 중앙처리장치(Central Gateway)

    *** 도메인 제어 장치(Domain Control Units)

    **** 첨단 운전자 보조 시스템(Advanced Driver Assistance Systems)

- 차량 고급화에 따른 ADAS 탑재율 상승, 전기차로의 전환, 자율주행 고도화에 따른 카메라/레이더/라이다 탑재 수 증가로 ADAS의 고성장이 기대되며, ADAS의 기능에서 중요한 MCU 반도체 또한 크게 성장할 것으로 기대

- 내연기관차의 경우 200여 개가 탑재되던 차량용 반도체는 자율주행 '레벨 3' 이상으로 기술이 발전하며 자동차 한 대에 약 300개~2,000개 이상으로 증가 전망

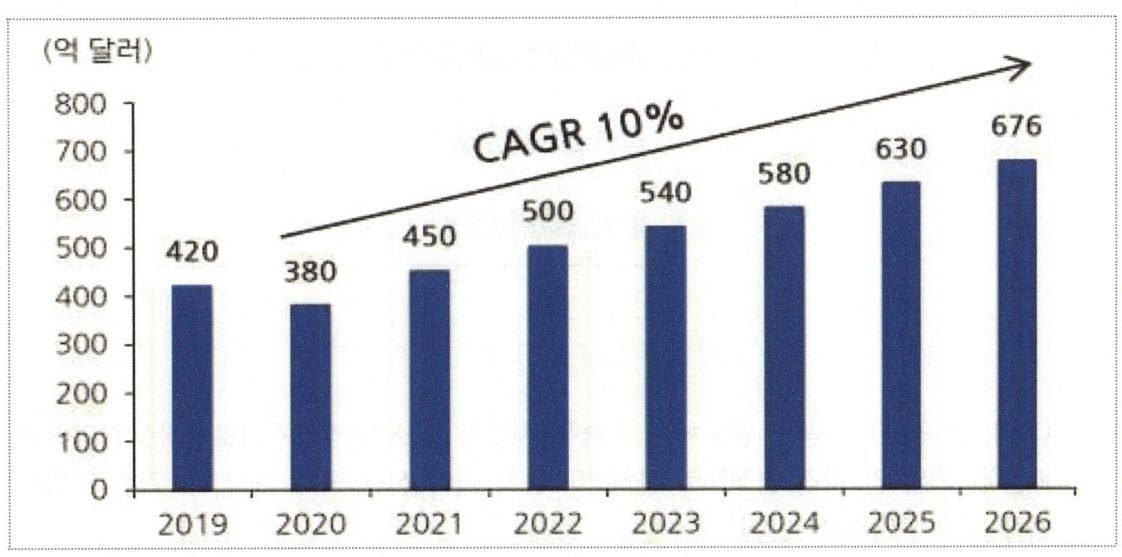

[차량용 반도체 시장 전망]

---

5) 차량용 반도체_유진투자증권('21.01)

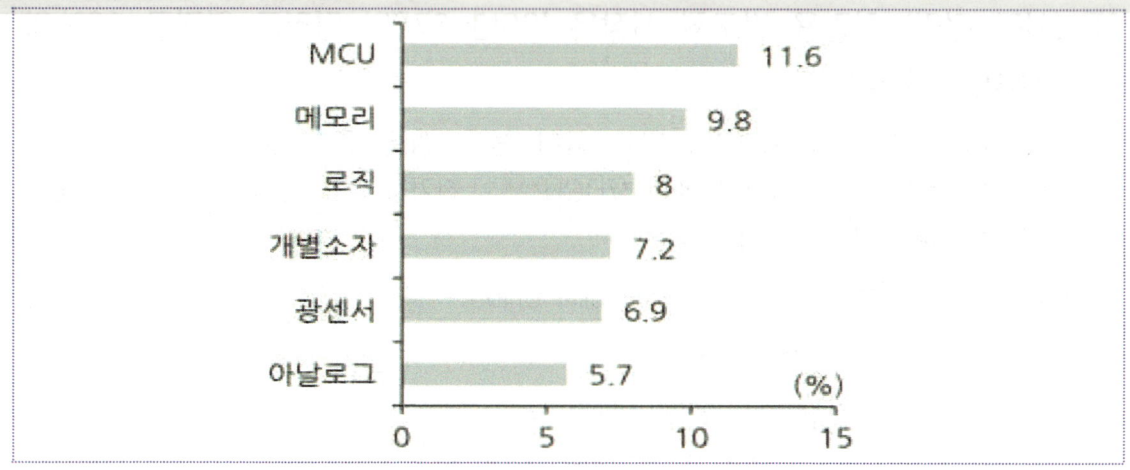

[기능별 차량용 반도체 성장률]

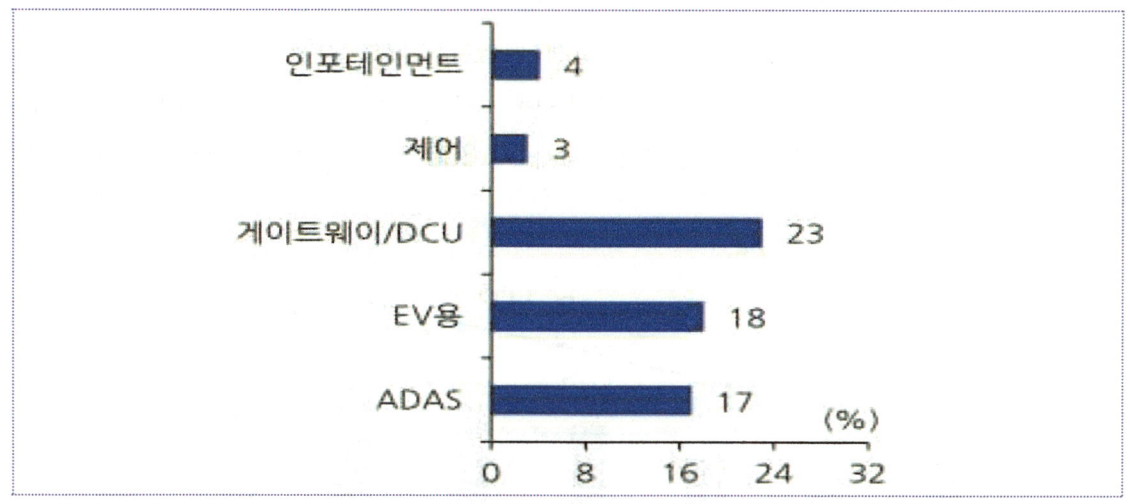

[용도별 차량용 반도체 성장률]

- (기업 간 경쟁) 차량용 반도체는 기술적 차별화 요소가 상대적으로 적은 분야이기 때문에, 기업 간 가격 경쟁으로 사업성이 높지 않아 신규 업체 및 진입, 기존 업체의 물량 확대가 어려운 상황임
  - 특히, MCU의 경우 높은 시장수요로 '23년까지 출하량은 증가하나, 경쟁 심화에 따른 평균 판매가격(ASP) 하락으로 사업성은 낮아질 것으로 전망
    ※ MCU 분야 주요 공급자는 르네사스(일), NXP(네), 인피니언(독) 순이며, 대만의 파운드리(TSMC, UMC)가 전 세계 생산량 80%를 차지

[글로벌 MCU 시장 변화 추이('16~'23년)]

- (반도체 수요 초과) 인공지능, 비대면 기술 등의 확산으로 고부가가치 시스템반도체에 대한 산업 수요가 급증하여 시장 예상치를 상회하는 급격한 반도체 수요 증대로 인한 반도체 수급난이 심화됨
  - 차량용 반도체는 고신뢰성이 요구되어 난이도가 높지만 다품종 소량 생산으로 이익률은 낮아 자발적인 생산·투자 확대 부족
  - 차량용 반도체 칩은 개당 평균 2달러로 자동차 1대에 소요되는 반도체의 총 단가는 자동차의 판매가격 대비 2~3%를 차지하기 때문에 차량용 반도체 업체가 수익성을 담보하려면 반도체 하나당 적어도 3~5천만 대에 탑재해야 함. 따라서, 차량용 반도체는 매출과 순익면에서 매력적인 분야는 아님
  - 국내의 경우 완성차·부품업계는 차량용 반도체 대다수를 해외 수입에 의존(국산화율 약 5% 이내) 중이며 이로 인한 안정적인 공급망 확보 어려움 발생
  ※ 국내 차량용 반도체의 경우 97%를 수입함에 따라 공급망 영향에 취약하지만, 반도체 및 자동차는 국가 수출 26.7%를 차지하는 산업

2 범위 및 분류

가. 가치사슬

❖ 일반적으로 차량용 반도체를 포함하는 가치사슬은 완성차 업체(OEM), 시스템 등을 제조·공급하는 1차 부품 공급업체(Tier 1 supplier), 반도체, 운영체계 및 앱 개발업체 등의 2차, 3차 공급업체(Tier 2, 3 supplier)로 구성됨

- 기존의 OEM - Tier 1 - Tier 2 - Tier 3의 가치사슬이 굉장히 공고화된 소수의 과점 체제로 고착화된 상황이며 신규 진입이 곤란한 것이 현실임. 이러한 고착화된 틀을 깰 수 있는 전략 마련이 필요
- Infineon, NXP, Renesas, TI, ST Micro 등으로 고착화된 차량용 반도체 공급사와의 경쟁력을 신규 업체가 가져가는 부분은 일정 부분 한계가 있기 때문에, 국내 기업 간 전략적 상호 협력 관계 구축과 이에 대한 국가적 지원이 필요
- 국내 반도체사의 경우, 반도체 개발 및 제조 등의 HW 역량은 갖추고 있으나, 정작 해당 반도체의 가치를 부여할 수 있는 SW 역량이 부족한 것이 현실

[차량용 반도체 품목 산업구조]

후방산업	차량용 반도체	전방산업
차량용 반도체 설계/제조, MCU SW 개발 등	구동IC, 파워IC, 센서, MCU, ADAS, 내비게이션, 차선유지보조시스템, 자동긴급제동장치 등	자동차 시스템, 자율주행자동차, 커넥티드카 등

출처: 차량용 반도체 도전하는 국내 팹리스…"성공 가능성 있다"_ZDNET Korea('22.09)

[차량용 반도체 공급 생태계]

나. 용도별 분류

✳ 차량용 반도체는 크게 '섀시제어 차량용 반도체'와 '자율주행 차량용 반도체'로 구분할 수 있음

◎ 섀시제어 차량용 반도체

✳ 섀시제어 관련 반도체는 MCU(Micro Controller Unit), 액츄에이터 구동 IC(Integrated Circuit), 전력관리 IC(PMIC), 통신칩, 센서 등으로 분류됨
- 차량용 반도체의 경우 기본적으로 신뢰성과 정확성 또한 오랜 수명 등이 요구
- 높은 신뢰성이 요구될 뿐만 아니라 다기능, 고성능이면서 가격도 저렴해야 한다는 요구조건 존재

✳ MCU는 센서 정보를 취합하고 각 모듈 부품의 연산과 제어 기능을 수행하는 중요 부품
- 파워 핸들, 능동 서스펜션, ABS 브레이크, 차량 안전장치 등의 섀시 제어를 위한 센서 정보 취합과 판단 및 제어 연산을 수행
- ISO26262 등 기능 안전 및 사이버 시큐리티 필수

✳ 섀시제어 기능을 수행하기 위한 전기적인 신호를 운동에너지로 변환하는 등 액츄에이터 구동을 위한 반도체가 필요
- 액츄에이터의 정확하고, 효율적인 제어를 위한 기술이 절대적으로 요구
- 초저 대기 전류, 넓은 입력 전압 범위, 저 잡음, 통합 전류 감지 및 보호 기능을 포함한 다양한 기능이 필요
- 0.1A에서 최대 10A까지 다양한 일반 출력 전류 옵션과 고속 단락 보호(DESAT), 액티브 밀러 클램프, 숏 스루 보호, 오류, 셧다운 및 과전류 보호와 같은 강력한 게이트 드라이브 보호 기능 등이 필요

❈ 자동차의 운행에 따른 압력, 가속도, 온도 측정을 위한 각종 센서 반도체 필요

- 차량 상황/외부 정보를 수신하여 전달하는 역할
- 자동차의 각 시스템에 신경망처럼 분산 배치되어 차량의 상태를 실시간으로 파악하고 검지하여주는 핵심적인 기능
- 자동차의 실시간 운행상태와 각종 물리량을 정확하고 정밀하며 신뢰성 있게 검지하여 정보를 ECU(Electronic Control Unit)에 전달하여 주는 센서의 역할이 중요
- 자동차용 센서가 필요로 하는 중요한 특성으로는 감도(sensitivity), 선형도(linearity), 안정도(stability) 및 높은 수준의 요구사항을 만족시키는 신뢰성(reliability)이 있음. 신뢰성 측면에서는 온도와 진동 등과 같은 기계적인 신뢰성뿐 아니라 센서의 전자화에 따른 전자파 내성과 정전기 등과 같은 전자기적 신뢰성 또한 만족시켜야 하는 高 신뢰성이 요구됨

[차량용 섀시제어 기능]

용도	세부내용	사례
MCU	• 차량의 전자제어장치(ECU)를 포함한 다양한 시스템을 통합 제어 • 실시간 데이터 처리 및 차량 제어를 위한 핵심 반도체 • AR/VR 영상 등 몰입형 콘텐츠 제공을 위한 데이터 처리 가능	• 차량용 ECU, 브레이크 컨트롤러, ADAS 통합 제어 MCU
액츄에이터 구동 IC	• 실린더나 모터와 같은 구동계의 동작을 제어 • 전압 및 전류 변환을 통해 기계적 동작으로 변환하는 반도체 • 차량의 섀시 시스템 안정성에 기여	• 전동 브레이크 시스템 제어 IC, 전자식 스티어링(EPAS) 구동 IC
PMIC	• 전기 부품 및 액츄에이터의 안정적 동작을 위한 전력 제어 • 배터리 전력을 효율적으로 분배 및 조절하는 반도체 • 차량의 에너지 효율성을 높임	• DC-DC 컨버터, 전기차 BMS(배터리 관리 시스템) IC
센서	• 차량 운동 역학에 따른 데이터(압력, 가속도 등)를 감지하는 반도체 • 시스템 제어를 위한 실시간 데이터 제공 • 차량 안전성과 안정성 확보에 필수적	• 가속도 센서(IC), 압력 센서, IMU(관성 측정 장치), 초음파 및 자이로스코프 센서

◎ 자율주행 차량용 반도체

✳ 자율주행 차량용 반도체는 자율주행 기능 구현을 위해 센서 데이터 처리, 환경 분석, 경로 계획, 의사결정 등을 지원하는 반도체로써, 고성능 연산 능력, 실시간 데이터 처리, AI 기반 알고리즘 지원이 특징

[자율주행 차량용 반도체 분류]

분류	설명	사례
센싱 프로세싱	• 차량 주변 환경을 감지하기 위한 센서 데이터를 처리하고 분석 • 고정밀 지도 생성 및 장애물 인식에 활용	• 이미지 센서, LiDAR 프로세서, 레이더 IC, 초음파 센서 IC
AI 및 머신러닝 프로세싱	• 자율주행 알고리즘을 실행하고 환경 분석 및 의사결정을 위한 고속 연산 처리 • 딥러닝 기반 환경 분석 및 고속 연산 처리	• AI 가속기, GPU(그래픽처리장치), NPU(신경망 처리장치), FPGA(프로그래머블 반도체)
ECU 및 컨트롤러	• 차량 제어 시스템(브레이크, 조향 등)과 통합하여 데이터 처리 및 의사결정 수행 • 다양한 차량 시스템 간 연동을 지원	• MCU(마이크로컨트롤러), SoC(시스템 온 칩), ASIC(응용 전용 집적 회로)
통신 반도체	• 차량 내부 및 외부와의 데이터 교환을 위한 통신 기능 제공 • 차량 IoT 및 네트워크 통합을 지원	• V2X(Vehicle-to-Everything) 칩셋, Wi-Fi 모듈, 5G 모뎀, 블루투스 모듈
전력 관리 및 배터리 제어	• 차량 전자 장치 및 배터리 관리 시스템의 전력 효율을 최적화 • 전력 소모 최소화 및 안정적 공급 관리	• PMIC(전력 관리 IC), BMS(배터리 관리 시스템) IC, DC-DC 컨버터
기억장치 및 데이터 처리	• 차량 데이터 저장 및 고속 데이터 처리에 필요한 메모리 솔루션 제공 • 실시간 데이터 접근 및 분석 지원	• DRAM, NAND Flash, NOR Flash, 고속 메모리 컨트롤러
보안 반도체	• 데이터 암호화, 인증, 차량 내부 및 외부 네트워크 보안을 위한 전용 칩 • 자율주행 시스템의 사이버 보안 강화	• HSM(하드웨어 보안 모듈), TPM(신뢰 플랫폼 모듈), 암호화 및 보안 프로세서

❇ 자동차의 첨단 운전자 보조 시스템과 이를 구성하는 센서에는 다양한 종류가 있는데, 첨단 운전자 보조 시스템을 구성하는 대표적인 센서로는 마이크로프로세서를 갖춘 ECU, 물리적인 동작을 하는 액츄에이터 및 차량상태 감지 등으로 나누어짐

- ECU(Electronic Control Unit)는 센서 데이터를 수집하고 처리하며 제어 명령을 생성하는 차량의 중앙 제어 장치로, AI 및 머신러닝 연산을 지원하는 고성능 마이크로프로세서를 포함
- 액츄에이터(Actuator)는 물리적인 동작을 수행하여 차량의 브레이크, 스티어링, 가속 등을 제어하며, ECU의 명령을 기계적 동작으로 변환
- 센서(Sensors)는 차량 상태와 주변 환경을 실시간으로 감지하여 데이터를 ECU로 전송하며, 다양한 종류의 센서로 구성

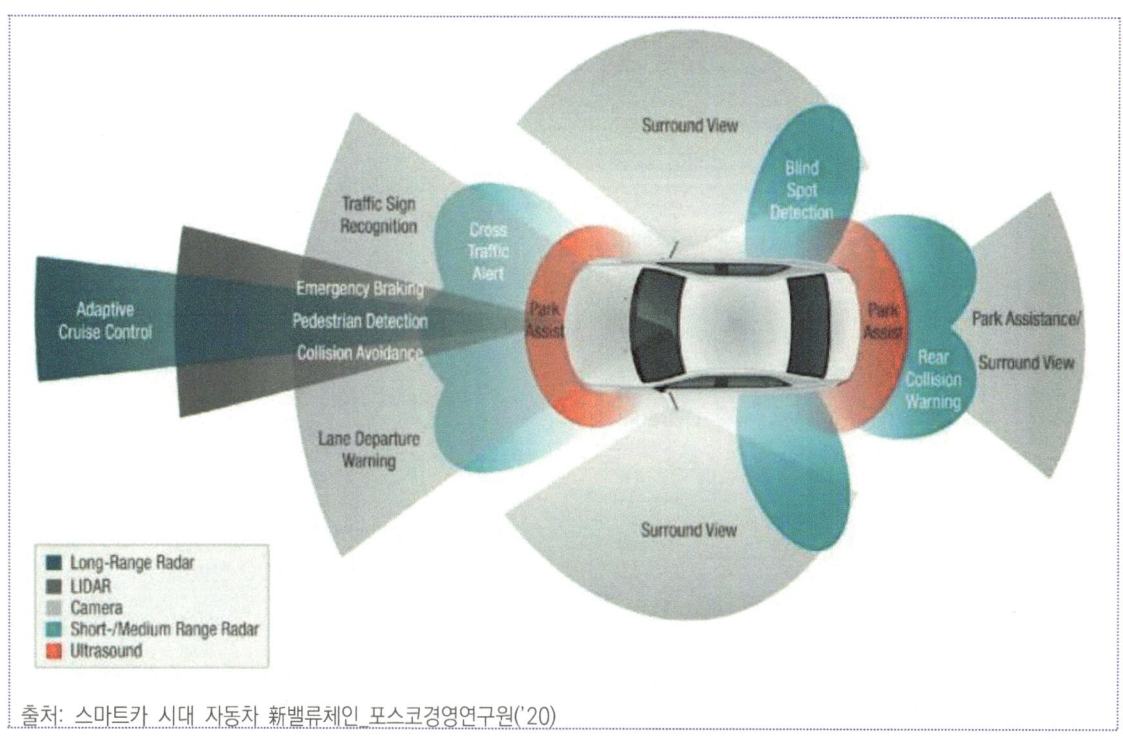

출처: 스마트카 시대 자동차 新밸류체인 포스코경영연구원('20)

[ADAS 관련 센서와 Coverage]

제2절 환경 분석

1. 시장 현황 및 전망

가. 개황

※ 차량용 반도체 수요 증가

- '차량용 반도체 기술 및 국내 발전 전략' 보고서에 따르면, 자동차 한 대에 들어가는 반도체 수는 2010년에는 약 300개 정도였으나, 레벨 3 이상 자율주행 차량이 본격적으로 상용화된 2022년에는 약 2,000개의 반도체 사용
- 자동차 산업에서의 미래 경쟁력 확보를 위해 ICT 기업과 완성차 기업, 그리고 차량용 반도체 기업들의 협업 및 인수합병이 이루어지고 있음. 또한, 점차 개별 반도체에서 자율주행을 위한 통합 반도체, 혹은 연결 반도체로 기술이 변화하고 있음
- 글로벌 컨설팅기업 맥킨지(Mckinsey&Co.)의 최근 보고서에 따르면 자율주행차 반도체 수요는 2030년까지 세 배 가까이 증가하며, 2019년 자동차 반도체 매출의 40%였던 레벨2 자율주행 칩은 2030년까지 85%로 두 배 이상 증가할 것으로 예상. 자율주행차 반도체 수요 증가는 전체 자동차 반도체 시장의 고속 성장으로 이어질 전망
- 삼정 KPMG 경제연구원은 ADAS, 인포테인먼트 등 차량용 반도체 비중이 2019년 40%에서 2040년 80%로 증가할 것이라 예측
- 차량용 반도체는 자동차의 실내외의 온도, 압력, 속도 등의 정보를 측정하는 센서, 엔진, 전자제어 등에 사용되는 핵심 부품으로 자리 잡고 있으며, 전기자동차나 커넥티드카, 스마트카, 자율주행차 등의 새로운 개념이 등장하면서 사용되는 반도체의 수는 급격히 증가하고 있으며, 중요성 또한 높아지고 있음

나. 관련 시장 규모 및 전망

1 세계 시장

- 차량용 반도체의 세계 시장 규모는 7년간 연평균 성장률 10.4%로 증가하며 '22년 약 429억 달러에서 '28년 776억 달러 규모로 성장할 것으로 전망
  - 전체 반도체 시장 중에서도 높은 성장률을 기록하는 분야로, 전통적인 기계 중심의 자동차에서 전자 및 소프트웨어 중심의 자동차로 전환이 본격화되고 있음을 반영
  - (자율주행 기술 발전) 자율주행 기술의 상용화 단계에 가까워지면서, 라이다(LiDAR), 레이더, 카메라 센서 등 고급 운전자 지원 시스템(ADAS)을 구현하기 위한 차량용 반도체의 수요가 폭발적으로 증가
  - (커넥티드카의 확산) 자동차와 IT 기술이 융합된 커넥티드카는 인터넷 연결, 실시간 데이터 처리, 차량 간 통신(V2X) 기능 등을 제공하며, 고성능 프로세서와 네트워크 반도체가 필수적으로 사용됨
  - (전장(電裝)화 비중 증가) 전기모터, 디지털 계기판, 인포테인먼트 시스템 등 자동차의 전자화 비중이 높아짐에 따라, 반도체는 자동차의 핵심 부품으로 자리 잡고 있음

[차량용 반도체 세계 시장 규모 및 전망]

(단위: 십억 달러, %)

구분	'22년	'23년	'24년	'25년	'26년	'27년	'28년	CAGR ('22년~'28년)
세계시장	42.90	48.32	53.74	59.16	64.58	70.00	77.68	10.4%

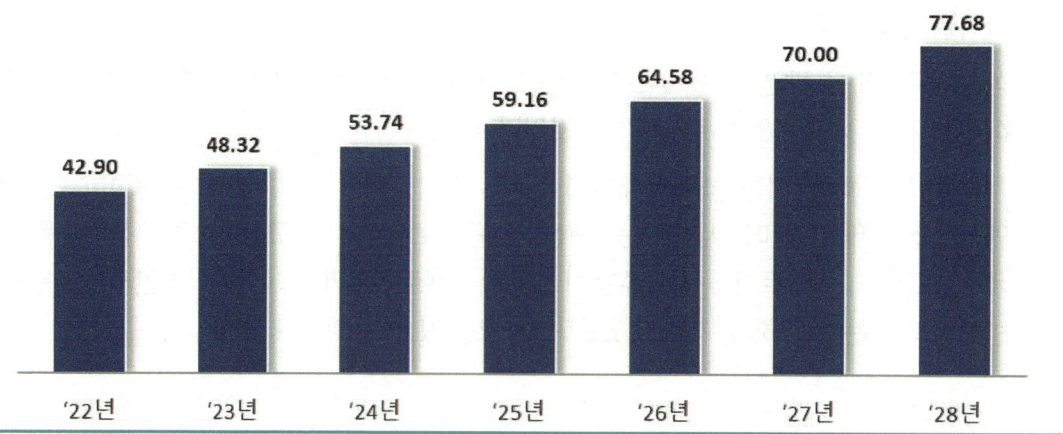

출처: Automotive Semoconductor Market by Component, Vehicle Type, Fuel Type, Application - Global Forecast To 2027_MarketsAndMarkets('22.12)

② 국내 시장

❋ **차량용 반도체의 국내 시장 규모는 7년간 연평균 성장률 10.4%로 증가하며 '22년 약 1조 2,800억 원에서 '28년 2조 3,200억 원 규모로 성장할 것으로 전망**

- 국내 자동차 산업의 전장화(電裝化)와 첨단 운전자 지원 시스템(ADAS)의 확산이 주요 동인으로 작용하고 있는 것으로 분석
- (국내 자동차 산업의 전환) 현대차와 기아를 중심으로 자율주행차 및 전기차 개발이 활발히 진행되고 있으며, 이로 인해 차량 내 전자부품 비중이 지속적으로 증가하고 있고, 전기차와 수소차의 보급 확대는 차량용 반도체 수요의 핵심 요인으로 작용 중
- (정부 지원 및 산업 정책) 한국 정부는 K-반도체 전략과 자동차 산업의 고도화를 통해 반도체 자립도를 높이고 있으며, 이와 함께 차량용 반도체 연구개발(R&D) 지원 및 산업 생태계 조성을 강화하고 있음
- (전장부품 기업의 기술 개발 확대) 현대모비스, 만도 등 국내 자동차 부품 업체들이 차량용 반도체 기술에 집중하면서 전장화 추세를 주도하고 있으며, 특히, 차량용 카메라, 레이더, 라이다 등 자율주행에 필수적인 센서 부품이 주요 성장 동력으로 작용하고 있음

[차량용 반도체 국내 시장 규모 및 전망]

(단위: 억 원, %)

구분	'22년	'23년	'24년	'25년	'26년	'27년	'28년	CAGR ('22년~'28년)
국내시장	1.28	1.45	1.61	1.77	1.93	2.09	2.32	10.4%

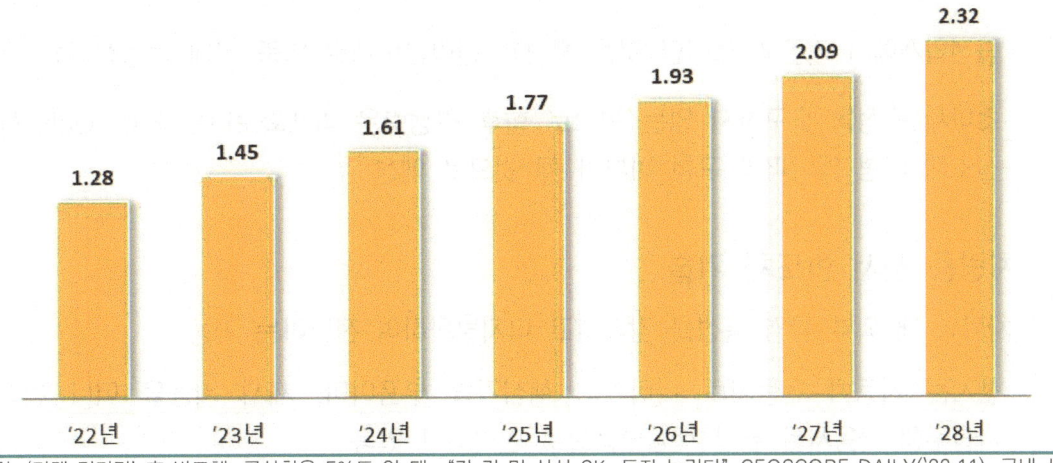

출처: '미래 먹거리' 車 반도체, 국산화율 5%도 안 돼…"갈 길 먼 삼성·SK, 투자 늘린다"_CEOSCORE DAILY('22.11), 국내 시장 점유율 2.3% 적용_산업통상자원부

2 기술개발 동향

가. 개황

❖ 차량용 MCU 관련 기술

- ➲ 차량 내부의 전장 시스템 전반을 제어하는 기능을 수행
  - MCU 자체는 CPU와 ROM, RAM, 기타 주변 인터페이스를 통합한 것으로 기술적으로 어렵지 않으나, 차량용 반도체의 경우 높은 신뢰도와 기능 안전, 사이버 시큐리티 등의 추가 적용을 통한 기술적 완성도를 높여야 하는 이슈 존재
  - 보통 하나의 부품 모듈에 하나의 MCU 탑재가 일반적이나, 최근 장치에 대한 사양이 고도화되면서 여러 개의 MCU를 집적하는 경우도 증가 추세
  - 또한, MCU 반도체 설계/제작 이슈 뿐 아니라, 각종 섀시 제어 알고리즘 개발을 통해 최종 모듈 제품에 탑재되며 이러한 섀시 제어 SW 알고리즘 개발도 매우 중요한 이슈임

❖ 차량용 PMIC 관련 기술

- ➲ 각종 제어기 및 구동 장치에 전원을 공급하기 위해 필수적인 반도체
  - 자동차 완성차 업체에 대한 영업력 및 안정성 검증 요구
  - 중전업계에서 기존에 쓰이던 것을 차량용 전력반도체로 비중 확대 가능성 큼
  - 초미세 공정을 요구하지 않는 편으로 향후 경쟁력은 미세화보다는 SiC, GaN 등 신소재 대형 웨이퍼의 구현 여부가 될 것으로 예상

❖ 차량용 센서 반도체 기술

- ➲ 차량의 내·외부 환경 특성을 감지하고 디지털화하여 전달하는 기능
  - 센서는 자동차 전동화로 나아가는 핵심기술 부품이며, 섀시 기능을 떠나 완전 자율주행 자동차를 위한 핵심부품으로 인식되고 있음
  - 자동차의 경우 소수의 고성능 센서보다 다수의 저가형 센서를 채택하는 것이 현재로서는 더 효율이 높음

❊ 액츄에이터 구동 IC 기술

- 엔진, EPS 등 고출력 장치와 모터 등의 구동을 위한 반도체 기술
  - 일반적으로 차량의 밸브나 도어 등과 같은 기계적 구동 요소를 자동으로 움직이기 위하여 전기 동력에 의해 작동되는 액츄에이터를 사용하며, 이러한 액츄에이터를 구동하기 위한 반도체 기술이 필요함
  - 발전 장치에서 생성된 전류를 각종 장치에 안정적으로 변환 공급하는 반도체 기술
  - 기기 내부의 열관리를 위한 저발열/저전력 기술이 필수이며, 자동감응형 홀딩토크나 자동감응형 전류 조절 기술 등을 통해 에너지 소비량을 줄이고자 시도 중
  - 정음(저소음), 고효율이 필요한 각종 구동 방식 및 제어 기술에 대응 필요함
  - 다수의 액츄에이터를 통합 제어하여 반도체 부품을 줄이기 위한 시도

❊ 저발열 저전력 설계, 내열, 내충격, 고신뢰성 시스템반도체 기술

- 협소한 폼펙터 극복을 위한 저발열, 저전력반도체 설계 기술과 극한 구동 조건 극복을 위한 내열, 내충격 설계가 필수적이며, 차량용 반도체의 경우 AEC-Q100/101/200 인증 필수 사항임
- 모든 부품들이 전장화되면서 자동차 1대가 소비하는 전력이 늘어나고 기존 내연기관 차량보다 1회 충전 시의 주행거리가 짧은 하이브리드 전기차(HEV)나 전기차(EV)의 경우 배터리를 최대한 아껴 효율적 활용이 필요하므로 더 낮은 전력 소모 성능을 달성하는 기술이 필요
- ISO26262로 대변되는 기능 안전 기술과 최근 커넥티드 카 및 보안 이슈 대두로 인한 사이버 시큐리티 관련 적용 기술
- 수많은 소형 컴퓨터들이 모인 차량 내부의 열관리와 함께 자율주행과 같은 안전성과 직결된 작업을 사람이 아닌 기계가 수행하는 만큼 부품에 대한 보다 확실한 신뢰성이 보장돼야 함
- 차량용 반도체 시장 진출을 위해서는 기술적 이슈 외에도 기업의 조직 자체에 대한 보안 및 기능 안전 설계 및 관리 역량 강화가 필수적임

❖ ADAS 기능 향상 및 자율 주행 판단

- 도로 상의 다양한 객체와 상황을 '동시에' 정확하게 인지하기 위한 딥러닝 기반 이종 센서 융합 알고리즘과 객체/상황 인지 알고리즘 개발
- 개발된 알고리즘을 자동차 주행 환경에서 실시간으로 구동하기 위한 초고속 딥러닝 처리 하드웨어 IP 개발
- 통합칩 설계 개발 및 인지 객체/상황 정보를 이용한 최적의 주행 판단을 위한 알고리즘과 소프트웨어를 개발하고 성능 검증
- 미국 기준 2022년 6월까지 10개월간 레벨 2 이상의 자율주행 관련사고는 392건이었으며, 5명이 사망하고 6명이 중상을 입음. 자율주행 시스템의 안전성에 대한 결론을 내리기에 이르다고 평가됨
  - 레벨 3 이상의 사고는 130건이었으며, 중상사고는 1건이고 사망자는 없었음

❖ 완전 자율주행

- 현재 실 도로상에서 볼 수 있는 차량은 레벨 2~3 수준의 자율주행 성능을 가지고 있으며, 완전자율주행 상용화는 2027년 이후로 예상됨
  - 전 세계에서 가장 많은 사람들이 이용하는 자율주행 플랫폼인 테슬라의 FSD는 2.5~3레벨 수준의 자율주행 기능을 가졌다고 평가됨
  - 가장 진보된 자율주행시스템으로 평가되는 웨이모는 레벨 4에 해당한다고 알려져 있으며, 샌프란시스코 등 일부 지역에서 로보택시를 시범 운영 중
- 자율주행기술이 일반 도로상에서 보편적으로 구현되기까지는 최소 십여 년이 걸릴 것으로 보이며, 그 전은 자동차 주행보조 역할 중심으로 성장
  - 레벨 4, 5의 완전자율주행기술 완성이 더디게 진행되더라도 여전히 레벨 2, 3의 ADAS 구성을 위해 다수의 센서와 마이크로컨트롤러가 필수적이므로 관련 시장은 매력적
  - 앞서 언급한 사고사례를 통해 알 수 있듯이, 기후나 조명 등 환경적 요인에 의해 센서의 음영지역이 생기는 한계를 극복할 필요가 있으며, 각 기술의 장단점을 소프트웨어적으로 잘 결합하는 센서 퓨전과 AI 기술이 중요

❖ ADAS SoC 및 자율주행을 위한 주요 구성요소

- 다중 태스크 동시 처리를 위한 딥러닝 기반기술
  - 딥러닝 기술의 성숙·진화와 함께 최근 객체검출, 객체인지, 의미론적 분할, 거리추정, 장면 분류, 상황인지 등의 다양한 분야에 적용되어 획기적인 결과를 보여주며. 기존 Hand-Crafted Feature 기반 머신러닝 기술 대비 정확도가 더욱 높아 극도의 안전성을 요구하는 자율주행 분야에 활발히 적용되고 있음
  - 자율주행에 이용되기 위해서는 복잡한 도로 환경에서 다양한 주행 환경을 인지하고 다종 객체들의 인식을 동시에 수행하는데 기존의 단일 태스크 기반 딥러닝 네트워크를 병렬로 사용하면 막대한 복잡도 증가로 인해 대규모의 서버와 같은 컴퓨팅 환경 필요. 자율주행차 적용을 위해 복잡도를 감소시키고 공유도를 높인 '다중 태스크 동시 처리 딥러닝 기술 및 네트워크'의 개발

- 이종 센서데이터의 딥러닝 기반 융합 기술
  - 현재 완성차업체에서 적용 및 적용검토 중인 센서로서 카메라(CMOS 이미지 센서), 라이다, 레이더 등이 있으며 각 센서별로 역할과 장단점이 있으므로 각 센서 데이터들을 종합하여 상호 보완하는 형태로 운용하기 위한 센서 퓨전 기술을 활발하게 개발 중

    * 예를 들어, 악천후 상황에 카메라 정보가 부정확한 경우 라이다 정보로 보완하고 혹은 레이더 센서 데이터로 보완하는 등의 다소 수동적이고 단순한 방식의 센서 퓨전 기술이 개발 및 적용이 검토 중에 있음

  - 최근 센서 퓨전에도 위에서 언급한 딥러닝 기술과의 접목이 시도되고 있으며, 이를 객체 검출과 같은 어플리케이션에 적용하여 정확도를 대폭 향상하고 다양한 환경의 도로 상의 객체를 정확히 인지하기 위해 카메라 영상과 함께 라이다 센서데이터를 딥러닝 기술을 이용하여 Feature 수준에서 퓨전하여 보다 더 Robust한 Feature를 추출할 수 있는 기술개발 진행 중

- 딥러닝 기반 최적 주행 판단 기술
  - 딥러닝 기술의 적용으로 자율주행 중 상황 인지의 정확성이 비약적으로 상승했으나, 여전히 주행 중 경로 및 동작의 생성은 potential fields, sampling-based planning, optimal control, model predictive control (MPC)와 같은 전통적인 동작 계획 기법 및 제어 이론에 의존하고 있으며, 이 기법들은 주위 환경에 대한 정확한 정보가 주어진다면, 충돌을 발생시키지 않는 안전한 주행 경로와 동작의 생성을 보장하지만, 높은 복잡성과 막대한 계산 비용을 요구

- 딥러닝 기반의 주행 시스템은 학습된 주행 정보에 의존하여 주행 성능이 결정됨. 하지만, 모든 환경에서의 주행 정보를 수집하는 것은 어려울 수 있어. 환경에 따른 주행 정보를 수집하여 학습하는 것이 아닌 상황에 따른 주행 판단이 요구됨
- 동적환경에서 인지된 주행 상황으로부터 딥러닝 기반의 주행 판단 및 경로 생성을 수행할 수 있는 기술 개발 중

➡ 초고속 딥러닝 하드웨어 가속 IP 설계 및 최적화 기술

- 딥러닝 기술이 기존 hand-crafted feature 기반 기술 대비 정확도가 월등하게 향상됐지만 복잡도 또한 매우 높아짐
- 보다 높은 정확도 향상을 위해 많은 수의 레이어를 구성함에 따라 요구되는 컴퓨팅 리소스가 매우 높아지고 있음
- 다수의 딥러닝 알고리즘들이 서버 급의 GPU 성능을 요구하고 있는 가운데 자율주행차와 같이 컴퓨팅 리소스가 부족한 모바일 임베디드 시스템에서 딥러닝 기술의 실시간 구동은 매우 어려운 난제
- 자율주행차에서의 실시간 딥러닝 프로세싱의 구현을 위해 엔비디아, 인텔-모빌아이, 삼성, 구글 등과 같은 다수의 글로벌 반도체 기업들이 활발하게 관련 반도체 개발을 진행 중에 있으며, 대부분의 연구들이 딥러닝 연산의 병렬 극대화에 초점을 둔 아키텍처를 개발하고 있으며 특히 막대한 커널 가중치(Weight) 데이터와 활성(Activation) 데이터들을 효율적으로 관리할 메모리 구조 연구에 집중
- 초병렬 구조와 최적 메모리 구조 연구 외에 다양한 네트워크 구조에 대응하고 동적으로 네트워크 구성을 변경하도록 Flexibility를 최대화하는 가속기와 프로세서 개념이 혼용된 설계 및 구조 개발 중
- '병렬처리 극대화', '외부메모리 접근 최소화' 및 'Flexibility 극대화'하는 ADAS SoC를 위한 초고속 딥러닝 하드웨어 IP 아키텍처 개발 중
- 딥러닝 알고리즘을 하드웨어로 구현하기 위해 필요한 Quantization 방법 연구와 하드웨어 모델링을 통한 딥러닝 하드웨어 결과 예측 및 하드웨어 IP 최적화 기술의 개발 중

나. 주요 기술개발 동향

1 해외 기업

✖ Infineon, NXP, Renesas 등 글로벌 기업들이 자율주행, 전기차, 전력반도체 기술을 중심으로 경쟁을 강화하고 있으며, 특히, SiC 소재 기반 제품, 고성능 SoC, ADAS 솔루션 등 차세대 기술 개발에 주력하며 시장 점유율 확대를 위해 협력과 인수를 적극 추진하고 있음

- (Infineon, 독일) 메모리를 포기하고 비메모리 제품에 역량을 집중하고 있으며, 차량·전력용 반도체 세계 점유율 1~2위 차지하는 기업
  - 현재는 차량용 반도체, 파워(전력용) 반도체, 칩카드(신용카드 등에 들어가는 IC칩)와 보안 등 비메모리 반도체 분야의 선두권 업체
  - 일본 웨이퍼 제조업체인 쇼와덴코와 에피택스를 포함한 광범위한 실리콘 카바이드 소재(SiC)에 대한 공급 계약 체결을 통해 SiC 기반 제품 수요에 대비한 기초 소재를 확보

- (NXP, 네덜란드) Audi와 전략적 파트너쉽을 통해 커넥티드카와 같은 새로운 기술을 포함하여 총 8개의 자동차용 전장 애플리케이션 제품의 시장출시를 단축
  - Infineon과 더불어 차량반도체 업계 1,2위를 두고 다투는 중

- (Renesas, 일본) TOYOTA, HONDA 등 일본 자동차업계뿐만 아니라 유럽 내의 차량용 정보시스템에서도 자동차용 반도체를 공급
  - 차량용 반도체 MCU 매출비중에서는 세계적으로 가장 높은(28%) 점유율을 가지며, 2015년 3월 나노 프로세서를 적용한 전장용 MCU 'RH850'과 초저전력 MCU 'RL78'을 제품군 시연 후 용도별로 설계를 특화하여 다양한 제품 출시 중
  - 차량 주위를 고해상도 3D 입체 파노라마 영상으로 보여주는 "3D 서라운드 모션 솔루션"을 공개했으며, 4 채널 카메라가 영상을 인식하여 화면에 표시된 것 외에 보행자까지 인식
  - Intersil, IDT에 이어 2021년 Dialog까지 인수하며 공격적으로 사업을 확장 중

- (ST Microelectronics, 스위스) 매출 중 차량반도체가 37%를 점유하며, 보쉬, 폭스바겐, 다임러 벤츠 등을 고객으로 두고 있음
  - 파워트레인, 차체, 안전, 인포테인먼트 분야 차량반도체 강세를 보임

- (Texas Instruments, 미국) 전체 반도체 매출 중 13%를 자동차용 반도체 제품으로 벌어들이는 등 차량용 반도체 비중을 꾸준히 늘리고 있음
  - 현대기아차 등 완성차업체들과 스마트카 관련 프로젝트를 진행하고 있으며, 전담팀 운영
- (Nvidia, 미국) 엔비디아는 그래픽 처리 장치 (Graphics Processing Unit; GPU) 전문업체로 시작하여, 빅데이터 분석, 딥러닝 (deep learning) 등에 GPU 병렬컴퓨팅이 활용되면서 인공지능(AI) 시대 선두주자로 부상함
  - DRIVE 오린(Orin) SoC은 초당 254TOPS(초당 테라 연산)을 수행하는 동시에 지능형 차량의 중앙 컴퓨터 역할을 하며, 자율주행 기능, 디지털 클러스터, 인포테인먼트 및 AI의 탑승자 상호작용을 구동하는데 이상적인 솔루션임. 또한, 확장 가능한 제품군을 통해 레벨 2 이상의 시스템에서 레벨 5 완전 자율 주행 자동차까지 활용이 가능
  - 2022년 9월 차세대 제품군으로 DRIVE Thor를 발표하였으며, 전체 시스템 비용을 절감하면서 2,000 테라플롭의 성능을 제공하며, Thor 슈퍼칩을 통해 자율주행 지원, 실내 AI 및 인포테인먼트, 운전자 지원까지 모두 가능
- (인텔, 미국) 모빌아이는 현재 세계 ADAS 프로세서의 약 70% 가량을 점유하고 있으며, 2021년 12월 누적 출하량 1억 개를 기록함. 모빌아이의 ADAS 솔루션은 2022년 7월 기준 전 세계 약 800여개 차량 모델에 설치돼 있고 BMW, 닛산(Nissan), 폭스바겐(Volkswagen)과 같은 주요 완성차 기업들에게 자율주행 관련 기술을 제공
  - 2022년 1월 174TOPS를 제공하는 아이큐 울트라(EyeQ Ultra)라는 새로운 시스템 온 칩을 출시
- (퀄컴, 미국) 모바일 시장의 성장 한계를 극복하고자 IoT, 자율주행차 등으로 진출을 꾀함
  - 2020년 '스냅드래곤 라이드'로 불리는 ADAS SoC을 개발. SAE 레벨 2-3 솔루션을 지원하며, 이는 최대 30 TOPS(초당 30조 회 연산)로 고속도로 자율주행이 가능함

② 국내 기업

❈ 국내 차량용 반도체 산업은 기술 내재화와 글로벌 시장 경쟁력 강화를 목표로 전력 반도체, SoC, ADAS, 인포테인먼트 등 전략 분야에 집중

- (삼성전자) 2021년 11월 장애가 일어날 수 있는 사용환경에서도 안정성을 높이기 위해 전압·전류의 급격한 변화에 대한 보호 기능, 발열 차단기능, 자가 진단기능까지 탑재한 전력관리칩 'S2VPS01' 출시
  - 2022년 10월 파운드리 포럼, 테크데이 등 미국을 비롯해 국내외 곳곳에서 파트너사와 고객사 등과 반도체 사업의 중장기 로드맵을 공유하는 자리를 지속 마련해 차량용 반도체 사업을 강화하겠다는 의지를 공유
  - IBM, ST마이크로 등 MCU 수급난을 겪는 기업의 물량을 수주함으로써 차량용 반도체 파운드리 사업에도 진출

- (현대자동차) 2022년 6월 반도체 기술 내재화 방침 속에 그룹이 반도체 사업과 수급 전반을 아우르기 위한 차원에서 반도체전략 TF 신설
  - 2022년 8월 차량용 반도체 연구개발을 위해 스타트업 '보스반도체'에 투자하였으며, 새로운 차량에 필요한 차량용 반도체 관련 기술을 다각도로 검토하고, 경쟁력 있는 차량용 반도체를 개발할 수 있도록 더 많은 반도체업체와 협력을 추진 계획

- (현대오트론) 전자제어 소프트웨어 플랫폼과 차량용 반도체 설계를 핵심사업 영역으로 삼고 독자 개발을 추진
  - 지능형 배터리 센서에서 ISG(Idle Stop & Go)와 발전제어시스템을 제어하는 반도체 칩과 주차지원 및 차선, 영상인식 반도체칩 2 종, 스마트카에 적용되는 칩셋 등 자동차용 반도체 5 종을 개발
  - 현재 상용차량에 적용되는 차선이탈경보, 레이더, 전자제어장치(ECU), 경보장치 및 인간-기계 간 인터페이스(HMI)를 개발 중

- (현대모비스) 2020년 12월 현대오트론의 반도체 사업을 양수한 뒤 2022년 7월 반도체 독립을 선언하고 차량용 반도체 자체 생산을 목표로 내세움
  - 전력반도체에 중점을 두고 내재화와 개발을 진행 중이며, 시스템반도체 중 고성능 반도체는 외부 협력을 통해 개발

- (LX세미콘) 국내 1위, 세계 13위 팹리스 기업
  - 2021년 이후 사업 다각화 움직임을 꾸준히 보이고 있으며, 텔레칩스와의 협업을 통해 차량용 SoC 와 MCU 사업 등을 강화 예정
- (텔레칩스) 차량용 인포테인먼트 시스템(오디오, 비디오, 내비게이션 등) 반도체 등을 개발해 판매하는 팹리스[6]
  - 국내 현대기아차 뿐만 아니라 일본, 중국 주요 Major 업체까지 Before-Market향으로 AVN 칩 공급
- (케이씨) 비메모리 전력반도체를 중심으로 국내 가전 및 자동차 제조 기업과 협력 중
  - 전량 미국에 의존하던 자동차 공조시스템(HVAC)용 저압 모스펫 반도체 국산화에 성공하면서, 국내에서 생산되는 자동차 대부분(80% 내외)에 탑재 전망
  - 2021년 초부터 테슬라에 디지털 콕핏(디지털화된 자동차 조종석)용 반도체 공급
- (해성디에스) 차량용 반도체 업체를 고객사로 리드프레임 공급하는 기업으로, 글로벌 TOP5 차량용 반도체 업체 중 일본업체를 제외한 4개 업체에 공급중이며 2022년 10월 기준 반도체기판 업계를 과점중[7]
  - 자동차용 반도체는 습기 민감도가 크기 때문에 방습에 대한 부분이 잘되어 있는 리드프레임이 중요하고, 그 기술이 도금 기술로, 해성디에스의 리드프레임 도금소재는 니켈, 금, 은, 팔라듐 이렇게 4가지 도금소재를 섞어서 용액 형태로 만들어서 전기 도금을 하고 있으며, 이것을 '마이크로 PPF 기술'로 부름
  - 릴투릴 방식의 생산기술을 이용함으로써 쭉 일직선으로 지나가면서 생산하는 자동화 방식으로, 이동이 거의 없고, 사람 손도 덜 타게 되어 시트방식(대덕전자, 삼성전기 생산 방식) 대비 품질이나 원가 측면에서 우수
- (알파홀딩스)미세공정 설계능력과 다수의 미세공정 설계를 실행한 경험을 보유하고 있으며, 알파홀딩스의 'IR 리시버 프리엠프 IC'는 적외선 통신용 리모콘 수신부에 적용되는 시스템반도체로 TV, 에어컨, 셋탑박스 등 대부분의 가전제품에 적용[8]

---

6) 자동차 전장 부품_골드브릿지투자증권('18.06)
7) 자동차 전장 부품_골드브릿지투자증권('18.06)
8) 알파홀딩스, 시스템반도체 파운드리 시장 성장 수혜_파이낸셜뉴스('19)

- (아이에이) 현대/기아차, 현대모비스, 현대오트론 등과 자동차용 비메모리 반도체 국산화 개발 진행 중[9]
  - 멀티미디어 통신 및 ASIC(주문형반도체설계) 분야와 관련된 사업 진행 중
  - 기존에 축적된 시스템반도체 핵심기술을 기반으로 자동차용 반도체를 비롯한 전기차 자율주행 차량 사물인터넷(IoT) 등의 미래 자동차 기술개발 활동 집중
  - 국산화 초기에는 자동차용 인포테인먼트 제품 위주였으나, 현재는 공조제어 반도체 시스반도체 HPM(고전력모듈) IBS(지능형배터리센서) 등 바디와 섀시 분야의 반도체와 모듈 제품에 주력
  - 전기차의 전력변환 효율성을 위해 필수적으로 적용되는 전력반도체 전력모듈 전력제어·변환 분야로까지 사업영역 확장

출처: 아이에이 홈페이지(www.ia-inc.kr)

[전력반도체모듈 EPS]

- (어보브반도체) 비메모리 반도체 중 주로 제품의 두뇌역할을 하는 반도체 칩(MCU) 생산/설계 팹리스 업체
  - 2021년 차량용 범용 MCU 출시를 선언하고 일부 모바일 제품을 선보였으며, 주요 제품은 2022년 기준 기술 개발 중

- (유니퀘스트) 자회사인 PLK를 통해 자율주행 딥러닝 알고리즘 기반 기술을 보유하고, 이를 기반으로 첨단 운전자 보조 시스템(ADAS) 솔루션을 개발[10]
  - 3차원(3D) 기반의 고밀도 지도 구축을 하지 않고도 카메라 영상 인식을 통해 자율주행 기술의 구현이 핵심기술로, 연간 수천억 원 수준의 구축 및 유지비용 절감이 가능하다는 장점을 가짐

---

[9] 아이에이, 시스템반도체 핵심기술 앞세워 '미래 자동차' 분야 선도_한국경제('19)
[10] 유니퀘스트, 반도체 유통·자율주행 매출로 외형성장 기대_이데일리('19)

③ 국내 연구개발 기관

✖ 대표 연구개발 기관

[차량용 반도체 주요 연구조직 현황]

분류	연구 분야
한국자동차연구원	• 미래자동차 섀시부품 및 주행안전 기술 • 운전자중심 고감성 차량제어 기술 • 가상환경에서의 차량/섀시 플랫폼 해석 기술 • 차량 동력학 해석 기술 및 섀시 부품 최적 설계
한국전기연구원	• 고온구동이 가능한 집적회로 기술 개발 • 저손실 차세대 전력반도체 개발
한국전자통신연구원	• 차량용 반도체 설계 및 패키징 기술 • 통신 기반 자율주행 시스템용 반도체 연구 • AI 기반 차량용 신호 처리 반도체 개발

✖ 주요 기술개발 동향

- 한국자동차연구원
  - 미래자동차 섀시부품 및 주행안전 기술
  - 운전자중심 고감성 차량제어 기술
  - 가상환경에서의 차량/섀시 플랫폼 해석 기술
  - 차량 동력학 해석 기술 및 섀시 부품 최적 설계
- 한국전기연구원
  - 전력밀도가 높고, 고온 및 고속 동작이 가능한 전력반도체 개발
  - SoC의 집적을 통해 파워 시스템의 소형화, 경량화 목표
- 한국전자통신연구원
  - 차량용 반도체 설계 및 패키징 기술
  - 통신 기반 자율주행 시스템용 반도체 연구
  - AI 기반 차량용 신호 처리 반도체

❖ 선행연구 사례

[국내 선행연구(정부/민간)]

수행기관	연구명(과제명)	연도	주요내용 및 성과
전남대학교	지능형 자율주행 전기차를 위한 새로운 뉴럴/퍼지 서스펜션 제어기법 개발	2020 ~ 2023	• 지능형 자율주행 전기차의 승차감 및 조종안정성 향상을 위한 새로운 뉴럴/퍼지 서스펜션 제어기법을 개발 • 센서 퓨전 기반의 신호처리 기술 및 장애물 인식 기술을 바탕으로 통신, 제어, 신호처리 등 다양한 기술을 융합하여최종적으로 지능형 서스펜션 제어를 수행
전북대학교	고내구성 인공지능 시스템을 위한 강유전체 HZO기반 3차원 β-Ga2O3 전력반도체 소자 개발	2022 ~ 2025	• 고내구성 인공지능 시스템을 위한 강유전체 HZO기반 3차원 β-Ga2O3 전력반도체 소자 개발 • 전력반도체 '소자공정/분석/simulation/modeling' platform기반의 인공지능 전력반도체 개발
(주)넥스트칩	다중센서 기반 Level3 이상의 자율주행자동차를 위한 신호처리 SoC 및 플랫폼 개발	2020 ~ 2024	• FPGA 플랫폼 기반 센서융합 인공지능 SoC RTL 검증 • 센서융합기반 공간탐지 알고리즘 탑재/검증 • 자율주행 ECU 플랫폼 하드웨어 동작 검증 및 추가 설계 • 정형/비정형 환경에서의 센서 데이터 취득
충북대학교	내고장성 (Fault-Toleat) 차량용 반도체소자기술 개발	2021 ~ 2024	• 결함이나 고장이 발생한 경우라도, 정상 동작을 유지하는 시스템을 칩 단위에서 구현하여 자율 차량용 반도체소자의안정적인 구동을 가능하게 하는 하드웨어 복구기술을 개발
경북대학교	신뢰성있는 주행 시뮬레이터 및 학습기반 자율주행 제어 보조 모듈 개발	2021 ~ 2026	• 강화학습 기반 주행시뮬레이터 개발 • 차량동역학 고려 및 인지 알고리즘 개발을 통한 주행 시뮬레이터 신뢰도 향상 • 기존 제어기 성능 강화를 위한 추가 보조 모듈 (Action Governor) 설계 • 시뮬레이션 및 실차 검증을 통한 개발 알고리즘 유효성 검증
한양대학교	자율주행 전기자동차용 조향각 센서의 EMI 외란 강건성 확보를 위한 센서융합 및 머신러닝 기법	2020 ~ 2023	• EMI 외란의 대상으로 차량 조향각 센서를 모사하는 Prototype 센서를 설계하고 제작 • 두 Prototype 각각에 적합한 EMI 외란 강건형 소프트웨어 솔루션을 비선형 칼만필터와 머신/딥러닝 기법으로 각각 개발 • 조향 테스트 시나리오를 상용 주행 시뮬레이션 소프트웨어로 구현

출처: NTIS 홈페이지

제3절 특허 분석

[특허 분석 내용]

구분		분석 내용
특허동향 분석	특허증가율 분석	- 주요 국가의 해당품목 기술개발 활동 현황 분석 • 한국(KIPO), 미국(USPTO), 일본(JPO), 유럽(EPO), 중국(CNIPA) 국가별, 연도별 특허출원 동향 파악
	기술주기 분석	- (기술수명주기 분석) 구간에 따른 특허출원건수와 출원인수 변화의 상관관계 분석 • 해당품목의 전체 출원동향을 4구간(각 5년)으로 나누어 각각의 구간별 특허출원인수 및 특허출원수 파악 - (기술순환주기 분석) 한 특허에서 인용한 과거 특허 문서들과의 시차의 중앙값 분석 • 해당품목 기술의 진보 속도 및 주요 국가의 기술혁신 속도 파악
	특허 영향력 분석	- (기술영향력 분석) 특정 등록 특허가 다른 특허들에 의해 인용된 횟수 분석 • 특정 출원인의 기술력 파악 - (시장지배력 분석) 출원인 국적별 패밀리 국가 수 분석 • 특정 출원인의 시장지배력 정도 파악
주요 기술 키워드 분석	기술개발동향 변화분석	- (키워드 분석) AI 알고리즘을 활용하여 해당품목에 대한 기간별 기술 키워드 분석
	기술현황 분석	- (IPC 분석) 전 세계적으로 통용되고 있는 IPC(국제특허분류)를 통해 해당품목의 기술 현황 및 집중 기술 분야 분석
	기술집중력 분석	- (CRn 분석) 출원 건수를 기준으로 주요 출원인에 의한 특허 점유율 분석 • 상위 4개 기업을 기준으로 전체기업/국내시장 연구주체별 기술집중력 (시장 독과점 수준) 파악 - (HHI 분석) 특허 데이터를 활용하여 전체 또는 특정 산업부문 내 모든 기업의 특허 점유율 분석 • 시장(산업)내 모든 기업의 각 점유율을 제곱하여 합한 값으로 국가별 기술집중력(시장 독과점 수준) 파악 - (기간별 연구주체 분석) 국내 연구주체에 따른 기간별 특허 동향을 분석 • 해당품목의 중소기업 현재 역량 파악
주요 출원인 분석	주요 출원인 동향	- (주요 출원인 동향 분석) 해당품목에서 다수의 출원을 보유하고 있는 주요 출원인(Top 10)의 분석 • 주요 출원인을 기준으로, 국가별/연도별 출원 건수/국내외 주요 출원인 및 국내 중소기업 주요 출원인 파악
	주요 출원인 기술 키워드 및 주요 특허 분석	- (키워드 및 주요 특허 분석) AI 알고리즘을 활용하여 주요 출원인별 주요 기술 키워드 분석 • 해당품목의 집중연구분야 및 주력기술 분야 파악

1 특허동향 분석

가. 특허 증가율 분석

❖ 연도별·국가별 출원동향

- 주요 국가의 해당품목 기술개발 활동현황 분석
  - 과거부터 최근까지(20년) 해당품목에 대한 특허기술 출원의 양적 트렌드 분석을 통해 해당품목의 기술개발 동향파악
  - 한국(KIPO), 미국(USPTO), 일본(JPO), 유럽(EPO), 중국(CNIPA) 국가별, 연도별 특허출원 동향을 통해 해당품목을 선도하는 국가 파악

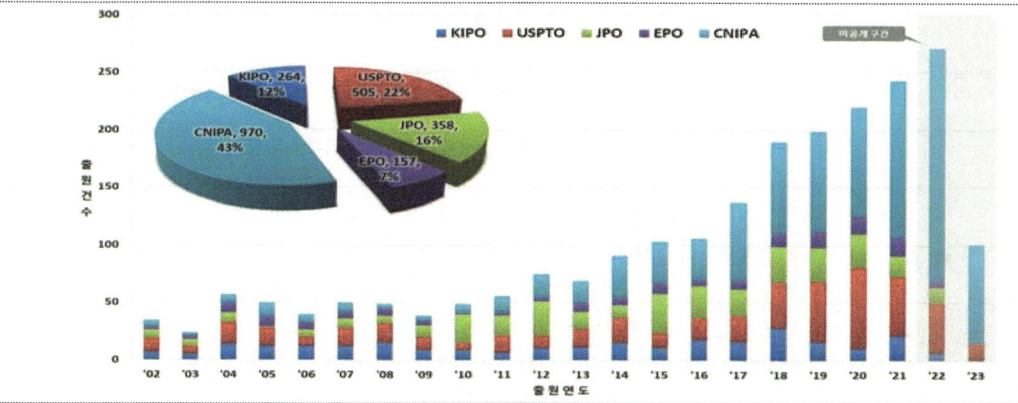

[연도별·국가별 특허출원동향]

- 차량용 반도체 품목은 2002년부터 특허출원건수가 증감을 반복하며 증가하는 추세로 출원 활동이 지속적으로 이루어졌으며, 중국, 미국, 일본, 한국, 유럽 순으로 활발한 출원 활동이 진행되고 있음
  - 국가별 출원비중을 살펴보면, 중국이 43%의 출원비중을 차지하고 있어 최대 출원국으로 차량용 반도체 산업분야를 리드하고 있는 것으로 나타났으며, 다음으로 미국 22%, 일본 16%, 한국 12%, 유럽 7% 순으로 나타남
  - 연도별 출원동향을 살펴보면, 차량용 반도체 기술은 2014년부터 지속적으로 증가하는 추세를 나타내는데 이는 친환경 자동차의 관심 및 연구, 수요증가에 기인한 것으로 분석됨

나. 기술주기 분석

▣ 기술수명주기 분석

- 기술수명주기 분석을 통해 해당품목 기술의 현재 위치를 파악함
  - 해당품목의 전체 출원동향을 4구간(각 5년)으로 나누어 각각의 구간별 특허출원인수 및 특허출원수를 그래프로 나타냄으로써 해당기술의 수명주기 파악이 가능함

  * 기술수명주기 분석 = 구간에 따른 특허출원건수와 출원인수 변화의 상관관계 분석

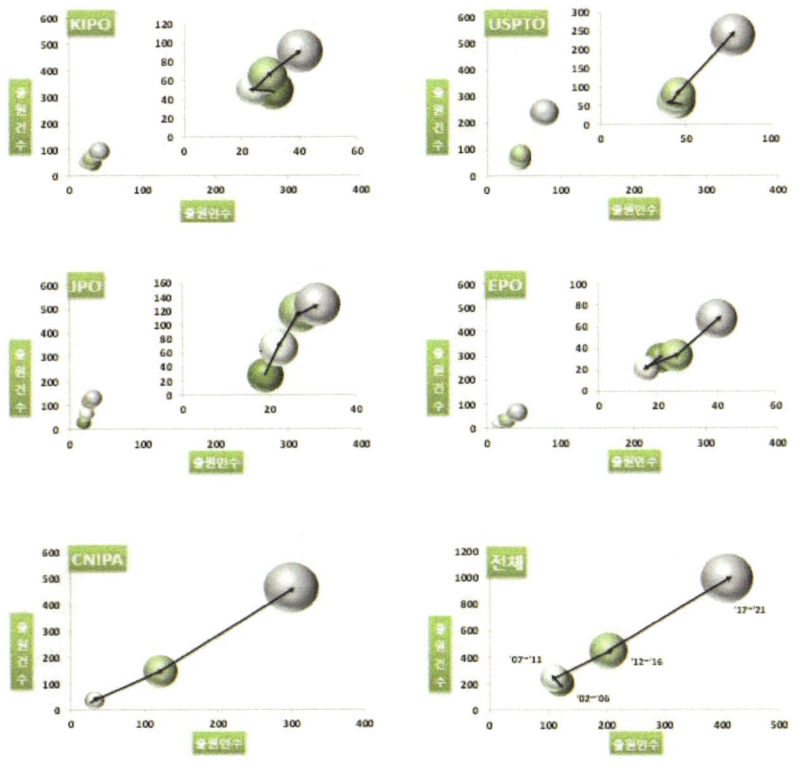

[기술수명주기분석]

- 차량용 반도체 기술 분야의 기술 위치를 살펴본 결과, 전체적인 동향은 기술혁신의 주체인 특허출원인수와 기술혁신의 결과인 특허출원건수가 증가하는 동향이 나타나고 있어서 성장기 단계로 분석됨
  - 한국과 미국, 유럽은 특허출원인수와 특허출원건수가 감소 후 증가하는 추세이고, 일본과 중국은 전 구간에서 특허출원인수와 특허출원건수가 전 구간에서 지속적으로 증가하는 추세이므로 성장기 단계로 분석됨

기술순환주기(TCT) 분석

- TCT 분석을 통하여 해당품목 기술의 진보속도 및 주요국가의 기술혁신 속도를 파악함
  - TCT는 최신 기술을 활용하는 경향을 나타내는 지표로서, 제품의 개발주기와 기술개발활동의 강도와 연관되며, TCT 값이 크면 신기술 개발주기가 길어져서 시장에서 새로운 기술 도입에 긴 시간이 걸리며, TCT 값이 작으면 신기술 개발주기가 짧아져서 해당품목관련 신기술 도입에 오랜 시간이 걸리지 않아 새로운 기술이 적용된 신제품이 자주 등장한다는 것을 의미함

  * TCT(Technology Cycle Time) = 한 특허에서 인용한 과거 특허 문서들과의 시차의 중앙값

[TCT분석]

- 전체 기술순환주기(TCT) 값을 살펴보면, 2002~2021년까지는 평균 TCT 값이 7.8년으로 전반적으로 개량기술을 기반으로 해당품목의 기술개발이 보다 빠르게 진행되고 있는 것으로 분석됨
  - 최근 값을 살펴보면, 중국의 기술순환주기 값이 5.1로 주요국가 중 가장 낮게 나타나며 해당품목의 기술개발활동이 활발하게 진행되는 것으로 분석됨. 다만 일본은 9.3의 기술순환주기 값을 보여 상대적으로 기술개발 속도가 낮은 수준으로 나타남

다. 특허 영향력 분석

✦ 기술영향력(CPP) 및 시장지배력(PFS) 분석

- 기술영향력 지수(CPP) 분석을 통해 특정 출원인의 기술력을 파악함
  - 기술영향력(CPP) 지수는 특정 등록특허가 다른 특허들에 의해 인용된 횟수를 나타내며, 이 값이 클수록 질적 수준이 높은 특허임
- 시장확보지수(PFS) 분석을 통해 특정 출원인의 시장지배력 정도를 파악함
  - 시장확보지수(PFS)는 출원인 국적별 패밀리국가수를 분석하는 것으로, 해당품목에서 글로벌시장을 타겟팅한 출원인이 누구인지 파악 가능함

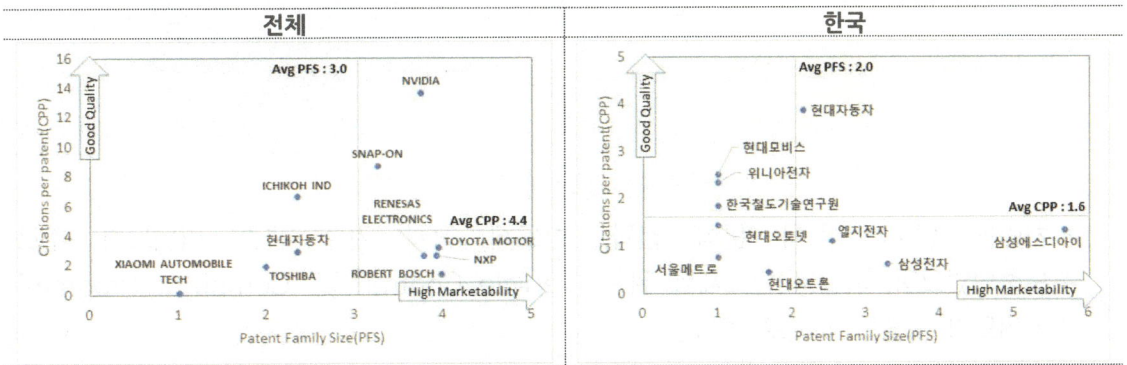

[특허 영향력 분석]

- 차량용 반도체 품목에 대한 주요 출원인들의 경쟁력 분석 결과, 전체국가에서는 NVIDIA 특허가 상업적 가치가 높은 것으로 평가됨
  - 전체국가에서 한국의 기업으로는 현대자동차가 포함되어 있으나 시장확보력 및 질적수준이 다소 낮은 것으로 평가됨

    (전체) NVIDIA : 기술영향력(CPP) 13.6 / 시장확보력(PFS) 3.7
    　　　 현대자동차 : 기술영향력(CPP) 2.9 / 시장확보력(PFS) 2.3

  - 한국에서는 현대자동차 특허의 기술영향력 및 시장확보력이 상대적으로 모두 높은 것으로 평가됨. 그 다음으로 현대모비스와 위니아전자 특허의 기술영향력 및 시장확보력이 상대적으로 높은 것으로 평가됨.

    (한국) 현대모비스 : 기술영향력(CPP) 2.5 / 시장확보력(PFS) 1.0
    　　　 위니아전자 : 기술영향력(CPP) 2.3 / 시장확보력(PFS) 1.0

2 주요 기술 키워드 분석

가. 기술개발동향 변화분석

✦ 키워드 분석

- AI 알고리즘을 활용하여 해당품목에 대한 기간별 기술 키워드를 분석함

[전체구간 특허 주요 키워드]

- 차량용 반도체 품목 분석 결과, 반도체 장치 기술 관련 키워드가 주로 도출되었으며, 차량용 반도체를 위한 'Vehicle Control' 및 'Computer Program' 키워드가 도출된 것으로 조사됨

  (전체구간 주요 키워드) 반도체 장치, Vehicle Control, Computer Program, Storage Medium, Motor Vehicle, Electric Vehicle, Real Time, 게이트 전극, Control Device

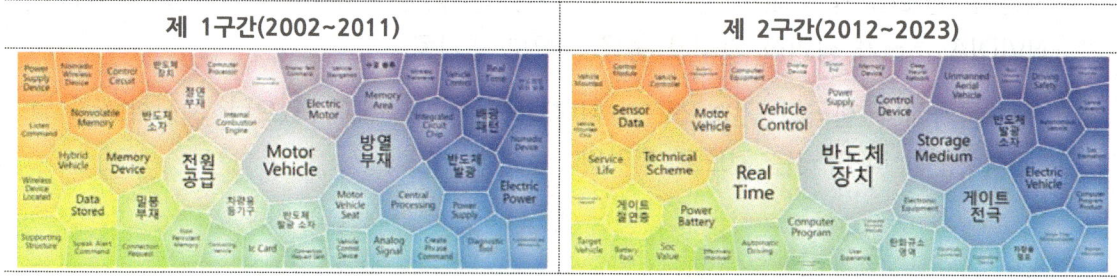

[구간별 특허 주요 키워드]

- 차량용 반도체 품목에 대한 최근 구간 특허 주요 기술 키워드 분석결과, 1구간은 'Motor Vehicle'이 주요 기술 키워드로 도출되고, 2구간은 '반도체 장치'가 주요 기술 키워드로 도출됨

  (1구간 주요 키워드) Motor Vehicle, 방열 부재, 전원 공급, 차량용 등기구, 반도체 소자, Memory Device, Integrated Circuit Chip, Central Processing, Hybrid Vehicle
  (2구간 주요 키워드) 반도체 장치, Storage Medium, Vehicle Control, Motor Vehicle, Electric Vehicle, Real Time, Sensor Data, 게이트 절연층, Power Battery

나. 기술현황 분석

✳ IPC(국제특허분류) 분석

- 전 세계적으로 통용되고 있는 IPC를 통해 해당품목의 기술현황 및 집중 기술 분야를 확인함
  - 기술·산업 간 융합에 기반한 새로운 시장전개에 대한 이해증진을 위해 IPC를 활용한 기술융합 분석 정보를 제공함

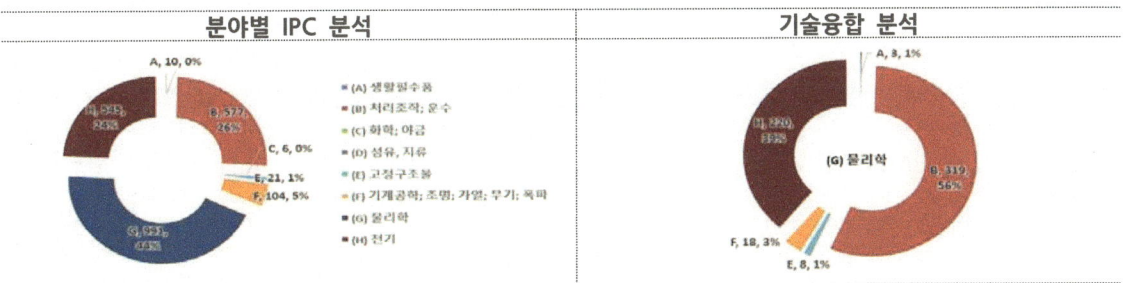

[IPC 분석]

- 차량용 반도체 품목은 섹션 G 물리학 (44%), 섹션 B 처리조작; 운수 (26%), 섹션 H 전기 (24%) 기술분야의 비중이 높은 것으로 나타났으며, 그중에서도 전기에 의한 디지털 데이터처리 (G06F) 분야에서 집중 연구가 진행되고 있는 것으로 분석됨

- 기술융합에 대한 추이를 살펴보면, (G)물리학에서 (B)처리조작; 운수와의 기술융합(56%)이 활발히 진행되고 있는 것으로 나타남

[IPC Sub Class]

IPC Sub Class	국문타이틀	건수
G06F	전기에 의한 디지털 데이터처리(특정계산모델방식의 컴퓨터시스템 G06N)	302
H01L	클래스 H10에 포함되지 않는 반도체 장치 (측정을 위해 반도체 장치 사용 G01; 저항 일반 H01C; 자석, 인덕터, 변압기 H01F; 커패시터 일반 H01G; 전해장치 H01G 9/00; 배터리 또는 축전지 H01M; 도파관, 공진기 또는 공진기 라인 도파관 유형 H01P; 라인 커넥터 또는 집진 장치 H01R; 유도방출 소자 H01S; 전기기계적 공진기 H03H; 확성기, 마이크로폰, 축음기의 픽업 또는 음향의 전기기계적 변환기 H04R;	197
B60W	다른 종류 또는 다른 기능의 차량용 부품의 관련 제어 ; 하이브리드 차량에 특별히 적합한 제어 시스템 ; 특정의 단일의 부품의 제어에 관한 것은 아닌, 특정의 목적을 위한 도로상의 차량의 운전 제어 시스템	181
B60R	달리 분류되지 않는 차량, 차량 부속구 또는 차량부품(차량에 특히 적합하게 된 화재예방, 억제 또는 소화 A62C 3/07)	104
G01R	전기변량의 측정; 자기변량의 측정(공진회로의 바른 동조의 지시 H03J 3/12)	98

다. 기술 집중력 분석

✦ CRn 분석

- 주요 출원인에 의한 특허점유율을 분석하여 기술집중력(시장 독과점 수준)을 판단함
  - 특허동향조사에서는 통상 CR4를 사용하며, CRn값이 0에 가까울수록 시장 독과점 수준이 낮은 것을 의미하고, CR4 값이 40에서 60일 경우 시장의 독과점 수준이 높은 것으로 해석됨

[CR4 분석_ 전체기업 집중력]

출원인	출원건수	특허점유율	CRn	n
TOSHIBA(JP)	88	3.9%		1
NVIDIA(US)	76	3.4%		2
현대자동차(KR)	66	2.9%		3
SNAP-ON(US)	57	2.5%	12.7%	4
XIAOMI AUTOMOBILE TECH(CN)	54	2.4%		5
TOYOTA MOTOR(JP)	52	2.3%		6
RENESAS ELECTRONICS(JP)	48	2.1%		7
ICHIKOH IND(JP)	42	1.9%		8
NXP(NL)	35	1.6%		9
ROBERT BOSCH(DE)	33	1.5%		10
기타	1703	75.6%		
합계	2254	100.0%	CR4=12.7%	

- 차량용 반도체 관련 기술에 대한 시장관점의 기술독점 현황분석을 위해 집중률 지수(CRn) 분석 결과, 상위 4개 기업의 시장점유율이 12.7%로 독과점 정도가 낮은 수준으로 분석되어 주요 출원인들에 의한 기술 집중화 정도가 낮은 시장으로 판단됨

[CR4 분석_국내시장 연구주체별 집중력]

출원인	출원건수	특허점유율	CRn	n
중소기업(개인)	78	29.5%	29.5%	1
대기업	107	40.5%		2
연구기관/대학	24	9.1%		3
기타(외국인)	55	20.8%		4
합계	264	100.0%		

주) 국내 대기업의 판단기준은 2024년 5월 공정거래위원회의 공시대상기업집단 지정결과(대기업집단 88개, 소속회사 3,318개 포함)에 따르며, 중소기업에는 중견기업을 포함

- 국내시장에서의 중소기업의 점유율 분석 결과, 차량용 반도체 품목에서 중소기업의 점유율은 29.5%로 국내시장에서 중소기업의 시장 진입장벽은 다소 존재할 것으로 분석됨

HHI 분석

- 주요 출원인에 의한 특허점유율을 분석하여 기술집중력(시장 독과점 수준)을 판단함
  - 특허데이터를 활용하여 전체 또는 특정 산업부문 내 모든 기업의 특허점유율을 이용해 시장집중도를 분석함
  - HHI값이 높을수록 기술활동의 집중수준이 높고 특정 기업들이 해당 시장을 과점하고 있기 때문에 신규 업체가 해당시장을 진입하기가 쉽지 않은 것으로 해석됨

    ※ HHI(Herfindahl-Hirschman Index) = 시장(산업)내 모든 기업의 각 점유율을 제곱하여 합한 값

[HHI 분석]

공보	KIPO	USPTO	JPO	EPO	CNIPA	전체
HHI	507	279	913	225	66	89

- 차량용 반도체 관련 기술에 대한 HHI(허핀달-허쉬만)지수 분석결과, 전체 89로 경쟁적인 시장이 형성되어 있으므로 시장진입이 다소 용이한 것으로 분석됨
  - 한국의 경우 HHI 지수가 507로 미국, 유럽, 중국 대비 상대적으로 높게 나타나지만, 기술활동의 집중수준이 높지 않은 상태이므로 시장진입이 어렵지 않은 것으로 분석됨

기간별 연구주체 분석

- 국내 연구주체에 따른 기간별 특허동향을 분석하여 해당품목의 기술개발 선도주체를 파악함

  ※ 국내 대기업의 판단기준은 2024년 5월 공정거래위원회의 공시대상기업집단 지정결과 (대기업집단 88개, 소속회사 3,318개 포함)에 따르며, 중소기업에는 중견기업을 포함

  - 기간별 연구주체 분석을 통하여 해당품목의 중소기업 현재 역량을 파악할 수 있으며, 향후 중소기업의 기술개발 및 투자전략 타당성 확보를 위한 가이드라인을 제시함

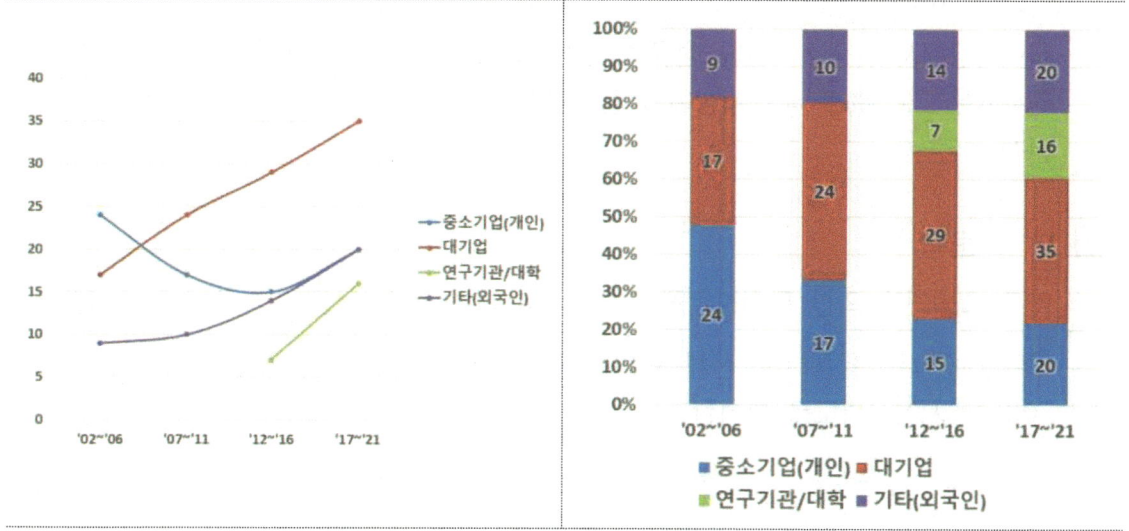

[기간별 연구주체 동향]

- 기간별 연구주체 분석에 따르면, 최근 차량용 반도체 품목은 대기업이 주체가 되어 기술개발이 활발히 진행되고 있는 것으로 나타남. 이는 해당품목에 대한 중소기업 중심의 기술로 전환하기 위해서는 대기업과 다른 혁신적인 연구중심의 기술개발과 대기업과의 파트너쉽 및 다양한 투자유치 전략을 구체적으로 수립할 필요성을 보여줌

3 주요 출원인 분석

가. 주요 출원인 동향

주요 출원인 동향 분석

- 해당품목에서 다수의 출원을 보유하고 있는 주요 출원인(Top 10)의 분석을 통해 전략적인 지적재산관리와 기업의 경쟁력을 강화함
  - 주요 출원인을 기준으로, 해당품목에 대해 기술개발을 주도하고 있는 기관 및 기업을 파악하고, 한국(KIPO), 미국(USPTO), 일본(JPO), 유럽(EPO), 중국(CNIPA) 국가별 출원현황 분석을 통해 주요 출원인들이 고려하고 있는 주요 시장이 어디인지 예측하여 거시적 관점의 향후 트렌드를 전망함

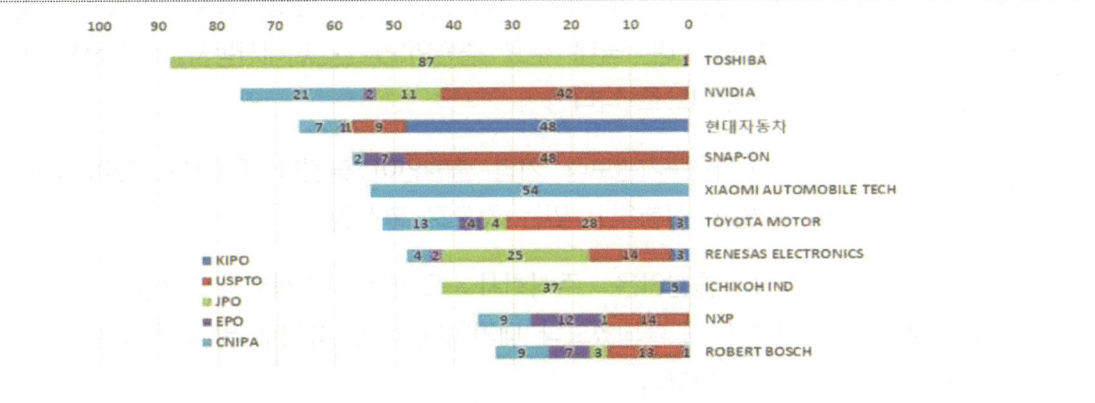

[주요 출원인 국가별 출원 건수]

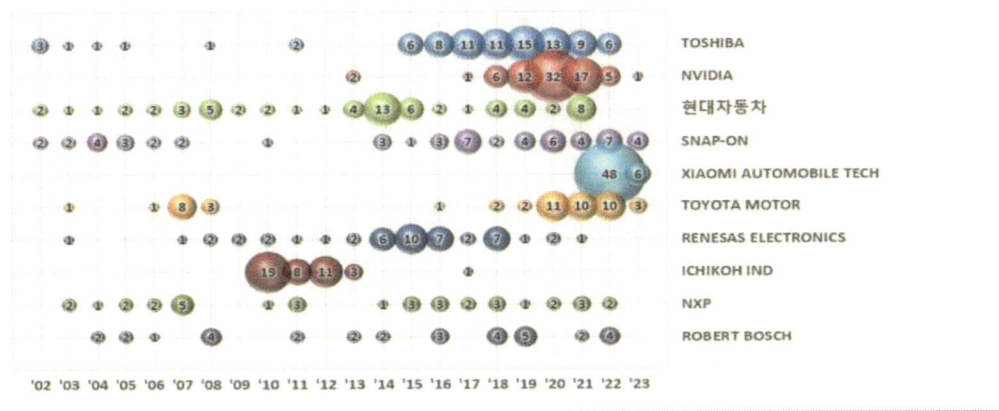

[연도별 출원인 건수]

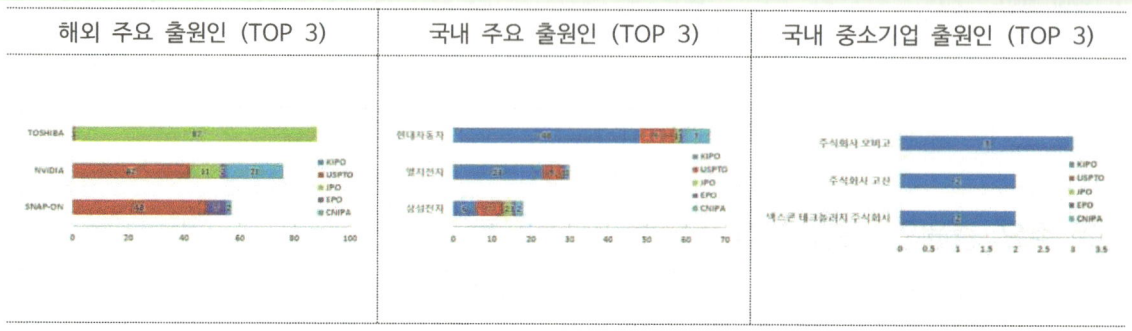

[국내외 주요 출원인 / 국내 중소기업 주요 출원인]

주) 국내 대기업의 판단기준은 2024년 5월 공정거래위원회의 공시대상기업집단 지정결과(대기업집단 88개, 소속회사 3,318개 포함)에 따르며, 중소기업에는 중견기업을 포함

- ➲ 차량용 반도체 품목의 주요 출원인을 살펴보면, 주요 국가별 출원인이 다수 포함되어 있으며, 제1 출원인은 일본의 TOSHIBA인 것으로 조사됨

  - 차량용 반도체 품목 관련 해외 주요 출원인으로는 TOSHIBA, NVIDIA 및 SNAP-ON 등이 도출되었으며, 국내 주요 출원인으로는 현대자동차, 엘지전자 및 삼성전자 등이 주요 출원인으로 나타남

  - 국내 주요 출원인은 국가연구기관보다 기업 출원인이 출원을 주도하고 있어 민간 주도의 연구개발이 활발히 진행되고 있는 것으로 분석됨

  - 국내 중소기업 주요 출원인은 주식회사 오비고, 주식회사 고산, 넥스콘 테크놀러지 주식회사 등이 도출되었으나 대기업에 비해 특허수 및 해외출원건수가 상대적으로 낮은 것으로 나타남

나. 주요 출원인 기술 키워드 및 주요 특허 분석

❖ 키워드 및 주요 특허 분석

- AI 알고리즘을 활용하여 주요 출원인별 주요 기술 키워드를 통하여 집중 연구 분야를 파악함
- 주요 출원인이 출원한 주요 특허를 검토하여 키워드를 통하여 주력기술 분야를 예측함

◎ TOSHIBA

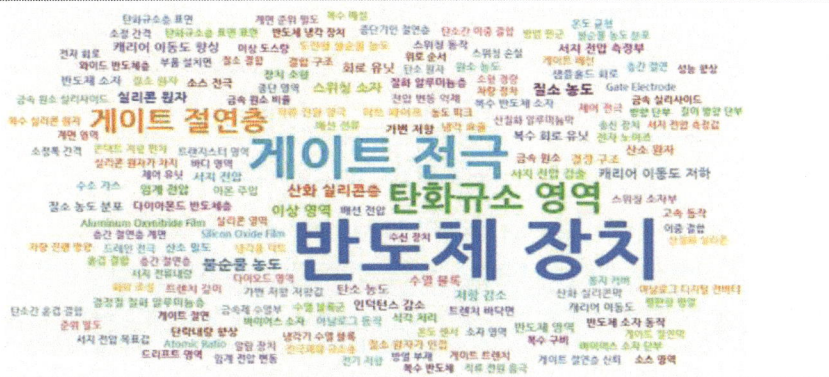

[주요 출원인 기술 키워드]

[주요 특허 분석]

등록/공개번호 (출원일)	명칭	기술적용분야	IP 경쟁력	
			피인용 문헌수	패밀리 국가수
JP 6625938 (2016.07.22)	The manufacturing method of a semiconductor device and a semiconductor device, an inverter circuit, a drive, vehicles, and an elevator	게이트 절연층의 내압 향상이 가능한 반도체 장치에 관한 기술	15	2
JP 6584966 (2016.01.12)	The manufacturing method of a semiconductor device and a semiconductor device, an inverter circuit, a drive, vehicles, and an elevator	쇼트키 장벽 높이의 편차가 억제된 반도체 장치에 관한 기술	13	2
JP 6052573 (2012.04.25)	An optical semiconductor light source and a lighting installation for vehicles	방열을 촉진할 수 있는 광반도체 광원 및 차량용 조명 장치에 관한 기술	11	2

- 반도체 장치, 게이트 전극, 탄화규소 영역, 게이트 절연층, 산화 실리콘층, 가변 저항, 트랜지스터영역 등의 키워드가 도출됨
- TOSHIBA는 차량용 반도체 품목과 관련하여 Top 1 출원인으로, 중국과 미국을 위주로 출원을 진행하였으며, 특히 반도체 장치에 관련된 기술력이 높은 것으로 조사됨

◎ NVIDIA

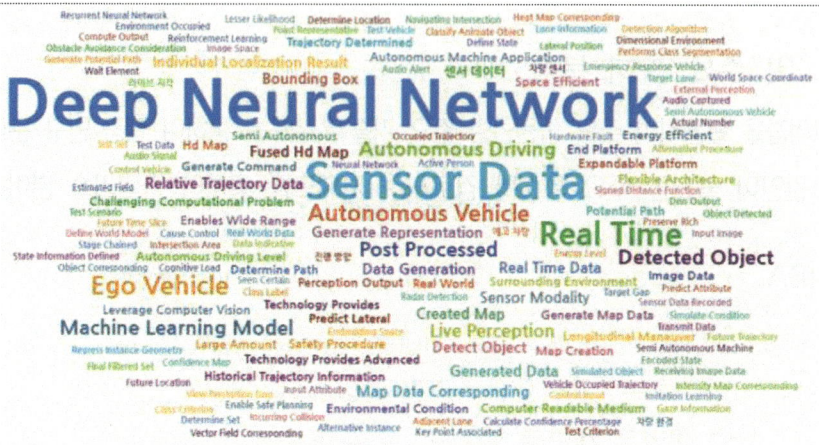

[주요 출원인 기술 키워드]

[주요 특허 분석]

등록/공개번호 (출원일)	명칭	기술적용분야	IP 경쟁력	
			피인용 문헌수	패밀리 국가수
US 11644834 (2018.11.09)	Systems and methods for safe and reliable autonomous vehicles	안전하고 신뢰할 수 있는 자율주행 차량을 위한 시스템 및 방법에 관한 기술	260	5
US 11210537 (2019.02.15)	Object detection and detection confidence suitable for autonomous driving	자율주행에 적합한 객체 감지 및 감지 신뢰도에 관한 기술	150	4
US 11079764 (2019.02.01)	Safety procedure analysis for obstacle avoidance in autonomous vehicles	자율주행차의 장애물 회피를 위한 안전 절차 분석에 관한 기술	120	4

- Deep Neural Network, Sensor Data, Autonomous Driving, Real Time, Detected Object, Ego Vehicle 등의 키워드가 도출됨

- NVIDIA는 차량용 반도체 품목과 관련하여 Top 2 출원인으로, 미국, 일본, 유럽, 중국을 모두 포함한 폭넓은 국제출원을 진행하였으며, 특히 자율주행 시스템에 관련된 기술력이 높은 것으로 조사됨

◎ 현대자동차

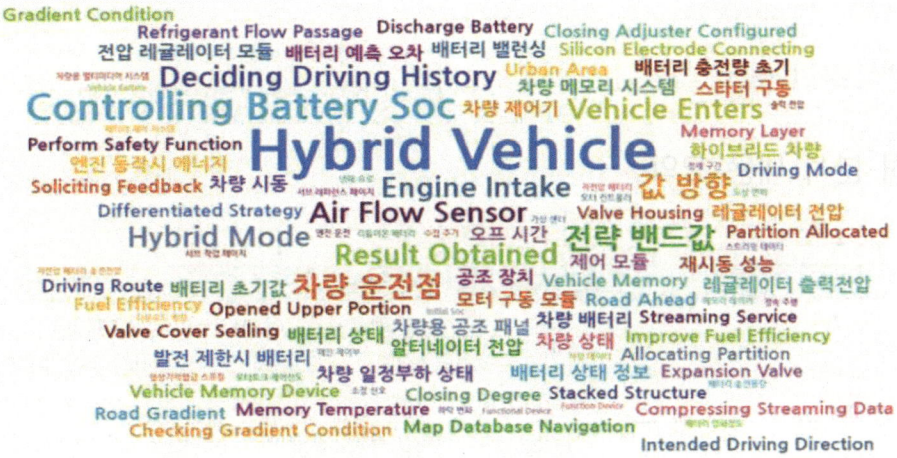

[주요 출원인 기술 키워드]

[주요 특허 분석]

등록/공개번호 (출원일)	명칭	기술적용분야	IP 경쟁력	
			피인용 문헌수	패밀리 국가수
KR10-2011 -0054135 (2009.11.17)	SOC band Strategy for HEV	하이브리드 차량의 배터리 SOC 밸런싱 제어 방법에 관한 기술	13	5
KR 10-1020889 (2008.12.05)	Calculating apparatus and method of SOC of a battery in a hybrid car	하이브리드 자동차에서, 다수의 제어기간에 타 제어기가 정상적으로 동작하는지 여부를 상호 감시하여 비정상적으로 동작하는 제어기를 처리하기 위한 방법에 관한 기술	9	1
KR 10-1282687 (2011.11.07)	Method for estimating battery SOC of vehicle	차량용 배터리 충전 상태 예측 방법에 관한 기술	9	1

- Hybrid Vehicle, Controlling Battery Soc, Deciding Driving History, 차량 메모리 시스템, 전압 레귤레이터 모듈 등의 키워드가 도출됨
- 현대자동차는 차량용 반도체 품목과 관련하여 Top 3 출원인으로, 한국을 중심으로 출원을 진행하였으며, 특히 차량 제어 방법에 관련된 기술력이 높은 것으로 조사됨

4 분석종합

가. 분석결과 요약

❖ 특허 분석 내용 요약

[특허 분석 결과]

구분		분석 내용
특허동향 분석	특허증가율 분석	• 주요 국가별로 살펴보면 중국이 가장 활발한 출원활동을 보이는 것으로 조사되었으며, 다음으로 미국, 일본, 한국, 유럽 순으로 분석됨
	기술주기 분석	• 차량용 반도체 기술 분야의 기술 위치를 살펴본 결과, 전체적인 동향은 기술혁신의 주체인 특허출원인수와 기술혁신의 결과인 특허출원건수가 증가하는 동향이 나타나고 있어서 성장기 단계로 분석됨
	특허영향력 분석	• 차량용 반도체 품목에 대한 주요 출원인들의 경쟁력 분석 결과, 전체국가에서는 NVIDIA 특허가 상업적 가치가 높은 것으로 평가됨 • 한국에서는 현대자동차 특허의 기술영향력 및 시장확보력이 상대적으로 모두 높은 것으로 평가됨. 그 다음으로 현대모비스와 위니아전자 특허의 기술영향력 및 시장확보력이 상대적으로 높은 것으로 평가됨.
기술동향 분석	기술개발동향 변화분석	• 차량용 반도체 품목에 대한 지난 20년간의 특허 주요 기술 키워드 분석 결과, 차량용 반도체를 위한 'Vehicle Control' 및 'Computer Program' 키워드가 도출된 것으로 조사됨
	기술현황 분석	• 차량용 반도체 품목은 섹션 G 물리학 (44%), 섹션 B 처리조작; 운수 (26%), 섹션 H 전기 (24%) 기술분야의 비중이 높은 것으로 나타났으며, 그중에서도 전기에 의한 디지털 데이터처리 (G06F) 분야에서 집중 연구가 진행되고 있는 것으로 분석됨
	기술집중력 분석	• 차량용 반도체 품목은 기술 집중화 정도가 높지 않은 상태이므로 시장진입이 어렵지 않은 것으로 분석됨
주요 출원인 분석	출원인 동향 분석	• 차량용 반도체 품목의 주요 출원인을 살펴보면 주요 국가별 출원인이 다수 포함되어 있으며, 제1 출원인은 일본의 TOSHIBA인 것으로 조사됨
	주요 출원인 기술 키워드 및 주요 특허 분석	• TOSHIBA는 반도체 장치, 게이트 전극, 탄화규소 영역, 게이트 절연층 등의 키워드가 도출되었으며, 반도체 장치에 관련된 기술력이 높은 것으로 조사됨 • NVIDIA는 Deep Neural Network, Sensor Data, Autonomous Driving 등의 키워드가 도출되었으며, 자율주행 시스템에 관련된 기술력이 높은 것으로 조사됨 • 현대자동차는 Hybrid Vehicle, Controlling Battery Soc 등의 키워드가 도출되었으며, 차량 제어 방법에 관련된 기술력이 높은 것으로 조사됨

✳ 분석 종합표

[평가지표/ 정량적 분석]

평가지표	한국		미국	유럽	일본	중국
	전체	중소기업				
특허 활동도[11]	31.7	11.2	47.5	41.7	62.0	100.0
특허 부상도[12]	66.6	39.8	100.0	77.8	66.6	85.6
특허 시장력[13]	46.4	30.1	74.5	100.0	72.8	28.2
특허 영향력[14]	13.9	12.5	100.0	17.9	21.4	5.1
⬇						
상대적 기술경쟁력[15]	49.3	29.5	100.0	73.7	69.2	67.9

주) 각 평가지표 값은 원 계산 값에 상대적 비교의 편의성을 위해 최고점 100점으로 환산한 값이며, 상대적 기술경쟁력은 각 평가지표의 가중치를 1:1로 반영하여 평균값을 도출한 것임

[주요 특허 선별지표]

선별지표	가중치
패밀리 특허 수(A)	2
피인용 횟수(B)	2
발명자 수(C)	2
청구항 수(D)	1.5
등록 여부(E)	1.5
IPC 수(F)	1
⬇	
선별지표 최종 계산식[16]	(A+B+C)X2 + (D+E)X1.5 + (F)X1

---

11) 전체 출원건수 대비 국가별 출원건수 평가
12) 각 국가별 전체 출원건수 대비 최근 5년 출원건수 평가
13) 국가별 패밀리 국가수(PFS) 평가
14) 국가별 피인용도(CPP) 평가
15) 상기 4개 평가지표의 합계 최고 국가 대비 상대값
16) 전략품목과의 정합성을 높이기 위하여 선별지표 최종 계산식에서 2~3배 후보군을 도출한 다음 명칭, 요약, 청구항을 참조하여 최종 주요 특허를 선별함

나. 요소기술 후보군 도출

✳ 특허 클러스터링 기반 주요 키워드 및 관련 특허 분석

- (워드 클라우드) 전략품목 관련 특허에 대해 아래와 같이 핵심 키워드 도출

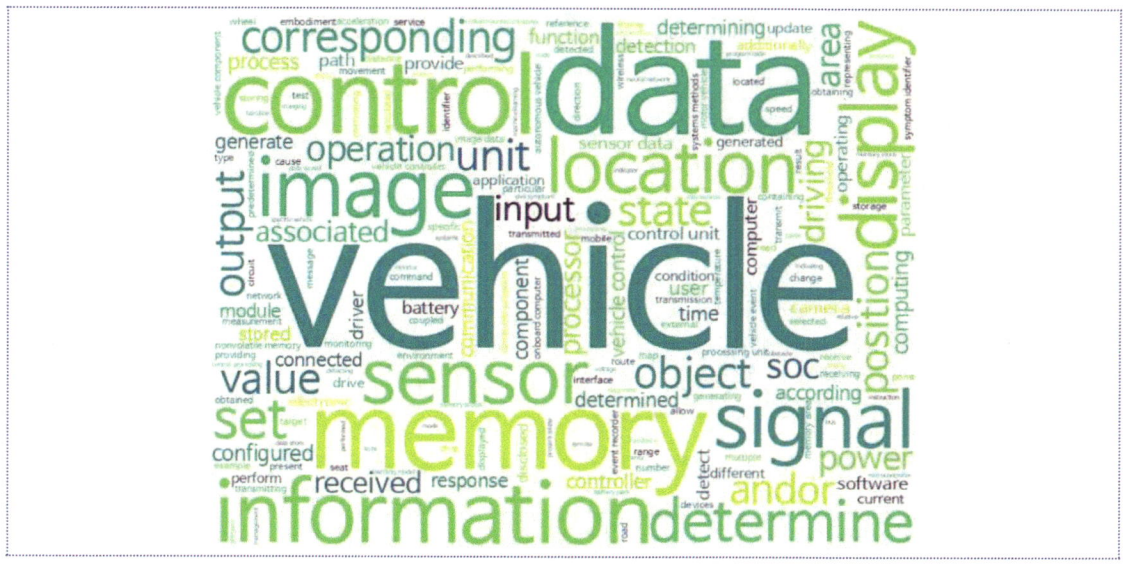

[워드 클라우드]

- (토픽 클러스터링) 전략품목 관련 특허에 대해 아래와 같이 핵심 주제 및 주요 토픽이 도출되었으며, 이를 활용하여 클러스터링 분석 수행

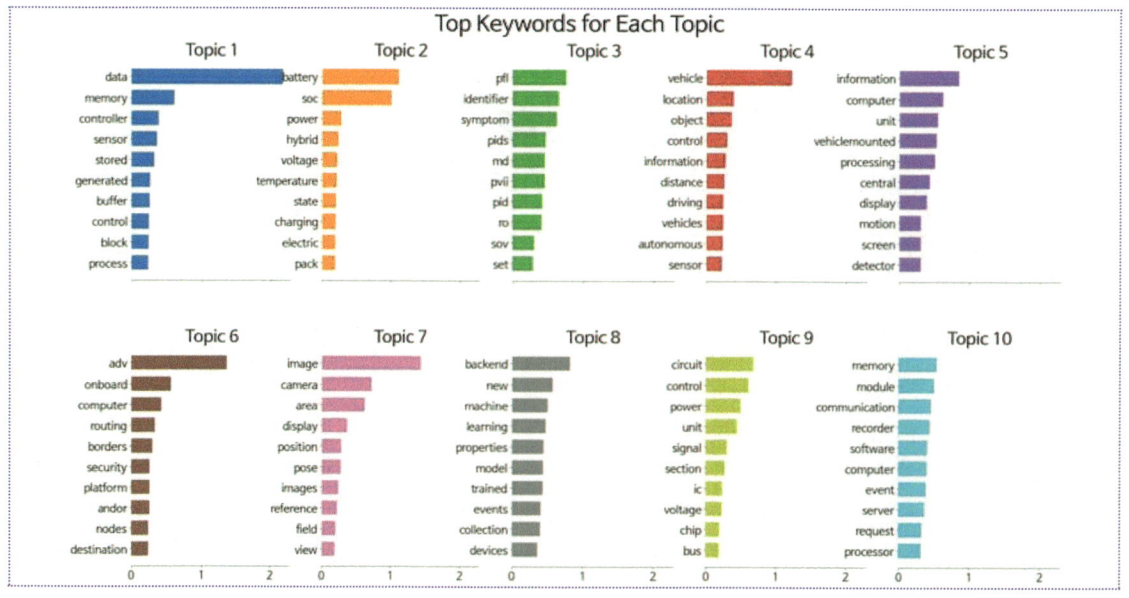

[각 토픽별 주요 키워드]

- (네트워크 맵) 핵심 특허 및 주요 토픽을 통해 도출된 핵심 키워드를 활용하여 클러스터링 분석에 의한 요소기술 후보군 도출
  - 키워드별 노드의 크기는 키워드의 중요도를, 연결된 선의 거리는 키워드 간 근접성(유사성)을, 연결된 선의 수는 노드에 대한 중심성을 의미

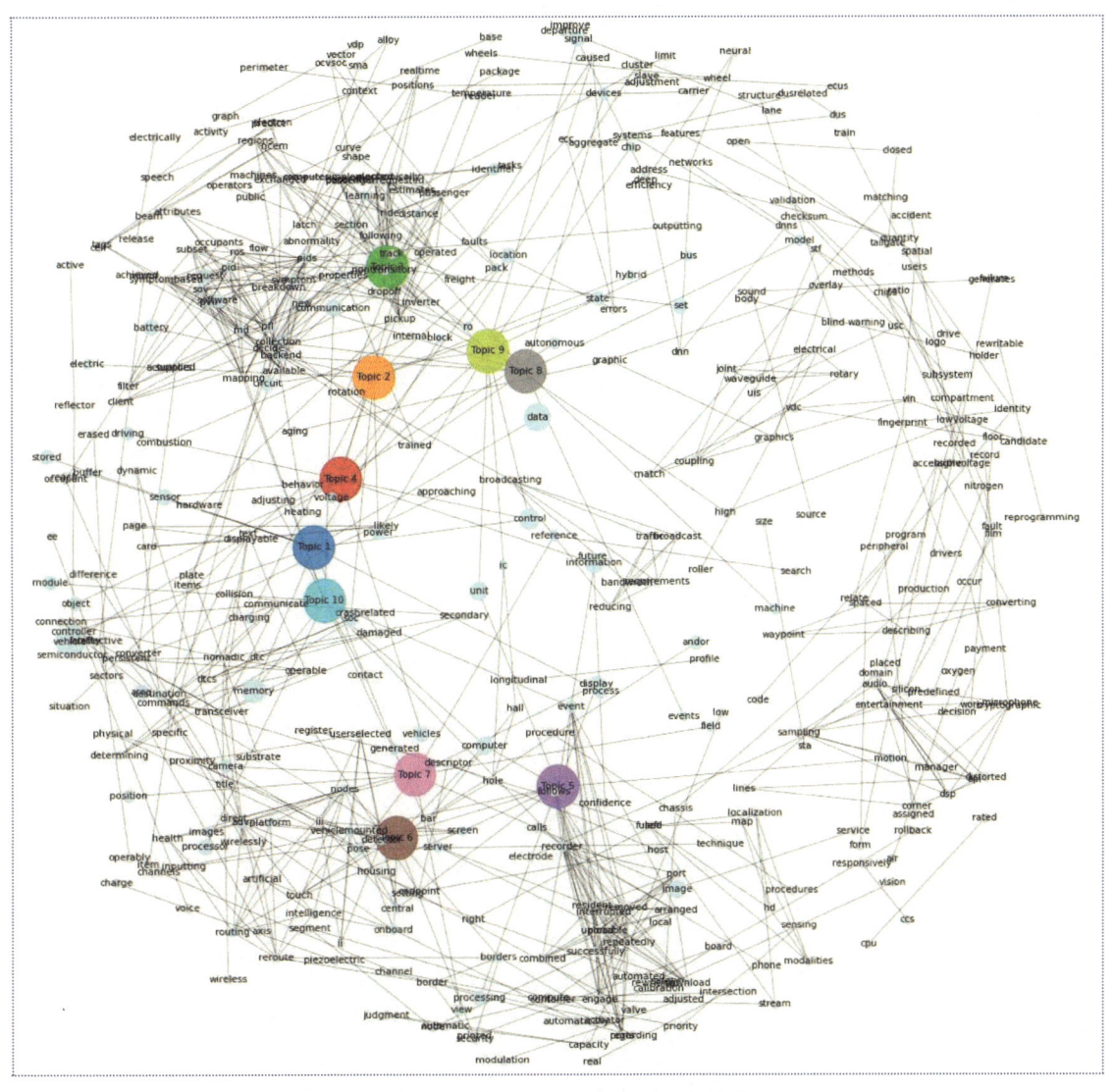

[키워드 네트워크 분석 결과]

⊃ **(요소기술 후보군 도출)** 10개 클러스터별 핵심 키워드와 관련 특허(출원번호)를 통해 요소기술 후보군 제시

[차량용 반도체 요소기술 후보군 도출]

No	핵심 키워드	관련 특허(출원번호)	요소기술 후보군
1	data, memory, controller, sensor, stored, generated, buffer, control, block, process	• ACCESS CONTROL METHOD AND APPARATUS FOR SHARED MEMORY, ELECTRONIC DEVICE AND AUTONOMOUS VEHICLE (18/068179) • Method For Transmitting a Data Element Between a First Control Unit of a Vehicle and a Second Control Unit of the Vehicle, Computer-Readable Medium, System and Vehicle (18/009865)	• 공유 메모리 접근 제어 기술 • 센서 데이터 버퍼링 및 처리 최적화 기술 • 차량 내 제어 블록 데이터 전송 관리 기술
2	battery, soc, power, hybrid, voltage, temperature, state, charging, electric, pack	• METHOD FOR UPDATING OCV-SOC CURVE OF BATTERY PACK, BATTERY MANAGEMENT SYSTEM, AND VEHICLE (17/750602) • SYSTEM ON CHIP (SOC) FOR SEAT BOXES ON A TRANSPORTATION VEHICLE AND ASSOCIATED METHODS THEREOF (17/727280) • COMPUTING DEVICE, ROUTE DISPLAY DEVICE, AND CONTROL SYSTEM, FOR HYBRID VEHICLE (17/557077)	• 배터리 상태(SOC) 추적 및 업데이트 기술 • 고온 및 저온 환경에서의 배터리 관리 최적화 기술 • 하이브리드 차량 전력 분배 및 충전 제어 기술
3	pfl, identifier, symptom, pids, md, pvii, pid, ro, sov, set	• Method and System for Providing Diagnostic Filter Lists (18/318292) • Method and system for servicing a vehicle using a functional test (18/165987) • Methods and Systems for Clustering of Repair Orders Based on Inferences Gathered from Repair Orders (18/045336)	• 차량 진단용 PID(파라미터 식별자) 필터링 기술 • 수리 명령 데이터 기반 클러스터링 기술 • 차량 기능 테스트 자동화 기술
4	vehicle, location, object, control, information, distance, driving, vehicles, autonomous, sensor	• Method and system for providing scanner jobs on diagnostic tool (18/309279) • VEHICLE CONTROLLER, VEHICLE CONTROL METHOD, AND MEMORY MEDIUM (18/192654) • COMPUTER-IMPLEMENTED METHOD FOR CLUTCH START CONTROL OF AN INTERNAL COMBUSTION ENGINE IN A VEHICLE (18/177517)	• 차량 위치 기반 제어 알고리즘 • 자율주행 센서 데이터 통합 및 분석 기술 • 차량 간 거리 측정 및 객체 인식 기술

No	핵심 키워드	관련 특허(출원번호)	요소기술 후보군
5	information, computer, unit, vehiclemounted, processing, central, display, motion, screen, detector	• System and method for dynamically-changeable displayable pages with vehicle service information (17/869237) • NEUOROLOGICAL CONDITION DETECTION UNIT AND METHOD OF USING THE SAME (17/736451) • Vehicle display control device, acceleration display method, and non-transitory memory medium memorizing program (17/519513)	• 차량 서비스 정보 디스플레이 동적 업데이트 기술 • 사용자 맞춤형 차량 디스플레이 제어 기술 • 모션 감지 및 경고 시스템 기술
6	adv, onboard, computer, routing, borders, security, platform, andor, nodes, destination	• Re-Routing Autonomous Vehicles Using Dynamic Routing and Memory Management for Border Security Purposes (17/461513) • POWER MANAGEMENT, DYNAMIC ROUTING AND MEMORY MANAGEMENT FOR AUTONOMOUS DRIVING VEHICLES (17/064890)	• 자율주행 차량의 동적 라우팅 및 메모리 관리 기술 • 국경 보안 목적으로 라우팅 정보를 재설정하는 기술 • 온보드 플랫폼 간 보안 통신 기술
7	image, camera, area, display, position, pose, images, reference, field, view	• VEHICULAR DISPLAY CONTROL DEVICE, VEHICULAR DISPLAY SYSTEM, VEHICLE, DISPLAY METHOD, AND NON-TRANSITORY COMPUTER-READABLE MEDIUM (18/130603)	• 차량용 디스플레이 제어 및 영상 렌더링 기술 • 카메라 이미지 기반 위치 및 자세 인식 기술 • 차량 주변 영역 분석을 위한 시각화 기술
8	backend, new, machine, learning, properties, model, trained, events, collection, devices	• Method and system for test driving mobile machine (18/048107) • Controller for hybrid electric vehicle, control method for hybrid electric vehicle, and memory medium (17/847710) • SYSTEM ON CHIP, CONTROLLER AND VEHICLE (17/716442)	• 차량 데이터를 기반으로 한 머신러닝 모델 학습 기술 • 하이브리드 차량 컨트롤러 최적화 기술 • 차량 이벤트 데이터를 활용한 예측 분석 기술

No	핵심 키워드	관련 특허(출원번호)	요소기술 후보군
9	circuit, control, power, unit, signal, section, ic, voltage, chip, bus	• CONTROLLER FOR VEHICLE, CONTROL METHOD FOR VEHICLE, AND MEMORY MEDIUM (18/165367) • CONTROL APPARATUS FOR VEHICLE AND COMPUTER-READABLE RECORDING MEDIUM (18/151072) • Vehicle Storage Compartment Latch Assemblies with Shape Memory Alloy Actuator (18/001904)	• 차량용 전력 제어 회로 설계 기술 • 전압 및 신호 안정화 IC 설계 기술 • 버스 통신 기반 차량 제어 시스템 기술
10	memory, module, communication, recorder, software, computer, event, server, request, processor	• MEMORY MODULE, ACTUATOR, REAR VIEW DEVICE AND VEHICLE (18/188815) • System and Method for Accessing Vehicle Communication Applications Requiring Vehicle Identification Without Re-Entering Vehicle Identification (18/152925) • METHOD AND DEVICE FOR UPDATING SOFTWARE OF AN ONBOARD COMPUTER IN A VEHICLE, COMPRISING A RUNTIME MEMORY, A BACKUP MEMORY AND A CONTROL MEMORY (18/044744)	• 런타임, 백업, 제어 메모리를 포함한 소프트웨어 업데이트 기술 • 차량 통신 어플리케이션 접근 제어 기술 • 이벤트 기반 데이터 저장 및 서버 요청 처리 기술

※ 관련 특허 : 주제 분포 측면에서 얼마나 유사한지를 기준으로 평가하여 밀접한 관련이 있다고 판단되는 특허

제4절 기술개발 로드맵

1. 요소기술 도출 및 핵심 요소기술 선정

가. 요소기술 도출

✤ 핵심 요소기술 선정을 위한 전략품목 요소기술 11개 도출

[요소기술 도출]

구분	요소기술	개요	출처
1	고신뢰성 차량용 센서 기술	• 차량용 센서는 자동차 내외부 환경 정보를 감지하거나 측정하여 전기적인 신호로 변환하는 장치이며, 기계, 전자, 통신, 제어 기술들과 융합하여 자동차의 안전성과 편의성을 획기적으로 향상시킬 수 있는 전자제어 시스템의 핵심부품	'23년 기술로드맵
2	배터리제어시스템 (BMS) 회로 설계	• 차량용 배터리의 기본 보호 기능 외에 배터리 관리에 필요한 많은 기능들을 수행하는 기능에 대한 기술로 통신, 모니터링, 계산, 셀밸런싱 등의 기능을 포함	'23년 기술로드맵
3	제어 시스템·모듈 설계 기술	• 차량 거리 및 장애물 인식, 차량 상황 인식 및 센서 융합 기능을 종합한 사고 회피/지능형 주행보조/자율주행 기능을 위한 SW 및 HW 모듈 설계 기술로 고효율 및 정확한 토크 운전 등의 중요한 이슈 해결을 위한 모터 제어 기술이 필요	'23년 기술로드맵
4	차량 동력학적 인지·판단·제어 기술	• 차량의 현가, 조향, 브레이킹 시스템과 관련하여 승차감(ride)과 주행 안정성 해석 및 평가를 위한 동역학적 설계 이론을 바탕으로 차량 동역학적 모델링, 해석방법, 설계 변수, 평가 방법 등을 이용한 센서 데이터 인지, 해석 및 액츄에이터 제어 기술	'23년 기술로드맵

5	객체 검출·인지 및 거리 추정 기술	• 카메라, 라이다, 레이다 등의 자율주행 차량용 센서 데이터를 활용한 머신비전, 인공지능 기술을 활용한 관심 객체 및 장애물을 인지/인식하여 객체와의 거리를 측정/추정하는 기술	'23년 기술로드맵
6	고신뢰·기능안전 설계 기술	• 차량용 반도체의 경우 기대 수명 신뢰성 보장을 위한 AEC-Q100/101/200 등 인증 필수이며, 잠재적 고장 위험을 줄이기 위한 ISO26262 기능 안전 설계 기술	'23년 기술로드맵
7	프로세서 반도체 기술	• 자율주행의 핵심 연산을 수행하고 차량 전체를 제어하기 위한 프로세서 반도체 기술	전문가
8	전력 반도체 기술	• 고전압 대전류의 변환과 모터 제어를 수행하는 SiC, GaN, PMIC 등 전력 반도체 기술	전문가
9	V2X 반도체 기술	• 커넥티드카와 외부 사이의 통신을 수행하는 C-V2X, DSRC/WAVE 등 무선통신 반도체 기술	전문가
10	IVN 반도체 기술	• 차량전자시스템내의 Ethernet, CAN/CAN-FD/CAN-XL, FlexRay, LIN, SENT 반도체와 이를 통합한 네트워크 프로세서 반도체 기술	전문가
11	보안 반도체 기술	• 차량의 해킹, 탈취, 오동작, 부정 제어를 방지하는 암복호화 및 인증 반도체, 해킹 감지 및 차단 반도체 기술	전문가

출처: '23년 기술로드맵, 특허-빅데이터, 중소기업 니즈, 수요처 니즈, 대국민(재밍), 전문가 등

나. 핵심 요소기술 선정

✦ 선별된 전략품목 요소기술을 대상으로 전문위원회를 통해 기술개발 핵심성·파급성·가능성을 평가하여 핵심 요소기술 선정

- (기술개발 핵심성) 전략품목 개발 필요 요소기술 가운데 중요도(필수 여부) 및 기술개발 성공 시 달성 기여도
- (기술개발 파급성) 기술개발 이후 타 분야/품목 등에 영향을 미치는 확장 수준
- (기술개발 가능성) 요소기술에 대한 개발 기간, 투자금액, 기술 난이도 등을 종합적으로 고려한 중소기업 적합 수준

[「차량용 반도체」 핵심 요소기술 선정]

구분	핵심 요소기술	개요
1	프로세서 반도체 기술	• 자율주행의 핵심 연산을 수행하고 차량 전체를 제어하기 위한 프로세서 반도체 기술
2	센서 반도체 기술	• 차량 주위 환경을 인식하여 자율주행을 수행하기 위한 비전, 레이더, 라이다, 초음파 등 센서 반도체 기술과 이에 따른 물체 인식, 신호 처리, 센서 퓨전 기술
3	BMS 반도체 기술	• 배터리의 충전, 방전, 모니터링, 보호, 밸런싱, 폭발 감지, 잔량 추정, 수명 예측 등을 수행하는 BMS 반도체 기술
4	차량 통신/보안 반도체 기술	• 커넥티드카와 외부 사이의 통신을 수행하는 C-V2X, DSRC/WAVE 등 무선통신 반도체 기술이면서, 차량의 해킹, 탈취, 오동작, 부정 제어를 방지하는 암복호화 및 인증 반도체, 해킹 감지 및 차단 반도체 기술
5	차량 제어 반도체 기술	• 차량의주행, 조향, 제동, 현가, 공조, 편의장치를제어하는반도체와이에따른안정주행, 충돌방지, 승차감향상기술

❊ 핵심 요소기술 정의서

1-1 프로세서 반도체 기술

구분		내용
분류 체계	산업기술	- (200406) SoC
	과학기술	- (ED0406) SoC
기술개요		- 차량 전체를 제어하고 자율주행을 수행하는 단일칩 어플리케이션 프로세서 반도체 기술 - 자율주행에 막대한 AI 연산이 소요되기 때문에 AI 가속기를 내장함
기술 요구사항		- Multi-Core, CPU + DSP + NPU + ISP 내장 - Zonal Architecture, Edge Computing, Sensor Fusion 등 지원
기술개발 최종 목표		- 자율주행의 핵심 연산을 수행하고 차량 전체를 제어하기 위한 어플리케이션 프로세서 반도체의 개발
단계별 목표	1차년도	- 어플리케이션 프로세서 아키텍쳐 개발 (TRL 5단계)
	2차년도	- 어플리케이션 프로세서 회로 개발 (TRL 7단계)
	3차년도	- 어플리케이션 프로세서 칩 및 패키지 개발 (TRL 8단계)

1-2 센서 반도체 기술

구분		내용
분류체계	산업기술	- (200406) SoC
	과학기술	- (ED0406) SoC
기술개요		- 자율주행을 수행할 수 있도록 차량 주위 환경을 인식하는 주요 센서인 비전 센서, 레이다 센서, 라이다 센서 반도체 기술 및 이들 센서를 위한 센서 신호 처리 기술

● Camera
Takes images of the road that are interpreted by a computer. Limited by what the camera can "see".

● Radar
Radio waves are sent out and bounced off objects. Can work in all weather but cannot differentiate objects

● LiDAR
Light pulses are sent out and reflected off objects. Can define lines on the road and works in the dark.

Rating: H = High, M=Medium, L = Low

	Camera	Radar	LiDAR	Autonomous Requirement
Object Detection	M	H	H	H
Classification	H	M	-	H
Density of Raw Data	H	M	L	H
Velocity Measurement	-	H	-	H
Lane Detection	H	-	-	H
Traffic Sign Recognition	H	-	-	H
Range of Sensor	M (150m)	H (250m)	M (100m)	Full range
Rain, Fog, Snow	L	H	L	H
Night	-	H	H	H
Sensor size	Small to Med	Small	Med	Mix
Cost	H (ADAS)	L	H	Mix

구분	내용
기술 요구사항	- 비전센서: 해상도 증대, 다이나믹레인지 증대, 객체 인식 수행 - 레이다센서: 다채널화, 고효율화, 고전력화, 고해상도화 - 라이다센서: 탐지거리 증대, 해상도 향상, 신뢰성 향상
기술개발 최종 목표	- 차량 주위 환경을 인식하여 자율주행을 수행하기 위한 비전, 레이더, 라이다 등 센서 반도체 칩셋과 이에 따른 물체 인식, 신호 처리, 센서 퓨전 기술의 개발
단계별 목표	1차년도 - 비전, 레이다, 라이다 센서 구조 개발 (TRL 5단계) 2차년도 - 비전, 레이다, 라이다 센서 회로 개발 (TRL 7단계) 3차년도 - 비전, 레이다, 라이다 센서 칩셋 개발 (TRL 8단계)

1-3 BMS 반도체 기술

구분		내용
분류 체계	산업기술	- (200406) SoC
	과학기술	- (ED0406) SoC
기술개요		- 전기자동차에 사용되는 고전압, 대전류 배터리 셀을 저손실로 충방전을 수행하며, 배터리 셀의 모니터링, 보호, 밸런싱을 수행하며, 나아가 폭발 감지, 잔량 추정, 수명 예측까지 수행하는 종합적인 배터리 관리 시스템 (BMS) 반도체 기술
기술 요구사항		- 배터리 셀의 충전, 방전, 모니터링, 보호, 밸런싱 수행 - 전기자동차향 고전압, 대전류, 저손실 전력 제어 수행 - 차량 탑재 가능한 수준의 기능안전 (ISO26262), 신뢰성 (AEC-Q100)
기술개발 최종 목표		- 배터리의 충전, 방전, 모니터링, 보호, 밸런싱, 폭발 감지, 잔량 추정, 수명 예측 등을 수행하는 전기자동차용 BMS 반도체 칩셋의 개발
단계별 목표	1차년도	- 배터리 셀의 모니터링, 보호, 충방전, 밸런싱 회로 개발 (TRL 5단계)
	2차년도	- 배터리 셀의 퓨얼 게이지, 고장 진단, 통신 회로 개발 (TRL 7단계)
	3차년도	- 차량용 고전압 고전류 BMS 반도체 칩셋 개발 (TRL 8단계)

1-4 차량 통신/보안 반도체 기술

구분		내용
분류 체계	산업기술	- (200406) SoC
	과학기술	- (ED0406) SoC
기술개요		- 차량 내부 유선 통신인 Ethernet, CAN/CAN-FD/CAN-XL, FlexRay, LIN, SENT 등의 IVN 반도체, 차량 외부 무선 통신인 C-V2X, DSRC/WAVE 등의 V2X 반도체, 차량 내외부 통신에서 발생하는 해킹, 탈취, 오동작, 부정 제어를 방지하는 보안 반도체 기술
기술 요구사항		- V2X: 고속 저지연 원거리 통신, 저전력 저잡음, 사이버 보안 - IVN: 대역폭 제어, 지연시간 보장, 데이터 무결성, 사이버 보안
기술개발 최종 목표		- 커넥티드카와 외부 사이의 통신을 수행하는 C-V2X, DSRC/WAVE 등 V2X 무선통신 반도체의 개발 - 차량전자시스템 내의 Ethernet, CAN/CAN-FD/CAN-XL, FlexRay, LIN, SENT 반도체와 이를 통합한 IVN 네트워크 프로세서 반도체의 개발 - 차량의 해킹, 탈취, 오동작, 부정 제어를 방지하는 암복호화/인증 반도체와 해킹 감지/차단 반도체의 개발
단계별 목표	1차년도	- 차량용 V2X, IVN, 보안 반도체 아키텍쳐 개발 (TRL 5단계)
	2차년도	- 차량용 V2X, IVN, 보안 반도체 회로 개발 (TRL 7단계)
	3차년도	- 차량용 V2X, IVN, 보안 반도체 칩셋 개발 (TRL 8단계)

1-5 차량 제어 반도체 기술

구분		내용
분류 체계	산업기술	- (200406) SoC
	과학기술	- (ED0406) SoC
기술개요		- 차량의 주행, 조향, 제동, 현가, 공조, 편의 장치를 제어하는 반도체 기술 - 센서 반도체: 차량 제어를 위한 물리량을 측정 - 액츄에이터 반도체: 차량 제어를 위해 모터 등을 구동 - MCU 반도체: 센서 신호를 받아 액추에이터를 제어
기술 요구사항		- 내구성, 정밀도, 안전성, 수명 향상이 매우 중요 - 최근 자가교정, 수명예측, TMR 기능 내장
기술개발 최종 목표		- 차량의 주행, 조향, 제동, 현가, 공조, 편의 장치를 제어하는 반도체 칩셋과 이에 따른 안정 주행, 충돌 방지, 승차감 향상 기술
단계별 목표	1차년도	- 차량 제어 센서, 액츄에이터, MCU 회로 개발 (TRL 5단계)
	2차년도	- 차량 제어 센서, 액츄에이터, MCU 칩셋 개발 (TRL 7단계)
	3차년도	- 차량 제어 센서, 액츄에이터, MCU 사용 제어기 개발(TRL 8단계)

2 기술로드맵 구축

가. 기술개발 목표

[「차량용 반도체」 기술개발 로드맵]

구분	핵심 요소기술	기술 요구사항	개발목표			최종목표
			1차년도	2차년도	3차년도	
1	프로세서 반도체 기술	Multi-Core, CPU + DSP + NPU + ISP 내장 및 Zonal Architecture, Edge Computing, Sensor Fusion 등 지원	어플리케이션 프로세서 아키텍쳐 개발	어플리케이션 프로세서 회로 개발	어플리케이션 프로세서 칩 및 패키지 개발	자율주행 핵심 연산 수행 및 차량 제어용 어플리케이션 프로세서 반도체 개발
2	센서 반도체 기술	비전, 레이다, 라이다 센서의 해상도 향상 및 신뢰성 증대	비전, 레이다, 라이다 센서 구조 개발	비전, 레이다, 라이다 센서 회로 개발	비전, 레이다, 라이다 센서 칩셋 개발	비전, 레이다, 라이다 등 센서 반도체 및 신호 처리 기술 개발
3	BMS 반도체 기술	전기자동차용 고전압, 대전류 배터리 관리 및 충전/방전/보호/수명 예측 수행	배터리 셀의 모니터링, 보호, 충방전, 밸런싱 회로 개발	배터리 셀의 퓨얼 게이지, 고장 진단, 통신 회로 개발	고전압 고전류 BMS 반도체 칩셋 개발	전기자동차용 BMS 반도체 칩셋 개발 및 신뢰성 확보
4	차량 통신/보안 반도체 기술	V2X 및 IVN 통신 반도체의 저지연, 고속 통신 및 사이버 보안 강화	V2X, IVN, 보안 반도체 아키텍쳐 개발	V2X, IVN, 보안 반도체 회로 개발	V2X, IVN, 보안 반도체 칩셋 개발	V2X 및 IVN 통신과 사이버 보안 강화를 위한 반도체 개발
5	차량 제어 반도체 기술	주행, 조향, 제동 등 차량 제어를 위한 내구성, 안전성, 정밀도, 수명 연장 기술	차량 제어 센서, 액츄에이터, MCU 회로 개발	차량 제어 센서, 액츄에이터, MCU 칩셋 개발	차량 제어 센서, 액츄에이터, MCU 사용 제어기 개발	차량 주행, 조향, 제동 등 제어용 반도체 칩셋 개발

나. 로드맵 기획

(총론) 차량 자율주행 및 전자 제어 시스템에 최적화된 반도체 기술 개발로 차량 산업 경쟁력 강화

- (중소기업 기술개발전략 1) 멀티코어 및 AI 가속기를 내장한 어플리케이션 프로세서 반도체 개발 필요
- (중소기업 기술개발전략 2) 고해상도, 고신뢰성 센서 반도체 기술 개발 필요
- (중소기업 기술개발전략 3) 고전압, 대전류를 지원하며 기능 안전 및 신뢰성을 보장하는 BMS 반도체 개발 필요
- (중소기업 기술개발전략 4) V2X 및 IVN 통신 기술과 보안 강화를 위한 네트워크 반도체 개발 필요
- (중소기업 기술개발전략 5) 주행, 조향, 제동 등의 제어를 지원하는 차량용 반도체 개발 필요

[「차량용 반도체」 기술개발 로드맵]

(2025~2027)

중소기업 전략기술로드맵

제2장. 전략품목 환경분석

02_바이오·헬스케어 반도체

제1절 개요

1 정의 및 필요성

가. 정의

- 바이오·헬스케어 반도체는 환자 맞춤형 진단과 치료기술 등 바이오·헬스케어 기술에 사용되는 반도체로, 개인의 생활습관, 질병의 진단/치료/예후 등에 대한 대용량 데이터를 확보에 활용되는 감지, 신호처리, 통신용 반도체 등을 포함
  - 주요 응용 분야로는 웨어러블 디바이스, 이식형 의료기기, 디지털 헬스케어 플랫폼, 의료 영상처리 기기 등이 있으며, 이 반도체는 고정밀성과 데이터 처리 능력을 통해 의료 현장에서 정확하고 효율적인 서비스를 가능하게 함
  - IoT(사물인터넷) 기술과 융합하여 의료 시스템의 디지털화 및 네트워크화를 지원하며, 대규모 데이터를 분석하여 질병의 진단, 치료, 예후 관리의 효율성을 극대화

- 바이오·헬스케어 반도체의 주요 특성은 정밀한 데이터 수집과 처리, 저전력 소비, 데이터 보안 및 개인정보 보호, 소형화 및 통합성, 내구성 및 고신뢰성으로 정리
  - (정밀한 데이터 감지 및 처리) 심박수, 혈당, 혈압 등 다양한 생체 신호를 정확히 감지하고 분석할 수 있는 고정밀 센서를 포함
    - 최신 신호 처리 알고리즘과 함께 작동하며, 감지 데이터의 품질과 정확도를 높여 의료 및 건강 관리 시스템의 신뢰도를 강화하고, 의료 영상 데이터를 빠르고 정확하게 분석하는 반도체는 질병의 조기 발견 및 정밀 진단에 기여
  - (저전력 설계) 웨어러블 기기와 이식형 디바이스는 지속적으로 작동해야 하므로, 전력 소비가 낮아야 장시간 사용 가능
    - 저전력 설계를 통해 배터리 수명을 연장하며, 배터리 교체가 어려운 이식형 의료기기에 적합

- (데이터 보안 및 개인정보 보호) 의료 데이터는 민감 정보로, 이를 처리하는 반도체에는 강력한 보안 기능이 필요
  - 암호화 기술과 보안 프로토콜을 통합하여 데이터 전송 및 저장 중 외부 위협으로부터 보호
- (소형화 및 통합성) 소형화된 반도체는 휴대 및 이식이 용이하며, 특히 바이오센서와 통신 모듈이 통합된 설계는 장비 크기를 줄이고 사용자 편의성을 높임
  - 초소형 설계 기술을 적용하여 웨어러블 기기와 이식형 디바이스에서 효율적으로 활용
- (고신뢰성 및 내구성) 의료 환경은 고온, 습기, 외부 충격 등 다양한 조건에 노출되므로, 반도체는 이러한 조건을 견디도록 설계됨
  - 내구성과 신뢰성이 높은 설계를 통해 환자 안전을 보장하며, 반복적인 사용에도 성능이 유지

❇ 바이오·헬스케어 반도체의 응용 분야는 웨어러블 디바이스, 이식형 의료기기, 정밀 의료 및 데이터 분석, 디지털 헬스케어 플랫폼, 약물 전달 및 치료 기기로 구분되며, 다양한 의료 기술 발전에 필수적 역할 수행

- (웨어러블 디바이스) 스마트워치, 피트니스 트래커 등에 적용되어 사용자의 건강 데이터를 실시간으로 수집 및 분석하며, 심박수, 혈압, 산소포화도 등 주요 생체 신호를 측정하여 건강 상태를 모니터링하고, 예방적 건강 관리에 기여
- (이식형 의료기기) 인슐린 펌프, 심박 조율기, 신경 자극기 등 이식형 디바이스에 적용되어 환자의 상태를 실시간으로 모니터링하고 필요한 치료를 제공하고, 초소형 설계와 저전력 특성을 통해 장기적인 이식형 의료기기의 신뢰성을 확보
- (정밀 의료 및 데이터 분석) 의료 영상 처리(CT, MRI 등) 및 대규모 의료 데이터 분석에 사용되어, 질병을 조기에 진단하고 적절한 치료 방법을 제안하고, AI 기반 진단 시스템과 결합하여 의료진의 의사 결정을 지원
- (디지털 헬스케어 플랫폼) 개인의 건강 정보를 기반으로 한 원격 의료 및 환자 모니터링 기술을 지원하여, 지역적 제약을 극복하고 의료 접근성을 향상하고, 의료 네트워크와 통합되어 실시간 데이터 공유 및 분석이 가능
- (약물 전달 및 치료 디바이스) 스마트 약물 전달 시스템에 적용되어 적시에 정확한 용량의 약물을 제공하며, 맞춤형 치료 기술을 지원하여 환자 개개인의 치료 효율성을 높임

나. 기술 개발 필요성

✣ 헬스케어 데이터 수집·분석을 위한 고성능 반도체 기술의 필요성

- 개인화된 헬스케어 서비스 수요 증가에 따른 바이오·헬스케어 데이터 처리 반도체의 중요성 증대
  - 전 세계적으로 고령화와 만성질환 환자 수가 증가하면서, 질병 예방과 사전 관리를 위한 맞춤형 헬스케어 서비스에 대한 수요가 급격히 증가하고 있음
  - 이러한 개인화 헬스케어 서비스는 웨어러블 기기와 이식형 의료 기기에서 실시간으로 수집되는 대규모 바이오 데이터를 처리할 수 있는 고성능 반도체 기술에 의해 가능해짐
  - 특히 심박수, 산소포화도, 혈당, 심전도 등과 같은 주요 생체 신호를 고정밀·고속으로 측정하고 처리할 수 있는 반도체 기술 개발이 필수적임
  - 기존 의료 시스템은 환자가 병원에 방문해야 하는 형태로 운영되었으나, 원격 모니터링과 데이터 기반의 헬스케어로 변화하고 있어 바이오 데이터를 효율적으로 수집·분석할 수 있는 반도체 기술의 중요성이 더욱 부각되고 있음

- 대용량 바이오 데이터 분석 및 의료 AI의 활용 확대로 인해 고속 데이터 처리 반도체 필요성 대두
  - 헬스케어 데이터는 방대한 양의 비정형 데이터로 구성되며, 이는 기존 반도체 기술로 처리하기 어려우며, 의료 AI 기술과 결합하여 데이터를 분석·예측하는 헬스케어 서비스가 증가하면서, 데이터를 실시간으로 처리할 수 있는 고속 반도체가 필수적임
  - 일반적인 데이터와 달리, 바이오 데이터는 정확도와 신뢰성이 매우 중요한 요소로, 오차 없는 데이터 처리가 가능한 특화된 반도체 기술 필요
  - 2030년까지 글로벌 헬스케어 데이터는 연평균 36%씩 증가할 것으로 예상되며, 이러한 데이터 처리의 핵심 기술로서 고성능 반도체 수요가 지속적으로 확대될 전망임

✣ 차세대 헬스케어 시장 선점을 위한 반도체 기술의 글로벌 경쟁 심화

- 바이오·헬스케어 반도체 기술의 글로벌 시장 규모 확대 및 경쟁 심화
  - 바이오·헬스케어 반도체는 웨어러블 기기, 원격의료 장비, 스마트 병원 솔루션 등 다양한 응용 분야에서 핵심 부품으로 사용되고 있으며, 관련 시장은 연평균 10% 이상의 빠른 성장세를 기록하고 있음

- 2023년 기준 약 200억 달러 규모였던 시장이 2030년까지 약 500억 달러 이상으로 성장할 것으로 예상되며, 글로벌 반도체 기업들의 시장 진출 경쟁이 치열해지고 있음
  - 미국의 퀄컴(Qualcomm), 네덜란드의 NXP, 일본의 소니(Sony) 등 주요 기업은 의료 전용 반도체 기술 개발에 막대한 투자를 진행하고 있으며, 특히 신뢰성과 저전력을 강조한 제품 개발로 시장을 선점하고 있음
- 한국의 바이오·헬스케어 산업 경쟁력 강화를 위한 반도체 기술 개발 필요성
  - 한국은 반도체 메모리 분야에서는 세계적인 경쟁력을 보유하고 있으나, 비메모리 및 특화형 반도체 분야에서는 글로벌 선두 기업에 비해 기술 격차가 존재
  - 바이오·헬스케어 반도체 분야는 의료 기기의 국산화를 통한 국가 기술 자립도 확보와 수출 시장 확대를 위해 필수적인 요소임
  - 글로벌 경쟁력을 확보하기 위해서는 첨단 제조 공정 기술과 더불어 고정밀 센싱, 저전력 설계, 신호 처리 알고리즘 등 기술적인 융합 연구가 요구됨
  - 또한, 정부와 민간의 공동 투자와 연구개발 인프라를 강화하여 바이오·헬스케어 반도체 분야에서 독자적인 기술을 확보할 필요가 있음

❋ 저전력·고정확도 반도체 기술로 사회적·경제적 파급 효과 기대

- 의료 접근성 향상 및 의료비 절감 효과
  - 바이오·헬스케어 반도체 기술은 헬스케어 기기 및 원격의료 솔루션의 핵심 부품으로, 의료 자원이 부족한 농어촌 지역과 같은 의료 취약 지역에서 효율적인 원격 모니터링과 진단을 가능하게 함
  - 저전력 반도체 기술은 장시간 작동이 가능한 웨어러블 및 이식형 의료 기기에 적용되어, 환자들의 의료비 부담을 줄이는 데 기여
  - 이는 고령화 사회에서 의료비 부담 증가 문제를 해결하는 핵심 기술로 작용하며, 사회적 비용 절감 효과를 창출함
- 지속 가능한 헬스케어 산업을 위한 환경 친화적 기술 요구
  - 기존의 전력 소비가 큰 반도체 기술은 환경에 부정적인 영향을 미칠 수 있으며, 헬스케어 기기에 특화된 저전력, 친환경 반도체 기술은 지속 가능한 헬스케어 산업을 위한 필수 요소임

- 특히, 생체 데이터를 수집·처리하는 반도체의 제조 공정에서부터 친환경 공정을 도입하여 탄소 중립 목표를 달성할 수 있는 기술 개발 필요

○ 신약 개발 및 임상시험 분야에서의 데이터 분석 혁신

- 신약 개발과 임상시험 과정에서 수집되는 대규모 생체 데이터는 특화된 반도체를 통해 신속히 처리·분석될 수 있으며, 이는 신약 개발의 성공률과 속도를 대폭 개선할 수 있음
- 데이터 기반의 정밀의료와 디지털 치료제 개발에도 활용될 수 있어 바이오·헬스케어 반도체는 미래 의학의 중심 기술로 자리잡을 가능성이 높음

바이오 신호 처리 및 생체 데이터 관리의 난제를 해결하기 위한 기술 개발 필요

○ 기존 반도체 기술의 생체 신호 처리 한계 극복 필요

- 생체 신호는 일반적인 전기적 신호와 달리 노이즈에 민감하며, 신호 강도가 약한 경우가 많아 정확한 처리가 어려움
- 기존의 범용 반도체 기술로는 이와 같은 특수한 신호를 처리하는 데 기술적 한계가 존재하며, 바이오 신호 처리에 최적화된 특화형 반도체 기술이 요구됨
- 예를 들어, 심전도 데이터의 노이즈 제거, 혈당 수치의 지속적 모니터링, 뇌파 신호 처리 등은 고도의 정확성과 안정성이 요구됨

○ 안전성과 신뢰성을 충족하는 의료용 반도체 기술 요구

- 의료용 반도체는 환자의 생명과 직결되므로, 데이터 오류가 발생하지 않도록 안정성을 보장해야 하며, 각국의 규제 기준(ISO 13485, FDA 승인 등)을 충족해야 함
- 특히, 이식형 의료 기기에 사용되는 반도체는 장기간 안정적으로 작동해야 하며, 생체 적합성과 고내구성을 동시에 만족해야 함

○ 생체 데이터 보안 및 프라이버시 보호를 위한 기술 개발 필요

- 헬스케어 데이터는 개인의 민감한 정보를 포함하고 있기 때문에, 데이터 전송과 처리 과정에서 보안을 강화할 수 있는 반도체 기술이 필요
- 안전한 데이터 암호화 및 네트워크 통신 기술을 지원하는 헬스케어 반도체는 디지털 헬스케어 확산에 있어 중요한 요소로 부각됨

2 범위 및 분류

가. 가치사슬

❖ 바이오·헬스케어용 반도체는 의료기기 및 헬스케어 솔루션의 핵심 부품으로, 데이터 수집, 분석, 처리를 지원하며, 소형화·저전력·고성능 특성이 요구

- 웨어러블 디바이스, 원격 의료, 스마트 헬스케어 장비 등에서 사용이 증가하며, 의료 기술과 반도체 기술의 융합이 가속화되고 있음. 해당 가치사슬은 원료 제조, 칩 설계 및 생산, 의료기기 통합에 이르는 단계를 포함

- (후방산업) 반도체 원료, 재료 및 공정 장비, 반도체 설계 산업 등으로 구성
  - (반도체 원료 산업) 반도체 제조에 필요한 실리콘 웨이퍼, 화합물 반도체 소재, 나노소재 등 생산
  - (재료 및 공정 장비 산업) 노광장비, 식각장비, 화학기상증착(CVD) 및 원자층증착(ALD) 장비 등 반도체 제조용 첨단 장비 공급
  - (반도체 설계 (Fabless)) 의료용 센서, 프로세서, 통신 칩 등 헬스케어 특화 반도체 설계 기업

- (전방산업) 의료기기, 헬스케어 디바이스, 헬스케어 서비스 등으로 구성
  - (의료기기) 바이오센서, 혈당측정기, 심전도(ECG) 장치, 뇌파(EEG) 장비 등 분야
  - (헬스케어 디바이스) 웨어러블 기기(스마트워치, 건강 모니터링 밴드), 스마트 인슐린 펌프 등
  - (스마트 헬스케어 서비스) 병원 정보 시스템, 원격의료 서비스, 디지털 진단 플랫폼
  - (제약 및 생명과학 연구) 약물 개발 및 임상 실험을 위한 생체 데이터 분석 반도체

[바이오·헬스케어용 반도체 품목 산업구조]

후방산업	바이오·헬스케어용 반도체	전방산업
플렉시블 소재, 인체무해 소재, 통신모듈, 웨어러블 장치, 바이오센서 등	웨어러블 의료기기, 인체 삽입형 의료기기, 원격 의료기기, 단백질 칩, DNA 칩, 랩온어칩, 혈액 진단 칩, 바디칩 등	의료기기, 환경 분석, 제조, 식품, 군사, 제약 등

나. 용도별 분류

■ 바이오 센서(Biosensor)는 물리·화학적 정보 및 생물학적 반응을 감지하고, 전기 신호로 변환·측정하여 유용한 정보를 획득할 수 있도록 하는 반도체 소자를 의미

- 제품의 형태에 따라 Non-wearable과 Wearable 바이오 센서로 구분
  - (논웨어러블 바이오 센서) 신체에 착용하지 않는 센서이며, 일반적으로 병원, 연구소, 식품 및 음료, 환경 모니터링을 위해 사용되는 센서를 의미
  - (웨어러블 바이오 센서) 눈, 목, 손목, 발, 몸 등 다양한 신체 부위에 착용할 수 있는 센서를 의미

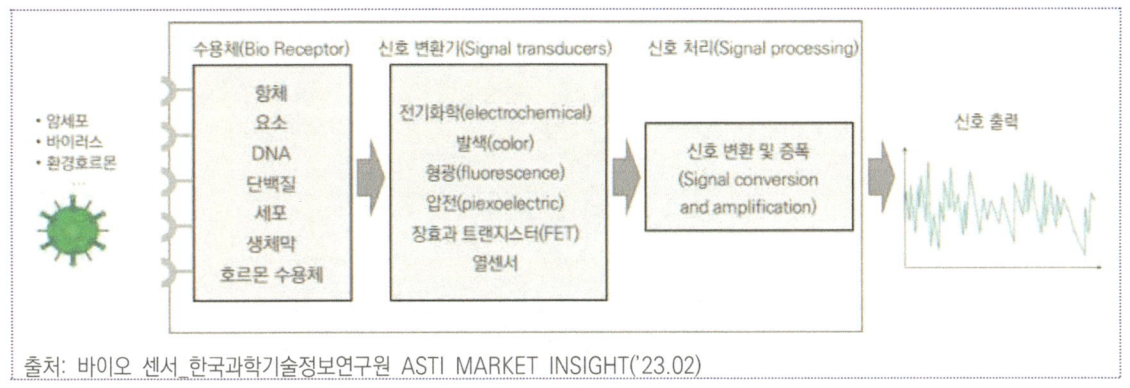

출처: 바이오 센서_한국과학기술정보연구원 ASTI MARKET INSIGHT('23.02)

[바이오 센서의 원리]

- 또한 측정 기술과 방법에 따라 전기 화학(Electrochemical) 바이오 센서, 광학(Optical) 바이오 센서, 압전(Piezoelectric) 바이오 센서, 열(Thermal) 바이오 센서 및 나노 메커니컬(Nano-mechanical) 바이오 센서 등으로 구분할 수 있음

[측정 기술에 따른 바이오 센서의 구분]

구분	특징
전기화학	검출하고자 하는 바이오 물질이 센서의 전극과 결합할 때 유도되는 전기적 특성을 측정
광학	바이오 물질이 생화학 반응을 통해 내뿜는 빛의 세기, 흡수, 반사, 또는 반사 계수의 변화 등을 측정
압전	바이오 물질에 가해진 압력에 의한 센서의 물리적 변형 정도에 따라 발생하는 전위차를 측정
열	바이오 물질의 화학 반응에서 나오는 발열량을 측정
나노 메카니컬	바이오 물질이 흡착된 정도에 따라 변하는 나노 메커니컬 모션을 광학 또는 압전식으로 측정

출처: 바이오 센서_한국과학기술정보연구원 ASTI MARKET INSIGHT('23.02)

제2절 환경 분석

1 시장 현황 및 전망

가. 개황

❖ 맞춤형 의료와 웨어러블 기기의 수요 증가

- 개인 맞춤형 의료 서비스의 발전과 웨어러블 기기의 대중화가 바이오·헬스케어 반도체 시장 성장을 가속화하고 있음
- 스마트워치, 스마트 링, 피트니스 밴드 등 웨어러블 디바이스는 생체 데이터를 지속적으로 모니터링하며, 이에 사용되는 반도체는 소형화, 저전력, 고정밀도를 핵심 요구사항으로 삼고 있음
- 웨어러블 기기 시장이 2023년 기준 연평균 15% 이상의 성장률을 기록하고 있으며, 이와 함께 관련 반도체 시장도 동반 성장하고 있음
- 심전도(ECG), 심박수, 혈당, 체온 등을 측정할 수 있는 센서 반도체가 상업화되고 있으며, 이를 통해 데이터 기반 의료 관리를 구현하고 있음
- 글로벌 기업인 애플, 삼성전자 등이 웨어러블 기기에서 사용하는 반도체 기술을 고도화하면서 개인화된 건강관리 시장을 주도하고 있음

❖ 바이오칩 및 진단기기 시장의 확장

- 체외진단 기술이 고도화되면서 진단기기에 사용되는 바이오칩 반도체 수요가 급격히 증가하고 있음
- 분자진단(Molecular Diagnostics), 혈액검사, 유전자 분석 기기에서 사용되는 바이오칩은 고속 데이터 처리와 미세한 분석이 가능한 기술을 요구
- 코로나19 팬데믹 이후 신속 진단키트 및 현장 진단(Point-of-Care) 기기에서 바이오칩 반도체 채택률이 급증하고 있음
- 연구소 중심의 대형 장비뿐만 아니라 개인 사용자를 대상으로 하는 가정용 진단기기의 개발이 활발하며, 초소형화 기술이 바이오칩 설계의 핵심 요인으로 작용하고 있음

- 미국, 유럽을 중심으로 고기능성 진단기기와 바이오칩 기술에 대한 투자 확대가 이루어지고 있으며, 주요 기업들은 협력 네트워크를 강화하고 있음

데이터 기반 의료 기술의 확대

- 디지털 헬스케어 기술의 발전으로 인해 대규모 의료 데이터를 실시간으로 처리하는 AI 반도체 기술의 중요성이 부각되고 있음
- 병원과 의료 연구소에서는 환자 기록, 유전자 데이터, 이미징 데이터를 분석하는 데 고성능 반도체 칩을 채택하고 있으며, 이는 진단과 치료의 정밀도를 높이는 데 기여
- 의료 AI 소프트웨어와 연동된 반도체 기술이 헬스케어 데이터의 실시간 처리 및 예측 모델 생성에 핵심적인 역할을 하고 있음
- AI 기반 의료 분석 플랫폼에 최적화된 칩은 높은 연산 능력과 저전력을 동시에 요구하며, 이를 충족하는 기술이 시장 차별화 요인으로 작용하고 있음
- IoT 헬스케어 기기의 확산으로 클라우드와 디바이스 간 데이터 전송을 위한 고성능 네트워크 반도체 기술이 필수적이며, 특히 5G 통신 기술과 결합한 의료 디바이스의 개발이 활발함

국내외 기업들의 기술 및 시장 확보 경쟁

- 삼성전자, SK하이닉스 등 국내 기업들은 기존 메모리 반도체 기술력을 바탕으로 바이오·헬스케어 분야로 사업 확장을 추진하고 있음
- 특히, 삼성전자는 생체 신호를 분석하는 센서 칩과 AI 반도체 개발에 중점을 두고 있으며, 글로벌 헬스케어 기기 제조사와 협력 관계를 강화 중
- 미국의 퀄컴, 텍사스 인스트루먼트, 인텔 등은 의료 데이터 처리 및 저장을 위한 전용 칩 개발로 글로벌 시장에서 선도적 역할을 하고 있음
- 일본은 초소형, 고정밀 바이오칩 기술 개발을 통해 고부가가치 제품에 집중하고 있으며, 중국은 저비용 대량 생산 체제를 활용해 시장 점유율을 확대하고 있음
- 한국 기업들은 기술 차별화 및 국산화를 통해 글로벌 경쟁력을 확보하고 있으며, 이를 위해 정부의 지원과 산학 협력이 중요하게 여겨지고 있음

나. 관련 시장 규모 및 전망

1 세계 시장

❋ 바이오·헬스케어용 반도체의 세계 시장 규모는 7년간 연평균 성장률 11.7%로 증가하며 '22년 약 72억 달러에서 '28년 140억 달러 규모로 성장할 것으로 전망

- 디지털 헬스케어, 원격 의료, 웨어러블 기기 수요 증가와 같은 트렌드가 시장 성장을 이끌고 있는 것으로 분석
- (헬스케어 디지털화 및 IoMT(Internet of Medical Things)) 의료 산업은 디지털화를 통해 데이터 중심의 의료로 전환하고 있으며, IoMT는 환자 데이터를 실시간으로 제공하며, 이를 지원하는 반도체 수요가 급격히 증가하고 있음
- (원격 의료 및 헬스케어 솔루션 확대) COVID-19 팬데믹을 계기로 원격 의료가 급성장하였고, 원격 의료 장치에는 센서, 데이터 프로세서, 네트워크 반도체가 필수적으로 사용되며, 이러한 장비에 대한 수요가 증가하고 있음
- (웨어러블 디바이스의 보급 확대) 스마트워치, 심박수 모니터, 혈당 측정기 등 헬스케어 웨어러블 기기가 보편화되면서, 소형화·고성능인 바이오·헬스케어용 반도체의 필요성 증대

[바이오·헬스케어용 반도체 세계 시장 규모 및 전망]

(단위: 십억 달러, %)

구분	'22년	'23년	'24년	'25년	'26년	'27년	'28년	CAGR ('22년~'28년)
세계시장	7.21	8.26	9.30	10.35	11.40	12.45	14.00	11.7%

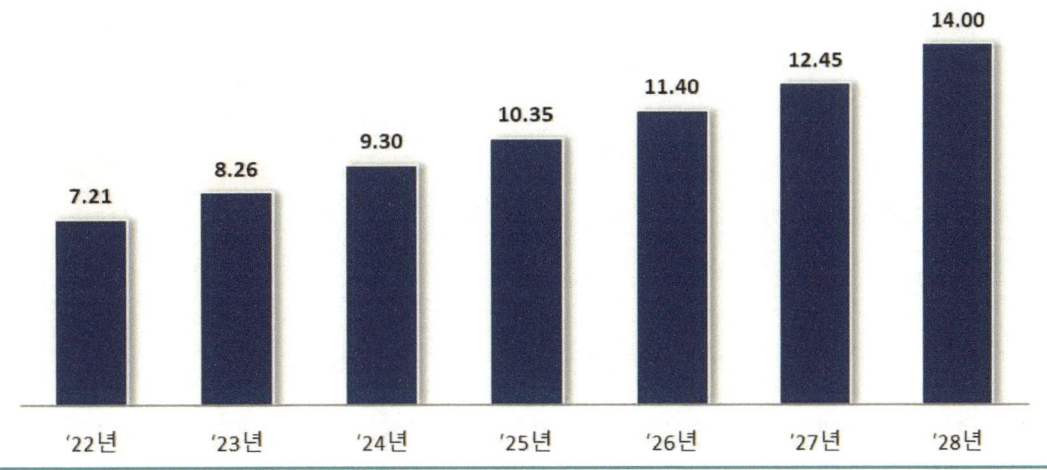

출처: Semiconductor in Healthcare Market_ResearchAndMarkets('23.04)

2 국내 시장

✳ 바이오·헬스케어용 반도체의 국내 시장 규모는 7년간 연평균 성장률 23.4%로 증가하며 '22년 약 5억 달러에서 '28년 19억 달러 규모로 성장할 것으로 전망

- 글로벌 평균 성장률을 크게 상회하는 수치로, 국내 의료기기 산업의 성장과 혁신적 기술 도입이 주요 원인으로 분석
- (디지털 헬스케어 기술 확대) 정부의 디지털 헬스케어 혁신 전략과 병원 및 의료기관의 스마트 의료 환경 구축이 가속화되면서 관련 반도체 수요가 폭증하고 있으며, 원격 진료 및 데이터 기반 의료 관리 시스템은 고성능 바이오·헬스케어용 반도체를 필수적으로 요구됨
- (헬스케어 웨어러블 디바이스 성장) 국내 IT 기업과 스타트업의 기술 개발로 스마트워치, 심박수 모니터, 혈당 측정기 등 웨어러블 기기의 보급이 급격히 증가하고 있으며, 이러한 기기는 소형화된 고성능 반도체가 핵심 부품으로 사용
- (의료기기 제조업의 경쟁력 강화) 삼성전자, LG전자 등 국내 주요 IT 기업들은 헬스케어 분야에 집중 투자하고 있으며, 바이오·헬스케어 반도체를 활용한 스마트 의료기기 개발에 주력하고 있음

[바이오·헬스케어용 반도체 국내 시장 규모 및 전망]

(단위: 백만 달러, %)

구분	'22년	'23년	'24년	'25년	'26년	'27년	'28년	CAGR ('22년~'28년)
국내시장	540	667	823	1,015	1,253	1,546	1,908	23.4%

출처: Semiconductor in Healthcare Market Size & Share Analysis - Growth Trends & Forecasts (2024 - 2029)_Mordor Intelligence('23)

2 기술개발 동향

가. 개황

◈ **바이오칩 기술 동향**

- (바이오칩 분야) 바이오칩은 기존의 분자 생물학적 지식에 현대에 엄청난 발전을 한 화학, 기계, 전기 및 전자공학의 기술을 접목해서 만들어 짐
  - 또한, 각기 다른 분야의 기술들이 최근 10년 동안 진행된 상태여서, 서로 다른 분야에서 다양한 기술들이 새로이 시도되고 있음
- (유전자 칩) DNA 칩은 기판 위에 마이크로스케일로 DNA를 고정해 놓고 타겟 핵산과 선택적으로 혼성화 시킴으로써 유전자 정보를 얻어냄
  - 생물 및 의학 분야에서는 고정화를 하거나, 타겟으로 사용할 probe에 대한연구 및 bioinformatics, 측정방법, 혼성화에 관한 연구개발을 하고 있으며, 화학, 전기 및 전자 분야에서는 DNA의 고정화, 칩 제작방법, 측정방법 및 데이터처리 등에 관한 연구가 주로 행해지고 있음
  - 현재 가장 많이 사용되고 있는 기법은 pin을 이용한 microspotting 방식과 photolithography 방식으로, 장단점으로는 Photolithography의 경우는 고밀도의 칩을 제작할 수 있다는 점과, 직접 제작하기 때문에 칩들 간의 차이가 적다는 점이 장점
  - 반면에 공정이 복잡하고 비용이 상대적으로 많이 소요되며, 칩이 제작된 후, 원하는 염기서열의 DNA가 제대로 합성되었는지를 확인할 방법이 없다는 단점
  - 바이오 반도체로 가장 성공한 제품은 차세대 유전체 분석 장치인 Ion Torrent로서 DNA가 결합할 때 발생하는 수소이온의 농도 변화를 CMOS 반도체가 전기화학적으로 검출하였으며, 초기 많은 배경잡음으로 인한 제품 품질에 문제가 있었으나 최근 제품 품질이 매우 개선되었다는 보고가 있음

- (체외진단기기(In Vitro Diagnostics, IVD)) 인체로부터 채취된 대상물(혈액, 객담, 타액, 소변, 대변, 세포 등)을 대상으로 내분비질환, 암, 감염성질환, 면역질환, 심장질환, 전해질, 마약, 소변, 임신, 당뇨 등의 항목을 검사할 수 있음
- (온-칩 체외 생체기능 센싱용 바이오-칩(Body-on-a Chip)) 'Human-on-a-Chip', 'Organs-on-Chips' 등으로 알려져 있는 인공장기 칩 관련 연구는 2010년 허동은 박사와 Dornald Ingber 교수(Wyss Institute at Harvard University)가 사이언즈지에 발표한 '인공 폐 칩 (Lung-on-a Chip)'을 시작으로 최근 5년 동안 미국과 유럽을 중심으로 많은 연구가 활발히 진행
  - 미국의 경우 NIH (National Institute of Helath)가 US Food and Drug Administration (FDA), Defense Advanced Research Projects Agency (DARPA)와 함께 Microphysiological Systems(MPS) Program을 위해 2011년부터 5년 동안 70M USD (대략 한화 820억 원)을 19개 대학에 지원
  - 유럽의 경우 EU가 2012년부터 3년 동안 1.4M EUR(대략 한화 20억 원)의 지원을 시작으로 독일 정부의 2.8M EU (대략 한화 37억 원) 등의 각국 정부의 활발한 지원이 지속

바이오센서 기술 동향

- 바이오센서는 IT기술과 융합되어 점차 초소형, 초고속, 고정밀 기능을 제공하고 있으며, 주로 진단 및 관리용 의료기기 분야에 응용되고 있는 추세
  - 초기 FET 기술과의 결합으로 인해 점차 검출이 빠르게 변화할 수 있도록 진화 중이며, 나노와 MEMS 기술까지 포함시킴에 따라 소형에서 초소형의 형태로 진전 중
  - 시료 전처리와 결과 해석을 빠르고 정확하게 실시할 수 있게 됨에 따라 현재의 현장검사(PoC:Point-of-Care) 또는 신속진단검사(RDT: Rapid Diagnostics Test)를 중심으로 접목되고 있음

나. 주요 기술개발 동향

1 해외 기업

- 글로벌 바이오·헬스케어 반도체 시장은 인공지능(AI), 사물인터넷(IoT), 웨어러블 기기 등의 기술 발전과 함께 개인 맞춤형 의료 서비스 수요 증가로 인해 지속적인 성장을 보이고 있음
  - (Analog Devices, 미국) 홈케어 천식 관리 의료기기 개발을 위한 칩 개발
    - 천식 증상 진단과 복합적인 환경에서의 폐 활동 측정이 즉각적으로 이루어짐
  - (DNA electronics, 미국) 바이오 반도체 센서 자체기술로 현장 진단형 분자진단 제품 출시
  - (Universal Biosensors Inc, 호주) 의료 진단 서비스를 제공하며, 소비자 및 전문 현장 진단을 위한 응고 테스트, 혈당량, 기타 화학 전지 기반 테스트 등의 다양한 체외 진단 테스트 장치 등을 개발 및 제조하는 기업
    - Siemens Healthcare Diagnostics Inc.와 공동으로 개발한 것으로 휴대형으로 저렴한 가격과 고성능이고 사용 편의성을 제공하는 최초 응급 치료 응고 테스트 제품인 핸드 헬드 프로트롬빈 시간 테스트 시스템(PT-INR) Xprecia Stride 혈액 응고 분석기 출시
  - (SECTRA, 스웨덴) 광계수형 센싱기술을 이용한 저선량 유방암 전용 센서 개발
    - 필립스 의료기기부서 인수합병을 통해 저선량 유방암 진단기기 시스템 탑재

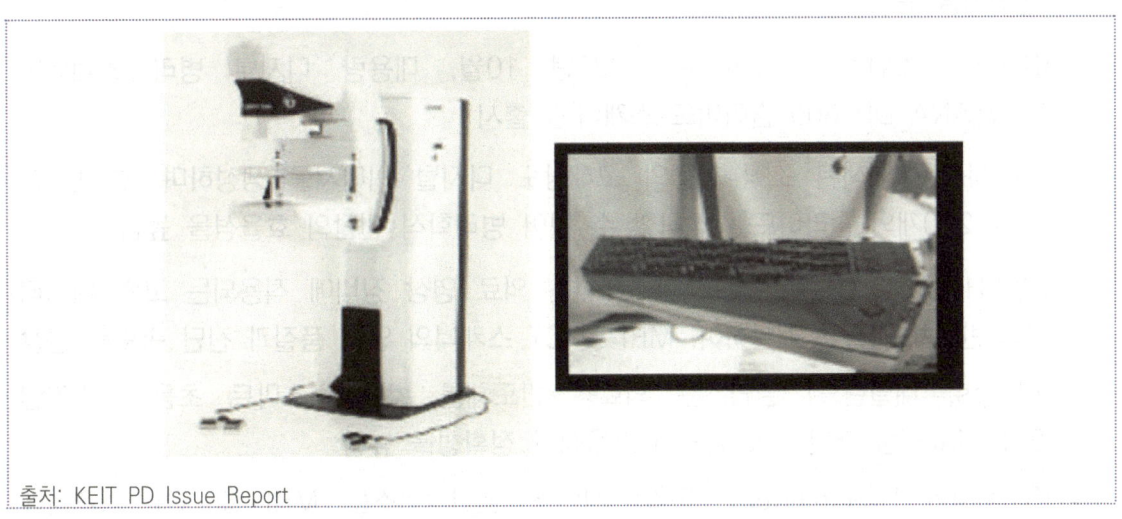

출처: KEIT PD Issue Report

[필립스 광계수형 x-ray 영상센서 및 유방검사장비]

- (PIXIRAD, 이탈리아) INFN과 공동으로 유방암 검진시스템에 적용할 수 있는 대면적의 CdTe반도체 소자와 광계수형 ASIC칩이 결합된 하이브리드 센서를 개발하여 시스템 업체들과 사업화를 위한 연구개발

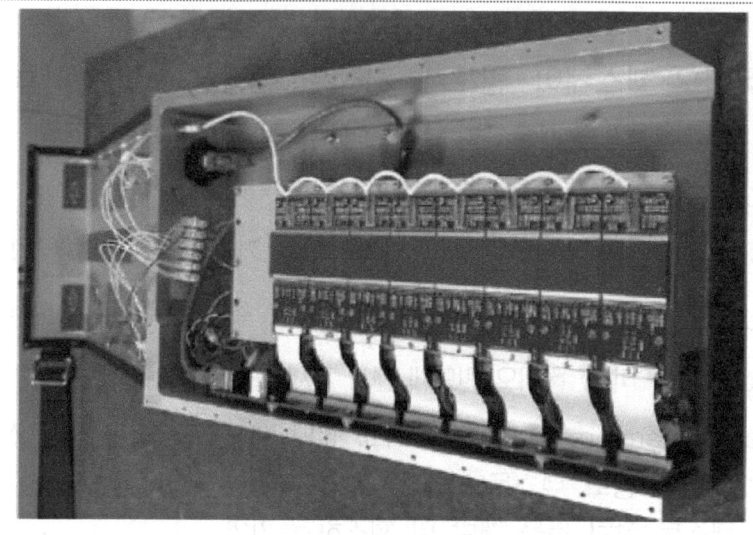

출처: KEIT PD Issue Report

[유방검진용 대면적 광계수형 X선 영상센서]

- (Medtronic, 아일랜드) 2023년 10월, 메드트로닉은 자동 인슐린 주입 펌프인 '미니메드™ 780G 시스템(MiniMed™ 780G System)'을 국내에 출시
  - 이 시스템은 연속혈당측정기와 연동되어 5분마다 기저 인슐린과 교정 인슐린의 주입량을 자동으로 조절하며, 스마트폰 및 스마트워치와의 연동을 통해 사용자 편의성을 높임
- (Roche, 스위스) 로슈진단은 2022년 10월, 대용량 디지털 병리 스캐너인 'VENTANA DP 600 슬라이드 스캐너'를 출시
  - 이 제품은 염색된 조직 샘플의 고해상도 디지털 이미지를 생성하며, 한 번에 최대 240개의 슬라이드를 장착할 수 있어 병리학적 진단의 효율성을 높임
- (GE Healthcare, 미국) GE 헬스케어는 의료 영상 장비에 적용되는 고속 데이터 처리 반도체 기술을 개발하여, MRI 및 CT 스캐너의 영상 품질과 진단 속도를 향상
- (Philips, 네덜란드) 필립스는 의료용 반도체를 활용한 스마트 초음파 기기인 'EPIQ Elite'를 개발하여, 진단의 효율성과 정확성을 높임
- (Siemens Healthineers, 독일) 지멘스 헬시니어스는 MRI 및 CT 스캐너에 적용되는 고성능 반도체 기술을 통해 영상 품질을 개선

2 국내 기업

- (삼성전자) 심전도, 심박수, 체지방 등을 측정하고 처리할 수 있는 바이오 프로세서 및 센서 반도체 개발
  - 마이크로컨트롤러유닛, 디지털신호처리프로세서, 아날로그프론트엔드, 심전도, 맥파 등이 통합

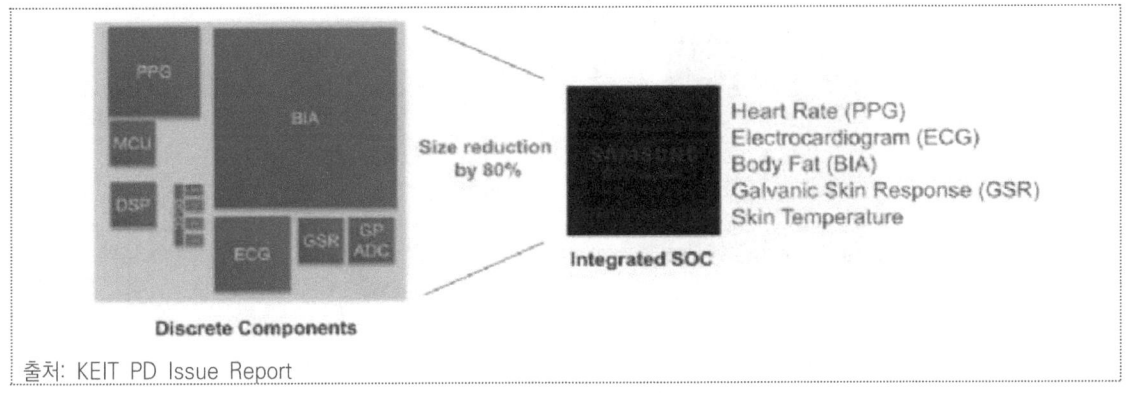

출처: KEIT PD Issue Report

[삼성전자 바이오프로세서]

- (티엔에스) 분자진단 전문 바이오기업으로 코로나19 검사용 진단키트 수요가 증가하며 유전자 기반 분자진단키트의 성능향상과 양산기술개발을 나노종기원과 공동으로 추진
  - 타 키트 대비 2~5배 민감성 및 정밀성이 향상되었고 위음성과 위양성이 낮으며 높은 수율 확보가 가능한 공정기술 등을 통해 가격 및 기술경쟁력을 획기적으로 높임

- (나노엔텍) 손끝에서 채혈한 피 한 방울로 5분 이내에 심혈관 질환 등을 진단할 수 있는 휴대형 진단기기인 프랜드(FREND) 개발
  - 극소량(10ml)의 혈액을 통해 복잡한 전처리 과정없이 한 번에 정량 면역진단 가능

- (딥노이드) 의료 데이터 분석을 위한 인공지능 반도체 기술을 개발하여, 의료 영상 및 생체 신호 데이터를 효율적으로 처리하고 진단의 정확도와 속도를 향상시키는 솔루션을 제공

- (바이오니아) 반도체 기술을 활용한 분자진단 기기인 'ExiStation™' 시리즈를 개발하여, 감염병의 신속하고 정확한 진단을 가능하게 하여, 자동화된 프로세스를 통해 고감도의 진단 결과를 제공

- (메디아나) 생체 신호 측정을 위한 휴대용 모니터링 기기인 'MEC-1200' 시리즈를 개발하여, 응급 상황에서의 활용도를 높였으며, 심전도, 혈압, 산소포화도 등 다양한 생체 신호를 실시간으로 모니터링할 수 있음

- (휴온스) 반도체 기술을 적용한 스마트 주사기 '휴온스 스마트 인젝터'를 개발하여, 약물 주입의 정확도와 안전성을 높였고, 주입 속도와 용량을 정밀하게 조절할 수 있음
- (옵토레인) PCR 반응과 CMOS 포토센서를 결합한 신개념 바이오 반도체 개발
  - 옵토레인은 CMOS 바이오칩 반도체 기반 체외 진단 솔루션을 통해 소량의 혈액이나 체액을 떨어뜨리면 유전자를 검출·분석하고 각종 질병을 곧바로 진단하는 실시간 PCR시스템을 제공

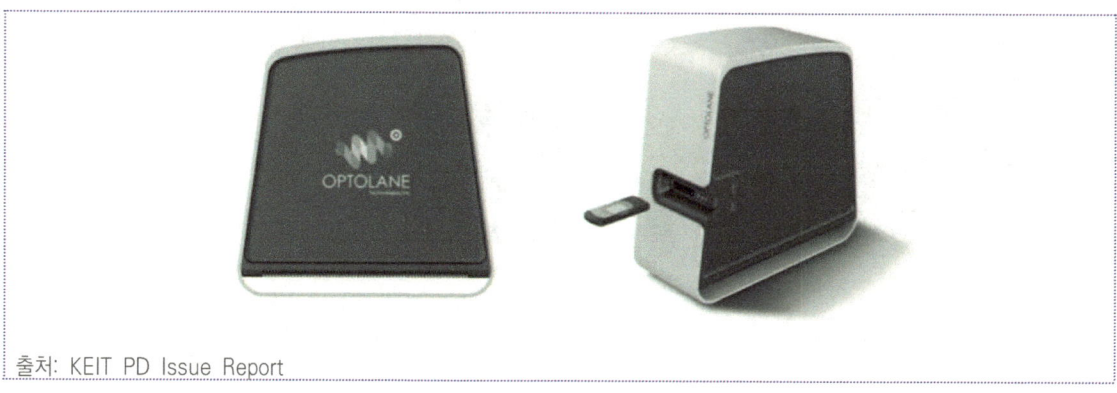

출처: KEIT PD Issue Report

[옵토레인 반도체 기반 체외진단기기]

- (프로테오젠) QCM(Quartz crystal microbalance), 형광면역 분석법을 통해 단백질 간의 반응 또는 항원-항체간의 반응을 분석할 수 있는 프로테오 칩 개발
- (네메시스) 시스템 반도체 기술을 바이오 진단 플랫폼에 접목한 국내 최초의 스타트업으로, 헬스케어 전문 팹리스 반도체 기업으로 활동 중
  - 반도체 기술을 활용하여 스마트 진단 솔루션을 개발하고 있으며, 디지털 헬스케어의 발전에 따라 반도체 수요 증가에 대응하고 있음

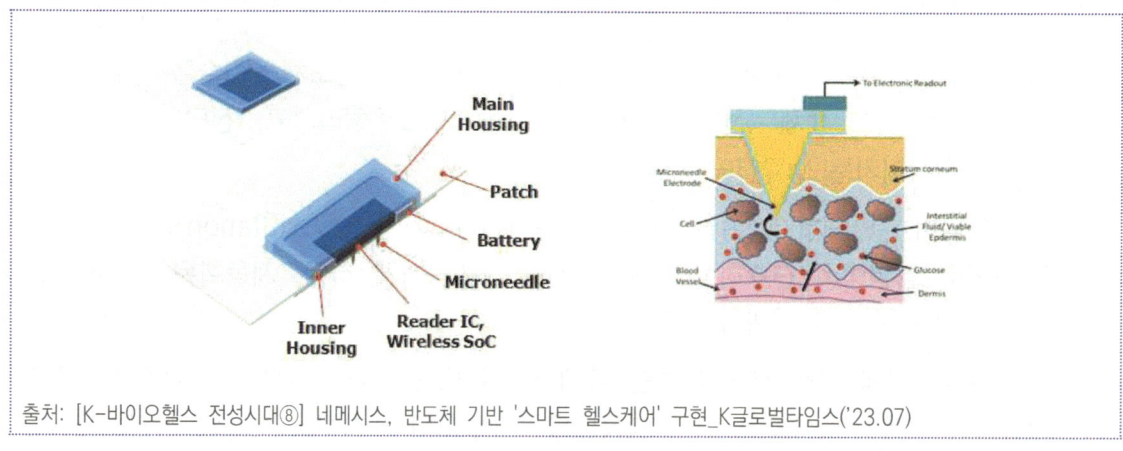

출처: [K-바이오헬스 전성시대⑧] 네메시스, 반도체 기반 '스마트 헬스케어' 구현_K글로벌타임스('23.07)

[네메시스가 개발한 연속혈당측정기 개념도]

③ 국내 연구개발 기관

✦ 대표 연구개발 기관

[바이오·헬스케어용 반도체 주요 연구조직 현황]

분류	연구 분야
순천향대학교	• 바이오마커 기반 단백질칩 및 RNA 칩
원광대학교	• 대장암 조기진단 칩
가천대학교	• 친환경물질인 종이를 이용한 분자진단용 현장진단칩

✦ 주요 기술개발 동향

➲ 순천향대학교

- 신장병 조기진단을 위한 정밀진단용 신바이오마커 진단제품의 개발

➲ 원광대학교

- 629종의 클론된 장내미생물을 이용하여 제작된 장내미생물 어레이칩을 이용하여 대장 암환자의 부위별 및 병기별 혈장으로 반응시켜 대장암 발생에 영향을 미치는 온코마이크로바이오타의 항체를 발굴하여 서열을 분석하고, 이들 항체에 대한 온코마이크로바이오타의 항원부위를 co-immunoprecipitation 등 다양한 방법으로 찾아 이를 이용한 대장암 조기진단 칩을 개발

➲ 가천대학교

- 유전자 정제, 증폭, 검출 전 기능이 내장되고 각 모듈이 유기적으로 연계된 분자진단용 종이칩을 개발하고 부수기재를 간소화하여 휴대성을 향상시킴

선행연구 사례

[국내 선행연구(정부/민간)]

수행기관	연구명(과제명)	연도	주요내용 및 성과
원광대학교	대장암 연관 온코마이크로바이오타의 항체를 발굴하여 대장암 조기진단 칩 개발 및 치료기술	2020 ~ 2023	• 클론된 장내 미생물로 제작된 Microarray chip을 대장암 환자의 혈장과 반응시켜 알게 될 대장암 발병에 영향을 주는 온코마이크로바이오타에 대한 정보 및 대장암 환자 혈장 내 이들의 항체 정보는 온코마이크로비타의 항원 정보를 제공하여 대장암의 조기진단에 이용 • 국제적으로 최초로 개발된 Gut Microbiota array chip을 이용함으로 국내외 독창적인 연구라고 자부할 수 있으며 관련분야에서 국제적으로 선도
순천향 대학교	만성 신장병 신바이오마커 기반 단백질칩 및 RNA칩 개발	2019 ~ 2022	• 만성 신장병 신바이오마커 기반 단백질칩 및 RNA칩 개발 • 신부전증 진단 기술 구현 및 환자의료데이터 관리 기술 확보 • 만성 질병 치료 및 케어 의료서비스의 질 향상 및 비용절감
㈜진시스템	바이러스 신속진단을 위한 칩기반 입자증폭 qPCR 시스템 개발	2016 ~ 2021	• 칩기반 입자 형광 측정 및 신호처리를 위해 형광 측정용 카메라 모듈 개발 및 칩기반의 다중 입자 패턴 분석과 신호처리 프로그램 개발 • 다중 입자증폭 qPCR시스템 시작품 제작을 위한 신속 PCR 반응 온도 제어 모듈 제작과 PCR 시스템 제작
가천대학교	전 기능이 내장된 분자진단용 종이 기반 현장진단칩 개발 및 환경/의료 현장에의 응용	2020 ~ 2023	• 전 기능이 내장되고 각 모듈이 유기적으로 연계된 분자진단용 종이칩을 개발 • 원스텝 및 반자동으로 수행 가능하도록 각 모듈을 고안한다는 점에 있어서 전문지식이 없어도 누구라도 신속하고 간편하게 현장에서 사용이 가능
㈜비비비	병원성 미생물 검출 및 분석을 위한 자동화된 Om-chip FISH 시스템 개발	2017 ~ 2022	• 생체시료 내 병원성 미생물 검출 및 분석을 위한 자동화된 On-chip FISH 시스템을 구축하고 자기영동 기반 병원성 미생물 농축용 바이오유체소자와의 집적화를 통해 감염성 질환 의심 환자 체액 분석을 위한 소형화된 무배양 이미징 기반 병원성 미생물체 분석 시스템 개발

출처: NTIS 홈페이지

제3절 특허 분석

[특허 분석 내용]

구분		분석 내용
특허동향 분석	특허증가율 분석	- 주요 국가의 해당품목 기술개발 활동 현황 분석 • 한국(KIPO), 미국(USPTO), 일본(JPO), 유럽(EPO), 중국(CNIPA) 국가별, 연도별 특허출원 동향 파악
	기술주기 분석	- (기술수명주기 분석) 구간에 따른 특허출원건수와 출원인수 변화의 상관관계 분석 • 해당품목의 전체 출원동향을 4구간(각 5년)으로 나누어 각각의 구간별 특허출원인수 및 특허출원수 파악 - (기술순환주기 분석) 한 특허에서 인용한 과거 특허 문서들과의 시차의 중앙값 분석 • 해당품목 기술의 진보 속도 및 주요 국가의 기술혁신 속도 파악
	특허 영향력 분석	- (기술영향력 분석) 특정 등록 특허가 다른 특허들에 의해 인용된 횟수 분석 • 특정 출원인의 기술력 파악 - (시장지배력 분석) 출원인 국적별 패밀리 국가 수 분석 • 특정 출원인의 시장지배력 정도 파악
주요 기술 키워드 분석	기술개발동향 변화분석	- (키워드 분석) AI 알고리즘을 활용하여 해당품목에 대한 기간별 기술 키워드 분석
	기술현황 분석	- (IPC 분석) 전 세계적으로 통용되고 있는 IPC(국제특허분류)를 통해 해당품목의 기술 현황 및 집중 기술 분야 분석
	기술집중력 분석	- (CRn 분석) 출원 건수를 기준으로 주요 출원인에 의한 특허 점유율 분석 • 상위 4개 기업을 기준으로 전체기업/국내시장 연구주체별 기술집중력 (시장 독과점 수준) 파악 - (HHI 분석) 특허 데이터를 활용하여 전체 또는 특정 산업부문 내 모든 기업의 특허 점유율 분석 • 시장(산업)내 모든 기업의 각 점유율을 제곱하여 합한 값으로 국가별 기술집중력(시장 독과점 수준) 파악 - (기간별 연구주체 분석) 국내 연구주체에 따른 기간별 특허 동향을 분석 • 해당품목의 중소기업 현재 역량 파악
주요 출원인 분석	주요 출원인 동향	- (주요 출원인 동향 분석) 해당품목에서 다수의 출원을 보유하고 있는 주요 출원인(Top 10)의 분석 • 주요 출원인을 기준으로, 국가별/연도별 출원 건수/국내외 주요 출원인 및 국내 중소기업 주요 출원인 파악
	주요 출원인 기술 키워드 및 주요 특허 분석	- (키워드 및 주요 특허 분석) AI 알고리즘을 활용하여 주요 출원인별 주요 기술 키워드 분석 • 해당품목의 집중연구분야 및 주력기술 분야 파악

1 특허동향 분석

가. 특허 증가율 분석

✦ 연도별·국가별 출원동향

- 주요 국가의 해당품목 기술개발 활동현황 분석
  - 과거부터 최근까지(20년) 해당품목에 대한 특허기술 출원의 양적 트렌드 분석을 통해 해당품목의 기술개발 동향파악
  - 한국(KIPO), 미국(USPTO), 일본(JPO), 유럽(EPO), 중국(CNIPA) 국가별, 연도별 특허출원 동향을 통해 해당품목을 선도하는 국가 파악

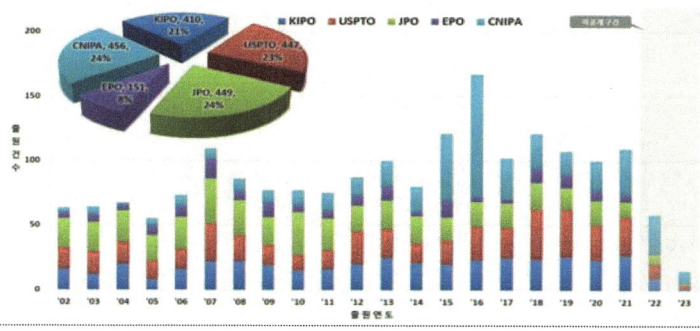

[연도별·국가별 특허출원동향]

- 바이오헬스케어용 반도체 품목은 2002년부터 특허출원건수의 증감을 반복하며 지속적인 출원 활동이 이루어졌으며, 중국, 일본, 미국, 한국, 유럽 순으로 활발한 출원 활동이 진행되고 있음
  - 국가별 출원비중을 살펴보면, 중국이 24%의 출원비중을 차지하고 있어 최대 출원국으로 바이오헬스케어용 반도체 산업분야를 리드하고 있는 것으로 나타났으며, 다음으로 일본 24%, 미국 23%, 한국 21%, 유럽 8% 순으로 나타남
  - 연도별 출원동향을 살펴보면, 바이오헬스케어용 반도체 기술은 지속적인 특허출원활동의 추세를 나타내는데, 이는 기대수명의 증가 및 고령화에 따른 고품질 의료서비스 및 의료기기의 수요 증가와 더불어 의료영상, 진단, 치료와 홈 헬스케어 등의 분야에서 경량화, 고집적화, 고성능화, 저전력화 등의 요구에 따른 수요증가에 기인한 것으로 분석됨

나. 기술주기 분석

✦ 기술수명주기 분석

- 기술수명주기 분석을 통해 해당품목 기술의 현재 위치를 파악함
  - 해당품목의 전체 출원동향을 4구간(각 5년)으로 나누어 각각의 구간별 특허출원인수 및 특허출원수를 그래프로 나타냄으로써 해당기술의 수명주기 파악이 가능함

  ※ 기술수명주기 분석 = 구간에 따른 특허출원건수와 출원인수 변화의 상관관계 분석

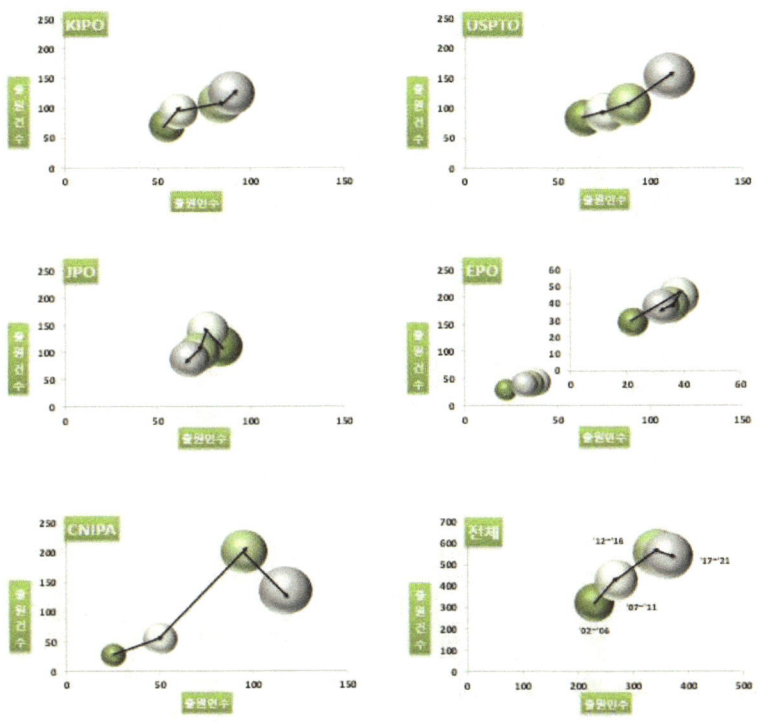

[기술수명주기분석]

- 바이오헬스케어용 반도체 기술 분야의 기술 위치를 살펴본 결과, 전체적인 동향은 기술혁신의 주체인 특허출원인수와 기술혁신의 결과인 특허출원건수가 증가 또는 정체하는 동향이 나타나고 있어서 성장기 단계로 분석됨
  - 한국과 미국은 특허출원인수와 특허출원건수가 증가하는 추세이므로 성장기 단계로 분석됨. 유럽과 중국은 특허출원인수와 특허출원건수가 증가 후 감소하는 추세를 나타내고, 일본은 특허출원인수와 특허출원건수가 감소하는 추세를 나타내므로 성숙기 단계로 분석됨

기술순환주기(TCT) 분석

- TCT 분석을 통하여 해당품목 기술의 진보속도 및 주요국가의 기술혁신 속도를 파악함
  - TCT는 최신 기술을 활용하는 경향을 나타내는 지표로서, 제품의 개발주기와 기술개발활동의 강도와 연관되며, TCT 값이 크면 신기술 개발주기가 길어져서 시장에서 새로운 기술 도입에 긴 시간이 걸리며, TCT 값이 작으면 신기술 개발주기가 짧아져서 해당품목관련 신기술 도입에 오랜 시간이 걸리지 않아서 새로운 기술이 적용된 신제품이 자주 등장한다는 것을 의미함

  ※ TCT(Technology Cycle Time) = 한 특허에서 인용한 과거 특허 문서들과의 시차의 중앙값

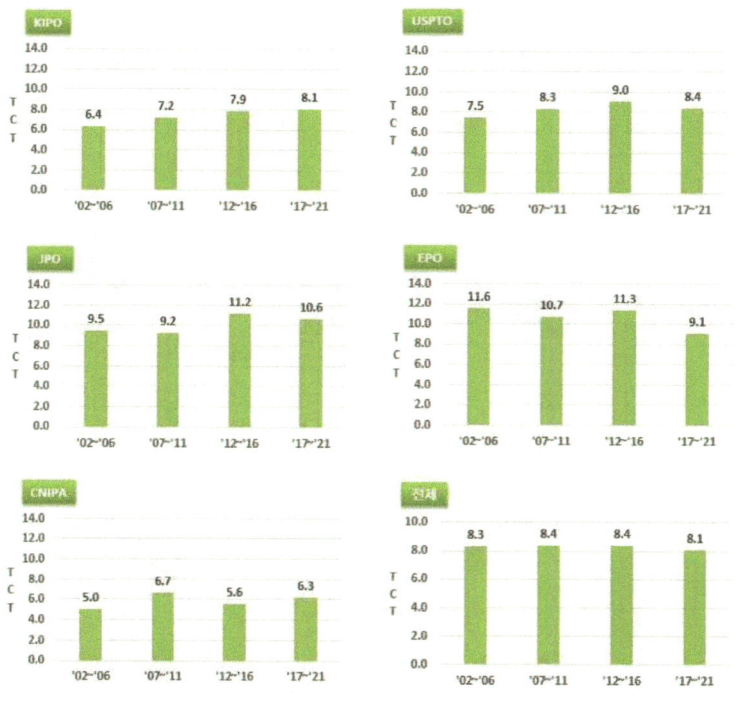

[TCT분석]

- 전체 기술순환주기(TCT) 값을 살펴보면, 2002~2021년까지는 평균 TCT 값이 8.3년으로 전반적으로 개량기술을 기반으로 해당품목의 기술개발이 보다 빠르게 진행되고 있는 것으로 분석됨
  - 최근 값을 살펴보면, 중국의 기술순환주기 값이 6.3으로 주요국가 중 가장 낮게 나타나며 해당품목의 기술개발활동이 활발하게 진행되는 것으로 분석됨. 다만 일본은 10.6의 기술순환주기 값을 보여 상대적으로 기술개발 속도가 낮은 수준으로 나타남

다. 특허 영향력 분석

기술영향력(CPP) 및 시장지배력(PFS) 분석

- 기술영향력 지수(CPP) 분석을 통해 특정 출원인의 기술력을 파악함
  - 기술영향력(CPP) 지수는 특정 등록특허가 다른 특허들에 의해 인용된 횟수를 나타내며, 이 값이 클수록 질적 수준이 높은 특허임
- 시장확보지수(PFS) 분석을 통해 특정 출원인의 시장지배력 정도를 파악함
  - 시장확보지수(PFS)는 출원인 국적별 패밀리국가수를 분석하는 것으로, 해당품목에서 글로벌시장을 타겟팅한 출원인이 누구인지 파악 가능함

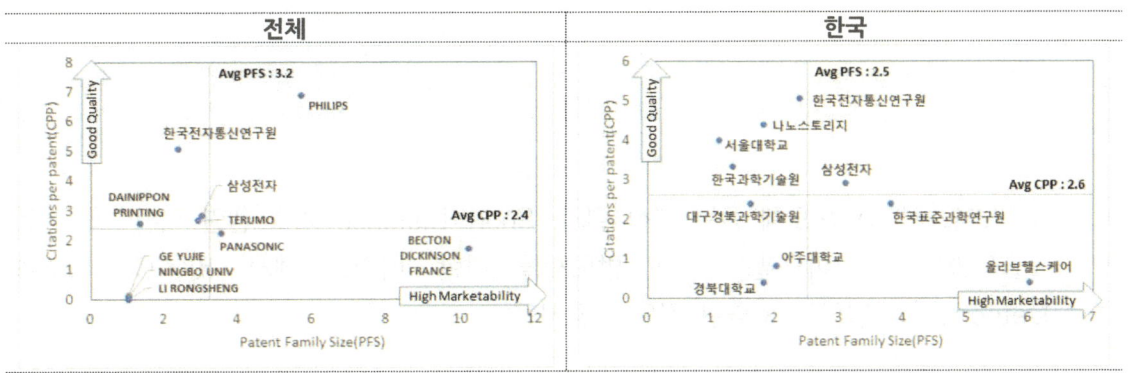

[특허 영향력 분석]

- 바이오헬스케어용 반도체 품목에 대한 주요 출원인들의 경쟁력 분석 결과, 전체국가에서는 PHILIPS 특허가 상업적 가치가 높은 것으로 평가됨
  - 전체국가에서 한국의 기업으로는 한국전자통신연구원, 삼성전자가 포함되어 있으나 시장확보력 및 질적수준이 다소 낮은 것으로 평가됨

    (전체) PHILIPS : 기술영향력(CPP) 6.9 / 시장확보력(PFS) 5.7
    한국전자통신연구원 : 기술영향력(CPP) 5.1 / 시장확보력(PFS) 2.4

  - 한국에서는 한국전자통신연구원의 특허가 질적 수준이 가장 높으며, 삼성전자의 기술영향력 및 시장확보력이 상대적으로 모두 높은 것으로 분석됨

    (한국) 한국전자통신연구원 : 기술영향력(CPP) 5.1 / 시장확보력(PFS) 2.4
    삼성전자 : 기술영향력(CPP) 2.8 / 시장확보력(PFS) 3.0

2 주요 기술 키워드 분석

가. 기술개발동향 변화분석

✦ 키워드 분석

- AI 알고리즘을 활용하여 해당품목에 대한 기간별 기술 키워드를 분석함

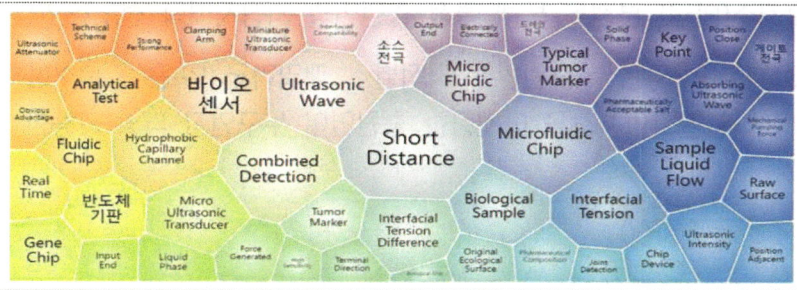

[전체구간 특허 주요 키워드]

- 바이오헬스케어용 반도체 품목 분석 결과, Short Distance 기술 관련 키워드가 주로 도출되었으며, 바이오헬스케어용 반도체를 위한 '바이오 센서' 및 'Combined Detection' 키워드가 도출된 것으로 조사됨

  (전체구간 주요 키워드) Short Distance, 바이오 센서, Combined Detection, Ultrasonic Wave, Biological Sample, Interfacial Tension, Sample Liquid Flow

[구간별 특허 주요 키워드]

- 바이오헬스케어용 반도체 품목에 대한 최근 구간 특허 주요 기술 키워드 분석결과, 1구간은 '바이오센서'가 주요 기술 키워드로 도출되었고, 2구간은 'Short Distance'가 주요 기술 키워드로 도출됨

  (1구간 주요 키워드) 바이오 센서, 드레인 전극, 게이트 전극, 소스 전극, Memory Chip, Biological Sample, RFID Tag, High Sensitivity, Pharmaceutical Composition
  (2구간 주요 키워드) Short Distance, Combined Detection, Sample Liquid Flow, Ultrasonic Wave, Microfluidic Chip, Biological Sample, Interfacial Tension,

나. 기술현황 분석

IPC(국제특허분류) 분석

- 전 세계적으로 통용되고 있는 IPC를 통해 해당품목의 기술현황 및 집중 기술 분야를 확인함
  - 기술·산업 간 융합에 기반한 새로운 시장전개에 대한 이해증진을 위해 IPC를 활용한 기술융합 분석 정보를 제공함

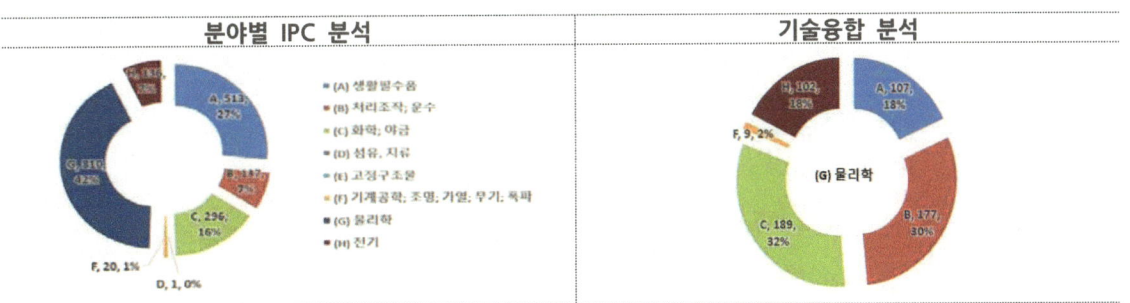

[IPC 분석]

- 바이오헬스케어용 반도체 품목은 섹션 G 물리학 (42%)과 섹션 A 생활필수품(27%) 기술분야의 비중이 높은 것으로 나타났으며, 그중에서도 재료의 화학적 또는 물리적 성질의 검출에 의한 재료의 조사 또는 분석(G01N) 분야에서 집중 연구가 진행되고 있는 것으로 분석됨
  - 기술융합에 대한 추이를 살펴보면, (G)물리학에서 (C)화학; 야금(32%), (B)처리조작; 운수(30%)와의 기술융합이 활발히 진행되고 있는 것으로 나타남

[IPC Sub Class]

IPC Sub Class	국문타이틀	건수
G01N	재료의 화학적 또는 물리적 성질의 검출에 의한 재료의 조사 또는 분석(면역분석 이외의 효소 또는 미생물을 포함하는 측정 또는 시험 방법 C12M, C12Q)	509
A61B	진단; 수술; 개인 식별(생물학적 재료의 분석 G01N 예 G01N 33/48; 광파 이외의 파를 이용한 기록의 작성 일반 G03B 42/00)	152
A61K	의약용, 치과용 또는 화장용 제제 (의약품을 특정한 물리적 상태 또는 특정한 복용 형태로 하기 위해 특별히 개조된 장치 또는 방법 A61J3/00; 공기의 탈취, 소독 또는 살균을 위한 물질 또는 붕대, 피복용품, 흡수성 패드 또는 수술용품을 위한 물질의 화학적 측면 혹은 사용 A61L; 비누의 조성 C11D)	122
C12Q	효소, 핵산 또는 미생물을 포함하는 측정 또는 시험방법 (면역시험 G01N 33/53); 그것을 위한 조성물 또는 시험지; 그 조성물을 조제하는 공정; 미생물학적 또는 효소학적 방법에 있어서의 상태응답 제어	120
G06F	전기에 의한 디지털 데이터처리(특정계산모델방식의 컴퓨터시스템 G06N)	119

다. 기술 집중력 분석

✣ CRn 분석

- 주요 출원인에 의한 특허점유율을 분석하여 기술집중력(시장 독과점 수준)을 판단함
  - 특허동향조사에서는 통상 CR4를 사용하며, CRn값이 0에 가까울수록 시장 독과점 수준이 낮은 것을 의미하고, CR4 값이 40에서 60일 경우 시장의 독과점 수준이 높은 것으로 해석됨

[CR4 분석_ 전체기업 집중력]

출원인	출원건수	특허점유율	CRn	n
삼성전자(KR)	33	1.7%		1
NINGBO UNIV(CN)	31	1.6%		2
PHILIPS(NL)	31	1.6%		3
LI RONGSHENG(CN)	23	1.2%	6.2%	4
PANASONIC(JP)	23	1.2%		5
DAINIPPON PRINTING(JP)	18	0.9%		6
BECTON DICKINSON FRANCE(FR)	17	0.9%		7
TERUMO(JP)	17	0.9%		8
한국전자통신연구원(KR)	16	0.8%		9
GE YUJIE(CN)	16	0.8%		10
기타	1688	88.2%		
합계	1913	100.0%	CR4=6.2%	

- 바이오헬스케어용 반도체 관련 기술에 대한 시장관점의 기술독점 현황분석을 위해 집중률 지수(CRn) 분석 결과, 상위 4개 기업의 시장점유율이 6.2%로 독과점 정도가 낮은 수준으로 분석되어 주요 출원인들에 의한 기술 집중화 정도가 낮은 시장으로 판단됨

[CR4 분석_국내시장 연구주체별 집중력]

출원인	출원건수	특허점유율	CRn	n
중소기업(개인)	138	33.7%	33.7%	1
대기업	39	9.5%		2
연구기관/대학	127	31.0%		3
기타(외국인)	106	25.9%		4
합계	410	100.0%		

주) 국내 대기업의 판단기준은 2024년 5월 공정거래위원회의 공시대상기업집단 지정결과(대기업집단 88개, 소속회사 3,318개 포함)에 따르며, 중소기업에는 중견기업을 포함

- 국내시장에서의 중소기업의 점유율 분석 결과, 바이오헬스케어용 반도체 품목에서 중소기업의 점유율은 33.7%로 국내시장에서 중소기업의 시장 진입장벽은 다소 존재할 것으로 분석됨

HHI 분석

- 주요 출원인에 의한 특허점유율을 분석하여 기술집중력(시장 독과점 수준)을 판단함
  - 특허데이터를 활용하여 전체 또는 특정 산업부문 내 모든 기업의 특허점유율을 이용해 시장집중도를 분석함
  - HHI값이 높을수록 기술활동의 집중수준이 높고 특정 기업들이 해당 시장을 과점하고 있기 때문에 신규 업체가 해당시장을 진입하기가 쉽지 않은 것으로 해석됨

※ HHI(Herfindahl-Hirschman Index) = 시장(산업)내 모든 기업의 각 점유율을 제곱하여 합한 값

[HHI 분석]

공보	KIPO	USPTO	JPO	EPO	CNIPA	전체
HHI	98	61	100	120	122	29

- 바이오헬스케어용 반도체 관련 기술에 대한 HHI(허핀달-허쉬만)지수 분석결과, 전체 29로 경쟁적인 시장이 형성되어 있으므로 시장진입이 다소 용이한 것으로 분석됨
  - 한국의 경우 HHI 지수가 98로 일본, 유럽, 중국 대비 상대적으로 낮게 나타나고, 기술활동의 집중수준이 높지 않은 상태이므로 시장진입이 어렵지 않은 것으로 분석됨

기간별 연구주체 분석

- 국내 연구주체에 따른 기간별 특허동향을 분석하여 해당품목의 기술개발 선도주체를 파악함

    ※ 국내 대기업의 판단기준은 2024년 5월 공정거래위원회의 공시대상기업집단 지정결과 (대기업집단 88개, 소속회사 3,318개 포함)에 따르며, 중소기업에는 중견기업을 포함

    - 기간별 연구주체 분석을 통하여 해당품목의 중소기업 현재 역량을 파악할 수 있으며, 향후 중소기업의 기술개발 및 투자전략 타당성 확보를 위한 가이드라인을 제시함

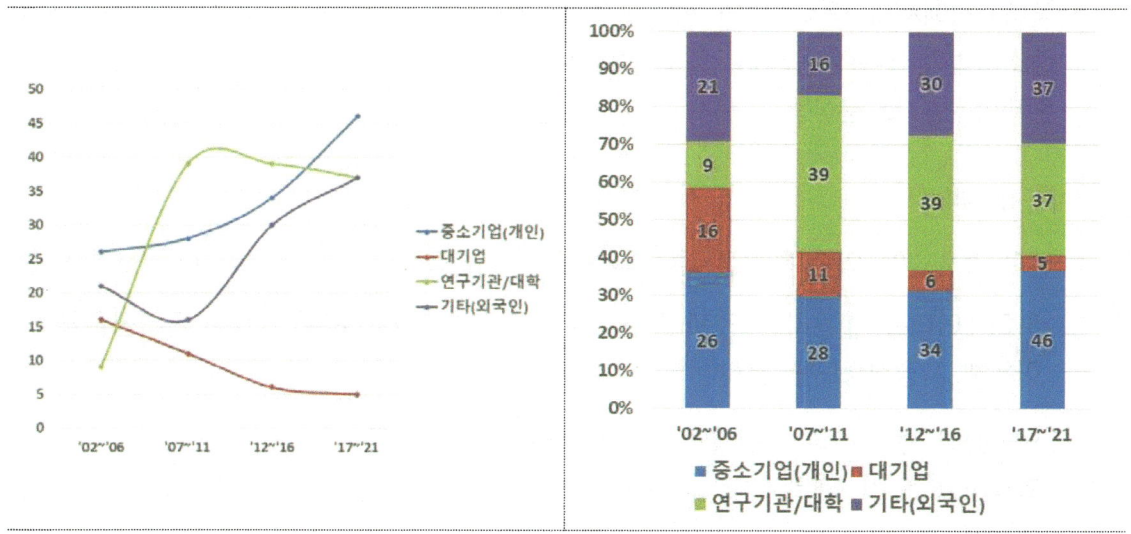

[기간별 연구주체 동향]

- 기간별 연구주체 분석에 따르면, 최근 바이오헬스케어용 반도체 품목은 중소기업(개인)이 주체가 되어 기술개발이 활발히 진행되고 있는 것으로 나타남. 이는 해당품목에 대한 중소기업 중심의 기술개발 및 투자전략이 타당함을 보여줌

3 주요 출원인 분석

가. 주요 출원인 동향

✦ 주요 출원인 동향 분석

- 해당품목에서 다수의 출원을 보유하고 있는 주요 출원인(Top 10)의 분석을 통해 전략적인 지적재산관리와 기업의 경쟁력을 강화함
  - 주요 출원인을 기준으로, 해당품목에 대해 기술개발을 주도하고 있는 기관 및 기업을 파악하고, 한국(KIPO), 미국(USPTO), 일본(JPO), 유럽(EPO), 중국(CNIPA) 국가별 출원현황 분석을 통해 주요 출원인들이 고려하고 있는 주요 시장이 어디인지 예측하여 거시적 관점의 향후 트렌드를 전망함

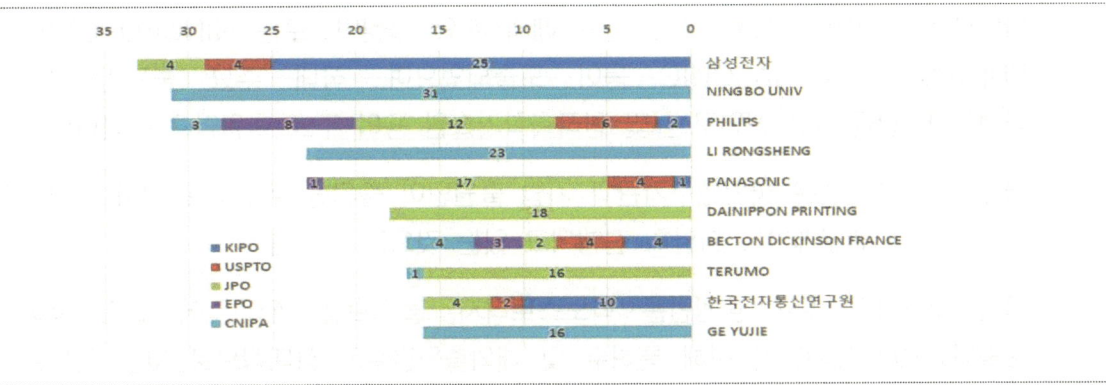

[주요 출원인 국가별 출원 건수]

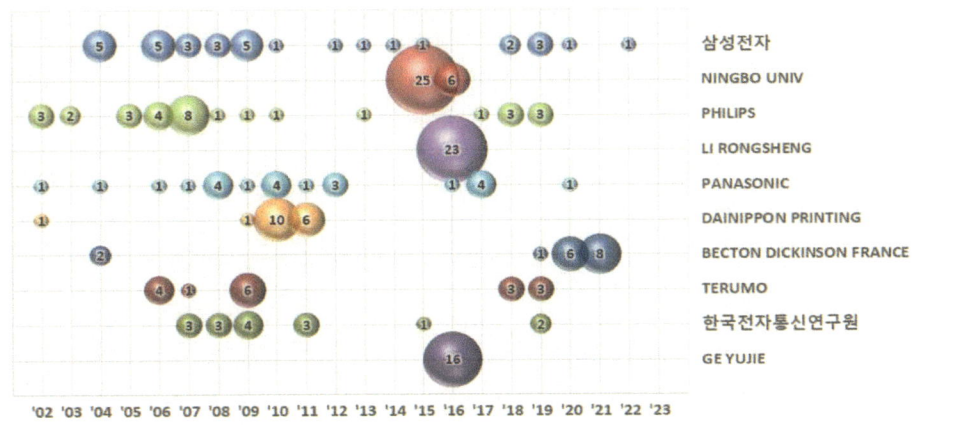

[연도별 출원인 건수]

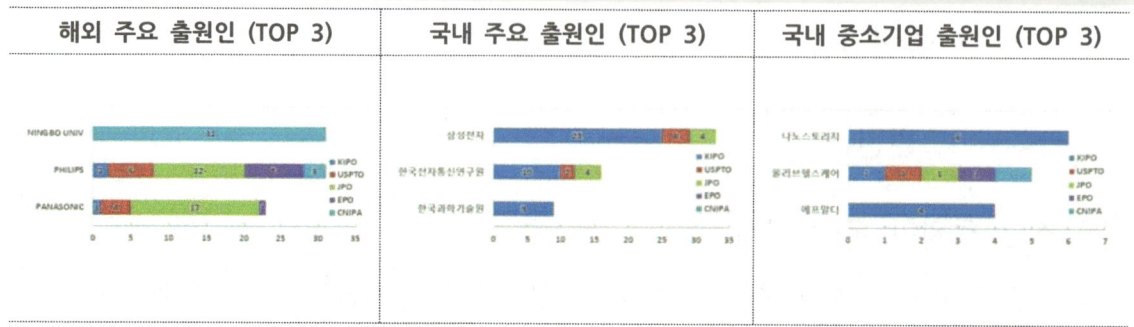

[국내외 주요 출원인 / 국내 중소기업 주요 출원인]

주) 국내 대기업의 판단기준은 2024년 5월 공정거래위원회의 공시대상기업집단 지정결과 (대기업집단 88개, 소속회사 3,318개 포함)에 따르며, 중소기업에는 중견기업을 포함

- 바이오헬스케어용 반도체 품목의 주요 출원인을 살펴보면, 주요 국가별 출원인이 다수 포함되어 있으며, 제1 출원인은 한국의 삼성전자인 것으로 조사됨

    - 바이오헬스케어용 반도체 품목 관련 해외 주요 출원인으로는 NINGBO UNIV, PHILIPS 및 PANASONIC 등이 도출되었으며, 국내 주요 출원인으로는 삼성전자, 한국전자통신연구원 및 한국화학기술원 등이 주요 출원인으로 나타남

    - 국내 주요 출원인은 국가연구기관과 기업 출원인이 출원을 주도하고 있어 국가와 민간 주도의 연구개발이 활발히 진행되고 있는 것으로 분석됨

    - 국내 중소기업 주요 출원인은 나노스토리지, 올리브헬스케어, 에프알디 등이 도출되었으나 대기업에 비해 특허수 및 해외출원건수가 상대적으로 낮은 것으로 나타남

나. 주요 출원인 기술 키워드 및 주요 특허 분석

✤ 키워드 및 주요 특허 분석

- AI 알고리즘을 활용하여 주요 출원인별 주요 기술 키워드를 통하여 집중연구분야를 파악함
- 주요 출원인이 출원한 주요 특허를 검토하여 키워드를 통하여 주력기술 분야를 예측함

◎ 삼성전자

[주요 출원인 기술 키워드]

[주요 특허 분석]

등록/공개번호 (출원일)	명칭	기술적용분야	IP 경쟁력	
			피인용 문헌수	패밀리 국가수
KR 10-1292536 (2006.12.21)	BIO MEMORY DISC AND BIO MEMORY DISC DRIVE APPARATUS, AND ASSAY METHOD USING THE SAME	바이오 메모리 디스크 드라이브 장치 및 이들을 이용한 분석 방법에 관한 기술	17	6
KR 10-0773549 (2006.04.03)	Method of detecting bio-molecules using the same field effect transistor	동일 전계 효과 트랜지스터를 이용하여 생분자의 존재 또는 농도를 검출하는 방법에 관한 기술	7	5
KR 10-1520028 (2008.10.28)	Fabricating and optical detecting apparatus for bio-chip	마스크를 사용하지 않고 포토리소그래피 방식으로 바이오칩에 관한 기술	4	4

- 메모리 컨트롤러, Storage Device, 반도체 나노 구조물, 반도체 재료, 반도체 메모리, 비휘발성 메모리, 절연재료 등의 키워드가 도출됨
- 삼성전자는 바이오헬스케어용 반도체 품목과 관련하여 Top 1 출원인으로, 한국을 중심으로 출원을 진행하였으며, 특히 바이오칩에 관련된 기술력이 높은 것으로 조사됨

◎ NINGBO UNIV

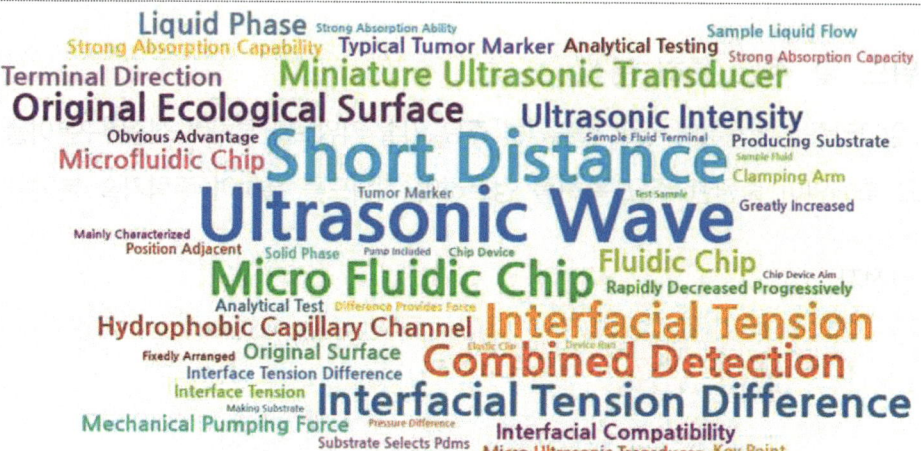

[주요 출원인 기술 키워드]

[주요 특허 분석]

등록/공개번호 (출원일)	명칭	기술적용분야	IP 경쟁력	
			피인용 문헌수	패밀리 국가수
CN 107457012 (2016.06.02)	Dual-mode coupling drive micro-fluidic chip device for hydrophobic substrate materials	소수성 기판 재질에 대한 이중 모드 결합 구동 마이크로 유체 제어 칩 장치에 관한 기술	1	1
CN 106814184 (2015.11.30)	Six-channel micro-fluidic chip device for combined detection of abridged tumor markers	간소화된 종양 마커 연합 검출용 6채널 미세유체 칩 장치에 관한 기술	1	1
CN 106807457 (2015.11.30)	Micro-fluidic chip device for combined detection of multiple female classic tumor markers	여러 가지 전형적인 여성 종양 표지물 연합 검사용 마이크로 유체 제어 칩 장치에 관한 기술	1	1

- Ultrasonic Wave, Short Distance, Micro Fluid Chip, Interfacial Tension, Combined Detection, Ultrasonic Intensity 등의 키워드가 도출됨

- NINGBO UNIV는 바이오헬스케어용 반도체 품목과 관련하여 Top 2 출원인으로, 중국을 중심으로 출원을 진행하였으며, 특히 마이크로 칩에 관련된 기술력이 높은 것으로 조사됨

◎ PHILIPS

[주요 출원인 기술 키워드]

[주요 특허 분석]

등록/공개번호 (출원일)	명칭	기술적용분야	IP 경쟁력	
			피인용 문헌수	패밀리 국가수
US 8315682 (2005.12.05)	Integrated pulse oximetry sensor	통합 맥박 산소 측정 센서에 관한 기술	131	5
US 7538359 (2007.08.16)	Backlight including side-emitting semiconductor light emitting devices	측면 발광형 반도체 발광소자를 포함하는 백라이트에 관한 기술	54	6
US 8042967 (2007.01.10)	Lamp module and lighting device comprising such a lamp module	광을 방출하기 위한 적어도 하나의 발광 다이오드 (LED)칩을 포함하는 램프 모듈에 관한 기술	32	7

- 바이오 시스템, 매트릭스 어레이, Fluorescent Particle, Sample Compartment, Light Emitted, Provides Bio Chip 등의 키워드가 도출됨

- PHILIPS는 바이오헬스케어용 반도체 품목과 관련하여 Top 3 출원인으로, 미국과 유럽, 일본, 중국 위주의 출원을 진행하였으며, 특히 반도체 발광소자를 이용한 모듈에 관련된 기술력이 높은 것으로 조사됨

4 분석종합

가. 분석결과 요약

특허 분석 결과 요약

[특허 분석 결과]

구분		분석 내용
특허동향 분석	특허증가율 분석	• 주요 국가별로 살펴보면 중국이 가장 활발한 출원활동을 보이는 것으로 조사되었으며, 다음으로 일본, 미국, 한국, 유럽 순으로 분석됨
	기술주기 분석	• 바이오헬스케어용 반도체 기술 분야의 기술 위치를 살펴본 결과, 전체적인 동향은 기술혁신의 주체인 특허출원인수와 기술혁신의 결과인 특허출원건수가 증가 또는 정체하는 동향이 나타나고 있어서 성장기 단계로 분석됨
	특허영향력 분석	• 바이오헬스케어용 반도체 품목에 대한 주요 출원인들의 경쟁력 분석 결과, 전체국가에서는 PHILIPS 특허가 상업적 가치가 높은 것으로 평가됨 • 한국에서는 한국전자통신연구원의 특허가 질적 수준이 가장 높으며, 삼성전자의 기술영향력 및 시장확보력이 상대적으로 모두 높은 것으로 분석됨
기술동향 분석	기술개발동향 변화분석	• 바이오헬스케어용 반도체 품목에 대한 지난 20년간의 특허 주요 기술 키워드 분석 결과, 바이오헬스케어용 반도체를 위한 '바이오 센서' 및 'Combined Detection' 키워드가 도출된 것으로 조사됨
	기술현황 분석	• 바이오헬스케어용 반도체 품목은 섹션 G 물리학 (42%)과 섹션 A 생활필수품(27%) 기술분야의 비중이 높은 것으로 나타났으며, 그중에서도 재료의 화학적 또는 물리적 성질의 검출에 의한 재료의 조사 또는 분석(G01N) 분야에서 집중 연구가 진행되고 있는 것으로 분석됨
	기술집중력 분석	• 바이오헬스케어용 반도체 품목은 기술 집중화 정도가 높지 않은 상태이므로 시장진입이 어렵지 않은 것으로 분석됨
주요 출원인 분석	출원인 동향 분석	• 바이오헬스케어용 반도체 품목의 주요 출원인을 살펴보면 주요 국가별 출원인이 다수 포함되어 있으며, 제1 출원인은 한국의 삼성전자인 것으로 조사됨
	주요 출원인 기술 키워드 및 주요 특허 분석	• 삼성전자는 메모리 컨트롤러, Storage Device, 반도체 나노 구조물 등의 키워드가 도출되었으며, 바이오칩에 관련된 기술력이 높은 것으로 조사됨 • NINGBO UNIV는 Ultrasonic Wave, Short Distance, Micro Fluid Chip 등의 키워드가 도출되었으며, 마이크로 칩에 관련된 기술력이 높은 것으로 조사됨 • PHILIPS는 바이오 시스템, 매트릭스 어레이, Fluorescent Particle, Sample Cpompartment 등의 키워드가 도출되었으며, 반도체 발광소자를 이용한 모듈에 관련된 기술력이 높은 것으로 조사됨

분석 종합표

[평가지표/ 정량적 분석]

평가지표	한국 전체	한국 중소기업	미국	유럽	일본	중국
특허 활동도[17]	74.0	33.2	87.2	58.1	70.6	100.0
특허 부상도[18]	87.1	100.0	87.6	84.1	53.2	93.3
특허 시장력[19]	24.1	25.7	62.7	100.0	37.9	19.0
특허 영향력[20]	29.3	27.1	100.0	38.6	42.6	11.8
상대적 기술경쟁력[21]	63.6	55.1	100.0	83.2	60.6	66.4

주) 각 평가지표 값은 원 계산 값에 상대적 비교의 편의성을 위해 최고점 100점으로 환산한 값이며, 상대적 기술경쟁력은 각 평가지표의 가중치를 1:1로 반영하여 평균값을 도출한 것임

[주요 특허 선별지표]

선별지표	가중치
패밀리 특허 수(A)	2
피인용 횟수(B)	2
발명자 수(C)	2
청구항 수(D)	1.5
등록 여부(E)	1.5
IPC 수(F)	1
선별지표 최종 계산식[22]	(A+B+C)X2 + (D+E)X1.5 + (F)X1

17) 전체 출원건수 대비 국가별 출원건수 평가
18) 각 국가별 전체 출원건수 대비 최근 5년 출원건수 평가
19) 국가별 패밀리 국가수(PFS) 평가
20) 국가별 피인용도(CPP) 평가
21) 상기 4개 평가지표의 합계 최고 국가 대비 상대값
22) 전략품목과의 정합성을 높이기 위하여 선별지표 최종 계산식에서 2~3배 후보군을 도출한 다음 명칭, 요약, 청구항을 참조하여 최종 주요 특허를 선별함

나. 요소기술 후보군 도출

✦ 특허 클러스터링 기반 주요 키워드 및 관련 특허 분석

- (워드 클라우드) 전략품목 관련 특허에 대해 아래와 같이 핵심 키워드 도출

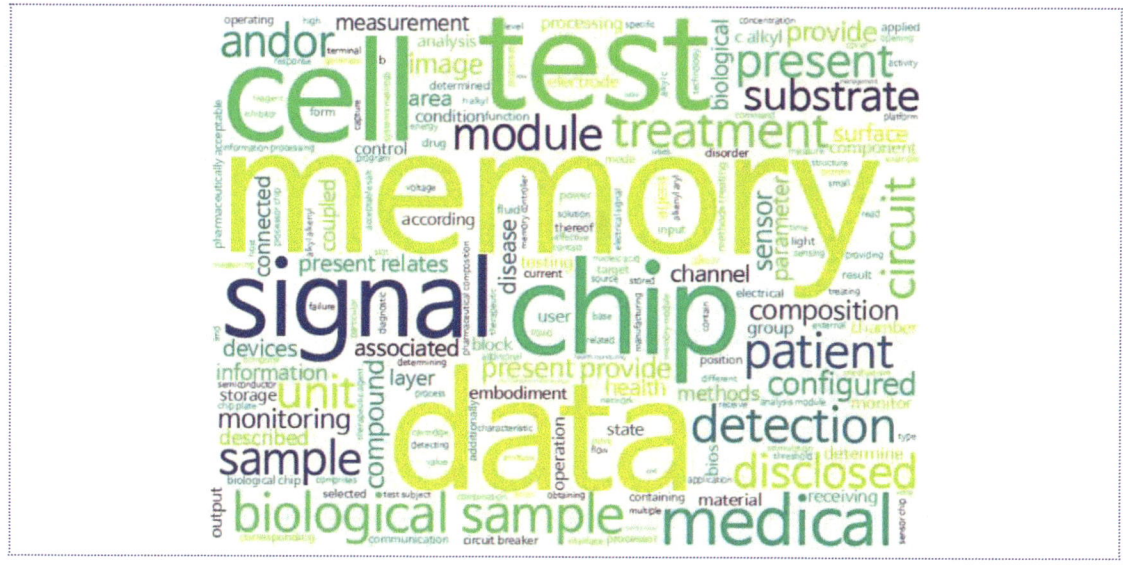

[워드 클라우드]

- (토픽 클러스터링) 전략품목 관련 특허에 대해 아래와 같이 핵심 주제 및 주요 토픽이 도출되었으며, 이를 활용하여 클러스터링 분석 수행

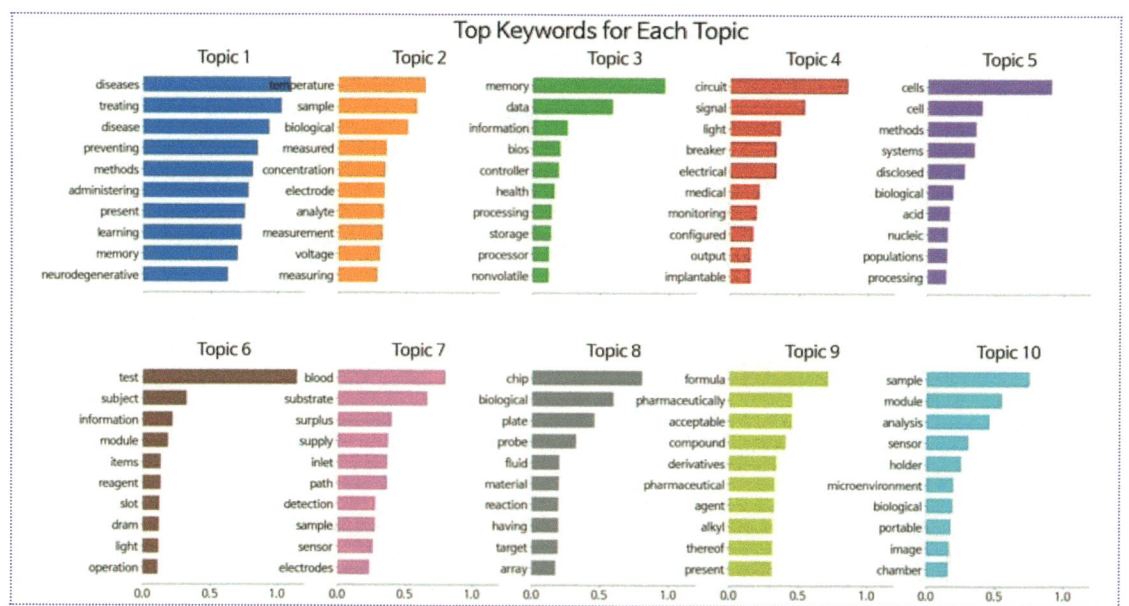

[각 토픽별 주요 키워드]

- (네트워크 맵) 핵심 특허 및 주요 토픽을 통해 도출된 핵심 키워드를 활용하여 클러스터링 분석에 의한 요소기술 후보군 도출
  - 키워드별 노드의 크기는 키워드의 중요도를, 연결된 선의 거리는 키워드 간 근접성(유사성)을, 연결된 선의 수는 노드에 대한 중심성을 의미

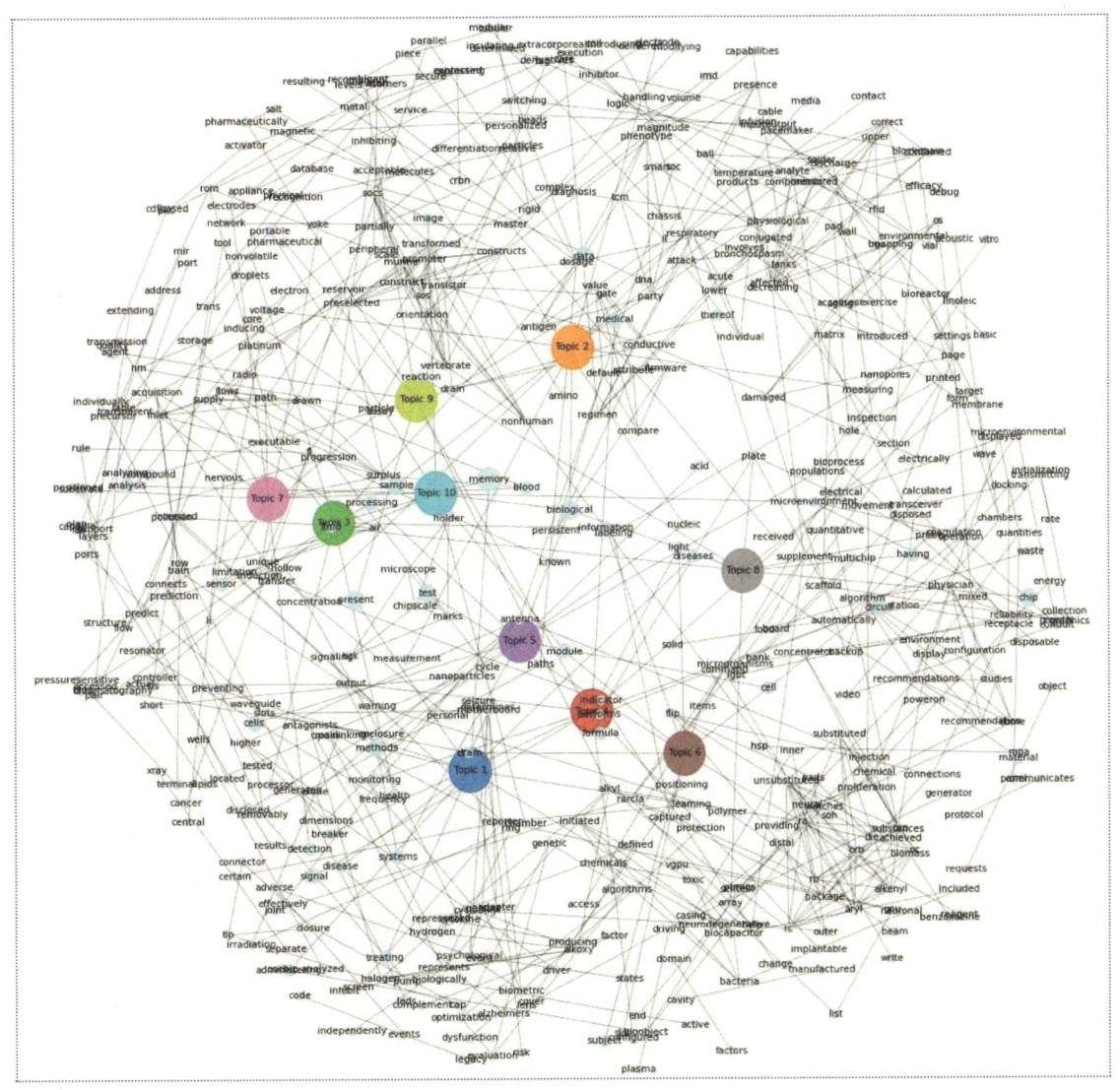

[키워드 네트워크 분석 결과]

● (요소기술 후보군 도출) 10개 클러스터별 핵심 키워드와 관련 특허(출원번호)를 통해 요소기술 후보군 제시

[바이오·헬스케어용 반도체 요소기술 후보군 도출]

No	핵심 키워드	관련 특허(출원번호)	요소기술 후보군
1	diseases, treating, disease, preventing, methods, administering, present, learning, memory, neurodegenerative	• SCHIZOPHRENIA-RELATED MICRODELETION GENE 2510002D24Rik IS ESSENTIAL FOR SOCIAL MEMORY (17/636152) • TREATMENT OF NEURODEGENERATIVE DISEASES, CAUSATION OF MEMORY ENHANCEMENT, AND ASSAY FOR SCREENING COMPOUNDS FOR SUCH (17/193945)	• 신경퇴행성 질환 진단 및 치료를 위한 메모리 강화 기술 • 사회적 기억 관련 유전자 발현 분석 기술 • 약물 투여 방법과 신경질환 치료를 위한 머신러닝 기반 기술
2	temperature, sample, biological, measured, concentration, electrode, analyte, measurement, voltage, measuring	• Cable Fitting (17/606587) • DATABASE AND MACHINE LEARNING IN RESPONSE TO PARALLEL SERIAL DUAL MICROFLUIDIC CHIP (17/518006) • PROCESS AND DEVICE FOR DETECTION OF A LEAK IN A VENTILATION CIRCUIT (17/242873)	• 바이오 샘플 전극 기반 농도 측정 기술 • 마이크로플루이딕 칩 기반 다중 분석 기술 • 생물학적 샘플 온도 모니터링 및 제어 기술
3	memory, data, information, bios, controller, health, processing, storage, processor, nonvolatile	• EVALUATION OF MEMORY DEVICE HEALTH MONITORING LOGIC (18/156594) • SPD-based memory monitoring and service life prediction method and system (17/928118) • BIOMASS BENZOXAZINE-BASED SHAPE MEMORY RESIN, PREPARATION METHOD THEREFOR, AND APPLICATION THEREOF (17/927085)	• 비휘발성 메모리를 활용한 데이터 건강 상태 모니터링 기술 • 메모리 장치 수명 예측 및 진단 기술 • 바이오 데이터 저장 및 분석용 고효율 컨트롤러 기술
4	circuit, signal, light, breaker, electrical, medical, monitoring, configured, output, implantable	• SYNTHETIC PROTEIN CIRCUITS DETECTING SIGNAL TRANSDUCER ACTIVITY (18/065880) • MACHINE LEARNING-SUPPORTED AND MEMORY SYSTEM-AUGMENTED SEIZURE RISK INFERENCING (17/392385) • Electrically Conductive Coating Applied To An Oxidizable Surface Of An AIMD Ferrule Or Housing To Provide An Oxide-Resistant Connection To An EMI Filter Capacitor, An EMI Filter Circuit Or AIMD Electronic Circuits And Components (17/315895)	• 임플란터블 의료 장치를 위한 신호 모니터링 및 회로 설계 기술 • 머신러닝 기반 발작 위험 추론 및 메모리 시스템 강화 기술 • 전기적 코팅 및 EMI 필터 통합 기술

No	핵심 키워드	관련 특허(출원번호)	요소기술 후보군
5	cells, cell, methods, systems, disclosed, biological, acid, nucleic, populations, processing	• METHOD FOR MEMORY B CELL-SPECIFIC DIFFERENTIATION INDUCTION, AND USES THEREOF (17/871775) • Stem Cell Memory T Cells, Methods and Uses for Modulating Inflammatory Responses, and Diagnosing and Treating Adverse Cardiovascular Events and Disease (17/776417) • TISSUE ADHESION COMPOSITION WITH BIO-TISSUE ADHESIVENESS AND BONDING FORCE AND PREPARATION METHOD THEREFOR (17/765921)	• 메모리 B 세포 분화 유도 기술 • 줄기세포 기억 T 세포 기반 염증 조절 및 치료 기술 • 생체 조직 접착성 및 결합 강도 개선 기술
6	test, subject, information, module, items, reagent, slot, dram, light, operation	• Antidepressants for the Treatment or Prevention of Memory Loss and/or Cognitive Decline or Dysfunction in Aging (17/601127) • Injection vial management system (17/189424) • Targeting Lipid Metabolism and Free Fatty Acid (FFA) Oxidation to Treat Diseases Mediated by Resident Memory T Cells (TRM) (16/970879)	• 노화로 인한 기억 상실 및 인지 저하 예방 기술 • 진단 검사 시약 관리 시스템 • 지방산 대사를 표적으로 한 질병 예방 및 치료 기술
7	blood, substrate, surplus, supply, inlet, path, detection, sample, sensor, electrodes	• CORE CONFIGURATION FOR IN-SITU ELECTROMAGNETIC INDUCTION MONITORING SYSTEM (18/183138) • DIHYDROQUINOLINONES FOR MEDICAL TREATMENT (17/878753)	• 혈액 센서 및 전극 기반 샘플 경로 탐지 기술 • 잉여 혈액 분석을 통한 효율적 데이터 처리 기술 • 생체 감지 센서를 활용한 실시간 데이터 수집 기술
8	chip, biological, plate, probe, fluid, material, reaction, having, target, array	• SYSTEM FOR SHAPE MEMORY ALLOY ENABLED DRUG RELEASE (18/013918) • Cover for a Medical Injection Device Comprising a Radio Frequency Identification (RFID) Tag (17/926049)	• 생체기반 반응 플랫폼 설계 기술 • RFID 태그를 활용한 의료기기 관리 및 추적 기술 • 마이크로플루이딕 칩을 이용한 약물 전달 기술

No	핵심 키워드	관련 특허(출원번호)	요소기술 후보군
9	formula, pharmaceutically, acceptable, compound, derivatives, pharmaceutical, agent, alkyl, thereof, present	• BENZO OXYGEN-CONTAINING HETEROCYCLIC COMPOUNDS AND MEDICAL APPLICATION THEREOF (18/044881) • HELICASE INHIBITORS FOR TREATMENT OF MEDICAL DISORDERS (18/030186) • Agrochemical mixtures of diamides, plant health additives and insecticide (18/016696)	• 약물 유효성 평가를 위한 이종화학 화합물 설계 기술 • 헬리케이스 억제제를 활용한 질병 치료 기술 • 바이오·제약 소재를 활용한 건강 증진 및 치료 기술
10	sample, module, analysis, sensor, holder, microenvironment, biological, portable, image, chamber	• BIOLOGICAL SAMPLE SORTING METHOD, SURFACE ACOUSTIC WAVE MICROFLUIDIC CHIP, SYSTEM, TERMINAL, AND STORAGE MEDIUM (18/098701) • Microfluidic sample chip, assay system using such a chip, and PCR method for detecting DNA sequences (17/548591) • METHOD AND SYSTEM FOR COMPREHENSIVELY EVALUATING RELIABILITY OF MULTI-CHIP PARALLEL IGBT MODULE (17/503396	• 표면 음향파 기반 생물학적 샘플 분류 기술 • DNA 검출을 위한 PCR 기반 샘플 분석 기술 • 다중칩 병렬 평가를 통한 신뢰성 분석 기술

※ 관련 특허 : 주제 분포 측면에서 얼마나 유사한지를 기준으로 평가하여 밀접한 관련이 있다고 판단되는 특허

제4절 기술개발 로드맵

1. 요소기술 도출 및 핵심 요소기술 선정

가. 요소기술 도출

 핵심 요소기술 선정을 위한 전략품목 요소기술 8개 도출

[요소기술 도출]

구분	요소기술	개요	출처
1	바이오 소재 기반 브레인 온 칩 제조 기술	바이오 소재(DNA, 세포, 단백질, 생체조직 및 생화학적 합성 소재 등)를 이용하여 뇌의 기능을 연구하고, 질병을 치료하는 데 활용하기 위하여 신경세포와 시냅스를 모방한 소형 브레인온칩(brain-on-a-chip) 기술	'23년 기술로드맵
2	의료기기용 다중 센서 반도체 제조 기술	다중 생체신호 통합, 분리, 감도 증진 등 의료기기용 다중 센서의 통합화가 가능한 모놀리식 통합형 초저전력 시스템반도체 기술	'23년 기술로드맵
3	바이오 통신 칩 설계 기술	환자의 건강 상태 실시간 모니터링 또는 환자에게 약물을 투여하는 데 사용하기 위하여 생체 신호를 원격으로 측정하고 전송할 수 있는 바이오센서와 통신 모듈을 결합한 바이오 통신 칩 기술	'23년 기술로드맵
4	바이오 신호 처리 칩 설계 기술	심전도, 뇌파, 근전도, 혈압, 혈당 등 다양한 종류의 생체 신호를 정확하고 신속하게 측정하고 정밀하게 분석하기 위한 바이오 신호처리 칩 기술	'23년 기술로드맵
5	의료기기용 반도체 설계 기술	임플란트 등의 방식을 활용하여 생체 내 삽입하여 뇌, 심장 등의 기능 모니터링 또는 질병을 치료하기 위한 생체 삽입형 의료기기용 반도체 기술	'23년 기술로드맵
6	바이오 물질 배양기술	식품, 화장품, 의료 등의 제품에 활용되는 다양한 바이오 소재 및 물질의 안전성 평가 및 검증을 위한 반도체 기반의 배양환경과 성능평가기술 확보 (3D 생체조직칩/오가노이드, MPS 등)	전문가
7	바이오 신호 감지기술(센서기술)	뇌파, 심전도 등의 생체신호와 바이러스, 세균 등 바이오 물질로부터 발생되는 다양한 바이오 신호를 기반으로 신체 상태를 모니터링할 수 있는 시스템반도체 기술 확보	전문가
8	바이오 자극 기술	치료와 진단을 위해 사용되는 다양한 물리적 및 화학적 자극원(광, 초음파, 전자기파, 이온, X-ray, 가스 등)을 구현하기 위한 시스템반도체 기술 확보	전문가

출처: '23년 기술로드맵, 특허-빅데이터, 중소기업 니즈, 수요처 니즈, 대국민(재밍), 전문가 등

나. 핵심 요소기술 선정

■ 선별된 전략품목 요소기술을 대상으로 전문위원회를 통해 기술개발 핵심성·파급성·가능성을 평가하여 핵심 요소기술 선정

- **(기술개발 핵심성)** 전략품목 개발 필요 요소기술 가운데 중요도(필수 여부) 및 기술개발 성공 시 달성 기여도
- **(기술개발 파급성)** 기술개발 이후 타 분야/품목 등에 영향을 미치는 확장 수준
- **(기술개발 가능성)** 요소기술에 대한 개발 기간, 투자금액, 기술 난이도 등을 종합적으로 고려한 중소기업 적합 수준

[「바이오·헬스케어용 반도체」 핵심 요소기술 선정]

구분	핵심 요소기술	개요
1	바이오 신호 감지기술(바이오센서기술)	• 뇌파, 심전도 등의 생체신호와 바이러스, 세균 등 바이오 물질로부터 발생되는 다양한 바이오 신호를 기반으로 신체 상태를 모니터링할 수 있는 시스템반도체 기술 확보
2	바이오 신호처리 기술	• 다양한 자극으로부터 획득 및 변환된 전기 및 광 신호의 분석과 처리를 위한 신호처리 및 신호분석(인공지능 기반의 패턴인식 및 처리 기술)을 위한 시스템반도체 기술 확보
3	바이오 자극 기술	• 치료와 진단을 위해 사용되는 다양한 물리적 및 화학적 자극원(광, 초음파, 전자기파, 이온, X-ray, 가스 등)을 구현하기 위한 시스템반도체 기술 확보

✕ 핵심 요소기술 정의서

2-1 바이오 신호 감지기술(바이오센서기술)

구분		내용
분류 체계	산업기술	- (200404) 전기·전자-반도체소자 및 시스템-센서용소자
	과학기술	- (ED0404) 과학기술-인공물-전기/전자-반도체 소자·회로-Sensor용 소자
기술개요		- (정의) 인체 또는 동물 등 생체에서 발생되는 다양한 생물학적 및 화학적 생체신호를 감지하여 전기적 신호 또는 광학적 신호로 변환하는 시스템 반도체 기술 • (종류) 바이오센서, 바이오리셉터(Bio-receptor), 바이오트랜스듀서(Bio-transducer) 등이 존재함 [그림] 우울증 진단을 위한 전도성 나노섬유 기반의 바이오 센서 (출처: 한국생명공학연구원)
기술 요구사항		- 생물학적 및 화학적 생체신호의 감지능력과 관련된 성능적 측면과 동작 신뢰성 등 부가적 요구사항이 있음 • (성능적 요구사항) 선별적 생체신호 감지(선택성), 감지능력(감도), 저전력화 등 • (부가적 요구사항) 안전성(생체 친화성), 소형화 및 고집적화, 고신뢰성 등
기술개발 최종 목표		- 생체에 적용되는 폼팩터(액서사리형, 부착형, 이식형 등) 부합성 확보와 고성능, 초소형, 고집적, 고안전 및 고신뢰성 감지 소재와 소자 개발 • (요소기술별 목표기술) 고감도 감지 소재개발, 고집적 바이오센싱 소자개발, 고안전 및 고신뢰 성능 확보
단계별 목표	1차년도	- (소재·공정개발) 바이오센서의 감도 확보를 위한 고감도, 고선택 소재 개발 (TRL 4~6단계) • (소재) 소재 합성 등 소재 양산 레시피 확보와 재현성 검증을 통한 고감도 및 고선택성 바이오 신호 감지 소재 개발 • (공정) 선정된 소재와 테스트 시편 제작을 통한 소자 제작 공정 검증
	2차년도	- (소자·모듈개발) 초소형 바이오센서 구현을 위한 고집적 반도체 공정 적용 및 아날로그 디지털 신호변환/처리, 통신 등이 적용된 바이오 감지 모듈 또는 시스템 개발 (TRL 5~7단계) • (소자) 다양한 생체신호 감지를 위한 다기능 감지 센서 소자 구현과 집적화를 통한 소형화 • (모듈) 감지, 신호전달, 통신 등 다양한 기능을 포함하는 바이오 신호 감지 모듈 및 시스템 개발
	3차년도	- (적합성검증) 개발된 소자 및 모듈의 안전성, 동작신뢰성, 양산성 검증 (TRL 5~8단계) • (안전성) 바이오 신호 감지용 센서 또는 모듈의 생체 적합성 및 안전성 검증 • (신뢰성) 바이오 신호 감지용 센서 또는 모듈의 동작 및 환경, 기계적 신뢰성 검증 • (양산성) 바이오 신호 감지용 센서 또는 모듈의 양산성 및 단가 경쟁력 확보

2-2 바이오 신호처리 기술

구분		내용
분류 체계	산업기술	- (200406) 전기·전자-반도체소자 및 시스템-SoC
	과학기술	- (ED0406) 과학기술-인공물-전기/전자-반도체 소자·회로-SoC
기술개요		- (정의) 다양한 자극으로부터 획득 및 변환된 전기적 및 광적 신호의 분석과 처리를 위한 신호처리 및 신호분석을 위한 시스템반도체 기술 • (종류) 바이오센서로부터 변환된 신호의 전기적 처리와 알고리즘 기술(패턴인식, 영상인식) 등이 있음 [그림] 부착형 바이오 센서 기반의 신호처리 IC (출처: KETI)
기술 요구사항		- 측정된 신호를 기반으로 하여 다양한 질병과 감염 등의 진단과 분석을 위한 정확도 확보, 처리시간 단축, 소모전력 절감 등의 요구사항이 있음 • (요구사항) 정확도, 처리효율(데이터량 등), 분석시간, 소모전력 등
기술개발 최종 목표		- 다양한 생체 신호의 실시간 분석과 동작 노이즈 등 환경 변화에 따른 신호를 안정적으로 처리가 가능한 적응형 신호 처리 기술 개발 • (요소기술별 목표기술) 전력 소모 감소, 고압축, 실시간 바이오 정보 프로세서 기술
단계별 목표	1차년도	- (사전검증) 고속 고정밀 신호처리를 위한 알고리즘 및 FPGA 개발 (TRL 4~6단계) • (알고리즘) 측정된 바이오 신호의 패턴인식, 영상인식 등 분석 및 판단을 위한 지능형 또는 AI 기반 알고리즘 개발 • (시제품) IC 제작전 개발된 알고리즘의 사전검증을 위한 FPGA 수준의 시제품 제작
	2차년도	- (설계/제작) 바이오 신호 처리를 위한 반도체 IC 설계 및 제작 (TRL 5~7단계) • (설계) CADENCE 등 사용 IC 제작 tool을 이용한 바이오 신호처리 반도체 칩 설계 • (제작) 삼성, TSMC 등 반도체 파운드리 MPW 등 서비스를 이용한 IC 제작
	3차년도	- (최적화) 1차 제작된 IC의 측정 및 디버깅을 통한 revison 칩 설계 및 제작 (TRL 5~8단계) • (성능검증) 동작 안정성 및 다양한 기계적/환경적 신뢰성 검증 • (Revision) 측정 및 분석 결과 기반의 재설계 및 제작

2-3 바이오 자극 기술

구분		내용
분류 체계	산업기술	- (200408) 전기·전자-반도체소자 및 시스템-기타 반도체 소자
	과학기술	- (ED0404) 과학기술-인공물-전기/전자-반도체 소자·회로-달리 분류되지 않는 반도체 소자·회로
기술개요		- (정의) 치료와 진단을 위해 사용되는 다양한 물리적 및 화학적 자극원(광, 초음파, 전자기파, 이온, X-ray, 가스 등)을 구현하기 위한 시스템반도체 기술 • (종류) 전기적 자극, 자기적 자극, 전자기적 자극, 광 자극, 초음파 자극 등 [그림] 경두개 자기 자극술(transcranial magnetic stimulation)과 뇌자극 치료 개념도 (출처: 위키백과)
기술 요구사항		- 다양한 질병의 진단과 치료를 위한 자극을 위한 기술로 고정밀성, 고안전성, 선택성 등의 요구사항이 있음 • (성능적 요구사항) 자극원의 고정밀성, 특정 부위에 대한 선택 반응성 등 • (부가적 요구사항) 인체 안전성, 인체 삽입을 위한 소형화, 고신뢰성 등
기술개발 최종 목표		- 질병의 진단과 치료용 고안전 타겟형 자극원 개발을 위한 시스템 반도체 기술 개발 • (요소기술별 목표기술) 진단 및 치료에 따른 전기적 자극, 자기적 자극, 전자기적 자극, 광 자극, 초음파 자극 등 기술 확보
단계별 목표	1차년도	- (소재·공정개발) 바이오 자극의 정밀성 및 고선택 확보를 위한 소재 개발 (TRL 4~6단계) • (소재) 소재 합성 등 소재 양산 레시피 확보와 재현성 검증을 통한 고정밀 및 고선택성 바이오 자극(전기적 자극, 자기적 자극, 전자기적 자극, 광 자극, 초음파 자극 등) 소재 개발 • (공정) 선정된 소재와 테스트 시편 제작을 통한 소자 제작 공정 검증
	2차년도	- (소자·모듈개발) 초소형 바이오 자극원 구현을 위한 고집적 반도체 소자 개발 및 바이오 자극 모듈 또는 시스템 개발 (TRL 5~7단계) • (소자) 다양한 자극 자극 발생을 위한 소자 구현과 집적화를 통한 소형화 • (모듈) 자극발생, 제어 등 다양한 기능을 포함하는 바이오 자극 발생 모듈 및 시스템 개발
	3차년도	- (적합성검증) 개발된 소자 및 모듈의 안전성, 동작신뢰성, 양산성 검증 (TRL 5~8단계) • (안전성) 바이오 자극용 소자 또는 모듈의 생체 적합성 및 안전성 검증 • (신뢰성) 바이오 자극용 소자 또는 모듈의 동작 및 환경, 기계적 신뢰성 검증 • (양산성) 바이오 자극용 소자 또는 모듈의 양산성 및 단가 경쟁력 확보

2. 기술로드맵 구축

가. 기술개발 목표

[「바이오·헬스케어용 반도체」 기술개발 로드맵]

구분	핵심 요소기술	기술 요구사항	개발목표 1차년도	개발목표 2차년도	개발목표 3차년도	최종목표
1	바이오 신호 감지기술(바이오센서기술)	고감도, 고선택성, 저전력화, 생체친화성, 고안전성 등	고감도 및 고선택성 바이오 신호 감지 소재 개발	고집적 반도체 공정을 통한 바이오 감지 모듈 개발	안전성, 동작신뢰성, 양산성 검증 및 모듈 고도화	생체에 적용 가능한 고성능, 초소형, 고집적 바이오 신호 감지 소재와 소자 개발
2	바이오 신호처리 기술	정확도, 처리효율, 분석시간 단축, 소모전력 절감	바이오 신호처리 알고리즘 및 FPGA 개발	바이오 신호처리 반도체 IC 설계 및 제작	바이오 신호처리 IC의 최적화 및 리비전 제작	정확하고 효율적인 바이오 신호처리 반도체 기술 개발
3	바이오 자극 기술	고정밀성, 고안전성, 특정 부위 선택 반응성	바이오 자극의 정밀성 및 고선택 확보를 위한 소재 개발	초소형 바이오 자극원 및 모듈 개발	바이오 자극 소자 및 모듈의 적합성 검증 및 양산성 확보	질병 진단과 치료용 고안전 타겟형 바이오 자극원 기술 개발

나. 로드맵 기획

❎ **(총론)** 바이오·헬스케어 첨단 반도체 기술 개발로 디지털 헬스 산업 경쟁력 강화를 위한 중소기업 전략기술로드맵 구축

- (중소기업 기술개발전략 1) 고감도 및 고선택성을 지닌 바이오 신호 감지 기술 확보 필요
- (중소기업 기술개발전략 2) 실시간 분석과 전력 소모 절감이 가능한 신호처리 반도체 개발 필요
- (중소기업 기술개발전략 3) 고안전성과 정밀성을 가진 바이오 자극 소자 및 모듈 개발 필요

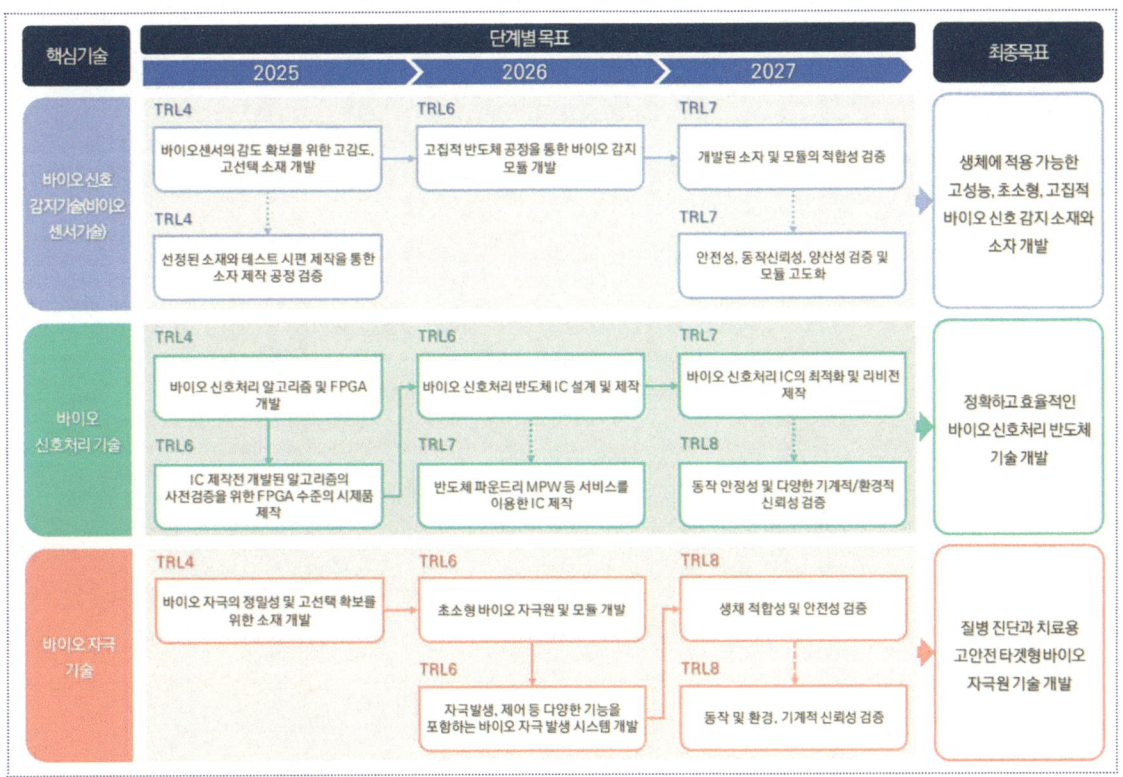

[「바이오·헬스케어용 반도체」 기술개발 로드맵]

(2025~2027)

중소기업 전략기술로드맵

제2장. 전략품목 환경분석

03_전력반도체

제1절 개요

1. 정의 및 필요성

가. 정의

- **전력반도체는 하이파워 전력을 변환·처리·제어 하는 반도체로, 전기를 변환하는 부분에서 전압, 전류, 주파수, 직류(DC)/교류(AC) 등 전기형태를 변환하는 스위치 역할을 담당하는 반도체 등을 포함**
  - 전력반도체는 전력을 변환하고 제어하는 데 사용되는 반도체 소자로, 고전압·고전류 환경에서 에너지 효율성을 높이고 전력 손실을 최소화하는 데 중요한 역할을 함
  - 전력반도체는 주로 전류의 흐름을 제어하거나 전력을 스위칭, 변환하는 역할을 수행하며, 모스펫(MOSFET), IGBT(절연 게이트 양극성 트랜지스터), 다이오드 등이 주요 소자로 포함됨
  - 실리콘(Si), 실리콘 카바이드(SiC), 갈륨 나이트라이드(GaN)와 같은 고성능 소재를 기반으로 제작되어 고온·고압 환경에서 높은 효율성을 제공

- **전력반도체는 고효율성, 고신뢰성, 소형화 가능성 등의 특성을 통해 전력 시스템의 에너지 효율을 극대화하고 다양한 산업에 적용 가능**
  - (고효율성) 전력 변환 과정에서 낮은 전력 손실과 높은 스위칭 속도를 통해 에너지 절약 및 열 발생 감소를 실현
  - (고전압·고전류 특성) 고전압 및 고전류를 안정적으로 처리할 수 있는 특성을 가지며, 특히 재생에너지 및 전기차 충전 인프라에서 필수적
  - (고온 내구성) 고온 환경에서도 안정적으로 작동하여, 열에 민감한 산업용 장비 및 전력 인프라에 적합
  - (소형화 및 경량화) 소형화된 고성능 전력반도체는 전기차, 항공우주 등 무게와 부피가 중요한 분야에서 선호됨
  - (고속 스위칭) 전력반도체는 고속 스위칭을 통해 전력 손실 감소 및 신속한 전력 변환을 지원하며, 데이터 센터와 같은 고속 처리 환경에 활용

나. 기술 개발 필요성

- **전력반도체는 전기자동차, 태양광발전 등 다양한 분야에 적용이 확대되고 있으며, 스마트폰과 태블릿PC 등 모바일 디바이스의 급성장으로 수요가 증가하고 있음**
  - 4차 산업혁명 시대의 도래로 인해 스마트카, 자율주행차, 로봇, 태양전지, 사물인터넷, 스마트그리드, 항공우주, 5G 이동통신 등 관련 산업의 성장에 따라 수요가 급격히 늘어날 것으로 예상
  - 전기자동차와 모바일기기, 태양광발전 등 전력반도체 적용의 확대로 시장에서는 운전효율이 높으면서 소형화된 전력변환 장치를 요구하고 있으나, 실리콘은 스위칭 손실, 스위칭 속도, 내환경성 등의 문제로 인해 시장의 요구에 부응하지 못하고 있음

- **전력반도체는 Si 기반 전력반도체 위주의 제품이 상용화되어 널리 활용되었으나, 최근 전기차, 신재생에너지 같은 고전압, 고주파 등 제품 환경 변화에 따라 SiC, GaN 등 WBG(Wide Band Gap) 화합물 반도체 기술이 급부상**[23]
  - 화합물 반도체는 아직 기술 수준은 낮지만, 충전시스템, 인버터 등 활용처는 점진적으로 확대되고 있는 상황

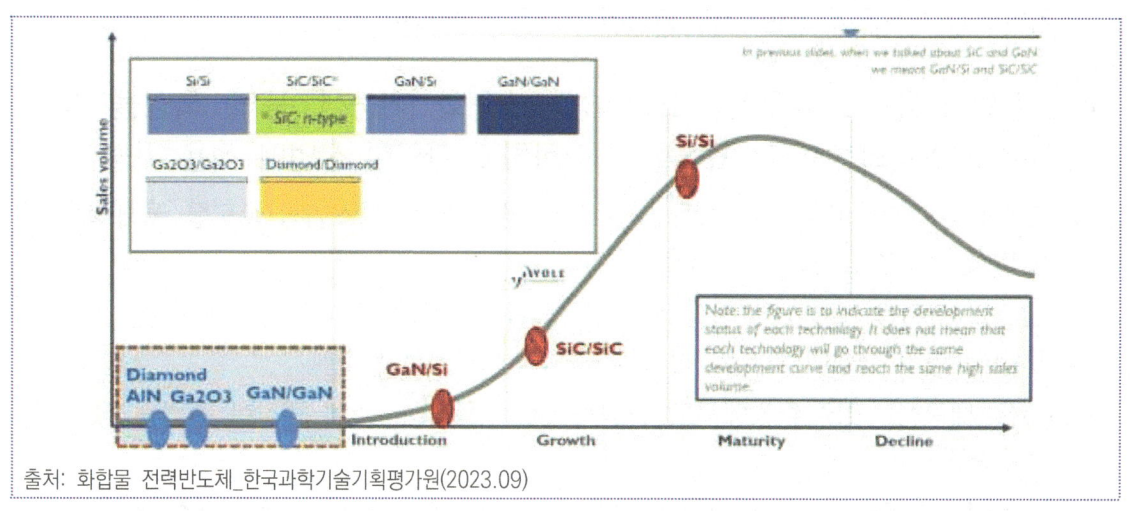

출처: 화합물 전력반도체_한국과학기술기획평가원(2023.09)

[반도체 물질별 전주기 기술개발 단계와 Ga_2O_3 기술의 기술개발 단계]

---
[23] 화합물 전력반도체_한국과학기술기획평가원(2023.09)

❋ **전력반도체(Power Semiconductor)**는 전기 에너지를 활용하기 위해 직류·교류 변환, 전압, 주파수 변화 등의 제어처리를 수행하는 반도체로, 전력을 생산하는 단계부터 사용하는 단계까지 다양한 기능을 수행

- 가전제품, 스마트폰, 자동차 등 전기로 작동하는 제품의 작동 여부 및 성능을 결정짓는 핵심부품으로 작용

출처: 한국전기연구원

[전력반도체의 적용 분야]

❋ **탄소중립 정책과 전기차, 신재생에너지 확대에 따라 전력반도체 수요가 폭발적으로 증가하고 있음**

- 전력반도체는 전기차(EV)에서 배터리와 모터 간 전력 변환, 에너지 저장 시스템(ESS)에서 에너지 관리 등에 필수적
- 태양광, 풍력 발전 등의 신재생에너지 설비에 적용되어 에너지 효율성을 극대화함으로써 지속가능한 발전에 기여

❋ **차세대 화합물 반도체 기술로의 전환은 필수적이며, 기술 개발과 생산 인프라 확충이 필요**

- GaN, SiC 기반 전력반도체는 고전압, 고온, 고주파 환경에서 뛰어난 성능을 제공하며, 기존 Si 기반 반도체 대비 높은 효율성과 내구성을 가짐
- 이러한 화합물 반도체는 전기차 인버터, 고속 충전기, 데이터 센터 전원 공급 장치 등 첨단 애플리케이션에 적합
- 일본, 미국, 유럽은 이미 SiC 및 GaN 전력반도체 기술에서 선도적 위치를 점유하고 있어, 국내 기술력 확보와 대규모 투자 필요

2 범위 및 분류

가. 가치사슬

❖ 전력반도체는 전 산업 분야에서 전력변환 시스템의 효율을 높일 수 있고, 시스템 크기를 줄일 수 있어 홈 가전에서부터 전기자동차 및 신재생 에너지까지 동반 성장이 가능하며 전 산업 분야에서 고부가가치 창출 가능

- (후방산업) 전력반도체 제조에 필요한 재료 및 장비를 생산하는 단계로, 실리콘(Si), 탄화규소(SiC), 질화갈륨(GaN) 등의 웨이퍼 재료 산업과, 에칭 장비, 증착 장비, 리소그래피 장비 등 반도체 제조 공정에 필요한 장비 산업이 해당
  - 고순도 화학물질, 절연체 및 금속 도금 재료 등을 포함한 기초화학 산업이 연관됨
- (전방산업) 제조된 전력반도체를 활용해 최종 제품을 제작하는 단계로, 전기자동차 및 충전 시스템, 가전제품, 태양광 및 풍력발전 시스템, 5G 통신기기, 산업용 로봇, 데이터 센터 전력 시스템 등이 포함
  - 스마트그리드, 전기철도, 에너지저장장치(ESS)와 같은 신재생 에너지 및 스마트 에너지 분야에도 광범위하게 적용
- 전력반도체는 전기자동차, 태양광발전 등 다양한 분야에 적용이 확대되고 있으며, 스마트폰과 태블릿PC 등 모바일 디바이스의 급성장으로 수요가 증가하고 있음
- 4차 산업혁명 시대의 도래로 인해 스마트카, 자율주행차, 로봇, 태양전지, 사물인터넷(IoT), 스마트그리드, 항공우주, 5G 이동통신 등 관련 산업이 성장함에 따라 수요가 급격히 늘어날 것으로 예상

[전력반도체 품목 산업구조]

후방산업	전력반도체	전방산업
반도체 소자 소재 산업, 반도체 소자 공정 장비 산업, 반도체 소자기판 산업	전력반도체 소자 제조 및 설계	전기·하이브리드 자동차, 신재생에너지, IT 융합 산업, 항공우주

나. 용도별 분류

❖ 전력반도체는 개별소자, 파워 IC 구분할 수 있으며, 세부적으로 실리콘 기반 소자와 화합물 기반 소자로 분류됨

- 응용 분야와 내압 특성에 따라 개별소자(Device), 집적회로(IC) 및 다중소자를 package로 집적한 모듈(Power IC)로 나뉘며 산업응용 분야에 따라 전력 레벨이 다른 반도체 소자가 사용됨

  - 개별소자는 Device 혹은 Discrete이라 불리며 전력변환 및 전력제어 등에 사용되는 반도체 소자이며 이들 개별소자는 Package에 집적화된 모듈로 제품화

  - 수십억 개의 전자부품과 개별소자들을 한 개의 칩 속에 집적한 소자로 개별소자를 제어하는 역할을 하며 별도의 패키지를 통해 제품화되거나 IGBT 등 개별소자와 함께 모듈로도 사용

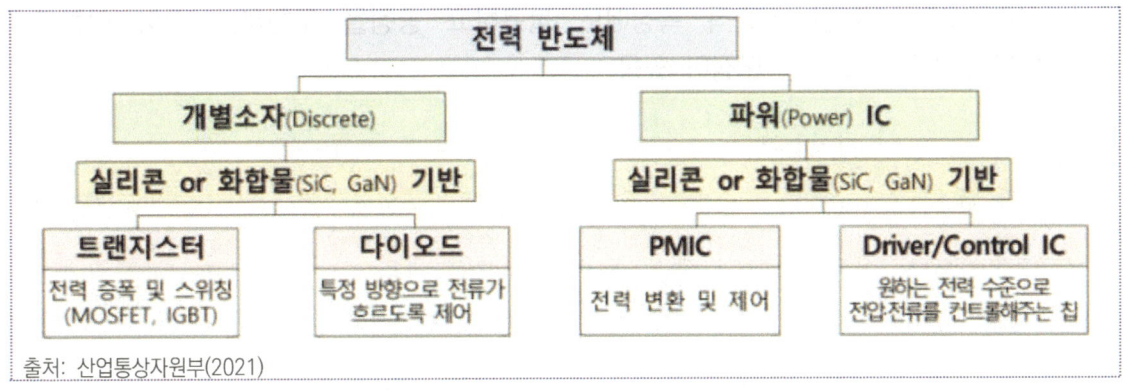

출처: 산업통상자원부(2021)

[전력반도체의 구분]

- (실리콘 기반 소자) 일반적인 반도체 소자 대비 고내압화, 큰 전류화, 고주파수화로 구성

  - 전원장치(Power device)라고도 하며, Bipolar, MOSFET(Metal Oxide Semiconductor Field Effect Transistor; 금속 산화물 반도체 전계효과 트랜지스터), IGBT(Insulated Gate Bipolar Transistor; 절연 게이트 양극성 트랜지스터) 등이 대표적임

  - 실리콘은 지구상에 존재하는 물질 중 25%를 차지하여 가격이 매우 싸고, 게르마늄 대비 동작온도 범위가 넓고 산소와 반응하여 자연적으로 산화막(SiO_2)을 형성하는 이점 보유

- (화합물 기반 소자) 결정이 두 종류 이상의 원소 화합물로 구성된 반도체로, 갈륨-비소(GaAs), 인듐-인(InP), 갈륨-인(GaP) 등의 Ⅲ-Ⅴ족 화합물 반도체, 황화카드뮴(CdS), 텔루르화아연(ZnTe) 등의 Ⅱ-Ⅵ족, 황화연(PbS) 등의 Ⅳ-Ⅵ족 화합물 반도체 등 존재
  - 실리콘 기반 반도체의 신뢰성과 효율성 문제로 인해 차세대 반도체 소자로 넓은 에너지 준위(Wide Bandgap: WBG) 특성을 가지는 화합물 반도체가 부상
  - 현재 상용화된 대표적인 WBG 반도체로는 탄화규소(SiC) 반도체와 질화갈륨(GaN) 반도체 존재
  - 기존 실리콘 반도체 밴드갭(1.1eV)에 비해 3배의 넓은 밴드갭 특성(3.3~3.4eV)을 가지고 있으며, 안정적인 고온 동작, 높은 열전도율, 낮은 저항과 높은 내전압 특성으로 전력 스위칭 시 손실을 저감하고, 빠른 스위칭, 방열시스템 부피 축소 등의 장점 보유
  - 실리콘보다 뛰어난 기술적 특성에도 불구하고 공정을 구현하는 것이 어렵고 비용이 많이 소요되는 단점이 있음

[화합물 기반 전력반도체 핵심 소재 및 응용기술]

구분	기능	개발단계
SiC (실리콘카바이드)	▶ (특징) 고전압에서 견딜 수 있으며, 전력변환 효율 우수 ▶ (응용) 전기차, 태양광 등 신재생에너지 인버터	상용화
GaN (질화갈륨)	▶ (특징) 실리콘 공정 호환성 우수, 고속 동작·소형화 가능 ▶ (응용) 고속충전시스템, 자동차 LiDAR, 통신 등	상용화
Ga2O3 (갈륨옥사이드)	▶ (특징) SiC, GaN 대비 고전압 동작 및 고집적화, 경량화 가능 ▶ (응용) 신재생에너지 인버터, 모터 제어 IC, 통신 등	상용화 전 단계

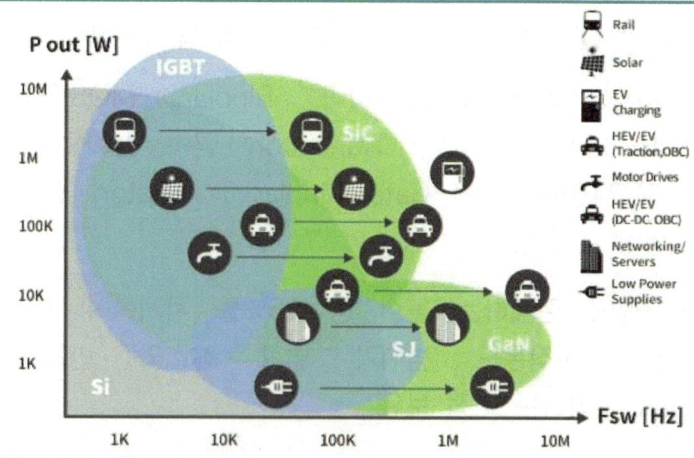

❋ **전력반도체 소자는 전력변환이나 전력제어를 담당하는 반도체 디바이스로, 다이오드, 파워트랜지스터, 사이리스터(thyristor) 등으로 구분되며 크게는 켜고 끄는 동작(On-Off)을 할 수 있는 스위치 소자와 정류작용을 하는 정류 소자로 분류**

- 사이리스터와 트랜지스터가 스위치 소자에 속하고, 다이오드는 정류 소자에 속함
  - 파워 트랜지스터의 하위분류로 바이폴라 트랜지스터, 파워 MOSFET(Metal Oxide Silicon Field Effect Transistor), IGBT(Insulated Gate Bipolar Transistor) 등이 포함

[전력반도체 소자 기능과 용도]

구분			기능	용도
MCU			정류기능을 통해 교류를 직류로 전환	자동차, AV기기
트랜지스터	실리콘 기반 소자	Bipolar	온저항이 작지만 스위칭 속도가 늦음/고소비 전력/미세화 곤란	MOSFET, IGBT로 대체
		MOSFET	빠른 스위칭 속도/저소비 전력/미세화 용이/고주파에 적합하나 온저항이 큼	박형TV, 모터 구동, 효율화로 용도 확대
		IGBT	스위칭 속도가 빠르고 저소비 전력, 미세화 용이, 고주파 적합, 온저항 작음	백색가전의 인버터, 하이브리드차
	화합물 기반 소자	탄화규소(SiC)	고전압, 고출력 및 고주파 응용 분야에 적합한 차세대 전력소자	고속전철, 전기자동차, 기지국, 발전/송배전
		질화갈륨(GaN)	넓은 밴드 갭과 높은 항복전압, 낮은 온저항, 빠른 스위칭 속도	차세대 에너지, RF 전력 분야
Thyristor			특수 정류 작용	용접기, 직류송전, 가전제품

출처: 전력반도체 기술/시장 전망 및 에너지 신산업 분야별 실태분석_지식산업정보원('17)

제2절 환경 분석

1. 시장 현황 및 전망

가. 개황

❋ SiC 전력반도체 중심 개발

- 실리콘카바이드(SiC) 소재를 활용한 전력반도체가 업계에서 주목받고 있으며, 기존 실리콘 기반 반도체보다 열에 강하면서 칩 크기도 줄일 수 있어 차세대반도체로 손색이 없다는 평가임
  - 아직 SiC 기술은 실리콘 기술 대비 구현이 어렵고 비용이 많이 들지만 급속한 시장 성장 가능성을 보고 세계적인 반도체업체들도 SiC 기술선점에 공을 들이고 있음
  - SiC 반도체가 필요한 업체들이 직접 개발에 뛰어드는 사례까지 나타남

- SiC칩은 또 다른 차세대 전력반도체로 주목받는 갈륨나이트라이드(GaN) 칩과 비교했을 때 스위칭 속도(동작 속도)는 다소 느린 편이나 고전압과 고온을 견뎌내는 우수한 특성으로 전기차, 항공, 우주, 철도 분야 등 적용 범위가 확장되는 추세
  - 실제 테슬라는 SiC 반도체를 이용해 배터리 용량을 키우면서 전력반도체 모듈 부피를 혁신적으로 줄여 원가 절감을 구현한 것으로 알려짐

- 그러나 화합물 형태인 SiC 웨이퍼는 기존 실리콘보다 제조 과정이 상당히 까다롭고 어려워 수요 대비 공급이 부족하다는 현실적인 한계도 있음
  - 통상 실리콘 칩은 8인치나 12인치 웨이퍼에서 만들어지지만, 통상적으로 SiC 웨이퍼 크기는 최대 6인치에 불과하며, 8인치 웨이퍼가 개발되어 현재 상용화를 위한 노력 중
  - SiC 웨이퍼 가격은 동일 크기 기준 실리콘 웨이퍼보다 최대 10~15배 비쌈. 이에 따라 SiC 반도체 가격은 기존 칩보다 높은 편임
  - 2인치 화합물 반도체 웨이퍼 가격이 12인치 실리콘 웨이퍼보다 40배가량 비싸지만, 기술 발전에 따라 점차 경제성 확보할 것으로 기대 중

정책적 지원 요구

- 국내
  - 2021년 4월 '차세대 전력반도체 기술개발 및 생산역량 확충 방안'을 발표하고, 2025년까지 글로벌 수준의 차세대 전력반도체 경쟁력 확보를 위해 지원계획
  - SiC, GaN, Ga2O3 등 3대 소재 기반 차세대 전력반도체 개발, 소자-모듈-시스템을 연계·통합 밸류체인 육성, 8인치 공정 기반의 차세대 전력반도체 파운드리 인프라 확보를 목표로 각 과제로 상용화 제품개발, 기반기술 강화, 제조 공정 확보 제시
  - 상용화 제품개발로는 조기 성과 도출을 위한 수요연계 과제 발굴과 화합물 반도체 제조 인프라 활용 시제품 제작 지원을 추진
  - 기반기술 강화를 위해서 국내 밸류체인 확보를 위한 화합물 소재 응용기술 개발 및 화합물 소재 기반 파워 IC 설계 기술개발을 지원
  - 제조공정 확보를 위해 화합물 반도체 공정 고도화 및 신뢰성 평가 지원과 미래를 대비하는 화합물 반도체 제조기반 확보를 추구

- 미국
  - '반도체와 과학법(CHIPS1) and Science Act of 2022' 발효를 통해 미국 내 반도체산업에 대한 전방위적 지원 추진
  - 「반도체와 과학법」은 미국 내 반도체 제조시설에 대한 투자 및 연구개발 인력양성을 통하여 미국 반도체산업의 기술 및 생산의 종합적 경쟁력 제고를 목표로 함
  - 미국 상원의 「미국혁신경쟁법(USICA2))」과 하원의 「미국경쟁법(America COMPETES3) Act)」이 1년여의 양원 및 양당의 조정과정을 거쳐 「반도체와 과학법」으로서 바이든 대통령 서명 후 공표
  - 법안의 핵심은 인공지능 및 반도체를 포함하여 연관 첨단산업 역량 강화 및 기술패권 유지를 위한 2,800억 달러(약 365조 원) 규모의 연방 재정 투자
  - 미국의 반도체 주권 강화를 위해 한국, 대만, 일본과의 반도체 공급망 동맹(Chip 4) 형성을 추진 중

- 중국
  - 2021년 양회에서 3세대 반도체(화합물 반도체)를 '7대 첨단 과학기술'에 포함하여 자립화한다는 계획 발표
  - 반도체 산업투자 펀드(210억 달러) 및 세제 혜택(중국 반도체 기업들에 최대 10년까지 법인세 면제 및 수입 관세 경감 등)을 통해 자국 반도체산업을 지원

높은 진입 장벽

- 전력반도체는 다품종 소량생산으로 고도의 기술이 필요하며, 기술 진입 장벽으로 중국 등이 참여하지 않아 가격 하락이 어렵고, 다양한 전자 기기 부품으로 사용되어 경기변동의 영향도 적고 안정적인 이익률을 유지할 수 있음
  - SiC를 반도체로 이용하려면 약 2,400℃ 초고온에서 단결정을 만든 후 얇게 절단 공 웨이퍼를 제작해야 함
  - GaN MMIC는 설계가 어렵고, 가격이 비싸 집적도가 높은 IC 회로(intergrated Circuit) 제작엔 한계

적용 분야의 확대

- SiC 파워 반도체 소자는 성능이 안정화되지 않은 SiC MOSFET보다 성능이 안정적이고, 가격 경쟁력을 갖추게 된 SiC Diode를 중심으로 소비자 가전 시장에서 매출 상승 중
- 가전 및 Consumer Electric 분야인 만큼 낮은 정격전류와 낮은 가격을 요구함에 따라 파워 모듈보다 Discrete 중심으로 공급되고 있음
- SiC와 GaN 반도체의 최종 소비자(End-User)는 LED, 태양광발전, 인버터, 무선충전, 데이터센터 등이 될 것
- 전기자동차 확산에 따라 전력기기를 소형화하고 모터 효율 제고 등 저전력화가 가능한 파워 반도체 수요가 늘고 있음
  - BMW, 포드, 닛산, 도요타 등 글로벌 자동차업계들 모두 신소재 전력반도체를 적용한 전기차를 출시 중
- 신재생 Application의 경우 고효율 요구로 SiC 파워 반도체 소자를 차용하고, 최근에는 더 높은 정격전류의 소자 요구와 인버터 및 컨버터가 집적된 파워 모듈의 결합을 요구하고 있어 파워 모듈의 매출 성장 중

❌ 글로벌 업체에 주도되는 시장

- 전력반도체 시장에서 경쟁하고 있는 기업들은 인피니온(Infineon), Cree, NXP, 미쓰비시전기, 도시바, ST마이크로(ST Microelectronics) 등 유수의 비메모리 반도체 기업들

출처: 전력반도체 1년간의 발자취_신한금융투자('22.11)

[전력반도체 Value-Chain]

- 전력반도체 시장의 경우 선두권 기업들의 시장 점유율은 5~10%임. 전력반도체 시장을 60% 이상 점유하고 있는 랭킹 20위권 내 기업들은 과거 수십 년간 비슷한 점유율을 유지하고 있으며, 신규로 진입하는 기업이 없는 상당히 고착화된 시장구조를 형성

- 해외 SiC 기반의 전력반도체는 Wolfspeed, Infineon, Rohm, Toyota, Mistubishi Electric 등이 경쟁

- 국내 전력반도체 업체 현황을 보면 일본 형태의 wafer 제조부터 Application까지 전체를 수직계열화로 진행하는 회사는 없음

  - wafer 제조부터 Package/Module까지의 영역을 진행하는 회사는 3개사(기존 전력반도체 IDM) 정도임

  - 대부분 영세한 국내 산업환경에 따라 수직계열이 아닌 각 산업분류별로 산학연 기관이 분포

- 기존 IDM 기관 외에 예스파워테크닉스 등 신진기업이 나타나고 있으며, 기존 시스템반도체의 팹리스 기업도 전력반도체 산업으로 사업영역을 확대하고 있으며 소수의 대기업이 플랜트 운영사를 중심으로 디지털 트윈 기술 적용 타당성을 검토하거나 외산 제품을 기반으로 특정분야/응용에 대한 디지털 트윈 개발 초기 단계에 있는 것으로 나타남

나. 관련 시장 규모 및 전망

1 세계 시장

- 전력반도체의 세계 시장 규모는 7년간 연평균 성장률 29.5%로 증가하며 '22년 약 19억 달러에서 '28년 90억 달러 규모로 성장할 것으로 전망
  - 높은 성장률은 에너지 효율성과 지속 가능성을 강조하는 글로벌 트렌드에 힘입음
  - (전기차(EV) 및 충전 인프라 확산) 전력반도체는 전기차의 전력 변환, 배터리 충전, 모터 구동 등에 필수적으로, EV의 대중화와 함께 충전소 인프라의 확대가 전력반도체 수요를 크게 증가시키고 있음
    - 실리콘카바이드(SiC)와 질화갈륨(GaN) 소재 기반 전력반도체는 EV의 에너지 효율성을 높이는 데 중요한 역할을 하고 있음
  - (신재생에너지 발전의 확대) 태양광 및 풍력 발전 시스템은 전력을 변환하고 효율적으로 배분하기 위해 전력반도체를 사용하며, 전력 변환기와 인버터 시스템에서 전력반도체의 수요가 급격히 증가하고 있음
  - (소재 기술 혁신) SiC(실리콘카바이드)와 GaN(질화갈륨) 소재 기반 전력반도체는 기존 실리콘 기반 대비 높은 전력 효율성과 열 안정성을 제공하며, 이러한 기술 혁신이 전력반도체 시장의 폭발적 성장에 기여하고 있음

[전력반도체 세계 시장 규모 및 전망]

(단위: 억 달러, %)

구분	'22년	'23년	'24년	'25년	'26년	'27년	'28년	CAGR ('22년~'28년)
세계시장	19.13	28.45	37.78	47.10	56.43	65.75	90.30	29.5%

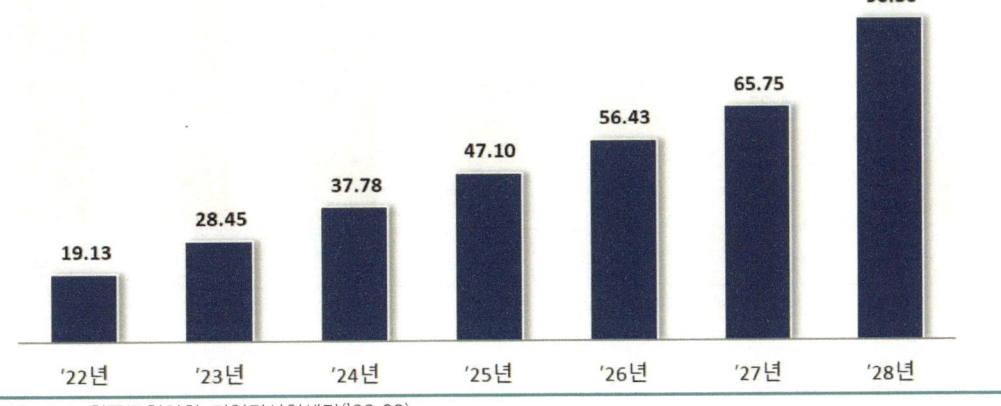

출처: 트렌드포스_한국IR협의회 기업리서치센터('23.03)

2 국내 시장

✳ 전력반도체의 국내 시장 규모는 7년간 연평균 성장률 29.5%로 증가하며 '22년 약 24억 원에서 '28년 117억 원 규모로 성장할 것으로 전망

- (전기차(EV) 및 충전 인프라 보급) 국내 전기차 시장의 급성장과 함께, 충전 인프라 확충이 가속화되고 있어, 전력반도체는 전기차 충전 및 전력 변환 장치에 필수적인 부품으로, 전기차 확산과 더불어 수요가 증가하고 있음
- (신재생에너지 보급 확대) 국내 정부의 탄소중립 정책에 따라 태양광, 풍력 발전과 같은 신재생에너지 설비가 확대되고 있어, 전력 변환 및 저장 시스템에서 전력반도체는 핵심적인 역할을 하며, 특히 인버터와 배터리 관리 시스템(BMS) 수요 증가가 시장 성장을 견인
- (스마트 공장 및 그리드 기술 도입) 산업용 전력 관리 및 스마트 그리드 구축이 국내 에너지 관리 시스템의 중요한 요소로 자리 잡으면서, 전력반도체 사용이 필수화되고 있고, 고효율 전력 제어와 에너지 절약을 위한 기술 도입이 시장 확대를 가속화하고 있음

[전력반도체 국내 시장 규모 및 전망]

(단위: 억 원, %)

구분	'22년	'23년	'24년	'25년	'26년	'27년	'28년	CAGR ('22년~'28년)
국내시장	24.88	36.99	49.13	61.25	73.38	85.50	117.43	29.5%

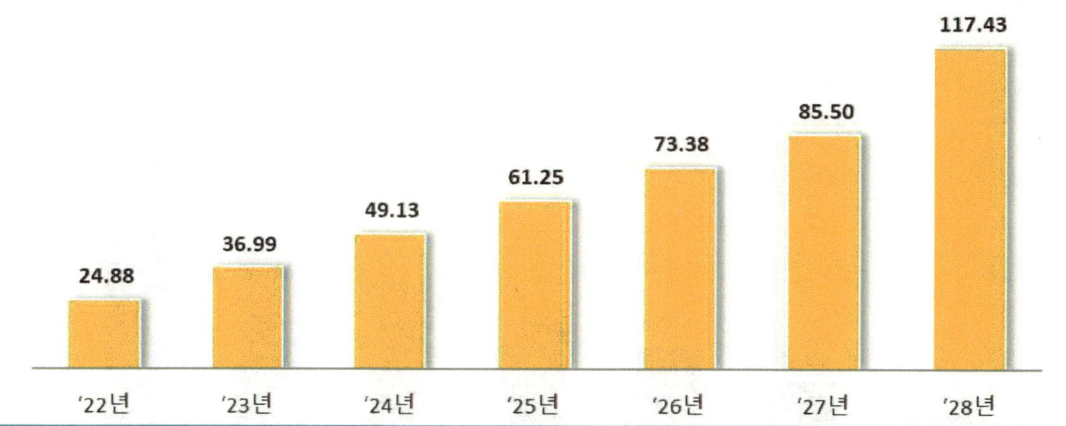

출처: 차세대 전력반도체 기술개발 동향_IITP_('18.04), 전력반도체 세계시장 1% 점유율 적용

2 기술개발 동향

가. 개황

❖ SiC 화합물반도체는 고전압에도 견딜 수 있으며, 전력변환효율이 우수한 특성을 바탕으로 전기차, 신재생에너지 인버터용 소자 개발이 주로 이루어졌으며 최근에는 초고전압 소자 기술개발 요구가 증가

- SiC 기반 스위칭 소자는 주로 전기차용 인버터 시스템 등에 적용되도록 1.2 및 1.7kV급 소자 위주로 개발이 이루어져 상용화되고 있는 상황
- 최근 고전압/대전류 시스템에 적용이 가능한 6.5kV급 이상의 UHV(Ultra High Voltage) SiC 전력반도체 소자 개발에 대한 요구가 증가

❖ GaN 화합물 반도체는 기존 전력반도체보다 작은 크기로 칩 구현이 가능하여 고효율화 및 초소형 시스템을 구성할 수 있으며, 급속충전용 모듈 기술개발이 활발히 진행 중

※ Enhancement-mode(normally-off)와 Depletion-mode(normally-on)으로 스위칭 소자 구분

- 현재 E-mode의 경우 650V급 전력소자 제품까지 출시되고 있으며 이는 동급 최고 효율을 보이며 최근 가격경쟁력까지 확보한 상황으로 최근 급속충전기 시장의 빠른 성장세에 힘입어 향후 가전, 무선충전, 자동차용 고효율 전력모듈 분야까지 확대될 예정
- 최근 Si 스위칭 소자와 결합한 D-mode GaN 전력 소자의 경우 900V급이 출시되기 시작하였으며, 글로벌 선두 전력반도체 기업을 비롯하여 다양한 팹리스 업체가 출현하여 초기 경쟁이 시작됨

❖ Ga_2O_3 화합물 반도체는 에너지갭이 높아 고전압 전력반도체 구현에 유리한 소재로 알려 있지만, 아직은 전 세계적으로도 기술개발 단계는 초기인 상황

- Ga_2O_3는 SiC, GaN과 달리 잉곳(ingot) 방식의 생산이 가능하여 높은 생산성을 바탕으로 고에너지갭 전력반도체 소재 중 가장 가격 경쟁력이 높은 소재로 주목받고 있으며, 현재 6인치 웨이퍼까지 개발되었으며 향후 8인치 대구경화도 빠르게 진행될 것으로 예상

나. 주요 기술개발 동향

1 해외 기업

✠ 글로벌 주요 기업들은 실리콘 카바이드(SiC) 및 질화갈륨(GaN) 기반 신소재 기술을 중심으로 생산 공장 확대, 고효율 제품 개발, M&A를 통한 기술력 강화, 공급망 내재화 등을 통해 전기차, 산업용 전력, 통신 기지국 등 다양한 응용 분야에서 기술 경쟁력을 확보하며 시장 지배력을 강화

- (STMicroelectronics, 스위스) 노스텔 AB 생산 공장을 건설한 후 8인치 SiC 시제품 생산에 성공하였으며 SiC 웨이퍼를 8인치 기반으로 전환
  - '24년까지 제품군 중 40%는 8인치 기반으로 생산하고, 웨이퍼 생산량의 40%를 독자적으로 처리할 계획
  - 테슬라 전기차 '테슬라3'에 SiC 전력반도체 최초 공급하고, 폭스바겐, 닛산, 르노 등도 이 모듈 장착 예정
  - '22년 1월에는 새로운 GaN 전력반도체 제품군을 출시하였으며, 출시된 新 제품군은 발열 감소 및 전력 컨버터의 효율을 개선에 활용됨

- (Wolfspeed, 미국) 뉴욕의 Marcy 지역에 세계 최대의 SiC 제조공장을 건설하고 해당 공장에서 8인치 (200mm)의 최첨단 전력 웨이퍼 및 RF 웨이퍼를 제조, 가공 중이고, 노스캐롤라이나주 더럼 본사에서 진행 중인 메가 머티리얼즈 공장 확장을 통해 SiC 인프라를 꾸준히 확장할 계획

- (Infineon, 독일) 현재 차량용 반도체, 파워(전력용) 반도체, 칩카드 (신용카드 등에 들어가는 IC 칩)와 보안 등 비메모리 반도체 분야의 선두권 업체로, 300mm 웨이퍼로 실리콘 기반 전력반도체 생산 중
  - 전력반도체 경쟁력 확보를 위해 SiC와 GaN 기반 전력반도체 연구 및 투자를 적극적으로 진행하고 있으며 기술 확보를 위한 M&A 적극 진행
  - 일본 웨이퍼 제조업체인 쇼와덴코와 에피택스를 포함한 광범위한 실리콘 카바이드 소재(SiC)에 대한 공급 계약 체결을 통해 SiC 기반 제품의 기초 소재를 확보
  - SiC MOSFET을 시판 중이며, '21년 5월 업계 최초 전기자동차용 SiC 6팩 전력 모듈 출시에 이어 '22년 5월 1200V SiC MOSFET를 출시하는 등 SiC 기반 전력반도체의 기술력 향상을 선도 중

- (ROHM, 일본) '10년 세계 최초로 SiC MOFSET 양산
  - 일본에 기반을 둔 ROHM은 SiC 반도체와 각종 실리콘 반도체의 개발 및 양산을 진행하고 있으며 통신 기지국과 데이터 센터용 전원솔루션에 사용될 GaN 디바이스 개발 진행 중
  - '20년 6월 메인 인버터를 비롯한 자동차 파워트레인 시스템 및 산업기기용 전원에 최적인 1200V 제4세대 SiC MOSFET」를 개발
  - '21년 1월 후쿠오카 치쿠코에 SiC 전용 팹 건물 공사를 완료하여 '22년부터 본격 생산 진행하며, '22년 5월 자율주행차용 고성능 SiC MOFSET 기술 발표[24] 등 기술혁신을 위해 연구 진행 중
- (On Semiconductor, 미국) 글로벌 2위의 전력반도체 기업으로 650V, 900V, 1,200V SiC MOSFET제품군을 보유 중
  - SiC MOSFET은 테슬라 등 북미 메이커 전기 차량에 탑재되고 있으며 향후 다른 모델까지 확대될 것으로 예상
  - 산업용 전력 부분과 에너지 컨트롤 분야에는 SiC 반도체로 시장을 개척하고 있으며, 5G 시스템과 소비자 전원 공급장치 시장은 GaN을 활용 중
  - 대한민국 부천의 SiC 생산공장을 '25년까지 현재 SiC 반도체 생산량의 10배 이상 가능하도록 생산라인 확대 계획
- (II-VI, 미국) 주기율표 II족 원소와 VI족 원소를 활용해 재료를 만드는 사업을 모태로 시작하여 현재는 방산·우주, 통신, 반도체 산업 등에서 사용되는 재료를 공급
  - '19년 Ascatron을 인수해 SiC substrate에 이어 Epi-Wafer까지 공급하는 라인업 구축에 이어 '21년에는 코히런트(글로벌 레이저 기업) 인수에 성공하면서 광학 + 레이저 + 엔지니어링 재료 (화합물 반도체) 기술 확보
- (덴소, 일본) 차량탑재용 SI 파워 MOSFET와 IGPT 제조
  - EV 보급에 따라 SiC 모듈을 개발 시작, 20년 12월 도요타 FCV에 덴소의 풀 SIC 모듈이 채용하고, SiC 웨이퍼 내재화를 위한 연구개발 진행 중
- (후지전기, 일본) IGBT, IC, MOSFET 등 대부분의 전력반도체를 개발하였으며, 19년 이후 SIC를 활용한 전력반도체도 출시하여 다이오드, 모듈, iGBT 등 다양한 제품군을 시판 중

---

[24] An evaluation of a new type of High Efficiency Hybrid Gate Drive Circuit for SiC- MOSFET suitable for Automotive Power Electronics System Applications_Masayoshi Yamamoto('22.05)

2 국내 기업

- 국내 전력반도체 기업들은 SiC와 GaN 기반 차세대 전력반도체 기술을 중심으로 소재, 부품, 장비의 밸류체인을 구축하고 있으며, 기술 내재화와 글로벌 시장 진출을 목표로 연구개발, 생산 인프라 확장, 산업 협력 등을 통해 기술 경쟁력을 강화하고 있음
  - (SK) SiC 전력반도체의 글로벌 양산 체제를 갖추는 한편, 글로벌 기업과 협력을 통해 SiC에 기반한 질화갈륨 반도체(GaN on SiC) 등 고부가가치 제품으로 라인을 확장
    - 자회사 SK실트론은 '19년 미국 듀폰으로부터 SiC 웨이퍼 사업부를 4억 5000만 달러 (약 5400억 원)에 인수
    - 예스파워테크닉스 인수와 SiC 웨이퍼 생산사인 SK실트론의 연계를 통해 국내 최초로 SiC 전력반도체 소재인 웨이퍼 생산부터 SiC 전력반도체 설계, 제조까지 이르는 밸류체인을 구축
  - (전력반도체 개발 연구회) '22년 4월 질화갈륨(GaN), 산화갈륨(Ga_2O_3) 등 급성장하는 글로벌 전력반도체 시장에 대응하기 위해 산업·학계·연구계가 함께 차세대 결정공학 연구회 결성
    - LX세미콘, SK실트론, 하나머티리얼즈, 에스티아이 등 전력 반도체 기업 약 30개는 전력 반도체 구현을 위한 소재, 부품, 장비 개발을 추진할 계획
    - LX세미콘은 SiC 반도체를 개발하고 SK실트론은 SiC 소재 웨이퍼를 담당, 하나머티리얼즈와 에스티아이는 SiC 반도체 부품, 장비 기술개발을 맡으며 광운대와 가천대, 국민대가 SiC 반도체 연구개발 인프라를 지원하고 나노융합기술원과 한국세라믹기술원이 기술지원을 도울 계획
  - (LX세미콘) '21년 말 LG이노텍으로부터 SiC 반도체 관련 유·무형 자산을 인수하였으며, 이를 통해 에피웨이퍼 생산을 시작할 계획
    - '22년 6월 전력반도체 사업 다각화를 위해 경기도 시흥에 방열기판 공장을 짓기 시작하였으며, 보유한 방열기판을 통해 개발 중인 전력반도체 기술을 강화할 계획
  - (KEC) 비메모리 전력반도체를 중심으로 국내 가전 및 자동차 제조 기업과 협력 중이며, 꾸준한 연구개발로 핵심기술확보와 기술혁신을 추구하며 국내 전력반도체 국산화 연구개발 중

- '20년 전량 미국에 의존하던 자동차 공조시스템(HVAC)용 저압 모스펫 반도체 국산화에 성공하면서, 국내에서 생산되는 자동차 대부분(80% 내외)에 탑재될 것으로 전망
- '21년 초부터 테슬라에 디지털 콕핏(디지털화된 자동차 조종석)용 반도체 공급
- '22년 7월 국책과제인 전기자동차 및 신재생 에너지용 1200V급 Trench형 SiC MOSFET 개발에 성공하는 등 지속적인 전력반도체 기술개발 중

⇨ (RFHIC) GaN 화합물 반도체 전문기업으로 통신 장비와 레이더 장비에 사용되는 GaN 트랜지스터와 전력증폭기 생산
- '19년 세계 최초로 GaN on Diamond 트랜지스터를 상업화하였으며, 글로벌 최고 수준의 GaN 설계 및 모듈링 기술을 보유중
- '22년 9월 SiC 전력반도체 업체 예스파워테크닉스와 질화갈륨(GaN) 기반 차세대 화합물반도체 생산을 위한 MOU를 체결을 통해 GaN 화합물반도체 기술 확보

⇨ (에이프로) 자체적으로 필요한 전력반도체 확보와 향후 가파른 성장을 나타낼 전력반도체 시장 진출을 위해 자회사로 에이프로세미콘을 설립해 GaN 전력반도체 개발
- 국내 최초로 8인치 에피웨이퍼 양산 장비인 '유기화학증착장비(MOCVD)'를 도입하여 지난해부터 MOCVD를 가동하며 기존 개발에 성공했던 고전압 GaN 반도체 생산 수율 안정화를 성공함
- '22년 5월 저전압 질화갈륨(GaN) 전력반도체를 개발 시작

⇨ (아이에이) 비메모리 반도체 설계 전문기업. 자동차 전장 분야를 중심으로 사업을 전개 중
- 전력을 장치에 맞게 변환·분배·제어 및 관리하는 전력반도체 중 하나인 'IGBT' 분야 선두기업으로 평가받으며, 국내 중소기업 중 유일하게 자동차용 전력 모듈을 양산·공급하는 기업
- '19년 실리콘(Si)과 탄소(C)로 구성된 화합물 반도체 SiC(실리콘 카바이드) 기반 전력반도체 소자 국산화에 성공하였으며, 현재 양산을 위한 기술개발 및 자체 생산환경 구축을 준비 중

⇨ (에스티아이) 반도체 석영유리 전기로, SiC 반도체 성장로 등 장비의 장비 제조 기업
- '22년 1월 '화학기상전송(PVT) 성장로'를 독자 개발하고 순도 99.9998%에 이르는 SiC 잉곳 파우더를 국산화하였음

③ 국내 연구개발 기관

❖ 대표 연구개발 기관

[전력반도체 주요 연구조직 현황]

분류	연구 분야
한국전자기술연구원	• 고온동작반도체용 고내열접합소재 및 공정기술 • 고방열 접착제 및 EMC 소재기술 • 고효율 PMIC (Power Management IC) 기술
한국전기연구원	• SiC 기반 고전압 스위치 및 다이오드 소자 연구·개발 • WBG, UWBG 소재 기반 전력반도체 소자 연구 • 전력반도체 소자 및 소재 불량 분석 및 신뢰성 평가 • 전력반도체 전기적 평가 및 핵심 공정 기술 연구 • 전력반도체 재료결함-전기적 특성 상관관계 연구 • SiC 기반 집적회로 기술 연구 • SiC 기반 전력반도체소자 및 집적회로 one-chip

❖ 주요 기술개발 동향

➲ 한국전자기술연구원

- 고온동작반도체용 고내열접합소재 및 공정기술

- 고방열 접착제 및 EMC 소재기술

- 고효율 PMIC (Power Management IC) 기술

➲ 한국전기연구원

- SiC 기반 고전압 스위치 및 다이오드 소자 연구·개발

- WBG 및 UWBG 소재 기반 전력반도체 신소자 연구

- 전력반도체 소자 및 소재 불량 분석 및 신뢰성 평가

- 전력반도체 전기적 평가 및 핵심 공정 장비 기술 연구

- 전력반도체 재료결함-전기적 특성 상관관계 연구

- SiC 기반 집적회로(CMOS & Bipolar IC) 기술 연구

- SiC 기반 전력반도체소자 및 집적회로 one-chip화 연구

❖ 선행연구 사례

[국내 선행연구(정부/민간)]

수행기관	연구명(과제명)	연도	주요내용 및 성과
㈜이화 다이아몬드 공업	고기능성 웨이퍼 연마휠 적용을 통한 SiC 단결정 웨이퍼 정밀가공 기술 개발	2021 ~ 2022	• 6인치 SiC 웨이퍼 Lapping 대체용 고속 가공이 가능한 고정 지립 Grinding Wheel 개발. • 6인치 SiC 웨이퍼 Diamond Mechanical Polishing (DMP) 대체용 고정밀 고정 지립 Grinding Wheel 개발. • CMP 공정으로 단축 시킬수 있도록 Grinding mark를 제거할 수 있는 Dry polishing Wheel 개발.
㈜엠디엠	차량용 모듈러형 고집도 전력모듈 및 고전력밀도 전력변환 적용기술 개발	2022 ~ 2025	• 전력밀도 15kW/L의 WBG 전력반도체 패키징 모듈 개발 • 전력밀도 6kW/L의 고전력밀도 300W SiP 모듈 개발 • 전력밀도 0.7kW/L의 1.8kW급 LDC 시스템 개발
㈜소프트에피	고효율 적층구조형 마이크로LED 에피 웨이퍼 제조 기술개발	2021 ~ 2024	• 사파이어 기반 청색, 녹색 IQE 85, 40%급 에피웨이퍼 개발 • 재성장시 청색 에피의 품질 저하 방지 기술 개발 • 재성장시 녹색 에피의 성능 향상 기술 개발 • GaN on Si 기반 녹색 LED 개발 • 질화물계 적색 LED 에피 성장
한국전자기술연구원	5×5㎟ 이상 중·대형 크기의 Die bodig을 위한 전력반도체 패키지 및 모듈용 저모듈러스 고방열 접합소재 개발	2022 ~ 2023	• 5×5㎟ 이상 중·대형 크기 다이 본딩제의 제조공정, 품질평가 시스템 안정화 및 제품군 다변화 • 양산 초기화 기술 개발 및 수요기업 품질 승인
㈜이지트로닉스	GaN 전력반도체를 적용한 전기자동차용 고효율 저전압 전력변환모듈 개발	2021 ~ 2023	• 출력 2.5kW급 출력전압 8~16V/ 최대전류 179A을 가지는 전기자동차용 스위칭 및 정류 회로, 제어회로, Gate Driver 회로 설계, 시뮬레이션 및 제작 • 동작 스위칭 주파수 250kHz에서 동작 가능한 자성체 설계 • 냉각회로 설계 및 열해석 시뮬레이션 • 센서 정보 노이즈 감쇄, 스위칭 소자 보호, 변압기 포화방지를 위한 Peak Current Mode Control 등 제어기 세팅을 통한 기능 구현
㈜아이큐랩	Full Clip Package를 적용한 대전력 고효율 SiC MOSFET 개발	2022 ~ 2024	• MOSFET Chip 설계 Clip Bonding 전용 Chip 패턴 설계 • Metal 선정 및 시험장치 구성 : Soldering용 UBM 선정 및 도포 장치 구상 • Clip 설계 : Gate/Source Clip 구조설계 및 제작방안 수립

출처: NTIS 홈페이지

제3절 특허 분석

[특허 분석 내용]

구분		분석 내용
특허동향 분석	특허증가율 분석	- 주요 국가의 해당품목 기술개발 활동 현황 분석 • 한국(KIPO), 미국(USPTO), 일본(JPO), 유럽(EPO), 중국(CNIPA) 국가별, 연도별 특허출원 동향 파악
	기술주기 분석	- (기술수명주기 분석) 구간에 따른 특허출원건수와 출원인수 변화의 상관관계 분석 • 해당품목의 전체 출원동향을 4구간(각 5년)으로 나누어 각각의 구간별 특허출원인수 및 특허출원수 파악 - (기술순환주기 분석) 한 특허에서 인용한 과거 특허 문서들과의 시차의 중앙값 분석 • 해당품목 기술의 진보 속도 및 주요 국가의 기술혁신 속도 파악
	특허 영향력 분석	- (기술영향력 분석) 특정 등록 특허가 다른 특허들에 의해 인용된 횟수 분석 • 특정 출원인의 기술력 파악 - (시장지배력 분석) 출원인 국적별 패밀리 국가 수 분석 • 특정 출원인의 시장지배력 정도 파악
주요 기술 키워드 분석	기술개발동향 변화분석	- (키워드 분석) AI 알고리즘을 활용하여 해당품목에 대한 기간별 기술 키워드 분석
	기술현황 분석	- (IPC 분석) 전 세계적으로 통용되고 있는 IPC(국제특허분류)를 통해 해당품목의 기술 현황 및 집중 기술 분야 분석
	기술집중력 분석	- (CRn 분석) 출원 건수를 기준으로 주요 출원인에 의한 특허 점유율 분석 • 상위 4개 기업을 기준으로 전체기업/국내시장 연구주체별 기술집중력 (시장 독과점 수준) 파악 - (HHI 분석) 특허 데이터를 활용하여 전체 또는 특정 산업부문 내 모든 기업의 특허 점유율 분석 • 시장(산업)내 모든 기업의 각 점유율을 제곱하여 합한 값으로 국가별 기술집중력(시장 독과점 수준) 파악 - (기간별 연구주체 분석) 국내 연구주체에 따른 기간별 특허 동향을 분석 • 해당품목의 중소기업 현재 역량 파악
주요 출원인 분석	주요 출원인 동향	- (주요 출원인 동향 분석) 해당품목에서 다수의 출원을 보유하고 있는 주요 출원인(Top 10)의 분석 • 주요 출원인을 기준으로, 국가별/연도별 출원 건수/국내외 주요 출원인 및 국내 중소기업 주요 출원인 파악
	주요 출원인 기술 키워드 및 주요 특허 분석	- (키워드 및 주요 특허 분석) AI 알고리즘을 활용하여 주요 출원인별 주요 기술 키워드 분석 • 해당품목의 집중연구분야 및 주력기술 분야 파악

1 특허동향 분석

가. 특허 증가율 분석

연도별·국가별 출원동향

- 주요 국가의 해당품목 기술개발 활동현황 분석
  - 과거부터 최근까지(20년) 해당품목에 대한 특허기술 출원의 양적 트렌드 분석을 통해 해당품목의 기술개발 동향파악
  - 한국(KIPO), 미국(USPTO), 일본(JPO), 유럽(EPO), 중국(CNIPA) 국가별, 연도별 특허출원 동향을 통해 해당품목을 선도하는 국가 파악

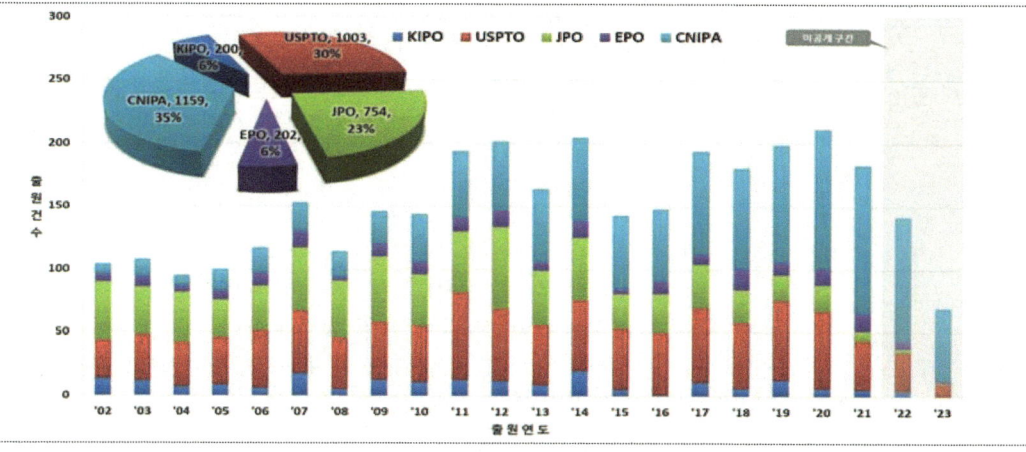

[연도별·국가별 특허출원동향]

- 전력반도체 품목은 2002년부터 특허출원건수의 증감을 반복하며 지속적인 출원활동이 이루어졌으며, 중국, 미국, 일본, 유럽, 한국 순으로 활발한 출원 활동이 진행되고 있음
  - 국가별 출원비중을 살펴보면, 중국이 35%의 출원비중을 차지하고 있어 최대 출원국으로 전력반도체 산업분야를 리드하고 있는 것으로 나타났으며, 다음으로 미국 30%, 일본 23%, 유럽 6%, 한국 6% 순으로 나타남
  - 연도별 출원동향을 살펴보면, 전력반도체 기술은 최근 2017년 이후 다시 증가 추세를 나타내는데 이는 세계적인 신재생에너지와 친환경자동차에 대한 관심 및 연구 증가에 기인한 것으로 분석됨

나. 기술주기 분석

✦ 기술수명주기 분석

- 기술수명주기 분석을 통해 해당품목 기술의 현재 위치를 파악함
  - 해당품목의 전체 출원동향을 4구간(각 5년)으로 나누어 각각의 구간별 특허출원인수 및 특허출원수를 그래프로 나타냄으로써 해당기술의 수명주기 파악이 가능함
    ※ 기술수명주기 분석 = 구간에 따른 특허출원건수와 출원인수 변화의 상관관계 분석

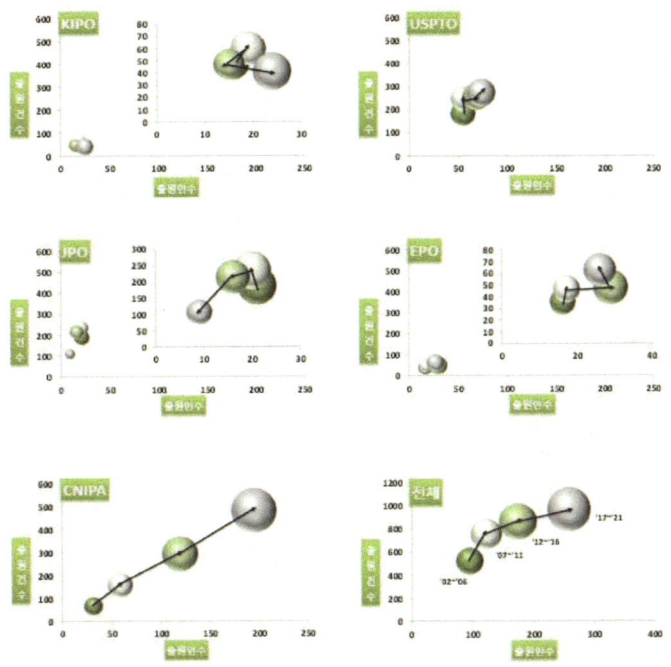

[기술수명주기분석]

- 전력반도체 기술 분야의 기술 위치를 살펴본 결과, 전체적인 동향은 기술혁신의 주체인 특허출원인수와 기술혁신의 결과인 특허출원건수가 동시에 증가하는 동향이 나타나고 있어서 성장기 단계로 분석됨
  - 중국은 특허출원인수와 특허출원건수가 전 구간에서 증가하는 추세이고, 미국은 특허출원인수와 특허출원건수가 정체 또는 증가하는 추세이므로 성장기 단계로 분석됨. 다만 한국과 일본은 전 구간에서 특허출원인수와 특허출원건수가 증감을 반복하나 최근 감소하는 추세이므로 성숙기 초기 단계로 분석됨. 유럽은 특허출원인수와 특허출원건수가 증가와 정체하다 최근 소폭 감소하는 추세이므로 성장기 후기 단계로 분석됨

기술순환주기(TCT) 분석

- TCT 분석을 통하여 해당품목 기술의 진보속도 및 주요국가의 기술혁신 속도를 파악함
  - TCT는 최신 기술을 활용하는 경향을 나타내는 지표로서, 제품의 개발주기와 기술개발활동의 강도와 연관되며, TCT 값이 크면 신기술 개발주기가 길어져서 시장에서 새로운 기술 도입에 긴 시간이 걸리며, TCT 값이 작으면 신기술 개발주기가 짧아져서 해당품목관련 신기술 도입에 오랜 시간이 걸리지 않아서 새로운 기술이 적용된 신제품이 자주 등장한다는 것을 의미함
    ※ TCT(Technology Cycle Time) = 한 특허에서 인용한 과거 특허 문서들과의 시차의 중앙값

[TCT분석]

- 전체 기술순환주기(TCT) 값을 살펴보면, 2002~2021년까지는 평균 TCT 값이 9.1년으로 전반적으로 개량기술을 기반으로 해당품목의 기술개발이 보다 빠르게 진행되고 있는 것으로 분석됨
  - 최근 값을 살펴보면, 중국의 기술순환주기 값이 7.8로 주요국가 중 가장 낮게 나타나며 해당품목의 기술개발활동이 활발하게 진행되는 것으로 분석됨. 다만 유럽은 10.5의 기술순환주기 값을 보여 상대적으로 기술개발 속도가 낮은 수준으로 나타남

다. 특허 영향력 분석

✽ 기술영향력(CPP) 및 시장지배력(PFS) 분석

- 기술영향력 지수(CPP) 분석을 통해 특정 출원인의 기술력을 파악함
  - 기술영향력(CPP) 지수는 특정 등록특허가 다른 특허들에 의해 인용된 횟수를 나타내며, 이 값이 클수록 질적 수준이 높은 특허임
- 시장확보지수(PFS) 분석을 통해 특정 출원인의 시장지배력 정도를 파악함
  - 시장확보지수(PFS)는 출원인 국적별 패밀리국가수를 분석하는 것으로, 해당품목에서 글로벌시장을 타겟팅한 출원인이 누구인지 파악 가능함

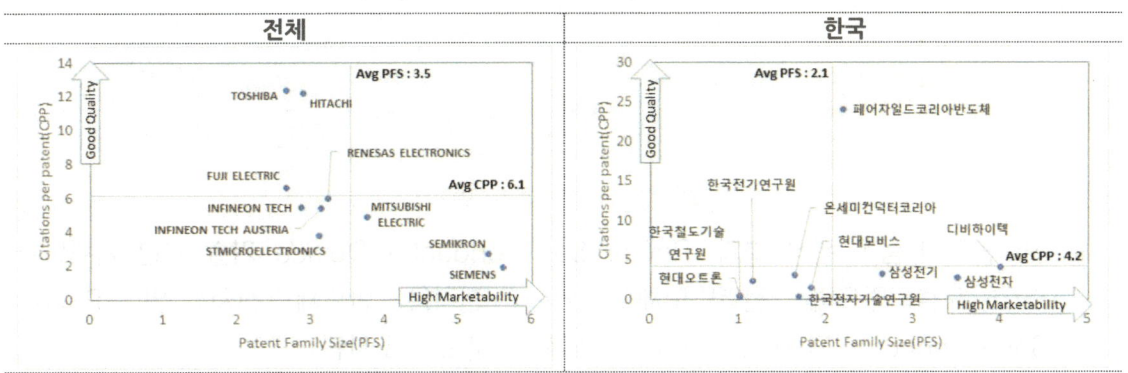

[특허 영향력 분석]

- 전력반도체 품목에 대한 주요 출원인들의 경쟁력 분석 결과, 전체국가에서는 HITACHI 특허가 상업적 가치가 높은 것으로 평가됨
  - 전체국가에서 한국의 기업으로는 포함되어있지 않으므로, 시장확보력 및 질적 수준이 다소 낮은 것으로 평가됨

    (전체) HITACHI : 기술영향력(CPP) 12.2 / 시장확보력(PFS) 2.9

  - 한국에서는 페어차일드코리아반도체의 기술영향력 및 시장확보력이 상대적으로 모두 높은 것으로 분석됨. 그 다음으로 디비하이텍과 삼성전자의 기술영향력 및 시장확보력이 상대적으로 높은 것으로 분석됨

    (한국) 페어차일드코리아반도체 : 기술영향력(CPP) 24.0 / 시장확보력(PFS) 2.2
    디비하이텍 : 기술영향력(CPP) 4.0 / 시장확보력(PFS) 4.0
    삼성전자 : 기술영향력(CPP) 2.7 / 시장확보력(PFS) 3.5

2 주요 기술 키워드 분석

가. 기술개발동향 변화분석

✦ 키워드 분석

- AI 알고리즘을 활용하여 해당품목에 대한 기간별 기술 키워드를 분석함

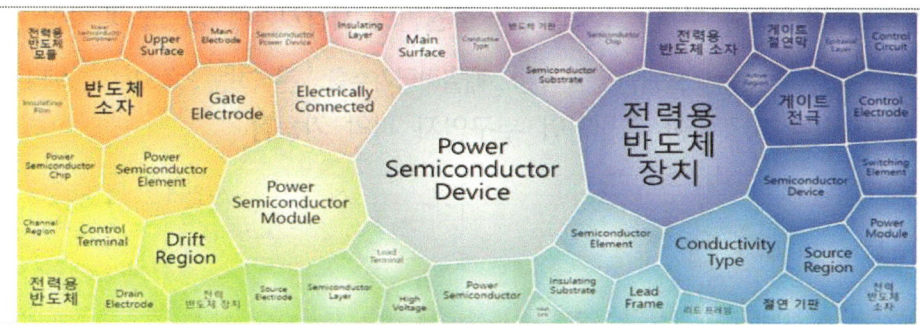

[전체구간 특허 주요 키워드]

- 전력반도체 품목 분석 결과, Power Semiconductor Device 기술 관련 키워드가 주로 도출되었으며, 전력반도체를 위한 '전력용 반도체 장치' 및 'Power Semiconductor Module' 키워드가 도출된 것으로 조사됨

  (전체구간 주요 키워드) Power Semiconductor Device, 전력용 반도체 장치, Power Semiconductor Module, Electrically Connected, Gate Electrode, 반도체 소자

제 1구간(2002~2011)	제 2구간(2012~2023)
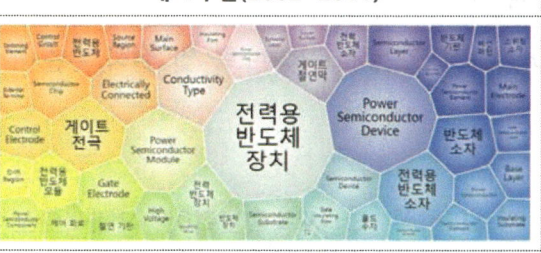	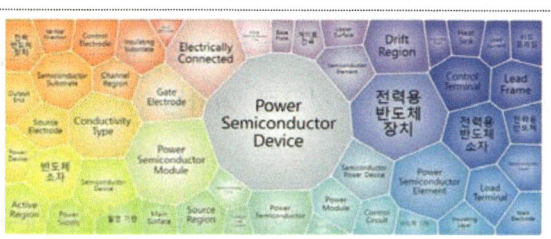

[구간별 특허 주요 키워드]

- 전력반도체 품목에 대한 최근 구간 특허 주요 기술 키워드 분석결과, 1구간 및 2구간 모두 '전력용 반도체 장치'가 주요 기술 키워드로 도출됨

  (1구간 주요 키워드) 전력용 반도체 장치, Power Semiconductor Device, Power Semiconductor Module, 게이트 전극, Electrically Connected, 반도체 소자

  (2구간 주요 키워드) Power Semiconductor Device, 전력용 반도체 장치, 전력용 반도체 소자, Power Semiconductor Module, Electrically Connected, 전력용 반도체

나. 기술현황 분석

IPC(국제특허분류) 분석

- 전 세계적으로 통용되고 있는 IPC를 통해 해당품목의 기술현황 및 집중 기술분야를 확인함
  - 기술·산업 간 융합에 기반한 새로운 시장전개에 대한 이해증진을 위해 IPC를 활용한 기술융합 분석 정보를 제공함

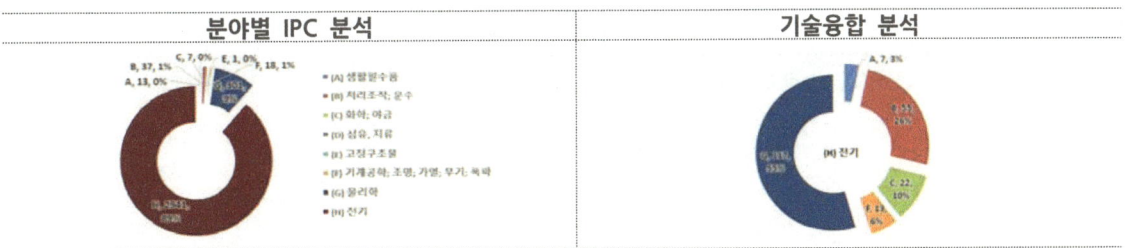

[IPC 분석]

- 전력반도체 품목은 섹션 H 전기 (89%) 기술분야의 비중이 매우 높은 것으로 나타났으며, 그중에서도 클래스 H10에 포함되지 않는 반도체 장치(H01L) 분야에서 집중 연구가 진행되고 있는 것으로 분석됨
  - 기술융합에 대한 추이를 살펴보면, (H)전기에서 (G)물리학과의 기술융합(55%)이 활발히 진행되고 있는 것으로 나타남

[IPC Sub Class]

IPC Sub Class	국문타이틀	건수
H01L	클래스 H10에 포함되지 않는 반도체 장치 (측정을 위해 반도체 장치 사용 G01; 저항 일반 H01C; 자석, 인덕터, 변압기 H01F; 커패시터 일반 H01G; 전해장치 H01G 9/00; 배터리 또는 축전지 H01M; 도파관, 공진기 또는 공진기 라인 도파관 유형 H01P; 라인 커넥터 또는 집진 장치 H01R; 유도방출 소자 H01S; 전기기계적 공진기 H03H; 확성기, 마이크로폰, 축음기의 픽업 또는 음향의 전기기계적 변환기 H04R;	2167
H02M	교류-교류, 교류-직류 또는 직류-직류 변환장치 및 주전원 또는 유사한 전력 공급 시스템과 함께 사용하기 위한 장치; 직류 또는 교류입력의 서지 출력변환; 그것을 제어 또는 조정 (변압기 H01F, 회전 변환기 H02K 47/00; 변압기, 원자로 또는 초크 코일 제어, 전기 모터, 발전기 또는 발전기-전기 변환기의 제어 또는 조절 H02P)	326
H03K	펄스(PULSE)기술(펄스특성의 측정 G01R; 펄스를 갖는 정현파진동의 변조 H03C; 디지털 정보의 전송 H04L; 진동 주기의 계수 또는 적산에 의해 두 신호간 위상차를 검출하는 회로 H03D 3/04; 발생기의 형에 관계없는 또는 특정되어 있지 않은 전자진동 또는 펄스 발생기의 발생기의 자동제어, 시동, 동기화 또는 안정화 H03L; 부호화, 복호화 또는 부호변환 일반 H03M)	180
G01R	전기변량의 측정; 자기변량의 측정(공진회로의 바른 동조의 지시 H03J 3/12)	175
H05K	인쇄 회로; 전기 장치의 케이싱 또는 구조적 세부; 전기 부품 조립체의 제조	64

다. 기술 집중력 분석

✣ CRn 분석

- 주요 출원인에 의한 특허점유율을 분석하여 기술집중력(시장 독과점 수준)을 판단함
  - 특허동향조사에서는 통상 CR4를 사용하며, CRn값이 0에 가까울수록 시장 독과점 수준이 낮은 것을 의미하고, CR4 값이 40에서 60일 경우 시장의 독과점 수준이 높은 것으로 해석됨

[CR4 분석_ 전체기업 집중력]

출원인	출원건수	특허점유율	CRn	n
MITSUBISHI ELECTRIC(JP)	1,080	32.5%		1
TOSHIBA(JP)	277	8.3%		2
INFINEON TECH(DE)	162	4.9%		3
SEMIKRON(DE)	73	2.2%	48.0%	4
FUJI ELECTRIC(JP)	69	2.1%		5
STMICROELECTRONICS(IT)	51	1.5%		6
HITACHI(JP)	50	1.5%		7
SIEMENS(DE)	48	1.4%		8
INFINEON TECH AUSTRIA(AT)	46	1.4%		9
RENESAS ELECTRONICS(JP)	37	1.1%		10
기타	1,425	42.9%		
합계	3,318	100.0%	CR4=48.0%	

- 전력반도체 관련 기술에 대한 시장관점의 기술독점 현황분석을 위해 집중률 지수(CRn) 분석 결과, 상위 4개 기업의 시장점유율이 48.0%로 독과점 정도가 높은 수준으로 분석되어 주요 출원인들에 의한 기술 집중화 정도가 높은 시장으로 판단됨

[CR4 분석_국내시장 연구주체별 집중력]

출원인	출원건수	특허점유율	CRn	n
중소기업(개인)	67	33.5%	33.5%	1
대기업	16	8.0%		2
연구기관/대학	20	10.0%		3
기타(외국인)	97	48.5%		4
합계	200	100.0%		

주) 국내 대기업의 판단기준은 2024년 5월 공정거래위원회의 공시대상기업집단 지정결과(대기업집단 88개, 소속회사 3,318개 포함)에 따르며, 중소기업에는 중견기업을 포함

- 국내 시장에서의 중소기업의 점유율 분석 결과, 전력반도체 품목에서 중소기업의 점유율은 33.5%로 국내 시장에서 중소기업의 시장 진입장벽은 다소 존재할 것으로 분석됨

HHI 분석

- 주요 출원인에 의한 특허점유율을 분석하여 기술집중력(시장 독과점 수준)을 판단함
- 특허데이터를 활용하여 전체 또는 특정 산업부문 내 모든 기업의 특허점유율을 이용해 시장집중도를 분석함
- HHI값이 높을수록 기술활동의 집중수준이 높고 특정 기업들이 해당 시장을 과점하고 있기 때문에 신규 업체가 해당시장을 진입하기가 쉽지 않은 것으로 해석됨

※ HHI(Herfindahl-Hirschman Index) = 시장(산업)내 모든 기업의 각 점유율을 제곱하여 합한 값

[HHI 분석]

공보	KIPO	USPTO	JPO	EPO	CNIPA	전체
HHI	1,210	1,013	4,504	550	451	1,183

- 전력반도체 관련 기술에 대한 HHI(허핀달-허쉬만)지수 분석결과, 전체 1183으로 경쟁적인 시장이 형성되어 있으므로 시장진입이 다소 용이한 것으로 분석됨
- 한국의 경우 HHI 지수가 1210으로 미국, 유럽, 중국 대비 상대적으로 높게 나타나고, 기술 활동의 집중수준이 높은 상태이므로 시장진입이 다소 어려울 것으로 분석됨

기간별 연구주체 분석

- 국내 연구주체에 따른 기간별 특허동향을 분석하여 해당품목의 기술개발 선도주체를 파악함

    * 국내 대기업의 판단기준은 2024년 5월 공정거래위원회의 공시대상기업집단 지정결과(대기업집단 88개, 소속회사 3,318개 포함)에 따르며, 중소기업에는 중견기업을 포함

    - 기간별 연구주체 분석을 통하여 해당품목의 중소기업 현재 역량을 파악할 수 있으며, 향후 중소기업의 기술개발 및 투자전략 타당성 확보를 위한 가이드라인을 제시함

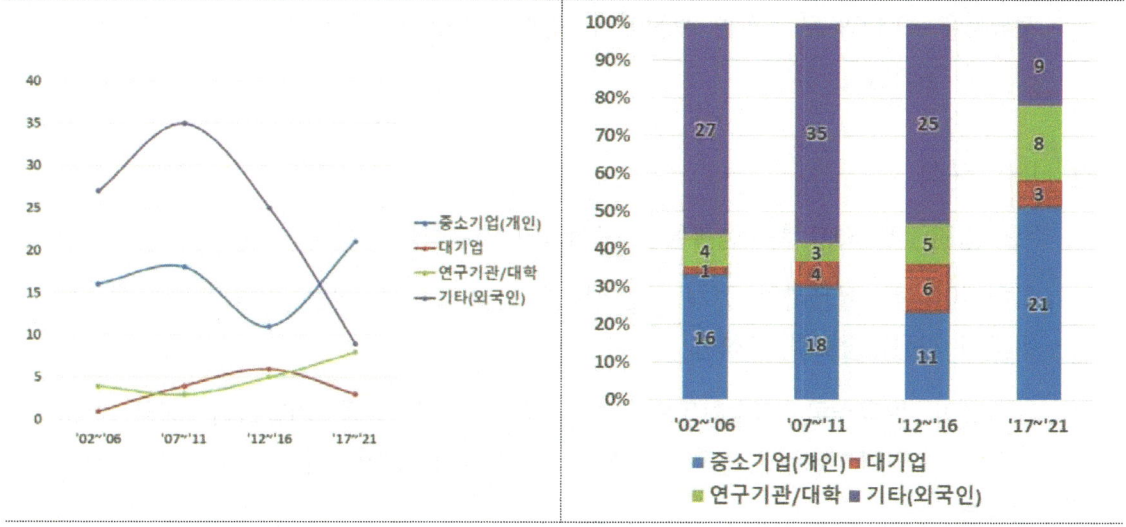

[기간별 연구주체 동향]

- 기간별 연구주체 분석에 따르면, 최근 전력반도체 품목은 중소기업(개인)이 주체가 되어 기술개발이 활발히 진행되고 있는 것으로 나타남. 이는 해당품목에 대한 중소기업 중심의 기술개발 및 투자전략이 타당함을 보여줌

3. 주요 출원인 분석

가. 주요 출원인 동향

주요 출원인 동향 분석

- 해당품목에서 다수의 출원을 보유하고 있는 주요 출원인(Top 10)의 분석을 통해 전략적인 지적재산관리와 기업의 경쟁력을 강화함
  - 주요 출원인을 기준으로, 해당품목에 대해 기술개발을 주도하고 있는 기관 및 기업을 파악하고, 한국(KIPO), 미국(USPTO), 일본(JPO), 유럽(EPO), 중국(CNIPA) 국가별 출원현황 분석을 통해 주요 출원인들이 고려하고 있는 주요 시장이 어디인지 예측하여 거시적 관점의 향후 트렌드를 전망함

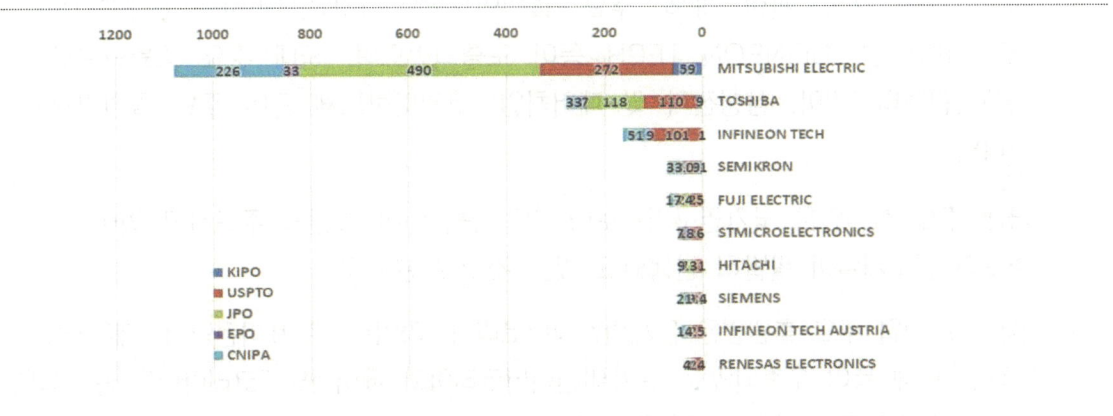

[주요 출원인 국가별 출원 건수]

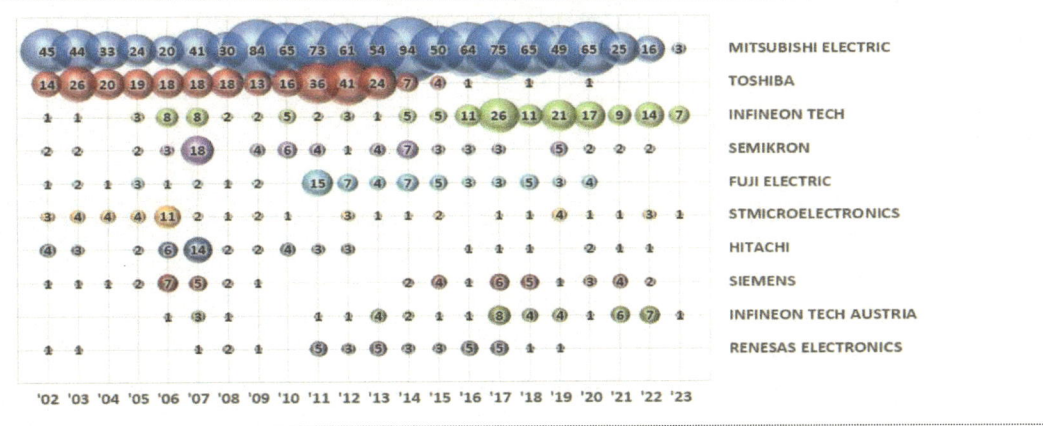

[연도별 출원인 건수]

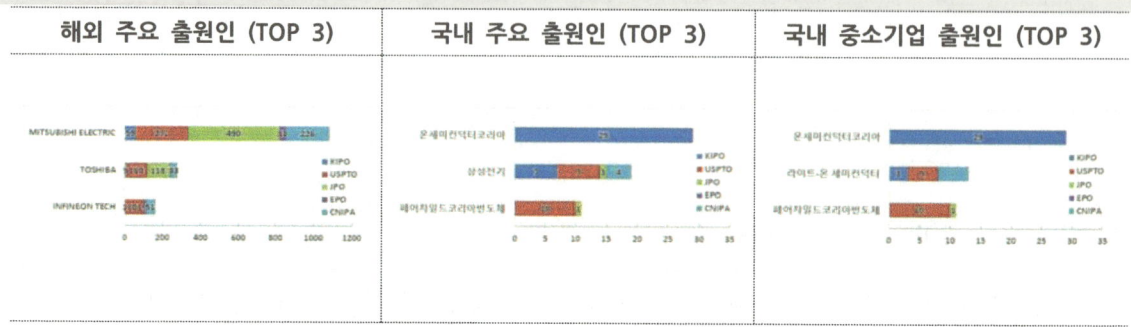

[국내외 주요 출원인 / 국내 중소기업 주요 출원인]

주) 국내 대기업의 판단기준은 2024년 5월 공정거래위원회의 공시대상기업집단 지정결과 (대기업집단 88개, 소속회사 3,318개 포함)에 따르며, 중소기업에는 중견기업을 포함

- 전력반도체 품목의 주요 출원인을 살펴보면, 일본과 유럽 국적의 출원인이 다수 포함되어 있으며, 제1 출원인은 일본의 MITSUBISHI ELECTRIC인 것으로 조사됨

  - 전력반도체 품목 관련 해외 주요 출원인으로는 MITSUBISHI ELECTRIC, TOSHIBA 및 INFINEON TECH 등이 도출되었으며, 국내 주요 출원인으로는 온세미컨덕터코리아, 삼성전기 및 페어차일드코리아반도체 등이 주요 출원인으로 나타남

  - 국내 주요 출원인은 국가연구기관보다 기업 출원인이 출원을 주도하고 있어 민간 주도의 연구개발이 활발히 진행되고 있는 것으로 분석됨

- 국내 중소기업 주요 출원인은 온세미컨덕터코리아, 라이트-온 세미컨덕터, 페어차일드코리아반도체 등이 도출되었고, 온세미컨덕터코리아와 페어차일드코리아반도체는 국내 Top3 출원인데도 중복으로 도출되어 기술개발이 활발히 진행되는 것으로 분석됨

나. 주요 출원인 기술 키워드 및 주요 특허 분석

✥ 키워드 및 주요 특허 분석

- AI 알고리즘을 활용하여 주요 출원인별 주요 기술 키워드를 통하여 집중연구분야를 파악함
- 주요 출원인이 출원한 주요 특허를 검토하여 키워드를 통하여 주력기술 분야를 예측함

◎ MITSUBISHI ELECTRIC

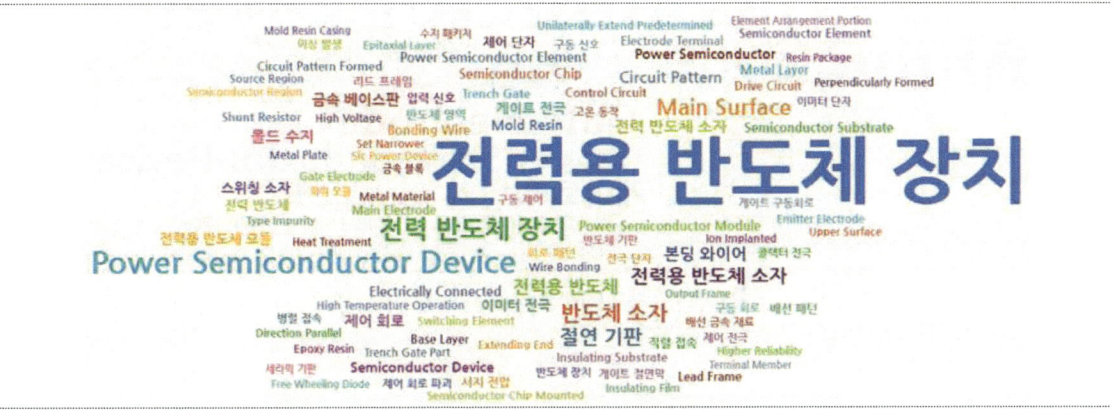

[주요 출원인 기술 키워드]

[주요 특허 분석]

등록/공개번호 (출원일)	명칭	기술적용분야	IP 경쟁력	
			피인용 문헌수	패밀리 국가수
US 8994165 (2009.07.16)	Power semiconductor device	회로 기판의 배선 패턴에 결합된 전력반도체 소자, 원통형 외부 단자 통신 부분을 포함하는 전력반도체 장치에 관한 기술	54	3
US 9006819 (2011.02.08)	Power semiconductor device and method for manufacturing same	제 1 전도형의 반도체 기판을 포함하는 반도체 장치에 관한 기술	47	6
US 8319333 (2009.10.20)	Power semiconductor module	회로 패턴에 결합된 전력반도체 소자들 사이에 전기적으로 연결된 배선 금속 연결플레이트를 구비하는 전력용 반도체에 관한 기술	41	3

- 전력용 반도체 장치, Power Semiconductor Device, 전력반도체 장치, 전력용 반도체 소자, Electically Connected 등의 키워드가 도출됨

  - MITSUBISHI ELECTRIC은 전력반도체 품목과 관련하여 Top 1 출원인으로, 미국과 유럽, 중국, 일본을 위주로 폭넓은 출원을 진행하였으며, 특히 전력용 반도체 장치에 관련된 기술력이 높은 것으로 조사됨

◎ TOSHIBA

[주요 출원인 기술 키워드]

[주요 특허 분석]

등록/공개번호 (출원일)	명칭	기술적용분야	IP 경쟁력	
			피인용 문헌수	패밀리 국가수
US 6933544 (2004.10.19)	Power semiconductor device	비 도핑 GaN 채널 층, 상기 채널 층 상에 형성된 n 형 Al 0.2 Ga 0.8 N 배리어층 등을 구비하는 반도체 장치에 관한 기술	94	5
US 7075125 (2004.03.23)	Power semiconductor device	비 도핑된 AlX Ga1-X N (0≤X≤1)의 제 1 반도체 층을 포함하는 반도체 장치에 관한 기술	89	2
US 6919610 (2003.11.18)	Power semiconductor device having RESURF layer	드리프트 층에 공핍층을 형성하는 RESURF 층을 포함하는 반도체 장치에 관한 기술	85	5

- 전력용 반도체 장치, Semiconductor Layer, Conductivity Type, Gate Electrode, 게이트 절연막, 게이트 전극 등의 키워드가 도출됨

  - TOSHIBA는 전력반도체 품목과 관련하여 Top 2 출원인으로, 미국과 일본, 유럽, 중국을 모두 포함한 폭넓은 국제출원을 진행하였으며, 특히 비도핑된 층을 구비하는 반도체 장치에 관련된 기술력이 높은 것으로 조사됨

◎ INFINEON TECH

[주요 출원인 기술 키워드]

[주요 특허 분석]

등록/공개번호 (출원일)	명칭	기술적용분야	IP 경쟁력	
			피인용 문헌수	패밀리 국가수
US 7569920 (2006.05.10)	Electronic component having at least one vertical semiconductor power transistor	수직 반도체 전력 트랜지스터 및 스택을 형성하기 위해 상기 트랜지스터 상에 배열된 추가적 반도체 장치를 포함하는 전자장치에 관한 기술	83	2
US 7449778 (2007.04.26)	Power semiconductor module as H-bridge circuit and method for producing the same	4개의 전력반도체 칩 (N1, N2, P1, P2)및 반도체 제어 칩 (IC)를 구비하는 전력반도체 모듈에 관한 기술	77	3
US 8154114 (2007.08.06)	Power semiconductor module	복수의 금속층과 복수의 세라믹층을 갖는 다층 기판을 포함하는 전력반도체 모듈에 관한 기술	73	3

- Power Semiconductor Device, Electrically Connected, Load Terminal, Coductivity Type, Control Terminal 등의 키워드가 도출됨

- INFINEON TECH는 전력반도체 품목과 관련하여 Top 3 출원인으로, 미국과 유럽, 중국 위주의 출원을 진행하였으며, 특히 전력반도체 모듈에 관련된 기술력이 높은 것으로 조사됨

4 분석종합

가. 분석결과 요약

✹ 특허 분석 결과 요약

[특허 분석 결과]

구분		분석 내용
특허동향 분석	특허증가율 분석	• 주요 국가별로 살펴보면 중국이 가장 활발한 출원활동을 보이는 것으로 조사되었으며, 다음으로 미국, 일본, 유럽, 한국 순으로 분석됨
	기술주기 분석	• 전력반도체 기술 분야의 기술 위치를 살펴본 결과, 전체적인 동향은 기술혁신의 주체인 특허출원인수와 기술혁신의 결과인 특허출원건수가 동시에 증가하는 동향이 나타나고 있어서 성장기 단계로 분석됨
	특허영향력 분석	• 전력반도체 품목에 대한 주요 출원인들의 경쟁력 분석 결과, 전체국가에서는 HITACHI 특허가 상업적 가치가 높은 것으로 평가됨 • 한국에서는 페어차일드코리아반도체의 기술영향력 및 시장확보력이 상대적으로 모두 높은 것으로 분석됨. 그 다음으로 디비하이텍과 삼성전자의 기술영향력 및 시장확보력이 상대적으로 높은 것으로 분석됨.
기술동향 분석	기술개발동향 변화분석	• 전력반도체 품목에 대한 지난 20년간의 특허 주요 기술 키워드 분석 결과, 전력반도체를 위한 '전력용 반도체 장치' 및 'Power Semiconductor Module' 키워드가 도출된 것으로 조사됨
	기술현황 분석	• 전력반도체 품목은 섹션 H 전기 (89%) 기술분야의 비중이 매우 높은 것으로 나타났으며, 그중에서도 클래스 H10에 포함되지 않는 반도체 장치(H01L) 분야에서 집중 연구가 진행되고 있는 것으로 분석됨
	기술집중력 분석	• 전력반도체 품목은 기술 집중화 정도가 높은 상태이므로 시장진입이 다소 어려울 것으로 분석됨
주요 출원인 분석	출원인 동향 분석	• 전력반도체 품목의 주요 출원인을 살펴보면 일본과 유럽 국적의 출원인이 다수 포함되어 있으며, 제1 출원인은 일본의 MITSUBISHI ELECTRIC인 것으로 조사됨
	주요 출원인 기술 키워드 및 주요 특허 분석	• MITSUBISHI ELECTRIC은 전력용 반도체 장치, Power Semiconductor Device 등의 키워드가 도출되었으며, 전력용 반도체 장치에 관련된 기술력이 높은 것으로 조사됨 • TOSHIBA는 전력용 반도체 장치, Semiconductor Layer, Conductivity Type 등의 키워드가 도출되었으며, 비도핑된 층을 구비하는 반도체 장치에 관련된 기술력이 높은 것으로 조사됨 • INFINEON TECH는 Power Semiconductor Device, Electrically Connected 등의 키워드가 도출되었으며, 전력반도체 모듈에 관련된 기술력이 높은 것으로 조사됨

❖ 분석 종합표

[평가지표/ 정량적 분석]

평가지표	한국		미국	유럽	일본	중국
	전체	중소기업				
특허 활동도[25]	8.7	4.4	11.9	35.3	100.0	35.2
특허 부상도[26]	57.2	60.0	44.1	78.6	41.0	100.0
특허 시장력[27]	48.5	39.6	81.2	100.0	84.3	30.3
특허 영향력[28]	38.1	16.1	100.0	25.0	46.3	5.9
상대적 기술경쟁력[29]	56.2	44.2	87.3	88.0	100.0	63.1

* 각 평가지표 값은 원 계산 값에 상대적 비교의 편의성을 위해 최고점 100점으로 환산한 값이며, 상대적 기술경쟁력은 각 평가지표의 가중치를 1:1로 반영하여 평균값을 도출한 것임

[주요 특허 선별지표]

선별지표	가중치
패밀리 특허 수(A)	2
피인용 횟수(B)	2
발명자 수(C)	2
청구항 수(D)	1.5
등록 여부(E)	1.5
IPC 수(F)	1
선별지표 최종 계산식[30]	(A+B+C)X2 + (D+E)X1.5 + (F)X1

---

25) 전체 출원건수 대비 국가별 출원건수 평가
26) 각 국가별 전체 출원건수 대비 최근 5년 출원건수 평가
27) 국가별 패밀리 국가수(PFS) 평가
28) 국가별 피인용도(CPP) 평가
29) 상기 4개 평가지표의 합계 최고 국가 대비 상대값
30) 전략품목과의 정합성을 높이기 위하여 선별지표 최종 계산식에서 2~3배 후보군을 도출한 다음 명칭, 요약, 청구항을 참조하여 최종 주요 특허를 선별함

나. 요소기술 후보군 도출

❖ 특허 클러스터링 기반 주요 키워드 및 관련 특허 분석

- (워드 클라우드) 전략품목 관련 특허에 대해 아래와 같이 핵심 키워드 도출

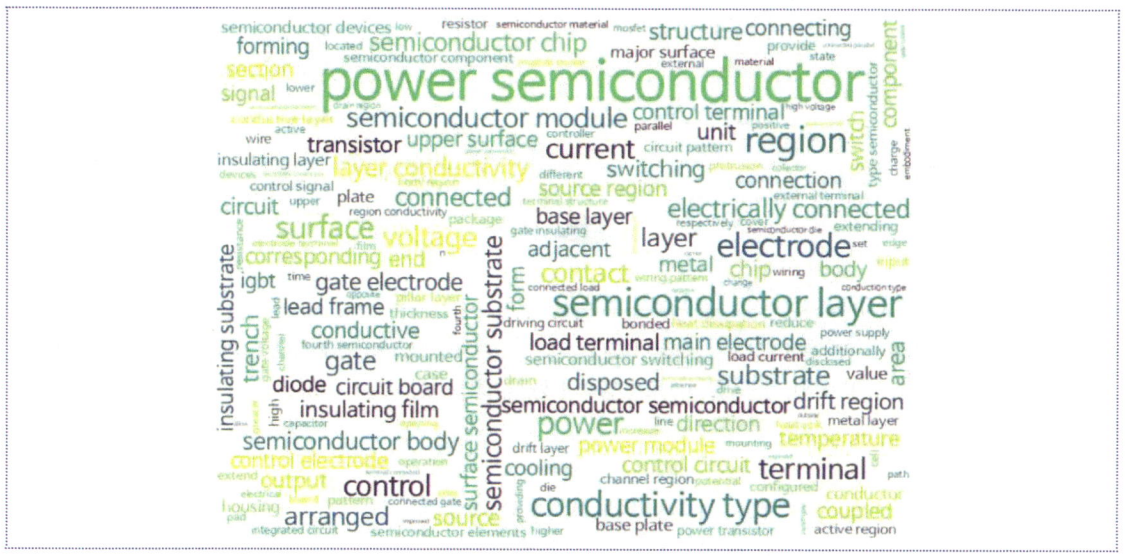

[워드 클라우드]

- (토픽 클러스터링) 전략품목 관련 특허에 대해 아래와 같이 핵심 주제 및 주요 토픽이 도출되었으며, 이를 활용하여 클러스터링 분석 수행

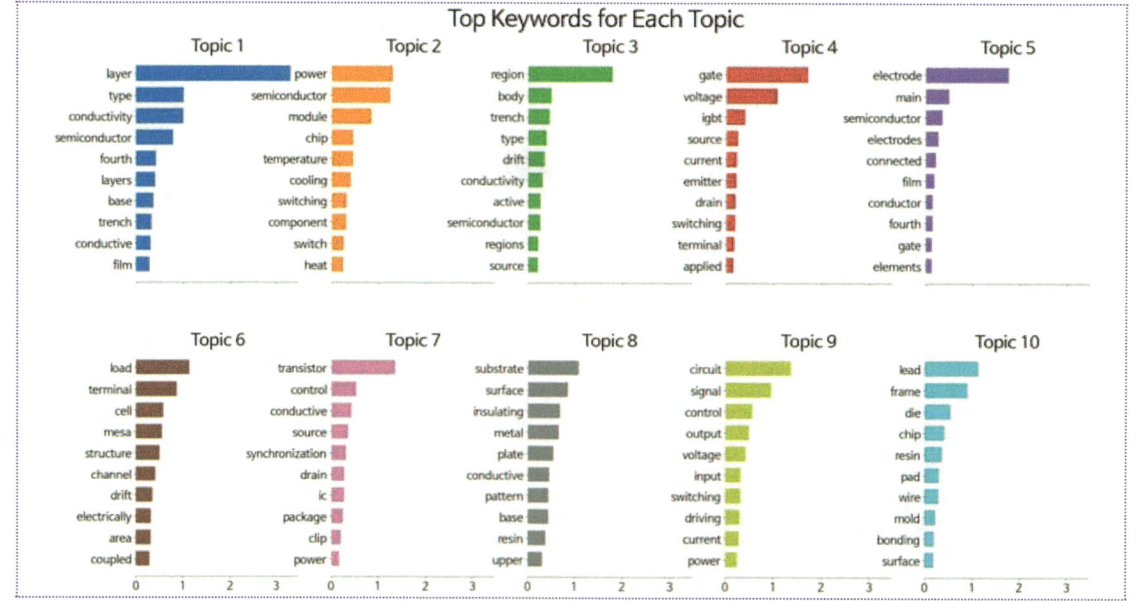

[각 토픽별 주요 키워드]

- (네트워크 맵) 핵심 특허 및 주요 토픽을 통해 도출된 핵심 키워드를 활용하여 클러스터링 분석에 의한 요소기술 후보군 도출
  - 키워드별 노드의 크기는 키워드의 중요도를, 연결된 선의 거리는 키워드 간 근접성(유사성)을, 연결된 선의 수는 노드에 대한 중심성을 의미

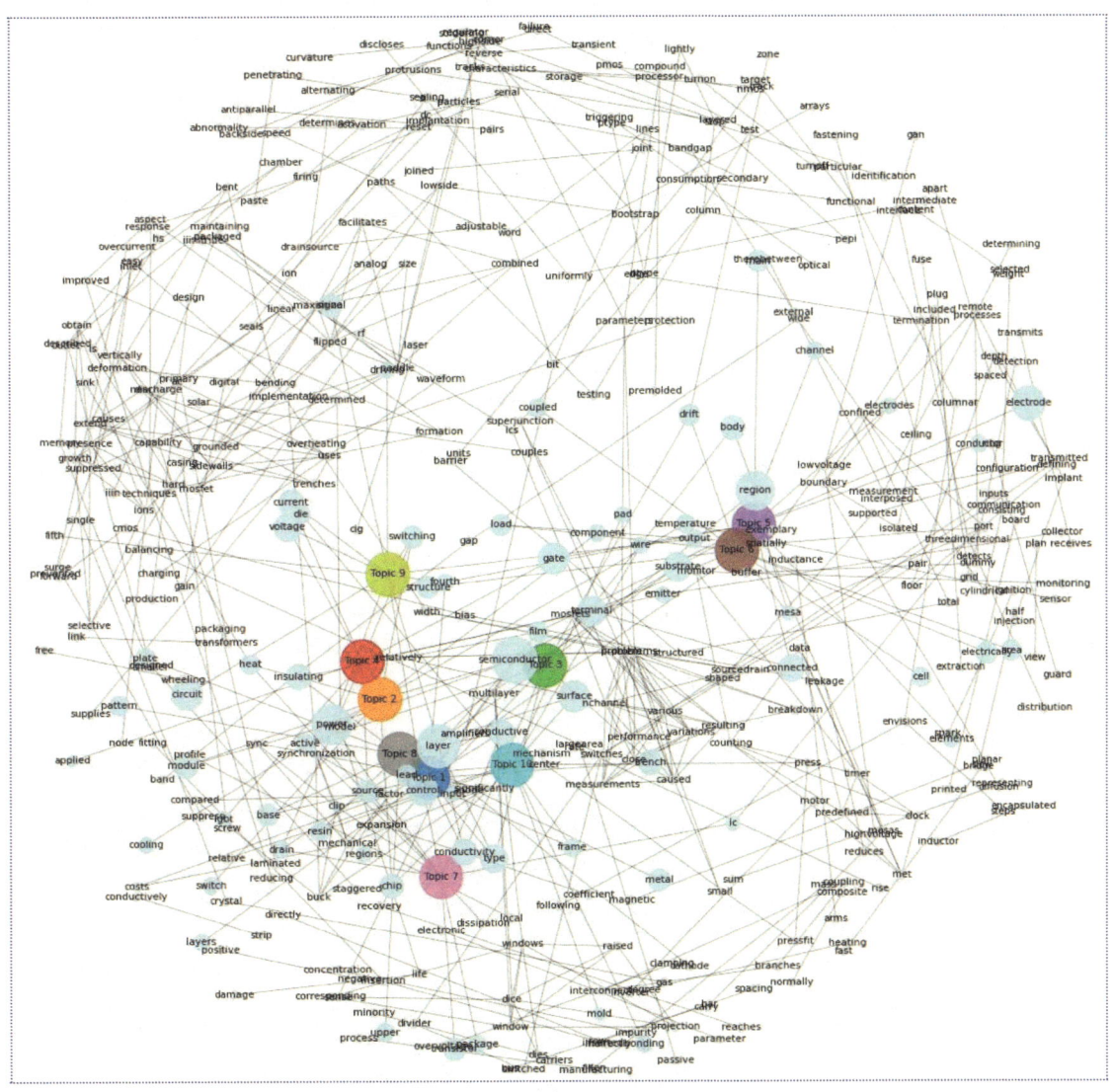

[키워드 네트워크 분석 결과]

◯ **(요소기술 후보군 도출)** 10개 클러스터별 핵심 키워드와 관련 특허(출원번호)를 통해 요소기술 후보군 제시

[전력반도체 요소기술 후보군 도출]

No	핵심 키워드	관련 특허(출원번호)	요소기술 후보군
1	layer, type, conductivity, semiconductor, fourth, layers, base, trench, conductive, film	• POWER SEMICONDUCTOR DEVICE AND METHOD FOR MANUFACTURING POWER SEMICONDUCTOR DEVICE (18/062446) • LOW-LEAKAGE SCHOTTKY DIODES AND METHOD OF MAKING A POWER SEMICONDUCTOR DEVICE (18/016755)	• 고전도성 트렌치 구조 설계 기술 • 멀티 레이어 기반 전류 분산 최적화 기술 • 전도성 필름 제조 및 개선 기술
2	power, semiconductor, module, chip, temperature, cooling, switching, component, switch, heat	• POWER SEMICONDUCTOR MODULE WITH REVERSED DIODE (18/158549) • METHOD FOR ACTUATING A CIRCUIT ARRANGEMENT FOR POWER SEMICONDUCTORS (18/066772) • POWER SEMICONDUCTOR MODULE COMPRISING AT LEAST ONE POWER SEMICONDUCTOR ELEMENT (18/010388)	• 고효율 전력 스위칭 기술 • 반도체 칩 냉각을 위한 열관리 기술 • 전력 모듈의 온도 안정성 강화 기술
3	region, body, trench, type, drift, conductivity, active, semiconductor, regions, source	• POWER SEMICONDUCTOR DEVICE WITH A DOUBLE ISLAND SURFACE MOUNT PACKAGE (18/306119) • Power Semiconductor Device with dV/dt Controllability and Low Gate Charge (18/204635) • SEMICONDUCTOR POWER DEVICE WITH SHORT CIRCUIT PROTECTION AND PROCESS FOR MANUFACTURING A SEMICONDUCTOR POWER DEVICE (18/045784)	• 더블 아일랜드 패키징 기술 • 트렌치 기반 전류 흐름 제어 기술 • 단락 보호 기능을 포함한 전력반도체 설계 기술
4	gate, voltage, igbt, source, current, emitter, drain, switching, terminal, applied	• DRIVE CONTROL CIRCUIT FOR POWER SEMICONDUCTOR ELEMENT, POWER SEMICONDUCTOR MODULE, AND POWER CONVERTER (18/014174) • GATE DRIVING CIRCUIT FOR POWER SEMICONDUCTOR ELEMENT (17/927893) • ACTIVE GATE DRIVER FOR WIDE BAND GAP POWER SEMICONDUCTOR DEVICES (17/909215)	• IGBT 게이트 전압 최적화 기술 • 광대역 전력반도체용 게이트 드라이버 기술 • 소스 및 드레인 전류 제어 기술

No	핵심 키워드	관련 특허(출원번호)	요소기술 후보군
5	electrode, main, semiconductor, electrodes, connected, film, conductor, fourth, gate, elements	• SEMICONDUCTOR POWER MODULE AND POWER CONVERSION APPARATUS (18/047597) • POWER SEMICONDUCTOR MODULE AND POWER CONVERSION DEVICE (18/005748)	• 다층 전극 구조 설계 기술 • 전극과 반도체의 고내구성 연결 기술 • 전력 변환용 반도체 모듈 설계 기술
6	load, terminal, cell, mesa, structure, channel, drift, electrically, area, coupled	• Dual Gate Power Semiconductor Device and Method of Controlling a Dual Gate Power Semiconductor Device (18/122918) • Power Semiconductor Device (18/111242) • Power Semiconductor Device and Method of Producing a Power Semiconductor Device (17/954830)	• 듀얼 게이트 기반 전력 제어 기술 • 전기적으로 커플링된 메사 구조 설계 기술 • 채널 영역 확장 및 효율화 기술
7	transistor, control, conductive, source, synchronization, drain, ic, package, clip, power	• POWER SEMICONDUCTOR DEVICE WITH AN AUXILIARY GATE STRUCTURE (17/977535) • POWER SEMICONDUCTOR DEVICE (17/780169) • SEMICONDUCTOR POWER MODULE PACKAGE HAVING LEAD FRAME ANCHORED BARS (17/722682)	• 고속 스위칭 트랜지스터 설계 기술 • 반도체 패키지의 전도성 최적화 기술 • 동기화 기반 제어 알고리즘 개발 기술
8	substrate, surface, insulating, metal, plate, conductive, pattern, base, resin, upper	• JET IMPINGEMENT COOLING FOR HIGH POWER SEMICONDUCTOR DEVICES (18/164734) • POWER SEMICONDUCTOR APPARATUS AND METHOD OF MANUFACTURING THE SAME, AND POWER CONVERSION APPARATUS (17/917270) • Power Semiconductor Module (17/829610)	• 기판-금속 간 절연층 설계 기술 • 표면 패턴 기반 열 분산 기술 • 고전력 반도체 냉각을 위한 제트 충격 냉각 기술

No	핵심 키워드	관련 특허(출원번호)	요소기술 후보군
9	circuit, signal, control, output, voltage, input, switching, driving, current, power	• Dual Gate Power Semiconductor Device and Method of Controlling a Dual Gate Power Semiconductor Device (18/117789) • DRIVE CIRCUIT FOR POWER SEMICONDUCTOR ELEMENT, SEMICONDUCTOR DEVICE, AND POWER CONVERSION DEVICE (18/024776) • DRIVE ADJUSTMENT CIRCUIT FOR POWER SEMICONDUCTOR ELEMENT, POWER MODULE, AND POWER CONVERSION DEVICE (17/927010)	• 듀얼 게이트 기반 신호 제어 기술 • 입력 및 출력 전압 제어를 위한 드라이브 기술 • 전력 변환 장치의 회로 안정화 기술
10	lead, frame, die, chip, resin, pad, wire, mold, bonding, surface	• POWER SEMICONDUCTOR DEVICE AND MANUFACTURING METHOD THEREOF (18/339149) • PACKAGE FOR POWER SEMICONDUCTOR DEVICES (18/334317) • PACKAGE STRUCTURE FOR POWER SEMICONDUCTOR DEVICES WITH IMPROVED PARASITIC PARAMETERS (18/296433)	• 저손실 패키지 구조 설계 기술 • 고강도 몰드 및 본딩 기술 • 패키지 내부 기생 파라미터 최소화 기술

※ 관련 특허 : 주제 분포 측면에서 얼마나 유사한지를 기준으로 평가하여 밀접한 관련이 있다고 판단되는 특허

제4절 기술개발 로드맵

1. 요소기술 도출 및 핵심 요소기술 선정

가. 요소기술 도출

 핵심 요소기술 선정을 위한 전략품목 요소기술 7개 도출

[요소기술 도출]

구분	요소기술	개요	출처
1	Power device 전력 효율성 향상 기술	전력반도체의 에너지밀도의 영향으로 소자의 열화, 파괴 현상이 발생하게 되는 문제를 사전에 방지하고 소자의 특성을 안정화 하는 기술	'23년 기술로드맵
2	전력반도체 열 손실 방지 모듈 설계 기술	고전압 대전류 의 전력반도체 의 경우 동작 시 발열에 의한 손실이 발생하게 되고 이로 인한 소자의 성능저하 및 심각한 경우 소자의 파괴로 이어 질 수 있는 상황을 방지하기 위한 모듈 설계 및 구조를 적하하는 기술	'23년 기술로드맵
3	전력 소자 모듈 수직 전도성 향상 기술	전력소자 및 모듈수준에서의 접점 및 기생저항을 최소화하면서 전기전도도를 향상시키는 패키징 기술	'23년 기술로드맵
4	Gate drive IC 제조 기술	전력반도체 동작을 하기 위한 고전압 대전류 구동 및 효율 저감을 위한 설계 및 공정구현 기술	'23년 기술로드맵
5	전력반도체 소자 모델링·열분석 기술	전력반도체 특성상 고전압 / 대전류 소자의 동작 메커니즘을 분석한 소자 특성분석 기술 및 새로운 신뢰성 분석 및 향상기술	'23년 기술로드맵
6	Power device 신뢰성 향상 기술	전력반도체의 안정적인 동작을 위하여 효율을 높이고 장기간 동작에 열화를 방지 하는 설계, 및 구조 최적화 기술	'23년 기술로드맵
7	고전압 대전류 평가 기술	고전압/대전류 소자 및 모듈의 동작 메커니즘을 분석한 특성 분석 기술 구현	전문가

출처: '23년 기술로드맵, 특허-빅데이터, 중소기업 니즈, 수요처 니즈, 대국민(재밍), 전문가 등

나. 핵심 요소기술 선정

❖ 선별된 전략품목 요소기술을 대상으로 전문위원회를 통해 기술개발 핵심성·파급성·가능성을 평가하여 핵심 요소기술 선정

- **(기술개발 핵심성)** 전략품목 개발 필요 요소기술 가운데 중요도(필수 여부) 및 기술개발 성공 시 달성 기여도
- **(기술개발 파급성)** 기술개발 이후 타 분야/품목 등에 영향을 미치는 확장 수준
- **(기술개발 가능성)** 요소기술에 대한 개발 기간, 투자금액, 기술 난이도 등을 종합적으로 고려한 중소기업 적합 수준

[「전력반도체」 핵심 요소기술 선정]

구분	핵심 요소기술	개요
1	전력소자 효율 및 신뢰성 향상 기술	• 전력 밀도 증가에 따른 소자 열화를 해결하기 위한 전력 효율 및 신뢰성 향상 기술 구현
2	전력 소자 및 모듈 방열 향상 기술	• 고전압/대전류의 동작 시 발열에 의한 손실로 소자의 성능저하 및 심각한 경우 소자의 파괴로 이어질 수 있는 상황 이를 방지하기 위한 소자 및 모듈 방열 설계 및 구조 개발
3	전력소자의 모듈 제조 기술	• 전력소자와 주변 부품으로 이루어진 모듈을 제작하는 제조기술로 최적의 모듈 제작과 이를 수정하는 repair 기술을 결합한 제조 기술 구현

✕ 핵심 요소기술 정의서

3-1 전력소자 효율 및 신뢰성 향상 기술

구분		내용
분류 체계	산업기술	- (200402) 화합물 소자
	과학기술	- (ED0402) 화합물 소자
기술개요		- 전력 밀도 증가에 따른 소자 열화를 해결하기 위한 전력 효율 및 신뢰성 향상 기술 구현
기술 요구사항		- **오믹전극 개선 기술** : 전력 효율 향상에 직접적으로 작용하는 오믹 특성 향상 기술 • 이온주입 공정 기술 • n+ cap 층 성장 기술 (오믹 전극이 형성될 영역에 고농도로 도핑된 에피층을 형성) - **필드플레이트 기술** : 고전압 동작시 소자의 신뢰성을 높이고 항복전압을 높이는 기술 • 소자의 전계 시뮬레이션을 통한 필드플레이트 디자인 최적화 (소자에 가해지는 전계를 시뮬레이션 하여 적절한 전계분산을 가능케 하는 필드플레이트 디자인 설계) • 필드플레이트 형성 공정 기술 개발 (필드플레이트 구조를 안정적으로 형성하는 공정 기술) - **유전막 형성 기술** : passivation 막 및 필드플레이트 유전막 형성을 통해 소자의 신뢰성을 높이는 기술 • 물질 종류 및 두께 등에 따른 소자 특성 변화 시뮬레이션 (물성과 두께를 시뮬레이션 하여 소자에 미치는 영향 분석) • 유전막 증착 공정 기술 개발 (증착 조건에 따른 유전막 특성 변화를 확인하여 최적의 유전막 증착 공정 개발)
기술개발 최종 목표		- **오믹특성 개선** • 온저항(on resistance) 20 $m\Omega \cdot cm^2$ 구현 - **항복전압 향상** • 항복전압 1500 V 구현 - **누설전류 감소** • on/off ratio $1*10^8$ 구현
단계별 목표	1차년도	- **시뮬레이션 및 단위공정 개발 (TRL 5단계)** • 오믹특성 개선을 위한 이온주입 공정 개발 • 필드플레이트 디자인 시뮬레이션 수행 • 유전막 특성 시뮬레이션 수행
	2차년도	- **단위공정 개발 및 프로토타입 소자 제작 (TRL 6단계)** • n+ cap 층 성장기술 개발 • 필드플레이트가 적용된 소자 제작 • 유전막 구조가 개선된 소자 제작
	3차년도	- **공정기술 고도화 (TRL 7단계)** • 오믹공정 최적화 1 (이온주입 dose, 가속전압, 마스크 최적화) • 오믹공정 최적화 2 (n+ cap층의 두께 및 농도 최적화) • 필드플레이트 최적화 (2단 혹은 3단 필드플레이트 구조 적용으로 전계 완화 극대화) • 유전막 증착 조건 개선을 통한 소자의 누설전류 감소

3-2 전력 소자 및 모듈 방열 향상 기술

구분		내용
분류 체계	산업기술	- (200402) 화합물 소자
	과학기술	- (ED0402) 화합물 소자
기술개요		- 고전압/대전류의 동작 시 발열에 의한 손실로 소자의 성능저하 및 심각한 경우 소자의 파괴로 이어짐. 이를 방지하기 위한 전력 소자 및 모듈용 방열 소재 개발
기술 요구사항		- WBG 전력소자용 고방열 소재 기술 • 고방열 고내전압 세라믹 기판 • 고방열 칩 접합 소재 • 고방열 전력모듈용 저열팽창 spacer 소재
기술개발 최종 목표		- 고전압/고전류 구동 환경에서 고신뢰 동작 및 열적 안정성 확보를 위한 고방열 소재 기술 개발 • 80 W/m.K 이상 열전도도를 갖는 고방열/고내전압 세라믹 기판 • 15 W/m.K 이상 열전도도를 갖는 고신뢰/고내전압 Insulated Metal Substrate 기판 • 150 W/m.K 이상 열전도도를 갖는 Ag 또는 Cu sintering 접합 소재 • 7~11 ppm/℃ 열팽창계수를 갖는 저열팽창 고방열 Spacer 소재
단계별 목표	1차년도	- 고방열 원소재 개발 (TRL 4단계) • 세라믹 기판 원소재 개발 • Insulated Metal Substrate 기판 원소재 개발 • Ag, 또는 Cu sintering 접합 소재 개발 • 저열팽창 고방열 Spacer 소재 개발
	2차년도	- 고방열 기판 및 소재 공정 기술 개발 (TRL 6단계) • 상부 하부 Cu 동박 및 패터닝 공정을 세라믹 기판 개발 • 상부 하부 Cu 동박 및 패터닝 공정을 적용한 IMS 기판 개발 • Ag, 또는 Cu sintering 접합 소재 적용 공정 개발 • 저열팽창 고방열 Spacer 소재 최적화 개발
	3차년도	- 고방열 기판 및 소재 신뢰성 및 시제품 검증 (TRL 7단계) • 세라믹 기판 열충격 및 파워사이클 신뢰성 및 모듈 시제품 검증 • IMS 기판 열충격 및 파워사이클 신뢰성 및 모듈 시제품 검증 • Ag, 또는 Cu sintering 접합 소재 EV적용 신뢰성 확보 • 저열팽창 고방열 Spacer 소재 EV적용 신뢰성 확보

3-3 전력소자의 모듈 제조 기술

구분		내용
분류 체계	산업기술	- (200402) 화합물 소자
	과학기술	- (ED0402) 화합물 소자
기술개요		- 전력소자와 주변 부품으로 이루어진 모듈을 제작하는 제조기술로 최적의 모듈 제작과 이를 수정하는 repair 기술을 결합한 제조 기술 구현
기술 요구사항		- DSC(Double Side Cooling)모듈을 이용한 반도체 장비용 전원공급장치 기술개발 • 스위칭 손실이 적은 고속 스위칭 소자 (SiC, GaN 등)와 고주파 전력 변환 기술을 활용한 반도체 장비용 전원공급장치 • 전원공급장치의 부피를 최소화하기 위해 DSC 모듈을 이용하여 전원장치를 개발 • Repair가 용이하도록 DSC 모듈 블록의 모듈화 추진 • 고주파응용이 가능한 대기압 플라즈마 발생기용 전원장치를 대상으로 개발 추진 • 대상 플라즈마 Reactor에 대한 제시 및 적용방안 제시 • 검증환경 조성에 따른 장기 신뢰성 시험 평가
기술개발 최종 목표		- DSC(Double Side Cooling)모듈을 이용한 반도체 장비용 전원공급장치 기술개발 • 입력 전압 : AC 3상 208 V • 출력 전압 : 15 kV급 • 출력 전력 : ≥ 15 kW • 효율 : ≥ 90% • 출력주파수 : ≥ 200 kHz
단계별 목표	1차년도	- 전원공급장치 DSC적용 구조 설계 (TRL 4단계) • DSC 적용 Power Stack 블록화 설계 • 전원공급장치 Layout • 시험 환경 조성
	2차년도	- 전원공급장치 기초 시험 (TRL 6단계) • 전원장치 프로토 타입 제작 • 대상 플라즈마 Reactor 연계 시험 • 전원장치 기능 구현
	3차년도	- 전원공급장치 시제품 성능 시험 (TRL 7단계) • 전원장치 시제품 제작 • 정격 운전 및 제품 체적 최소화 추진 • 공인인증기관을 통한 신뢰성 시험 평가

2 기술로드맵 구축

가. 기술개발 목표

[「전력반도체」 기술개발 로드맵]

구분	핵심 요소기술	기술 요구사항	개발목표 1차년도	개발목표 2차년도	개발목표 3차년도	최종목표
1	전력소자 효율 및 신뢰성 향상 기술	오믹전극 개선 기술, 필드플레이트 기술, 유전막 형성 기술	오믹특성 개선을 위한 이온주입 공정 및 유전막 특성 시뮬레이션 수행	n+ cap 층 성장기술 및 필드플레이트 적용 소자 제작	오믹공정, 필드플레이트, 유전막 공정 최적화	전력 효율 및 신뢰성 향상을 위한 오믹전극, 필드플레이트, 유전막 기술 구현
2	전력 소자 및 모듈 방열 향상 기술	고방열 소재 기술 개발: 세라믹 기판, 접합 소재, Spacer 소재	고방열 원소재 개발: 세라믹 기판, 접합 소재, Spacer 소재	고방열 기판 및 소재 공정 기술 개발 및 프로토타입 제작	고방열 기판 및 소재 신뢰성 시험 및 시제품 검증	고전압/고전류 구동 환경에서 고신뢰 동작 및 열적 안정성 확보
3	전력소자의 모듈 제조 기술	DSC 모듈을 이용한 반도체 장비용 전원공급장치 설계 및 개발	DSC 적용 Power Stack 블록화 설계 및 시험 환경 조성	전원공급장치 프로토타입 제작 및 대상 플라즈마 Reactor 연계 시험	전원공급장치 시제품 제작 및 공인 인증 신뢰성 평가	DSC 모듈 기반 반도체 장비용 고효율 전원공급장치 기술 개발

나. 로드맵 기획

◈ (총론) 전력 효율성 향상, 방열 기능 향상, 고효율 전원공급 기술 이슈에 대응하는 중소기업 전략기술로드맵 구축

- (중소기업 기술개발전략 1) 전력소자의 오믹특성 개선, 필드플레이트 최적화, 유전막 증착 기술 개발 필요
- (중소기업 기술개발전략 2) 고전압/고전류 구동 환경에서 열적 안정성과 신뢰성을 확보하기 위한 고방열 소재 및 기판 개발 필요
- (중소기업 기술개발전략 3) DSC(Double Side Cooling) 구조의 모듈화된 반도체 전원공급장치 설계 및 구현 기술 개발 필요
- (중소기업 기술개발전략 4) 전력모듈의 내구성을 강화하고 고주파 동작 환경에서의 효율과 신뢰성을 높이는 통합 공정 기술 구축 필요

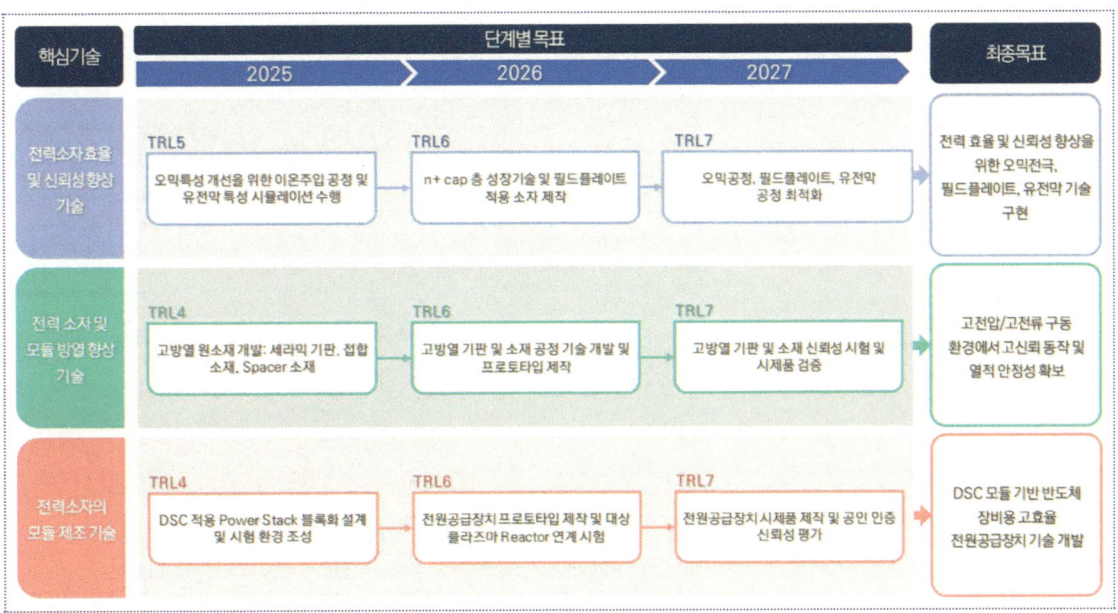

[「전력반도체」 기술개발 로드맵]

(2025~2027)

중소기업 전략기술로드맵

제2장. 전략품목 환경분석

04_아날로그·디지털 제어 반도체

제1절 개요

1. 정의 및 필요성

가. 정의

- 아날로그·디지털 제어 반도체는 연속적인 아날로그 신호(빛, 소리, 온도 등)를 디지털 신호로 변환하거나 디지털 신호를 다시 아날로그 신호로 역변환하는 기능을 수행하는 핵심 반도체 소자로, 물리적, 화학적, 생물학적 신호를 감지 및 변환하는 센서반도체를 포함
  - 아날로그-디지털 변환기(ADC), 디지털-아날로그 변환기(DAC), 그리고 마이크로 컨트롤러(MCU) 등이 주요 구성 요소
  - 신호 처리 기술의 진보와 결합하여 IoT, 스마트 디바이스, 자동차 전장 등 다양한 첨단 분야에서 필수적인 역할 수행
  - 저전력 및 고성능 요구를 충족하기 위해 첨단 공정 기술과 최적화된 집적 회로 설계 기술을 활용

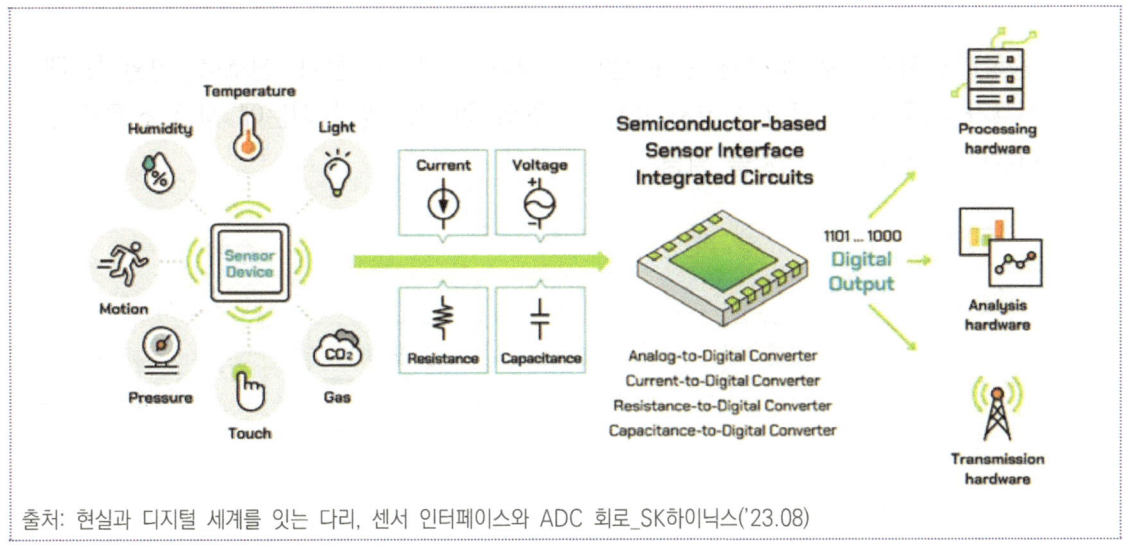

출처: 현실과 디지털 세계를 잇는 다리, 센서 인터페이스와 ADC 회로_SK하이닉스('23.08)

[센서 인터페이스 회로의 다양한 입력과 출력]

◎ 아날로그 반도체의 역할은 ①스위치, ②변환, ③증폭으로 구분할 수 있음
- (스위치) 전류를 흘려보내거나 멈추는 역할

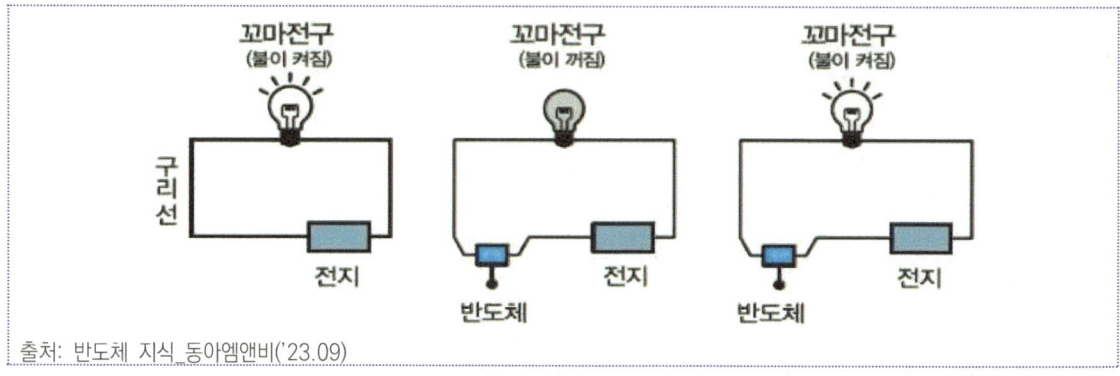

[아날로그 반도체의 '스위치']

- (변환) 전파의 신호를 전자제품 내부에서 활용하도록 전기 신호로 변환하고, 전자기기 내부 정보를 송신할 때 전기 신호를 전파로 변환하는 역할

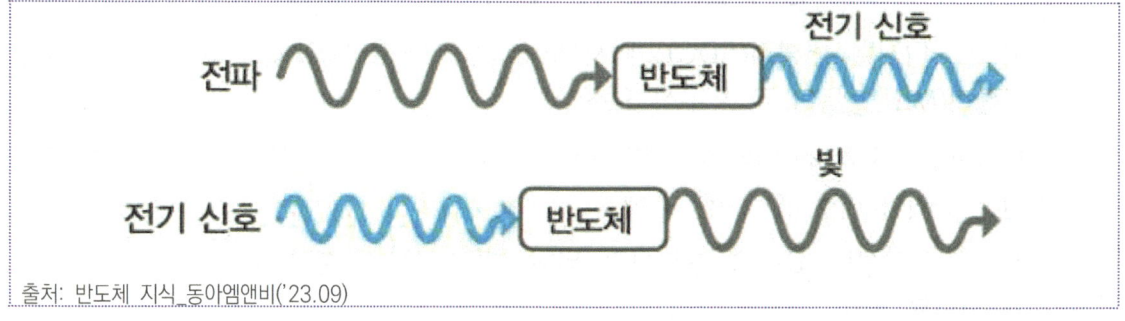

[아날로그 반도체의 '변환']

- (증폭) 전자기기에 부착된 온도·압력 센서는 정보를 전기 신호로 변환하는데, 신호가 매우 작아 금방 사라지거나 노이즈의 영향을 받기 때문에 작은 신호를 큰 신호로 증폭시키는 역할을 담당

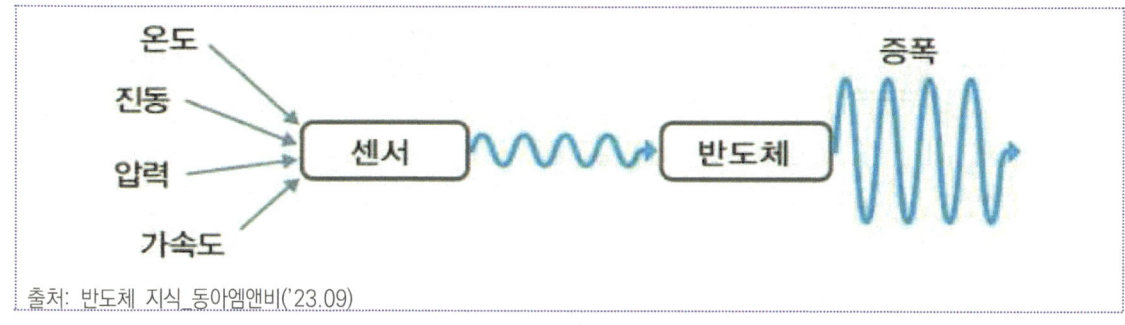

[아날로그 반도체의 '증폭']

나. 기술 개발 필요성

✳ 디지털 반도체가 더 많은 관심을 받는 경향이 있으나, 아날로그 반도체는 우리가 매일 사용하는 기술에서 여전히 큰 역할을 하고 있으며, 이에 대한 수요도 계속 증가하고 있음

- 아날로그·디지털제어 반도체(집적회로, IC)는 현대 전자 기술의 핵심으로 거의 모든 전자 장치에 사용되고 있음

[아날로그·디지털 제어 반도체의 응용 분야]

구분	주요 분야
컴퓨터 및 컴퓨팅 장치	• (마이크로프로세서) 컴퓨터의 중앙 처리 장치(CPU)에서 복잡한 계산과 데이터 처리 작업을 수행 • (메모리 칩) RAM(랜덤 액세스 메모리), ROM(읽기 전용 메모리), SSD(솔리드 스테이트 드라이브) 등 데이터 저장을 위해 사용 • (그래픽 처리 장치(GPU)) 고속 그래픽 처리와 이미지 렌더링에 사용
통신 장비	• (모바일 폰) 통신 기능, 데이터 처리, 디스플레이 제어 등에 필수 사용 • (네트워크 장비) 라우터, 스위치, 모뎀 등 네트워크 통신을 가능하게 하는 장비에 사용
소비자 전자제품	• (가전제품) TV, 냉장고, 에어컨, 세탁기 등에 내장된 마이크로컨트롤러는 사용자 인터페이스, 센서 제어 등을 담당 • (오디오 및 비디오 장치) MP3 플레이어, 디지털 카메라, 비디오 게임 콘솔 등에 사용되어 고화질 오디오 및 비디오 처리 제공
자동차	• (자동차 전제 제어 유닛(ECU)) 엔진 관리, 에어백 시스템, 안티락 브레이킹 시스템(ABS), 내비게이션 시스템 등 자동차의 다양한 기능 제어
산업 및 자동화	• (산업용 제어 시스템) 제조 공정, 로봇 제어, 플랜트 모니터링 등에서 중요한 역할을 담당 • (스마트 팩토리) 생산 라인의 자동화 및 최적화에 IC 기반 기술 사용
의료 장비	• (진단 장비) X-레이, MRI, 초음파 스캐너 등의 의료 이미징 장비에서 중요한 기능을 수행 • (휴대용 의료기기) 글루코미터, 심장 박동 모니터, 웨어러블 헬스 트래커 등에 사용되어 환자의 건강 상태를 모니터링
항공우주 및 국방	• (위성) 통신, 지구 관측, GPS 위치 정보 제공 등의 목적으로 사용되는 위성에 고성능 IC가 필수로 적용 • (군사 장비) 무인 항공기(UAV), 레이터 시스템, 미사일 제어 시스템 등에 IC 기술이 활용

※ **소비자 전자 제품, 자동차 운전자 지원 시스템(ADAS) 및 산업 부문과 같은 다양한 응용 분야에서 아날로그 IC의 사용이 증가함에 따라 아날로그 IC 시장은 지속적으로 성장할 전망임**
- 증가하는 공장 자동화, 반도체의 소형화, 사물 인터넷(IoT) 및 인공 지능(AI)의 발전과 같은 요인으로 인해 아날로그 IC 시장의 성장을 주도하고 있음
- 이처럼 IT산업 전반에 활용되는 아날로그 및 제어 반도체는 견고한 수요로 시장 규모가 지속적으로 확장되고 있어, 중소기업이 다양한 분야의 수요처를 확보하여 국내외 반도체 기업에 공급하는 기회 창출이 가능함

※ **차세대 전력 관리 솔루션과 고집적 회로 개발의 중요성 대두**
- 아날로그와 디지털 회로를 통합하는 기술은 고효율 전력 변환과 안정적인 신호 처리를 가능하게 해, 소형화·경량화된 제품 개발을 촉진함
- 전력 소비를 줄이고 시스템 안정성을 높이기 위해 새로운 설계 구조와 고집적 반도체 기술의 발전이 요구됨

※ **글로벌 경쟁 심화와 기술 선점 필요성**
- 글로벌 반도체 시장에서 아날로그 및 디지털 제어 반도체는 높은 기술 진입 장벽과 수익성을 보이며 주요 경쟁 분야로 부상
- 미국, 일본, 유럽의 주요 기업들이 고부가가치 시장을 선점하고 있으며, 한국은 관련 기술 격차를 줄이기 위한 적극적인 기술 개발 및 투자가 필요함

※ **사회적·경제적 효과와 산업 파급력**
- 고성능 반도체 개발은 에너지 효율을 극대화하고, 탄소 배출 저감을 가능하게 하여 지속 가능한 산업 생태계를 구축하는 데 기여
- 자율주행차, 스마트 그리드, 의료 기기, 5G/6G 통신 장비 등 주요 첨단 산업에 활용됨으로써 기술적 파급 효과가 큼

※ **환경적·규제적 요구와 기술개발 방향**
- 친환경 기술 도입을 위한 국제 규제와 기업의 ESG(환경·사회·지배구조) 경영 강화로 전력 효율을 극대화하는 기술의 필요성이 증가
- 저전력 설계, 고효율 전력 관리 IC(PMIC) 기술 등 환경 규제에 대응하기 위한 혁신적인 반도체 설계가 요구됨

2 범위 및 분류

가. 가치사슬

❖ 아날로그·디지털 제어 반도체 산업은 전자기기 및 시스템의 제어와 신호 처리에 필수적인 핵심 부품으로, 데이터 수집, 전환, 제어 및 출력 과정을 처리하는 구조로 이루어져 있음

- 아날로그 신호를 디지털 신호로 변환하거나 디지털 신호를 아날로그로 변환하는 기능을 포함하며, 전자 산업의 지속적인 기술 진보와 함께 중요성이 증가하고 있음

➲ (후방산업) 반도체 원료, 소재, 장비, 설계, IP 산업 등으로 구성

- (반도체 원료 및 소재 산업) 웨이퍼, 화학물질, 포토레지스트 등
- (반도체 장비 산업) 증착장비, 식각장비, 리소그래피 장비 등 제조 공정 장비
- (반도체 설계 및 IP 산업) 칩 설계를 위한 EDA 툴, 설계 라이브러리 등
- (기초 전자 소재 산업) 패키징용 금속 및 세라믹 소재

➲ (전방산업) 전자기기, 산업용 제어 시스템, 자동차, 통신, 의료기기 산업 등으로 구성

- (전자기기 제조) 스마트폰, 태블릿, 노트북, 가전제품
- (산업용 제어 시스템) 자동화 설비, 공장 제어 시스템
- (자동차 전장 산업) 전기차(EV), 자율주행 시스템, 차량용 센서
- (통신 및 네트워크 장비) 5G/6G 기지국, IoT 디바이스
- (의료기기 산업) 영상진단기기, 환자 모니터링 장비

[아날로그·디지털 제어 반도체 품목 산업구조]

후방산업	아날로그·디지털 제어 반도체	전방산업
반도체 소재 산업, 반도체 장비 산업, 반도체 공정 산업, 반도체 소자 산업	증폭기, 신호변환기, 아날로그-디지털 변환회로(ADC) 등	반도체가 장착되어 운영되는 기기를 주력 상품으로 생산하는 수요기업 (휴대폰, 가전, 자동차, PC 등)

나. 용도별 분류

- 아날로그·디지털 제어 반도체는 전력 관리, 신호 변환, 데이터 처리, 자동차 제어, 산업 자동화, 통신 시스템, 소비자 가전 등 다양한 분야에서 핵심 기술로 활용되며, 각 용도에 특화된 기능을 통해 전자기기와 시스템의 효율성과 성능을 극대화

전력 제어 및 에너지 관리

- (전력 관리 IC, PMIC) 전력을 변환·처리·제어하여 시스템의 전반적인 전력 효율을 최적화
  - 모바일 기기 및 배터리로 동작하는 장비에서 최소한의 전력으로 구동할 수 있도록 설계되어 배터리 수명을 연장
  - 전자제품과 내부 주요 칩에 흐르는 전력을 총괄적으로 관리하여 안정적인 작동 환경 제공
- (배터리 관리 IC) 배터리 상태를 모니터링하고 충전·방전을 효율적으로 제어하고, 전기차, 스마트폰, IoT 기기의 에너지 효율성을 향상

이미지 처리 및 신호 변환

- (이미지 센서) 빛을 디지털 신호로 변환하여 고해상도의 이미지를 제공
  - (CMOS 이미지 센서) CMOS 구조를 가진 저전력 촬상 소자로, 피사체 정보를 읽어 전기적인 영상신호로 변환해주는 이미지 센서로, 빛 에너지를 전기 에너지로 변환해 영상으로 만들며, 카메라 필름과 같은 역할을 하며, 스마트폰, 스마트 TV, 의학용 촬영 장비, 자율주행차 등에 활용
  - (CCD 센서) 전하를 이동시키는 소자를 의미하며, 빛을 전하로 전환하고 그 전하를 다시 디지털화하여 디지털 이미지를 얻을 수 있게 하는 센서로, 산업적 활용도가 매우 높고, 디지털카메라, 스캐너, 캠코더와 같은 영상 장치에 많이 사용
- (아날로그-디지털 변환기, ADC) 아날로그 신호를 디지털 신호로 변환하여 의료 기기, 센서 네트워크, 통신 장비에서 데이터를 처리
- (디지털-아날로그 변환기, DAC) 디지털 신호를 아날로그 신호로 변환하여 디스플레이 및 음향 장치 품질을 향상

❖ 헬스케어 및 웨어러블 디바이스

- (생체 신호 처리 IC) 심박수, 혈압, 혈당 등 생체 데이터를 실시간으로 측정 및 처리하여 개인화된 헬스케어 서비스 제공
  - 스마트워치, 피트니스 트래커, 의료용 모니터링 장비에서 사용
- (이미지 처리 IC) 초음파 이미징, MRI, X-ray 등의 의료 장비에서 고해상도 이미지를 생성 및 분석

❖ 자동차 및 자율주행 제어

- (ECU 제어 반도체) 자동차 엔진, 변속기, 브레이크 시스템의 제어 및 최적화에 사용하고, 전기차 및 자율주행 차량의 안전성과 효율성 증대
- (ADAS용 반도체) 카메라, 라이다, 레이더 신호를 처리하여 자율주행 및 운전자 보조 시스템 구현

❖ 산업 자동화 및 스마트 팩토리

- (모터 제어 IC) 공장 자동화 시스템에서 모터의 속도와 방향을 정밀 제어해서, 로봇 공학, 산업 기계의 성능 향상
- (센서 인터페이스 IC) 다양한 센서 데이터를 수집하고 제어 시스템과 통신 가능하고 스마트 제조 공정의 데이터 기반 의사결정에 기여

❖ 통신 및 네트워크 시스템

- (RF 프론트엔드 IC) 무선 주파수 신호의 송수신을 제어하여 통신 품질 향상해서, 5G 기지국, 스마트폰, IoT 디바이스에 적용
- (타이밍 제어 IC) 데이터 동기화와 시간 신호 관리에 사용하고, 고속 네트워크 장비 및 데이터 센터의 안정적 운영 지원

❖ 소비자 가전 및 스마트 디바이스

- (오디오 및 비디오 제어 IC) 오디오 신호 처리와 비디오 품질 개선해서, TV, 헤드폰, 스피커 등의 성능 향상
- (터치 컨트롤러) 스마트폰, 태블릿, 디스플레이의 터치 스크린 기술 구현
  - 감압식, 정전식, 적외선식 등 다양한 방식으로 입력 신호를 감지하여 사용자 경험을 향상

제2절 환경 분석

1. 시장 현황 및 전망

가. 개황

- 디지털 전환기술의 변화, 기후변화 등 그린기술 전환, 코로나19로 인해 향후 반도체 생태계 확보를 위한 기술보호 경쟁은 더욱 격화될 전망

- (반도체 산업정책의 변화) 탈세계화 시대에 G2인 미국과 중국의 3라운드에 걸친 패권 다툼
  - (무역 전쟁) 2019년 8월 중국에 대해 환율 조작국으로 지정하고, 상호 간 3단계에 걸친 각종 관세 부과 조치함
  - (기술 분쟁) 중국의 밸류체인을 제재하기 위해서 미국 기업들의 중국 상대 거래 금지 조치, TSMC의 중국기업의 위탁생산 금지
  - (체제 경쟁) 미국의 바이든 정부의 키워드인 민주주의, 동맹주의, 다자주의는 중국을 권위주의적이고 배타적인 나라로 규정, 기술 분쟁을 넘어 체제 경쟁으로 확대

- 한국과 대만에 대한 의존도 증가
  - 중국은 모바일과 서버 시장을 선점하기 위한 메모리 반도체 산업의 기술적 역량을 확보하지 못한 상태
  - 시스템반도체 부문도 팹리스 기업의 위탁생산을 맡아줄 파운드리가 부족한 상태
  - 기술자립을 위해서는 많은 자본과 시간이 필요한 상태임. 반도체 성능이 취약하여 한국과 대만에 대한 의존도가 높아진 상황
  - 세계에서 1위를 기록하고 있는 스마트폰 제조업체 애플도 한국과 대만에 대한 의존도가 높음 (DRAM: 삼성과 SK 하이닉스의존, NAND: 삼성, Sk 하이닉스, 일본의 Kioxia 의존, Display: 삼성, LG Display 의존, AP: 자체 설계 후 TSMC에 위탁생산)

❖ **(글로벌 가치사슬 구조의 등장 및 변화)** 반도체를 둘러싼 각국의 경쟁이 코로나19 확산으로 효율성보다는 안정성과 산업회복으로 변화

- 기존의 국제 분업체계에서 국내 분업체계로 변화
- 미·중 반도체 디커플링이 심화되면서 기업들의 대중국 리스크 심화
- 미래 유망분야로서의 초미세공정 반도체를 둘러싼 경쟁의 심화

❖ **미국의 제재와 중국의 선택**

- 미국은 대만에 중국과의 반도체 관련 거래를 중단하도록 압력
- 중국의 강점인 팹리스 부문의 위탁생산 업체가 사라짐으로 인해 중국의 파운드리 경쟁력의 취약점이 드러남
- 중국은 자국 내 경쟁력을 강화 하기 위해 메모리 반도체와 파운드리 산업의 강력한 2차 반도체 굴기를 추진할 수밖에 없는 상황

❖ **미국과 중국 중심의 반도체 산업구조 생태계**

- 중국의 반도체산업 진입으로 인해 미국의 세계 반도체 시장지배력 확보를 위한 미·중 경쟁 양상이 진행
- 중국의 반도체 굴기에 대응하여 미국은 반도체 분야의 글로벌 선도를 위해서 중국의 미국 반도체 기업의 인수 불허는 물론이고 국가안보 위협 등의 사유로 중국을 견제

❖ **국가 간 기술 경쟁력 격화**

- 미국과 일본은 반도체 분야에서 자국의 소재·부품·장비 분야의 기술력 우위를 신무기로 활용하고 있으며, 미국은 중국을 견제하고, 일본은 한국을 견제함
- 그동안 한국이 1위로 선점하고 있던 LCD 산업은 이미 중국이 따라 잡았으며, 메모리 사업만이 유일하게 경쟁력을 유지
- 최근 반도체에 170조를 투자한 중국이 NAND Flash 분야 기술격차가 1년으로 좁혀져 위협을 받는 상황. 반도체산업의 글로벌 산업 정책을 검토하고 트렌드에 맞추어 변화가 필요함

나. 관련 시장 규모 및 전망

1 세계 시장

- 아날로그·디지털 제어 반도체의 세계 시장 규모는 7년간 연평균 성장률 3.7%로 증가하며 '22년 약 781억 달러에서 '28년 972억 달러 규모로 성장할 것으로 전망
  - 상대적으로 완만한 성장세를 보이지만, 기술 혁신과 새로운 애플리케이션 도입이 시장의 지속적인 확장을 견인하고 있음
  - (전력 관리 솔루션 수요 증가) IoT 기기, 가전, 산업용 장비 등에서 에너지 효율성을 높이기 위한 전력 관리 반도체의 수요가 꾸준히 증가하고 있으며, 아날로그 반도체는 저전력 및 고효율 설계에 필수적인 부품으로, 전력 소비 최적화에서 중요한 역할을 함
  - (5G 및 통신 인프라 확대) 5G 네트워크와 데이터 센터의 확장은 디지털 제어 반도체의 수요를 촉진하고 있으며, 고속 데이터 처리와 안정적인 통신을 위한 고성능 디지털 제어 반도체의 필요성이 증가하고 있음
  - (IoT 및 스마트 디바이스 확대) IoT 디바이스와 스마트홈 기기의 보급은 소형화된 저전력 아날로그·디지털 제어 반도체에 대한 수요를 확대하고 있으며, 이러한 디바이스는 전력 관리와 통신 기능을 모두 지원하는 반도체를 필요로 함

[아날로그·디지털 제어 반도체 세계 시장 규모 및 전망]

(단위: 십억 달러, %)

구분	'22년	'23년	'24년	'25년	'26년	'27년	'28년	CAGR ('22년~'28년)
세계시장	78.15	81.05	84.06	87.18	90.42	93.78	97.26	3.7%

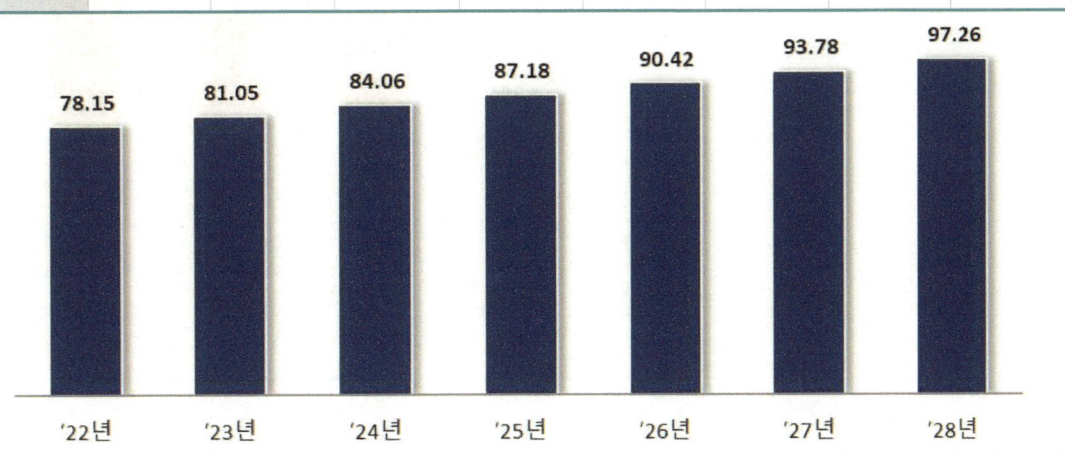

출처: Analog semiconductor market revenue worldwide from 2009 to 2024_statista('23.11)

2 국내 시장

아날로그·디지털 제어 반도체의 국내 시장 규모는 7년간 연평균 성장률 23.4%로 증가하며 '22년 약 76억 달러에서 '28년 270억 달러 규모로 성장할 것으로 전망

- 국내 전장(電裝) 기술 확대와 IoT, 5G 인프라 구축이 주요 동인으로 작용
- (전장 기술과 전력 관리 반도체 수요 증가) 자동차의 전장화 확대와 전기차(EV) 및 하이브리드차(HEV) 증가로 인해 디지털 제어 IC의 수요가 급증하고 있으며, 전기차 내 전력 변환, 배터리 관리 시스템(BMS) 등에서 아날로그 반도체의 활용도가 높아지고 있음
- (5G와 데이터 인프라 확산) 국내 5G 네트워크의 빠른 보급과 데이터센터 확충은 디지털 제어 반도체의 수요를 촉진하고 있으며, 고속 데이터 전송 및 네트워크 안정성을 위한 디지털 제어 기술의 중요성이 증가하고 있음
- (IoT 및 스마트 디바이스 확대) 스마트홈, 스마트팩토리와 같은 IoT 기반 솔루션의 확산은 소형화, 저전력의 아날로그 반도체 수요를 증가시키고 있으며, 국내 IT 및 가전 기업들이 IoT 제품 개발에 집중하며 관련 반도체 시장이 동반 성장하고 있음

[아날로그·디지털 제어 반도체 국내 시장 규모 및 전망]

(단위: 백만 달러, %)

구분	'22년	'23년	'24년	'25년	'26년	'27년	'28년	CAGR ('22년~'28년)
국내시장	7,661	9,454	11,666	14,396	17,765	21,922	27,051	23.4%

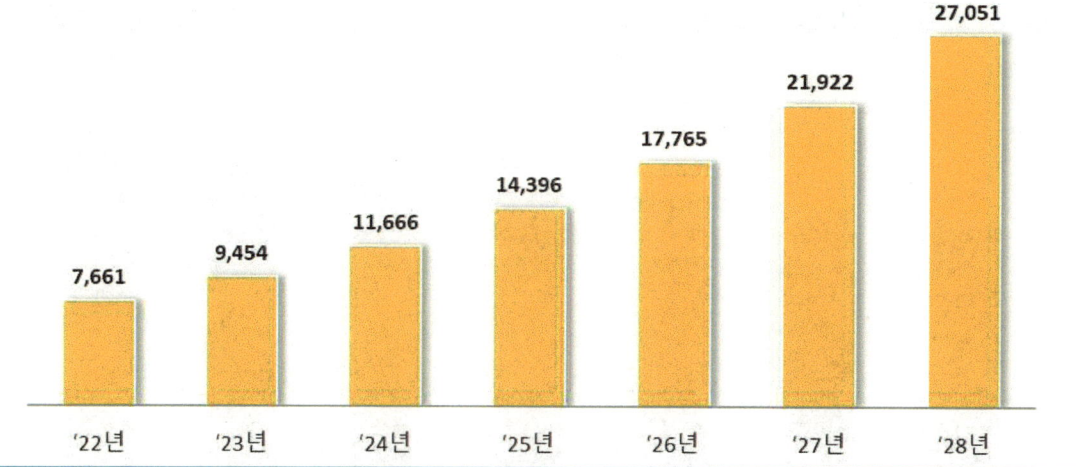

출처: worldwide-semiconductor-analog-components_Statista('23.05)

2 기술개발 동향

가. 개황

❋ **전자기기의 전력 분배, 신호 변환, 임베디드 프로세싱, 광학 시스템 등 다양한 핵심 기능을 구현하기 위해 고효율, 고집적, 고신뢰성을 목표로 지속적으로 발전**

- (Analog Power Products) 세상에 존재하는 모든 전자기기는 외부 전원으로부터 전력을 공급받아, 이를 내부의 다양한 기능을 구현하는 반도체 칩(집적회로, IC)이 동작할 수 있도록 적절한 전압을 분배해 주어야 하며, 이 모든 과정에서 다양한 집적회로들이 사용됨
  - 스마트폰을 예로 들면, (1) USB-C 타입의 Cable을 통해 공급된 전력은 (2) 내부 배터리 팩에 충전되고, 필요에 따라 디스플레이, 카메라 구동 등 (3) 다양한 기능을 수행하기 위해 전력 분배가 이루어짐

- (Analog Signal Chain) 세상에 존재하는 자동차 배기음, 사람들의 목소리, 새소리 등은 모두 연속적인 아날로그 신호들이기 때문에, 디지털을 기반으로 전자기기들은 이러한 정보를 있는 그대로 해석할 수 없으므로 각 신호의 변환 작업을 해주는 집적회로가 필요함
  - 스마트 스피커를 예로 들면, (1) 마이크를 통해 인식된 사람의 음성은 ADC를 통해 디지털 신호로 변환 되며 (2) DSP를 통해 잡음 제거와 특정 목적을 위한 의도적 왜곡과 같은 디지털 신호 처리 과정을 거치며, (3) DAC를 통해 우리가 인식할 수 있는 아날로그 신호인 실제 음성으로 출력되는 과정을 거침

- (Embedded Processing Products) 작은 컴퓨터이자 칩인 마이크로프로세서에 메모리, I/O와 같은 입출력 장치가 합쳐진 제품으로, 대표적인 제품은 자동차의 여러 전자 기능을 제어하는데 사용되는 MCU가 있음

- (DLP Products) DLP는 광학 반도체로 흔히 영사 시스템인 빔 프로젝터에 사용됨

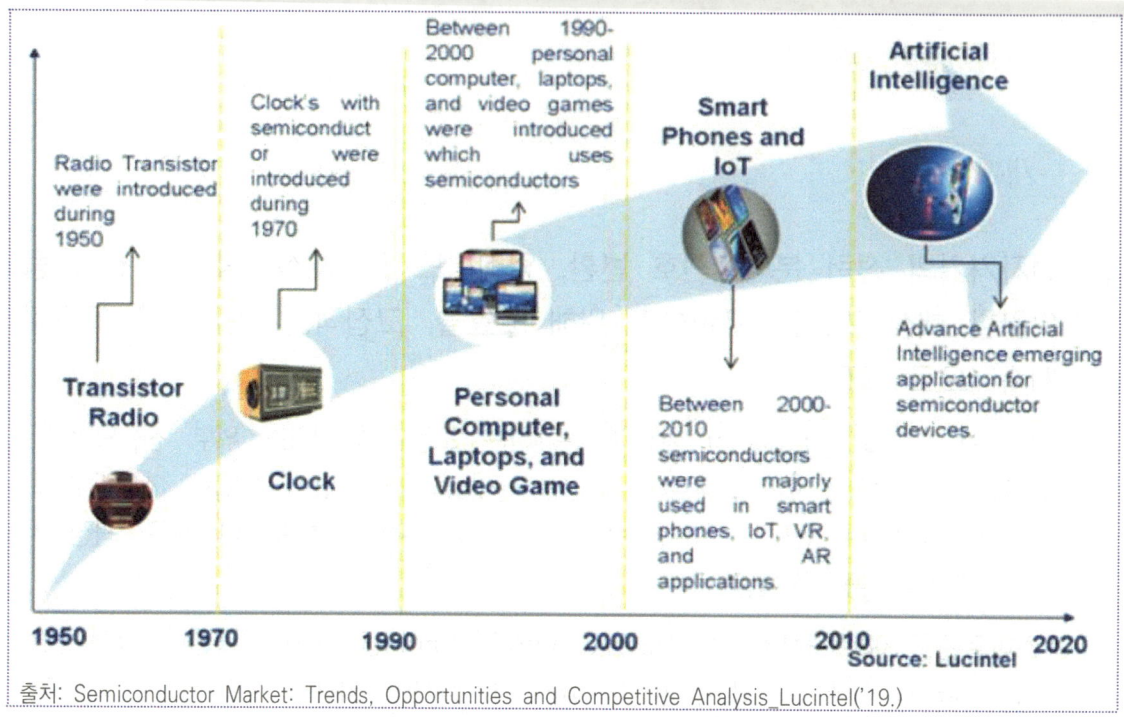

[1950-2020년 전자 산업 발전사 및 반도체 제품의 확대 추이]

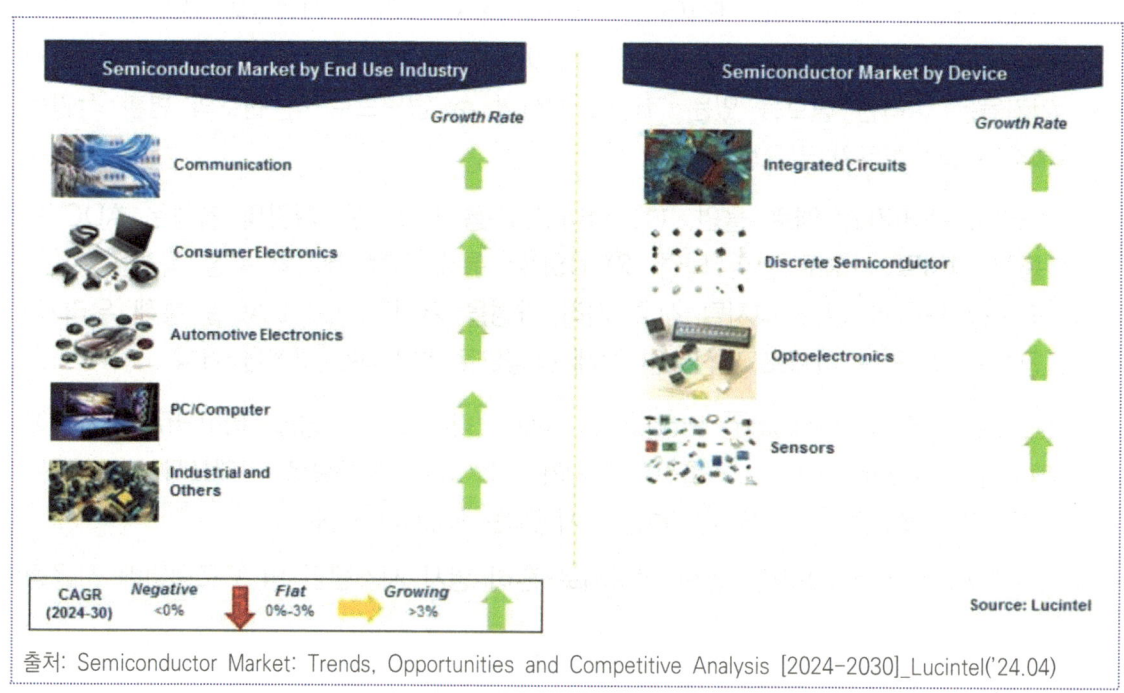

[2030년까지 반도체가 채용될 시장 성장 추이]

나. 주요 기술개발 동향

1 해외 기업

- 주요 해외 기업들은 차량·전력용 반도체 및 모터 제어 IC에 특화된 기술과 다양한 제품군으로 시장 점유율을 확장하고 있으며, 고도화된 센서, 실시간 제어, 시스템 통합 기술을 통해 전기차, 산업용 기기, 전자기기 등 다양한 응용 분야에서 선두 자리를 공고히 하고 있음

  - (Infineon Technologies, 독일) 메모리 사업을 포기하고 비메모리 제품에 역량을 집중하여, 차량 및 전력용 반도체 분야에서 세계 시장 점유율 1~2위를 차지하고 있음
    - 현재 차량용 반도체, 전력용 반도체, 칩카드(IC 칩) 및 보안 등 비메모리 반도체 분야의 선두권 업체로서, 탈탄소화 및 디지털화를 위한 에너지 효율 및 디지털 솔루션을 제공

  - (ROHM, 일본) 산업용 및 자동차용 반도체 소자와 IC로 매출 대부분을 구성하는 일본의 대표적 시스템 LSI 기업
    - 카메라, 에어컨, 프린터 등 세부 전자기기별로 특화된 모터 드라이버 IC를 구축하고 있으며, 2024년 4월에는 아날로그와 디지털 요소를 융합한 설계 개념의 'LogiCoA™' 전원 솔루션을 업계 최초로 제공하기 시작

  - (onsemi, 미국) 1999년에 모토로라의 반도체 사업부가 분사하여 설립되었으며, 미국 애리조나에 기반을 두고 있음
    - 차량 적재용 반도체에 강점을 보이며, 전력 및 센서 시스템 분야에서 첨단 전력 관리, 센싱 및 데이터 전송 기술을 선도하고 있음

  - (STMicroelectronics, 스위스) 유럽 최대의 반도체 회사로, 아날로그 반도체, 전력반도체, 차량 반도체 등 다양한 제품을 출시하고 있음
    - 'STSPIN' 브랜드로 모터제어 반도체 제품군을 판매하며, 일반 모터, 스텝 모터, BLDC 모터 등을 위한 모터제어 반도체와 전력 스위치를 제어하는 게이트 드라이버 반도체로 구분
    - 2024년 4월에는 ROHM 그룹의 SiCrystal과 실리콘 카바이드(SiC) 웨이퍼 공급 계약을 확장하여, 자동차 및 산업용 애플리케이션에서 SiC 제품의 상업적 확장을 지원하고 있음

- (Mitsubishi Electric, 일본) 1921년 설립된 종합전자기업으로, 다양한 분야와 작업에 사용되는 전기/전자제품과 시스템을 제조 및 판매
  - 전력 반도체 분야에서 IGBT 등 다양한 제품을 제공하며, 산업용 전력 모듈 시장에서 주요 플레이어로 활동
- (Allegro Microsystems, 미국) 센서 IC 및 응용 분야별 아날로그 전력 IC 및 포토닉스 구성 요소를 설계하고 개발하는 기업
  - 하드웨어 기반 알고리즘인 '플러그인 및 스핀'을 적용한 모터 반도체를 출시하여, 소프트웨어 개발 및 디버그 주기를 제거하고 시장 출시 시간을 크게 단축
  - 스테퍼, BLDC, DC 등 3가지 주력 모터군에 대해 100V 이하의 저전압 제품을 개발 및 출시
- (Texas Instruments, 미국) 1941년 설립된 아날로그 반도체 분야 세계 1위 기업으로, DLP(Digital Light Processing) 칩 분야에서도 선두를 달리고 있음
  - 2022년 7월 인터뷰에서 마크 응 TI 매니저는 처리 능력을 높이고 감지 및 작동 성능을 확장하는 실시간 제어 기능을 발전시켜 더 높은 정밀도와 효율성을 높이는 동시에 더 높은 차원의 시스템 통합을 이루는 것이 중요하다고 언급
- (Toshiba, 일본) 1875년에 설립된 종합 전자기기 기업으로, HDD, 반도체, 발전, 철도 등 다양한 부문의 제품군을 보유
  - 전력 반도체 분야에서 IGBT 등 다양한 제품을 제공하며, 산업용 전력 모듈 시장에서 주요 플레이어로 활동
- Analog Devices (미국) 아날로그, 혼합 신호 및 디지털 신호 처리(DSP) 기술을 제공하는 글로벌 선도 기업으로, 2021년 아날로그 IC 매출에서 세계 2위를 기록
  - 2021년 8월, 맥심 인터그레이티드를 280억 달러에 인수하여 제품 포트폴리오를 확장하고, 산업, 자동차, 통신, 소비자 등 다양한 분야에서의 입지를 강화
- NXP Semiconductors (네덜란드) 자동차, 산업, IoT, 모바일 및 통신 인프라 시장을 위한 고성능 혼합 신호 솔루션을 제공하는 기업으로, 특히 자동차 반도체 분야에서 리더로 자리 잡고 있음
  - 2021년 아날로그 IC 매출에서 세계 7위를 기록하였으며, 자율 주행 기술과 차량 네트워킹에 필수적인 칩을 공급하며, 전기차 시장 성장과 함께 중요한 역할 중

② 국내 기업

※ 국내 아날로그/디지털 제어 반도체 기업들은 전력관리, 음성인식, 모바일 카메라, 자동차 및 산업용 솔루션 등 다양한 애플리케이션을 위한 고성능·저전력 기술 개발과 국산화에 집중하며, 협력 및 기술 혁신을 통해 글로벌 시장에서의 경쟁력을 강화

- (관악아날로그) 빛, 소리 등 물리적인 신호를 디지털 신호로 변환하는 아날로그 반도체와, 전류 방향과 전력을 제어하는 전력반도체, 연산을 수행하는 마이크로컨트롤유닛(MCU) 등 3가지 기능을 한 칩에 통합한 제품을 주력으로 하고 있음
  - 고성능·저전력 설계 기술을 바탕으로 음성인식 기반 차량용 전력반도체를 개발 중
- (동운아나텍) 휴대폰 및 전자기기에 들어가는 아날로그 반도체 회로를 설계개발하는 팹리스 업체로, 모바일용 카메라 AF 드라이버 IC 생산을 주력
- (ADI) 아날로그 반도체 업계 리더로서 다양한 애플리케이션에 사용할 수 있는 75,000종의 제품을 보유하고 있으며, 전 세계 125,000개 社를 지원
  - 기술혁신 및 성능 향상을 위해 전체 매출의 약 17%를 연구개발에 투자
- (실리콘마이터스) 전력관리 및 아날로그 반도체 전문기업으로 '23년 11월 커패시터 개발 전문 회사인 피코셈과 협력하여 전자제품 제조사와 고주파 소형 실리콘 커패시터 개발 계약 체결
  - '22년 7월, 국내 최초 전력관리 집적반도체칩(PMIC) 개발 및 국산화에 성공
- (매그나칩) 통신, IoT, 가전, 컴퓨팅, 산업, 자동차 등의 애플리케이션에 탑재되는 아날로그 및 혼성신호 반도체를 설계·생산하는 기업
- (KEC) 비메모리 전력반도체를 중심으로 국내 가전 및 자동차 제조 기업과 협력 중이며, 꾸준한 연구개발로 핵심기술 확보와 기술혁신을 추구하며 국내 전력반도체 국산화에 앞장서는 중
  - 파워트레인, HVAC, blow 모터 등 전기차 부품 다수와 관련된 통합 솔루션 및 산업용 모터 솔루션, 자동화 솔루션, 팬 및 모터 펌프 드라이브 솔루션 등을 종합적으로 제공

③ 국내 연구개발 기관

✦ 대표 연구개발 기관

[아날로그·디지털 제어 반도체 주요 연구조직 현황]

분류	연구 분야
한국전자기술연구원	• 전동화 기반 동력전달 고도화 설계기술 • 미래형 모빌리티용 전기추진모듈 고출력화 기술 • 자동차용 고장진단·센서 SoC 기술
한국전기연구원	• 고온구동이 가능한 집적회로 기술 개발 • 와이드밴드갭 반도체 고효율 구동 집적회로 기술 개발 • 전력기기의 진단 및 모니터링용 제어 모듈 및 집적회로 기술 개발 • 파워 시스템 온-칩 및 칩형 전원장치 기술 연구 • 지능형 및 인공지능 전력모듈 기반 기술 연구

✦ 주요 기술개발 동향

- 한국전자기술연구원
  - 전동화 기반 동력전달 고도화 설계기술
  - 미래형 모빌리티용 전기추진모듈 고출력화 기술
  - 자동차용 고장진단·센서 SoC 기술
- 한국전기연구원
  - 고온구동이 가능한 집적회로 기술 개발
  - 와이드밴드갭 반도체 고효율 구동 집적회로 기술 개발
  - 전력기기의 진단 및 모니터링용 제어 모듈 및 집적회로 기술 개발
  - 파워 시스템 온-칩 및 칩형 전원장치 기술 연구
  - 지능형 및 인공지능 전력모듈 기반 기술 연구

선행연구 사례

[국내 선행연구(정부/민간)]

수행기관	연구명(과제명)	연도	주요내용 및 성과
한국과학기술원	CMOS 공정 기반의 센서를 위한 저전력 고성능 아날로그 회로	2021~2024	• High-performance low-power CDC • Ultra low-power Temperature Compensated Oscillator
가천대학교 산학협력단	고속 유무선 통신 시스템을 위한 합성 가능 아날로그-디지털 변환기 IP 개발	2022~2025	• 입력 네트워크 제한 극복 및 저전력 아날로그-디지털 변환기 구조 연구 • 다채널 고속 구동을 위한 timing skew 보정 기법 연구 • 집적도 향상 및 설계 경쟁력 향상을 위한 ADC 특화된 synthesizable topology 수립
연세대학교	고해상도 광대역 연속 시간 아날로그-디지털 변환기 개발	2023~2028	• 10MHz 기저대역에서 90dB 신호 대비 잡음 및 왜곡 비율을 만족시키는 ADC 개발 • 추가적인 DAC 선형화 기술 없이 자체적으로 선형적인 DAC 구조를 재사용하여 광 대역폭에서도 극대화된 선형성 보장을 목표
서강대학교	모바일 초음파 스캐너용 대량신속처리 다채널 아날로그-디지털 변환 기술 개발	2018~2021	• 모바일에 적용 가능한 저전력 다채널 Analog-to-Digital Converter (ADC)와 다채널 ADC의 디지털 출력을 직렬화하는 SerDes (Serializer-Deserializer)의 개발
금오공과대학교	자동차용 센서 판독 집적회로를 위한 고해상도 저전력 CMOS 아날로그-디지털 변환기의 개발	2020~2023	• 전원 및 외부 노이즈에 둔감한 특성을 가지는 자동차용 센서 판독 집적회로(ROIC: readout integrated circuit)를 위한 16비트, 300μW 이하, 그리고 500kHz의 입력 대역폭을 가지는 아날로그-디지털 변환기(ADC) 개발
테크위드유 주식회사	헬스케어 센서용 초저전력 고해상도 아날로그 IP 기술개발	2021~2024	• 아날로그 IP를 평가 자동화 환경에서 평가 및 성능 개선 • 28-nm CMOS 공정을 이용한 아날로그 IP 검증용 IC 개발 • 28-nm 공정을 이용한 아날로그 IP 개발 • 패키지 제작 및 성능평가 보드 제작 • Test 환경 구축 • 28-nm 공정(LN28LPP) MPW 제작

출처: NTIS 홈페이지

제3절 특허 분석

[특허 분석 내용]

구분		분석 내용
특허동향 분석	특허증가율 분석	- 주요 국가의 해당품목 기술개발 활동 현황 분석 • 한국(KIPO), 미국(USPTO), 일본(JPO), 유럽(EPO), 중국(CNIPA) 국가별, 연도별 특허출원 동향 파악
	기술주기 분석	- (기술수명주기 분석) 구간에 따른 특허출원건수와 출원인수 변화의 상관관계 분석 • 해당품목의 전체 출원동향을 4구간(각 5년)으로 나누어 각각의 구간별 특허출원인수 및 특허출원수 파악 - (기술순환주기 분석) 한 특허에서 인용한 과거 특허 문서들과의 시차의 중앙값 분석 • 해당품목 기술의 진보 속도 및 주요 국가의 기술혁신 속도 파악
	특허 영향력 분석	- (기술영향력 분석) 특정 등록 특허가 다른 특허들에 의해 인용된 횟수 분석 • 특정 출원인의 기술력 파악 - (시장지배력 분석) 출원인 국적별 패밀리 국가 수 분석 • 특정 출원인의 시장지배력 정도 파악
주요 기술 키워드 분석	기술개발동향 변화분석	- (키워드 분석) AI 알고리즘을 활용하여 해당품목에 대한 기간별 기술 키워드 분석
	기술현황 분석	- (IPC 분석) 전 세계적으로 통용되고 있는 IPC(국제특허분류)를 통해 해당품목의 기술 현황 및 집중 기술 분야 분석
	기술집중력 분석	- (CRn 분석) 출원 건수를 기준으로 주요 출원인에 의한 특허 점유율 분석 • 상위 4개 기업을 기준으로 전체기업/국내시장 연구주체별 기술집중력(시장 독과점 수준) 파악 - (HHI 분석) 특허 데이터를 활용하여 전체 또는 특정 산업부문 내 모든 기업의 특허 점유율 분석 • 시장(산업)내 모든 기업의 각 점유율을 제곱하여 합한 값으로 국가별 기술집중력(시장 독과점 수준) 파악 - (기간별 연구주체 분석) 국내 연구주체에 따른 기간별 특허 동향을 분석 • 해당품목의 중소기업 현재 역량 파악
주요 출원인 분석	주요 출원인 동향	- (주요 출원인 동향 분석) 해당품목에서 다수의 출원을 보유하고 있는 주요 출원인(Top 10)의 분석 • 주요 출원인을 기준으로, 국가별/연도별 출원 건수/국내외 주요 출원인 및 국내 중소기업 주요 출원인 파악
	주요 출원인 기술 키워드 및 주요 특허 분석	- (키워드 및 주요 특허 분석) AI 알고리즘을 활용하여 주요 출원인별 주요 기술 키워드 분석 • 해당품목의 집중연구분야 및 주력기술 분야 파악

1 특허동향 분석

가. 특허 증가율 분석

✣ 연도별·국가별 출원동향

- 주요 국가의 해당품목 기술개발 활동현황 분석
  - 과거부터 최근까지(20년) 해당품목에 대한 특허기술 출원의 양적 트렌드 분석을 통해 해당품목의 기술개발 동향파악
  - 한국(KIPO), 미국(USPTO), 일본(JPO), 유럽(EPO), 중국(CNIPA) 국가별, 연도별 특허출원 동향을 통해 해당품목을 선도하는 국가 파악

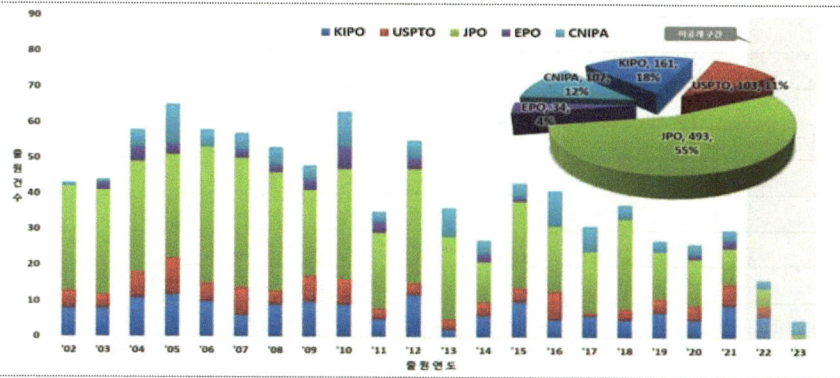

[연도별·국가별 특허출원동향]

- 아날로그·디지털 제어 반도체 품목은 2002년부터 특허출원건수가 증감을 반복하며 감소하는 추세로 지속적인 출원활동이 이루어졌으며, 일본, 한국, 중국, 미국, 유럽 순으로 활발한 출원 활동이 진행되고 있음
  - 국가별 출원비중을 살펴보면, 일본이 55%의 출원비중을 차지하고 있어 최대 출원국으로 아날로그·디지털 제어 반도체 산업분야를 리드하고 있는 것으로 나타났으며, 다음으로 한국 18%, 중국 12%, 미국 11%, 유럽 4% 순으로 나타남
  - 연도별 출원동향을 살펴보면, 아날로그·디지털 제어 반도체기술은 2013년 이후 감소하는 추세를 나타내는데 이는 기존 제어 반도체기술의 성장에 따른 기술성장의 정체에 기인한 것으로 분석됨

나. 기술주기 분석

기술수명주기 분석

- 기술수명주기 분석을 통해 해당품목 기술의 현재 위치를 파악함
  - 해당품목의 전체 출원동향을 4구간(각 5년)으로 나누어 각각의 구간별 특허출원인수 및 특허출원수를 그래프로 나타냄으로써 해당기술의 수명주기 파악이 가능함

  ※ 기술수명주기 분석 = 구간에 따른 특허출원건수와 출원인수 변화의 상관관계 분석

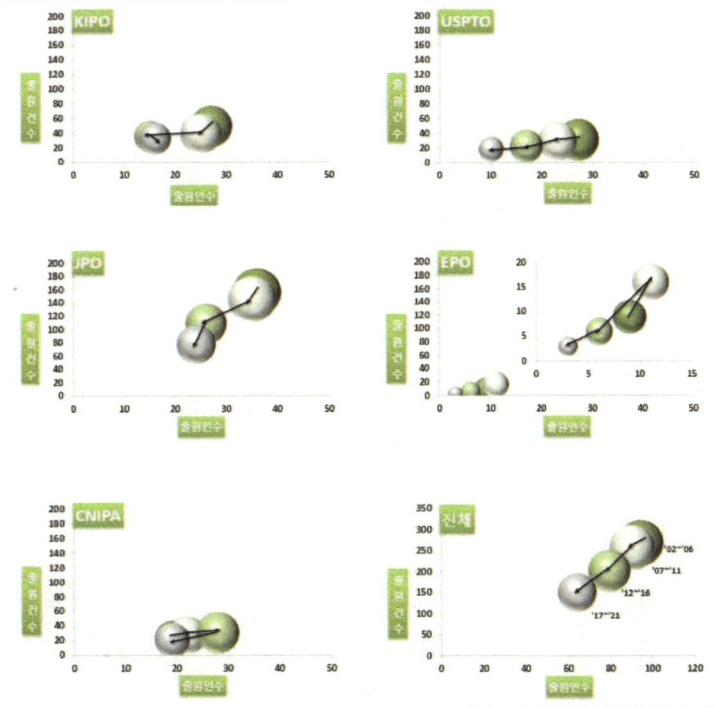

[기술수명주기분석]

- 아날로그·디지털 제어 반도체 기술 분야의 기술 위치를 살펴본 결과, 전체 동향은 기술혁신의 주체인 특허출원인수와 기술혁신의 결과인 특허출원건수가 동시에 감소하는 동향이 나타나고 있어서 성숙기 단계로 분석됨
  - 미국과 일본은 특허출원인수와 특허출원건수가 전 구간에서 감소하는 추세이므로 성숙기 단계로 분석됨. 한국은 특허출원인수와 특허출원건수가 감소하다 최근 소폭 증가하므로 성숙기 초기 단계로 분석됨. 유럽과 중국은 특허출원인수와 특허출원건수가 증가하다 최근 감소하는 추세이므로 성숙기 단계로 분석됨

기술순환주기(TCT) 분석

- TCT 분석을 통하여 해당품목 기술의 진보속도 및 주요국가의 기술혁신 속도를 파악함
  - TCT는 최신 기술을 활용하는 경향을 나타내는 지표로서, 제품의 개발주기와 기술개발활동의 강도와 연관되며, TCT 값이 크면 신기술 개발주기가 길어져서 시장에서 새로운 기술 도입에 긴 시간이 걸리며, TCT 값이 작으면 신기술 개발주기가 짧아져서 해당품목관련 신기술 도입에 오랜 시간이 걸리지 않아서 새로운 기술이 적용된 신제품이 자주 등장한다는 것을 의미함

    ※ TCT(Technology Cycle Time) = 한 특허에서 인용한 과거 특허 문서들과의 시차의 중앙값

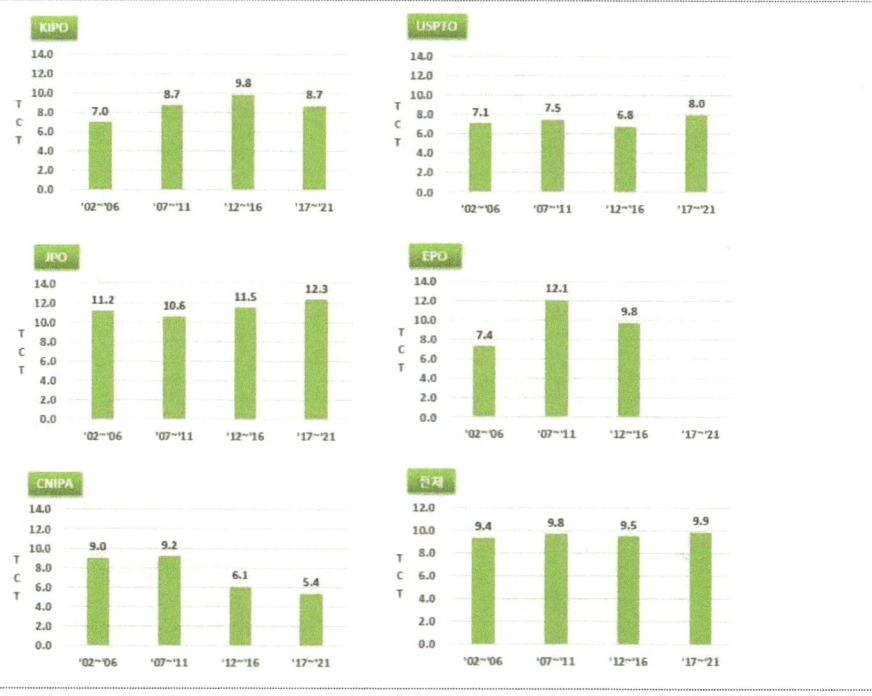

[TCT분석]

- 전체 기술순환주기(TCT) 값을 살펴보면, 2002~2021년까지는 평균 TCT 값이 9.7년으로 전반적으로 개량기술을 기반으로 해당품목의 기술개발이 보다 빠르게 진행되고 있는 것으로 분석됨
  - 최근 값을 살펴보면, 중국의 기술순환주기 값이 5.4로 주요국가 중 가장 낮게 나타나며 해당품목의 기술개발활동이 활발하게 진행되는 것으로 분석됨. 다만 일본은 12.3의 기술순환주기 값을 보여 상대적으로 기술개발 속도가 낮은 수준으로 나타남

다. 특허 영향력 분석

기술영향력(CPP) 및 시장지배력(PFS) 분석

- 기술영향력 지수(CPP) 분석을 통해 특정 출원인의 기술력을 파악함
  - 기술영향력(CPP) 지수는 특정 등록특허가 다른 특허들에 의해 인용된 횟수를 나타내며, 이 값이 클수록 질적 수준이 높은 특허임
- 시장확보지수(PFS) 분석을 통해 특정 출원인의 시장지배력 정도를 파악함
  - 시장확보지수(PFS)는 출원인 국적별 패밀리국가수를 분석하는 것으로, 해당품목에서 글로벌시장을 타겟팅한 출원인이 누구인지 파악 가능함

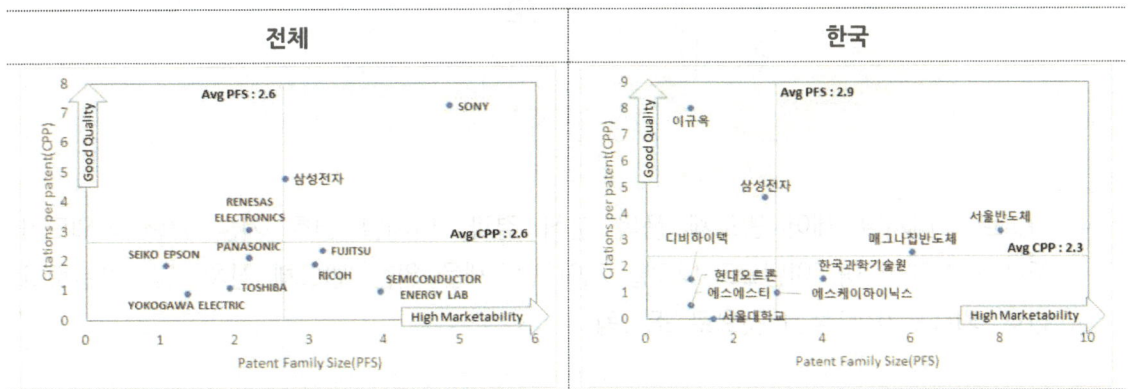

[특허 영향력 분석]

- 아날로그·디지털 제어 반도체 품목에 대한 주요 출원인들의 경쟁력 분석 결과, 전체국가에서는 SONY 특허가 상업적 가치가 높은 것으로 평가됨
  - 전체국가에서 한국의 기업으로는 삼성전자가 포함되어 있으나 시장확보력 및 질적수준이 다소 낮은 것으로 평가됨

    (전체) SONY : 기술영향력(CPP) 7.2 / 시장확보력(PFS) 4.9
    　　　삼성전자 : 기술영향력(CPP) 4.8 / 시장확보력(PFS) 2.7

  - 한국에서는 이규옥의 특허가 질적 수준이 가장 높으며, 서울반도체의 기술영향력 및 시장확보력이 상대적으로 모두 높은 것으로 분석됨

    (한국) 이규옥 : 기술영향력(CPP) 8.0 / 시장확보력(PFS) 1.0
    　　　서울반도체 : 기술영향력(CPP) 3.3 / 시장확보력(PFS) 8.0

2 주요 기술 키워드 분석

가. 기술개발동향 변화분석

✦ 키워드 분석

- AI 알고리즘을 활용하여 해당품목에 대한 기간별 기술 키워드를 분석함

[전체구간 특허 주요 키워드]

- 아날로그·디지털 제어 반도체 품목 분석 결과, 디지털 신호 기술 관련 키워드가 주로 도출되었으며, 아날로그·디지털 제어 반도체를 위한 '반도체 장치' 및 '아날로그 신호' 키워드가 도출된 것으로 조사됨

    (전체구간 주요 키워드) 디지털 신호, 아날로그 신호, 반도체 장치, 반도체 집적 회로, 변환 회로, 제어 신호, 출력 신호, 디지털 데이터, 디지털 변환, 클록 신호, 반도체 소자

[구간별 특허 주요 키워드]

- 아날로그·디지털 제어 반도체 품목에 대한 최근 구간 특허 주요 기술 키워드 분석결과, 1구간 및 2구간 모두 '아날로그 신호'가 주요 기술 키워드로 도출됨

    (1구간 주요 키워드) 아날로그 신호, 디지털 신호, 반도체 집적 회로, 제어 신호, 반도체 장치, 반도체 집적회로 장치, 입력 단자, 변환 회로, 제어 회로, 구동 전류, 클록 신호
    (2구간 주요 키워드) 아날로그 신호, 반도체 장치, 디지털 신호, 출력 신호, 변환 회로, 소비 전력, 출력 신호, 입력 신호, 반도체 집적 회로, 입력 노드, 산화물 반도체

나. 기술현황 분석

✳ IPC(국제특허분류) 분석

- 전 세계적으로 통용되고 있는 IPC를 통해 해당품목의 기술현황 및 집중 기술분야를 확인함
  - 기술·산업 간 융합에 기반한 새로운 시장전개에 대한 이해증진을 위해 IPC를 활용한 기술융합 분석 정보를 제공함

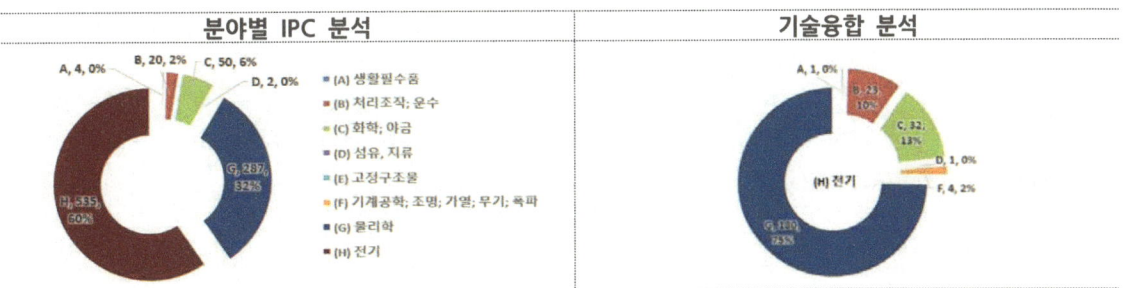

[IPC 분석]

- 아날로그·디지털 제어 반도체 품목은 섹션 H 전기 (60%) 기술분야의 비중이 높은 것으로 나타났으며, 그중에서도 클래스 H10에 포함되지 않는 반도체 장치(H01L) 분야에서 집중 연구가 진행되고 있는 것으로 분석됨
  - 기술융합 추이를 살펴보면, (H)전기에서 (G)물리학과의 기술융합(75%)이 활발히 진행되고 있는 것으로 나타남

[IPC Sub Class]

IPC Sub Class	국문타이틀	건수
H01L	클래스 H10에 포함되지 않는 반도체 장치 (측정을 위해 반도체 장치 사용 G01; 저항 일반 H01C; 자석, 인덕터, 변압기 H01F; 커패시터 일반 H01G; 전해장치 H01G 9/00; 배터리 또는 축전지 H01M; 도파관, 공진기 또는 공진기 라인 도파관 유형 H01P; 라인 커넥터 또는 집진 장치 H01R; 유도방출 소자 H01S; 전기기계적 공진기 H03H; 확성기, 마이크로폰, 축음기의 픽업 또는 음향의 전기기계적 변환기 H04R;	174
H03M	복호화 또는 부호변환 일반(유체적 방법을 사용하는 것 F15C 4/00; 광학적 아날로그/디지털 변환기 G02F 7/00; 특수한 용도에 특히 적합한 부호화, 복호화 또는 부호변환은 관련 서브클라스 즉, G01D, G01R, G06F, G06T, G09G, G10L, G11B, G11C, H04L, H04M, H04N을 참조:암호 또는 비밀의 필요성이 있는 기타 목적을 위한 암호화 또는 해독화 G09C)	149
G01R	전기변량의 측정; 자기변량의 측정(공진회로의 바른 동조의 지시 H03J 3/12)	87
H04N	화상통신, 예. 텔레비젼	55
G11C	정적 저장 (반도체 메모리 장치 H10B)	41

다. 기술 집중력 분석

❖ CRn 분석

- 주요 출원인에 의한 특허점유율을 분석하여 기술집중력(시장 독과점 수준)을 판단함
  - 특허동향조사에서는 통상 CR4를 사용하며, CRn값이 0에 가까울수록 시장 독과점 수준이 낮은 것을 의미하고, CR4 값이 40에서 60일 경우 시장의 독과점 수준이 높은 것으로 해석됨

[CR4 분석_ 전체기업 집중력]

출원인	출원건수	특허점유율	CRn	n
RENESAS ELECTRONICS(JP)	162	18.0%		1
SEMICONDUCTOR ENERGY LAB(JP)	72	8.0%		2
삼성전자(KR)	39	4.3%		3
PANASONIC(JP)	39	4.3%	34.7%	4
SONY(JP)	35	3.9%		5
TOSHIBA(JP)	23	2.6%		6
FUJITSU(JP)	18	2.0%		7
RICOH(JP)	17	1.9%		8
SEIKO EPSON(JP)	17	1.9%		9
YOKOGAWA ELECTRIC(JP)	17	1.9%		10
기타	459	51.1%		
합계	898	100.0%	CR4=34.7%	

- 아날로그·디지털 제어 반도체 관련 기술에 대한 시장관점의 기술독점 현황분석을 위해 집중률 지수(CRn) 분석 결과, 상위 4개 기업의 시장점유율이 34.7%로 독과점 정도가 보통 수준으로 분석되어 주요 출원인들에 의한 기술 집중화 정도가 보통 시장으로 판단됨

[CR4 분석_국내시장 연구주체별 집중력]

출원인	출원건수	특허점유율	CRn	n
중소기업(개인)	40	24.8%	24.8%	1
대기업	46	28.6%		2
연구기관/대학	11	6.8%		3
기타(외국인)	64	39.8%		4
합계	161	100.0%		

주) 국내 대기업의 판단기준은 2024년 5월 공정거래위원회의 공시대상기업집단 지정결과(대기업집단 88개, 소속회사 3,318개 포함)에 따르며, 중소기업에는 중견기업을 포함

- 국내시장에서의 중소기업의 점유율 분석 결과, 아날로그·디지털 제어 반도체 품목에서 중소기업의 점유율은 24.8%로 국내시장에서 중소기업의 시장 진입장벽은 다소 존재할 것으로 분석됨

HHI 분석

- 주요 출원인에 의한 특허점유율을 분석하여 기술집중력(시장 독과점 수준)을 판단함
  - 특허데이터를 활용하여 전체 또는 특정 산업부문 내 모든 기업의 특허점유율을 이용해 시장집중도를 분석함
  - HHI값이 높을수록 기술활동의 집중수준이 높고 특정 기업들이 해당 시장을 과점하고 있기 때문에 신규 업체가 해당시장을 진입하기가 쉽지 않은 것으로 해석됨

  ※ HHI(Herfindahl-Hirschman Index) = 시장(산업)내 모든 기업의 각 점유율을 제곱하여 합한 값

[HHI 분석]

공보	KIPO	USPTO	JPO	EPO	CNIPA	전체
HHI	727	231	1218	623	137	487

- 아날로그·디지털 제어 반도체 관련 기술에 대한 HHI(허핀달-허쉬만)지수 분석결과, 전체 487로 경쟁적인 시장이 형성되어 있으므로 시장진입이 다소 용이한 것으로 분석됨
  - 한국의 경우 HHI 지수가 727로 미국, 유럽, 중국 대비 상대적으로 높게 나타나지만, 기술활동의 집중수준이 높지 않은 상태이므로 시장진입이 어렵지 않은 것으로 분석됨

기간별 연구주체 분석

- 국내 연구주체에 따른 기간별 특허동향을 분석하여 해당품목의 기술개발 선도 주체를 파악함
    - ※ 국내 대기업의 판단기준은 2024년 5월 공정거래위원회의 공시대상기업집단 지정결과 (대기업집단 88개, 소속회사 3,318개 포함)에 따르며, 중소기업에는 중견기업을 포함
    - 기간별 연구주체 분석을 통하여 해당품목의 중소기업 현재 역량을 파악할 수 있으며, 향후 중소기업의 기술개발 및 투자전략 타당성 확보를 위한 가이드라인을 제시함

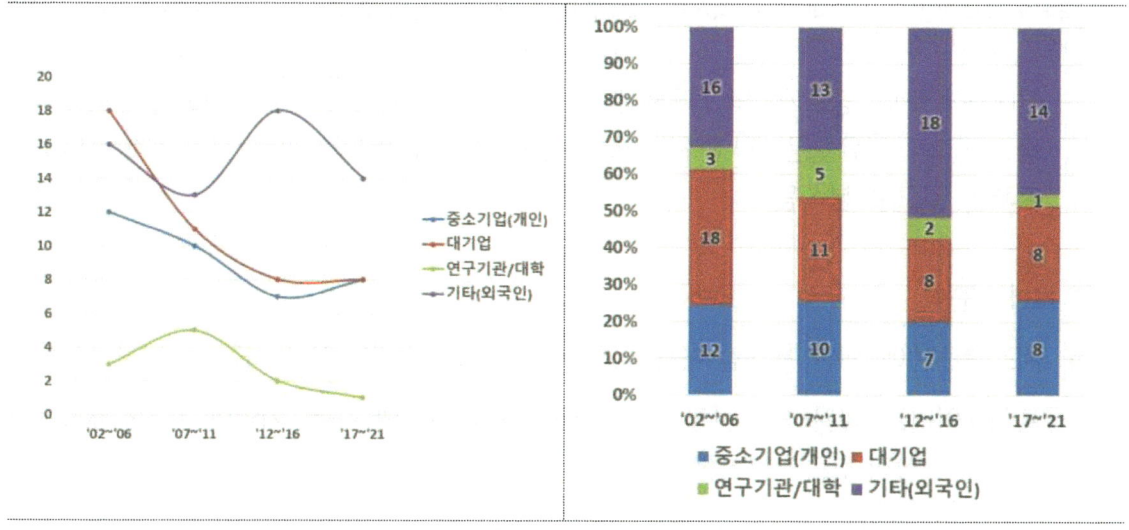

[기간별 연구주체 동향]

- 기간별 연구주체 분석에 따르면, 최근 아날로그·디지털 제어 반도체 품목은 기타(외국인)가 주체가 되어 기술개발이 활발히 진행되고 있는 것으로 나타남. 이는 해당품목에 대한 중소기업 중심의 기술로 전환하기 위해서는 기타(외국인)와 다른 혁신적인 연구중심의 기술개발과 기타(외국인)와의 파트너쉽 및 다양한 투자유치 전략을 구체적으로 수립할 필요성을 보여줌

3 주요 출원인 분석

가. 주요 출원인 동향

❖ 주요 출원인 동향 분석

- 해당품목에서 다수의 출원을 보유하고 있는 주요 출원인(Top 10)의 분석을 통해 전략적인 지적재산관리와 기업의 경쟁력을 강화함
  - 주요 출원인을 기준으로, 해당품목에 대해 기술개발을 주도하고 있는 기관 및 기업을 파악하고, 한국(KIPO), 미국(USPTO), 일본(JPO), 유럽(EPO), 중국(CNIPA) 국가별 출원현황 분석을 통해 주요 출원인들이 고려하고 있는 주요 시장이 어디인지 예측하여 거시적 관점의 향후 트렌드를 전망함

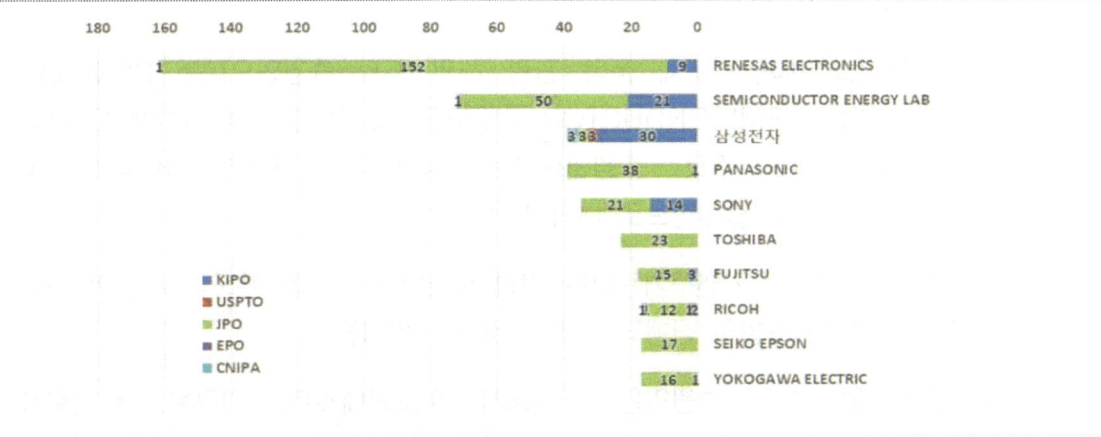

[주요 출원인 국가별 출원 건수]

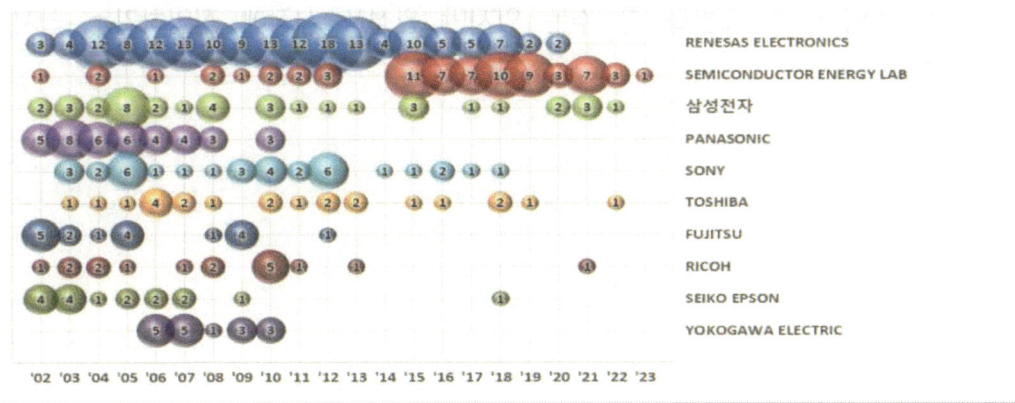

[연도별 출원인 건수]

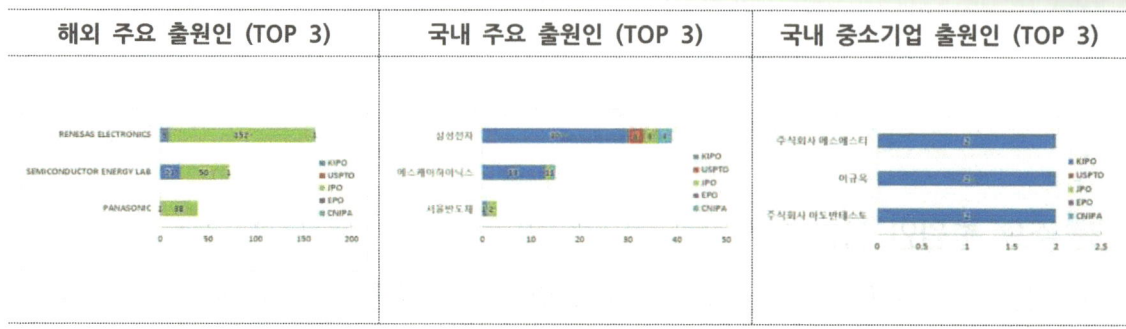

[국내외 주요 출원인 / 국내 중소기업 주요 출원인]

주) 국내 대기업의 판단기준은 2024년 5월 공정거래위원회의 공시대상기업집단 지정결과(대기업집단 88개, 소속회사 3,318개 포함)에 따르며, 중소기업에는 중견기업을 포함

- 아날로그·디지털 제어 반도체 품목의 주요 출원인을 살펴보면, 한국과 일본 국적의 출원인이 다수 포함되어 있으며, 제1 출원인은 일본의 RENESAS ELECTRONICS인 것으로 조사됨

  - 아날로그·디지털 제어 반도체 품목 관련 해외 주요 출원인으로는 RENESAS ELECTRONICS, SEMICONDUCTOR ENERGY LAB 및 PANASONIC 등이 도출되었으며, 국내 주요 출원인으로는 삼성전자, 에스케이하이닉스 및 서울반도체 등이 주요 출원인으로 나타남

  - 국내 주요 출원인은 국가연구기관보다 기업 출원인이 출원을 주도하고 있어 민간 주도의 연구개발이 활발히 진행되고 있는 것으로 분석됨

  - 국내 중소기업 주요 출원인은 주식회사 아도반테스토, 이규옥, 주식회사 에스에스티 등이 도출되었으나 국내 대기업에 비해 특허수 및 해외출원 건수가 상대적으로 낮은 것으로 나타나 아날로그·디지털 제어 반도체 품목은 국내 중소기업이 기술개발을 할 수는 있지만 완성품 시장에 진입하기는 쉽지 않아 보임

나. 주요 출원인 기술 키워드 및 주요 특허 분석

✤ 키워드 및 주요 특허 분석

- AI 알고리즘을 활용하여 주요 출원인별 주요 기술 키워드를 통하여 집중연구분야를 파악함
- 주요 출원인이 출원한 주요 특허를 검토하여 키워드를 통하여 주력기술 분야를 예측함

◎ RENESAS ELECTRONICS

[주요 출원인 기술 키워드]

[주요 특허 분석]

등록/공개번호 (출원일)	명칭	기술적용분야	IP 경쟁력 피인용 문헌수	패밀리 국가수
JP 4925171 (2006.05.18)	An integrated circuit and a diagnosing method for the same	진단 회로의 오버헤드를 절감하는 집적회로 및 이를 진단하는 방법에 관한 기술	16	1
JP 4642417 (2004.09.16)	Semiconductor integrated circuit device	주위 온도 등의 변동에 의해 변동하는 것을 억제하는 반도체 집적회로 장치에 관한 기술	14	1
JP 6093265 (2013.08.07)	Semiconductor device	내장 클록신호의 주기를 정밀하게 제어할 수 있는 반도체 장치에 관한 기술	12	3

- 반도체 장치, 아날로그 신호, 디지털 신호, 변환 회로, 반도체 집적회로, 아날로그 입력 신호, 제어 신호, 출력 신호 등의 키워드가 도출됨
- RENESAS ELECTRONICS는 아날로그·디지털 제어 반도체 품목과 관련하여 Top 1 출원인으로, 중국과 일본을 위주로 출원을 진행하였으며, 특히 반도체 집적회로장치에 관련된 기술력이 높은 것으로 조사됨

◎ SEMICONDUCTOR ENERGY LAB

[주요 출원인 기술 키워드]

[주요 특허 분석]

등록/공개번호 (출원일)	명칭	기술적용분야	IP 경쟁력 피인용 문헌수	IP 경쟁력 패밀리 국가수
JP 5486778 (2008.04.22)	Semiconductor device	클락 신호가 주기마다 다른 주파수였을 경우에도 안정된 클록 신호를 생성하는 무선통신 가능한 반도체 장치에 관한 기술	5	4
JP 6633330 (2015.09.23)	Semiconductor device	미소한 전류를 정밀하게 검출할 수 있는 반도체 장치에 관한 기술	5	2
JP 6580349 (2015.03.06)	A semiconductor device and electronic equipment	사용 환경이나 용도에 적합한 신호(전위 신호나 전류 신호)를 생성할 수 있는 반도체 장치에 관한 기술	4	4

- 반도체 장치, 아날로그 장치, 디지털 신호, 산화물 반도체, 기억 회로, 회로 입력 단자, 구성 반도체 장치, 소비 전력 등의 키워드가 도출됨
- SEMICONDUCTOR ENERGY LAB은 아날로그·디지털 제어 반도체 품목과 관련하여 Top 2 출원인으로, 일본과 중국을 위주로 출원을 진행하였으며, 특히 반도체 장치에 관련된 기술력이 높은 것으로 조사됨

◎ 삼성전자

[주요 출원인 기술 키워드]

[주요 특허 분석]

등록/공개번호 (출원일)	명칭	기술적용분야	IP 경쟁력	
			피인용 문헌수	패밀리 국가수
KR 10-0706623 (2005.01.14)	DELAY CONTROL CIRCUIT AND METHOD FOR CONTROLLING DELAY OF A SEMICONDUCTOR DEVICE	지연시간을 검출하고 이 지연시간을 일정 범위 안에 들도록 조절할 수 있는 지연 조절회로에 관한 기술	4	3
KR 10-0674966 (2005.03.23)	Image photographing semiconductor device capable of testing internal analog digital converter in operation	동작중에도 아날로그 디지털 변환기의 특성을 검사할 수 있는 이미지 촬상용 반도체 장치에 관한 기술	3	2
KR 10-1743115 (2010.11.02)	Voltage detection device and Semiconductor device having the same	외부 전압의 레벨을 검출하는 전압 검출 장치 및 이를 포함하는 반도체 장치에 관한 기술	3	2

- 디지털 신호, 반도체 장치, 아날로그 장치, 출력신호, 디지털 출력 신호, 아날로그 입력 신호, 반도체 소자 등의 키워드가 도출됨
- 삼성전자는 아날로그·디지털 제어 반도체 품목과 관련하여 Top 3 출원인으로, 한국을 중심으로 출원을 진행하였으며, 특히 반도체 장치에 관련된 기술력이 높은 것으로 조사됨

4 분석종합

가. 분석결과 요약

❖ 특허 분석 결과 요약

[특허 분석 결과]

구분		분석 내용
특허동향 분석	특허증가율 분석	• 주요 국가별로 살펴보면 일본이 가장 활발한 출원활동을 보이는 것으로 조사되었으며, 다음으로 한국, 중국, 미국, 유럽 순으로 분석됨
	기술주기 분석	• 아날로그·디지털 제어 반도체 기술 분야의 기술 위치를 살펴본 결과, 전체적인 동향은 기술혁신의 주체인 특허출원인수와 기술혁신의 결과인 특허출원건수가 동시에 감소하는 동향이 나타나고 있어서 성숙기 단계로 분석됨
	특허영향력 분석	• 아날로그·디지털 제어 반도체 품목에 대한 주요 출원인들의 경쟁력 분석 결과, 전체국가에서는 SONY 특허가 상업적 가치가 높은 것으로 평가됨 • 한국에서는 이규옥의 특허가 질적 수준이 가장 높으며, 서울반도체의 기술영향력 및 시장확보력이 상대적으로 모두 높은 것으로 분석됨
기술동향 분석	기술개발동향 변화분석	• 아날로그·디지털 제어 반도체 품목에 대한 지난 20년간의 특허 주요 기술 키워드 분석 결과, 아날로그·디지털 제어 반도체를 위한 '반도체 장치' 및 '아날로그 신호' 키워드가 도출된 것으로 조사됨
	기술현황 분석	• 아날로그·디지털 제어 반도체 품목은 섹션 H 전기 (60%) 기술분야의 비중이 높은 것으로 나타났으며, 그중에서도 클래스 H10에 포함되지 않는 반도체 장치(H01L) 분야에서 집중 연구가 진행되고 있는 것으로 분석됨
	기술집중력 분석	• 아날로그·디지털 제어 반도체 품목은 기술 집중화 정도가 높지 않은 상태이므로 시장진입이 어렵지 않은 것으로 분석됨
주요 출원인 분석	출원인 동향 분석	• 아날로그·디지털 제어 반도체 품목의 주요 출원인을 살펴보면 한국과 일본 국적의 출원인이 다수 포함되어 있으며, 제1 출원인은 일본의 RENESAS ELECTRONICS인 것으로 조사됨
	주요 출원인 기술 키워드 및 주요 특허 분석	• RENESAS ELECTRONICS는 반도체 장치, 아날로그 신호, 디지털 신호, 변환 회로 등의 키워드가 도출되었으며, 반도체 집적회로장치에 관련된 기술력이 높은 것으로 조사됨 • SEMICONDUCTOR ENERGY LAB은 반도체 장치, 아날로그 장치, 디지털 신호, 산화물 반도체 등의 키워드가 도출되었으며, 반도체 장치에 관련된 기술력이 높은 것으로 조사됨 • 삼성전자는 디지털 신호, 반도체 장치, 아날로그 장치, 출력신호 등의 키워드가 도출되었으며, 반도체 장치에 관련된 기술력이 높은 것으로 조사됨

분석 종합표

[평가지표/ 정량적 분석]

평가지표	한국 전체	한국 중소기업	미국	유럽	일본	중국
특허 활동도[31]	19.4	6.3	18.3	7.7	100.0	11.7
특허 부상도[32]	57.5	71.4	41.7	38.4	54.0	100.0
특허 시장력[33]	41.1	35.6	92.5	100.0	49.6	22.2
특허 영향력[34]	26.8	18.0	100.0	53.2	22.8	13.4
상대적 기술경쟁력[35]	57.4	53.2	100.0	78.9	89.7	58.4

주) 각 평가지표 값은 원 계산 값에 상대적 비교의 편의성을 위해 최고점 100점으로 환산한 값이며, 상대적 기술경쟁력은 각 평가지표의 가중치를 1:1로 반영하여 평균값을 도출한 것임

[주요 특허 선별지표]

선별지표	가중치
패밀리 특허 수(A)	2
피인용 횟수(B)	2
발명자 수(C)	2
청구항 수(D)	1.5
등록 여부(E)	1.5
IPC 수(F)	1
선별지표 최종 계산식[36]	(A+B+C)X2 + (D+E)X1.5 + (F)X1

---

31) 전체 출원건수 대비 국가별 출원건수 평가
32) 각 국가별 전체 출원건수 대비 최근 5년 출원건수 평가
33) 국가별 패밀리 국가수(PFS) 평가
34) 국가별 피인용도(CPP) 평가
35) 상기 4개 평가지표의 합계 최고 국가 대비 상대값
36) 전략품목과의 정합성을 높이기 위하여 선별지표 최종 계산식에서 2~3배 후보군을 도출한 다음 명칭, 요약, 청구항을 참조하여 최종 주요 특허를 선별함

나. 요소기술 후보군 도출

✦ 특허 클러스터링 기반 주요 키워드 및 관련 특허 분석

- (워드 클라우드) 전략품목 관련 특허에 대해 아래와 같이 핵심 키워드 도출

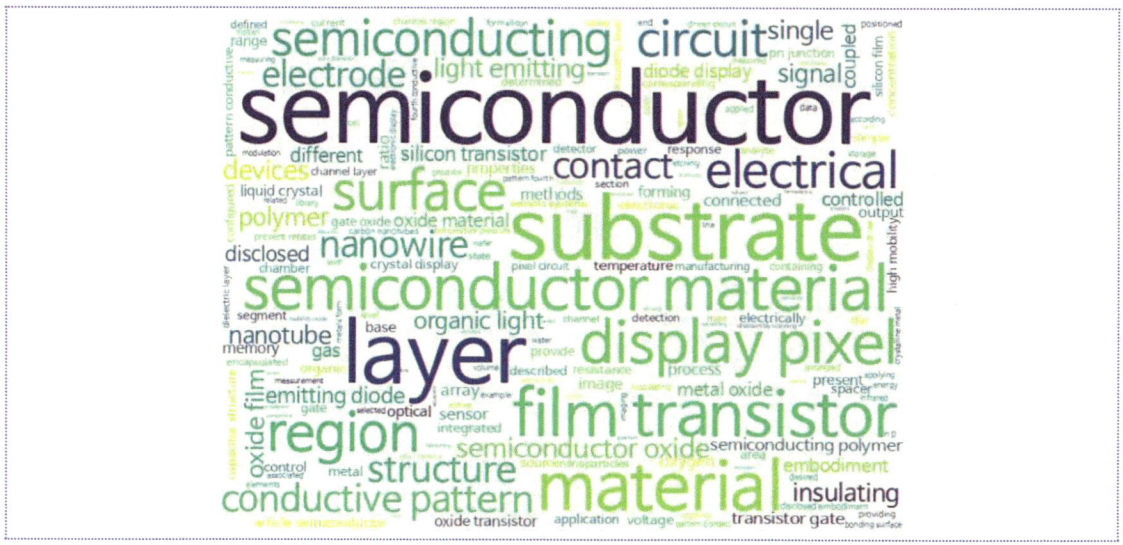

[워드 클라우드]

- (토픽 클러스터링) 전략품목 관련 특허에 대해 아래와 같이 핵심 주제 및 주요 토픽이 도출되었으며, 이를 활용하여 클러스터링 분석 수행

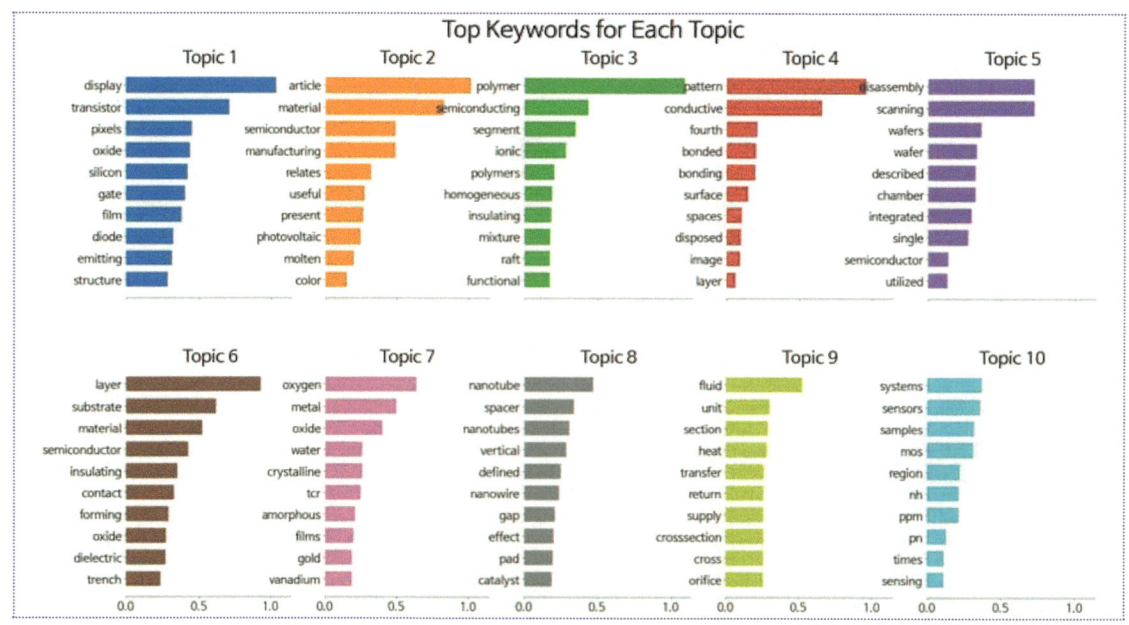

[각 토픽별 주요 키워드]

- (네트워크 맵) 핵심 특허 및 주요 토픽을 통해 도출된 핵심 키워드를 활용하여 클러스터링 분석에 의한 요소기술 후보군 도출
  - 키워드별 노드의 크기는 키워드의 중요도를, 연결된 선의 거리는 키워드 간 근접성(유사성)을, 연결된 선의 수는 노드에 대한 중심성을 의미

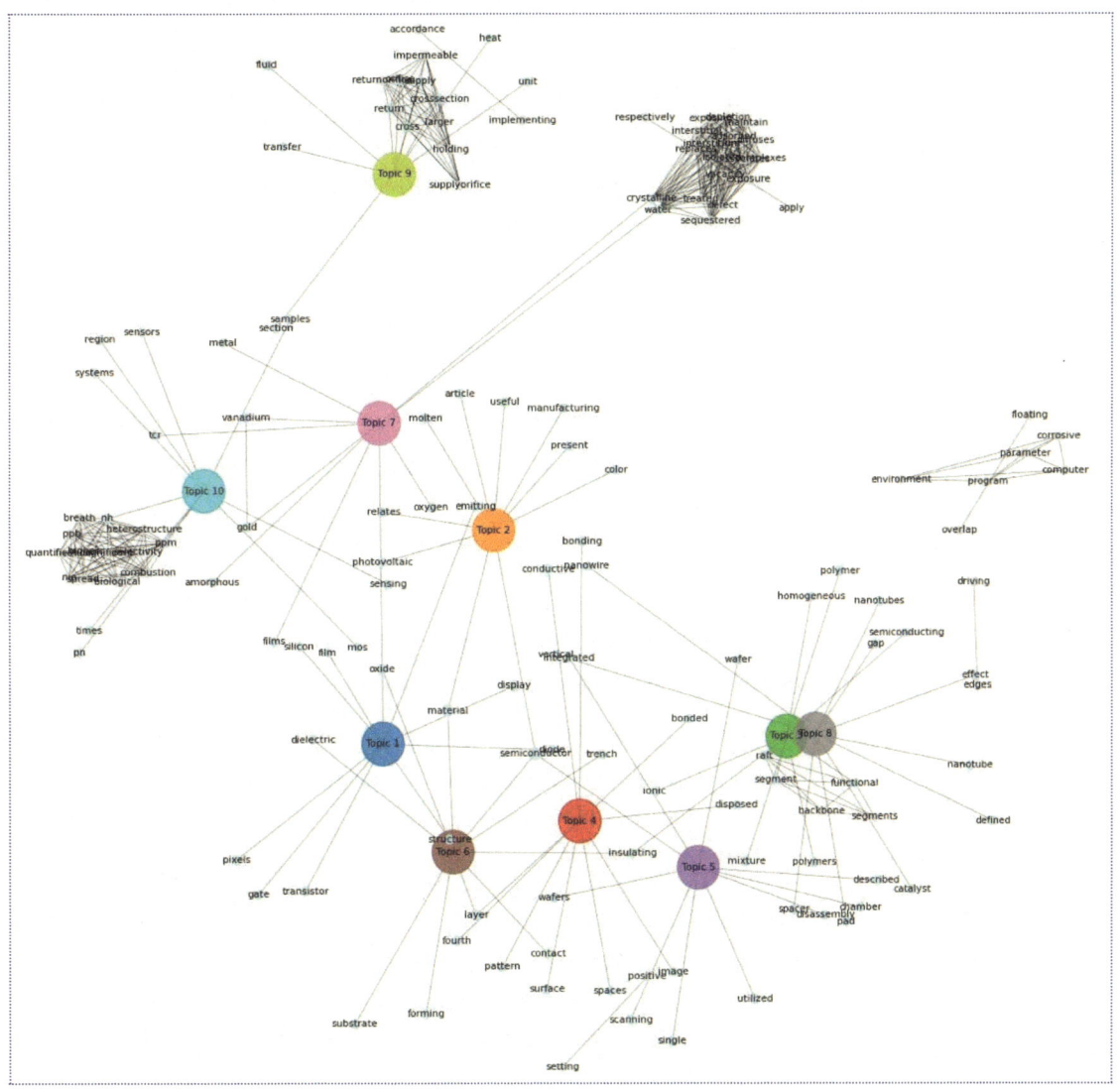

[키워드 네트워크 분석 결과]

🔾 **(요소기술 후보군 도출)** 10개 클러스터별 핵심 키워드와 관련 특허(출원번호)를 통해 요소기술 후보군 제시

[아날로그·디지털 제어 반도체 요소기술 후보군 도출]

No	핵심 키워드	관련 특허(출원번호)	요소기술 후보군
1	display, transistor, pixels, oxide, silicon, gate, film, diode, emitting, structure	• Display Circuitry with Semiconducting Oxide Transistors (17/504230) • Displays with silicon and semiconducting oxide thin-film transistors (17/502909)	• 산화물 반도체 기반 박막 트랜지스터 설계 기술 • 디스플레이 소자의 실리콘-산화물 혼합 구조 구현 기술 • 유기 발광 다이오드(OLED) 기반 디스플레이 회로 기술
2	article, material, semiconductor, manufacturing, relates, useful, present, photovoltaic, molten, color	• METHODS OF MAKING AN UNSUPPORTED ARTICLE OF A SEMICONDUCTING MATERIAL USING THERMALLY ACTIVE MOLDS (13/300829) • COMPOSITE ACTIVE MOLDS AND METHODS OF MAKING ARTICLES OF SEMICONDUCTING MATERIAL (13/117440) • High throughput recrystallization of semiconducting materials (12/632837)	• 열 활성형 몰드를 활용한 반도체 제조 기술 • 고속 재결정화 공정을 통한 반도체 재료 제조 기술 • 광전지용 반도체 소재 색상 및 효율 개선 기술
3	polymer, semiconducting, segment, ionic, polymers, homogeneous, insulating, mixture, raft, functional	• Blade coating on nanogrooved substrates yielding aligned thin films of high mobility semiconducting polymers (15/058994) • Hybrid semiconducting polymer nanoparticles as polarization-sensitive fluorescent probes (14/903801) • SEMICONDUCTING POLYMER NANOPARTICLES AS PHOTOACOUSTIC MOLECULAR IMAGING PROBES (14/338371)	• 정렬된 고분자 박막 형성을 위한 블레이드 코팅 기술 • 광음향 이미징을 위한 고분자 반도체 나노입자 기술 • 고분자 기반 이온 전도성과 절연 특성 혼합 기술
4	pattern, conductive, fourth, bonded, bonding, surface, spaces, disposed, image, layer	• Semiconducting device, and appliance having the semiconducting device (17/362742)	• 고전도성 패턴 설계 및 결합 기술 • 반도체 디바이스 표면 처리 및 접합 기술 • 이미징 디바이스에 활용되는 층간 결합 구조 기술

No	핵심 키워드	관련 특허(출원번호)	요소기술 후보군
5	disassembly, scanning, wafers, wafer, described, chamber, integrated, single, semiconductor, utilized	• Systems for integrated decomposition and scanning of a semiconducting wafer (17/361943)	• 웨이퍼 분해 및 스캔 통합 시스템 기술 • 단일 공정에서 웨이퍼 스캔 및 분석 기술 • 집적된 웨이퍼 처리 시스템을 위한 챔버 설계 기술
6	layer, substrate, material, semiconductor, insulating, contact, forming, oxide, dielectric, trench	• Semiconducting Ferroelectric Device with Silicon Doped Electrode (17/715716) • Healing method before transfer of a semiconducting layer (16/732950) • Systems, methods, and apparatuses for implementing a high mobility low contact resistance semiconducting oxide in metal contact vias for thin film transistors (16/325333)	• 실리콘 도핑을 통한 강유전체 반도체 디바이스 기술 • 절연층 및 트렌치 기반 고접촉 저항 반도체 설계 기술 • 산화물 반도체 층 전이 및 형성 기술
7	oxygen, metal, oxide, water, crystalline, tcr, amorphous, films, gold, vanadium	• DETECTOR FOR DETECTING ANALYTES IN GAS PHASE COMPRISING POROUS DIELECTRIC OR SEMICONDUCTING SORBENT AND CORRESPONDING DETECTION METHOD (17/608667) • METHOD OF CONTROLLING OXYGEN VACANCY CONCENTRATION IN A SEMICONDUCTING METAL OXIDE (17/571858)	• 산소 결핍 농도 제어를 통한 반도체 성능 최적화 기술 • 금속 산화물 기반 다공성 유전체 검출 기술 • 결정질 및 비정질 금속 산화물 필름 제조 기술
8	nanotube, spacer, nanotubes, vertical, defined, nanowire, gap, effect, pad, catalyst	• Method and device for ultraviolet to long wave infrared multiband semiconducting single emitter (16/823157) • NW-FET sensor comprising at least two distinct semiconducting nanowire detectors (15/387878)	• 반도체 나노튜브 기반 다중 대역 검출 기술 • 반도체 나노와이어 센서 설계 및 제조 기술 • 자외선부터 적외선까지 대응 가능한 단일 발광체 기술

No	핵심 키워드	관련 특허(출원번호)	요소기술 후보군
9	fluid, unit, section, heat, transfer, return, supply, crosssection, cross, orifice	• SEMICONDUCTIVE MEMORY DEVICE (17/846102) • SEMICONDUCTOR LASERS WITH IMPROVED FREQUENCY MODULATION RESPONSE (17/384135) • STACKED-DEVICE THROUGH-SILICON VIAS FOR SEMICONDUCTOR PACKAGES (16/663001)	• 반도체 메모리 디바이스의 열 관리 기술 • 스택형 반도체 패키지에서의 실리콘 관통 비아(TSV) 설계 기술 • 반도체 레이저의 주파수 변조 응답 개선 기술
10	systems, sensors, samples, mos, region, nh, ppm, pn, times, sensing	• SENSORS EMPLOYING A P-N SEMICONDUCTING OXIDE HETEROSTRUCTURE AND METHODS OF USING THEREOF (17/142079) • METHOD AND APPARATUS FOR OPTICALLY OUTPUTTING INFORMATION FROM A SEMICONDUCTOR DEVICE (13/576216)	• PN 이종구조 기반 센서 설계 기술 • 반도체 디바이스의 광학 정보 출력 기술 • 가스 검출을 위한 금속 산화물 반도체 센서 기술

※ 관련 특허 : 주제 분포 측면에서 얼마나 유사한지를 기준으로 평가하여 밀접한 관련이 있다고 판단되는 특허

| 시스템반도체 |

제4절 기술개발 로드맵

1 요소기술 도출 및 핵심 요소기술 선정

가. 요소기술 도출

 핵심 요소기술 선정을 위한 전략품목 요소기술 9개 도출

[요소기술 도출]

구분	요소기술	개요	출처
1	3상 BLCD 모터구동 IC 설계 기술	• 전자식 정류 모터 또는 '브러시리스' 모터는 기계식 정류 모터 또는 '브러시' 모터에 비해 전기 효율이 높고 토크 대 중량비가 우수하기 때문에 주요 부품으로 사용되고 있음. BLDC(브러시리스 DC) 모터는 고정자 권선이 집중되어 있어 사다리꼴 역기전력을 나타내는 영구자석 동기전동기(PMSM)라고 흔히 정의 현재 전기자동차나 전동공구 등 다양한 제품군을 형성	'23년 기술로드맵
2	제어용 MCU 시스템반도체 제조 기술	• MCU는 Micro Controller Unit의 약어로 PC의 CPU(Central Processing Unit)의 중앙처리장치와 유사하지만 PC에 비해 저성능, 저전력 등 성능상 기기 컨트롤 및 자동제어 등에 사용되는 용도에 그 비중이 높고 저가의 칩 제작으로 프로세서, 메모리, 프로그램 입출력 장치 및 모듈을 나타냄	'23년 기술로드맵
3	DSP 시스템반도체 제조 기술	• DSP (Digital Signal Processor)는 곱셈누적 (MAC) 연산에 특화된 프로세서로, 주요 기능은 필터링 연산이 필요한 음성인식, 음향처리, 오디오 압축 등의 작업이며 이미지 처리, 통신시스템, 센서 처리에도 사용됨. DSP 시스템반도체는 DSP 코어와 외부 메모리 인터페이스, 시리얼 인터페이스 등을 포함	'23년 기술로드맵
4	레귤레이터 시스템반도체 제조 기술	• 레귤레이터는 시스템반도체 코어집적회로에 안정된 일정한 전압과 전류를 공급하는 전력회로이며, 레귤레이터 자체의 전력소모를 최소화는 low dropout 회로 과 외부전원 노이즈를 저감시키는 high PSRR (power supply rejection ratio) 회로가 주요 핵심	'23년 기술로드맵

		기술이며 성능 평가 항목임. 또한 레귤레이터 자체는 기준전압을 제공하는 bandgap reference (BGR) 회로가 내장되어 있어서 BGR의 동작특성이 직접 레귤레이터에 영향을 끼치므로, BGR의 PVT(process voltage temperature) 변화에 둔감한 회로기술과 high PSRR 회로기술이 핵심	
5	DAC 시스템반도체 설계 기술	• DAC(디지털-아날로그 변환기)는 디지털 전기신호를 아날로그 전기신호로 변환함. 통신의 다양한 전송 링크와 산업의 다양한 제어를 만족시키기 위해 샘플링 속도와 정밀도 등의 성능지표가 각기 다른 다양한 DAC가 필요. 중간다리로서 왜곡 없이 원래의 디지털 신호를 어떻게 표현하느냐가 DAC 개발의 설계 과제임. 정밀도, 샘플링 속도, 선형성, 노이즈 및 대역폭과 같은 지표를 사용하여 DAC의 성능을 측정	'23년 기술로드맵
6	ADC 시스템반도체 설계 기술	• ADC는 온도, 압력, 음성, 영상신호, 전압, 전파 등 실생활에서 측정되는 연속적 값을 가지는 아날로그 신호를 이산적 값을 가지는 디지털 신호로 변환하는 장치로서, 다양한 시스템반도체에 내장되어 디지털 신호처리를 위해 필수적인 핵심 부품.	'23년 기술로드맵
7	터치센서 시스템반도체 제조 기술	• 터치 센서는 모바일 기기 및 가전기기의 입력 시스템으로 사용되며, 사용자가 화면을 터치하는 직관적으로 입력의 편의성, 물리적 스위치 대비 원가 절감, 디자인 유용성 등으로 대부분의 스마트 가전기기는 터치 센서를 사용하고 있음. 터치 센서 IC는 터치 입력에 의한 터치 패널의 정전용량 변화를 검출하여, 터치 입력 유무와 터치 좌표를 연산하는 역할을 하며, 이를 위해 아날로그 증폭기, 아날로그 필터, 아날로그-디지털 컨버터, 전원공급회로, 클럭 공급회로, MCU, controller, DSP, memory, host interface로 구성	'23년 기술로드맵
8	복합 센서 ROIC 제조 기술	• 온도, 습도, 압력, 가스 등을 검출할 수 있는 센서는 환경 변화에 따라 정전용량 혹은 저항이 변하는 센서 소자와 센서 소자의 전기적 변화를 검출하는 센서 ROIC로 구성됨. 대부분의 센서 소자는 반도체나 MEMS로 제작되며, 환경 변화에 따라 저항이 변하는 특성을 갖는 저항성 소자가 대부분임. 복합 센서 시스템반도체는 다양한 센서 소자의 저항 변화를 검출하고, 저항 변화에 대응되는 측정값을 연산할 수 있는 역할을 하며, 신호 증폭기, 아날로그 필터, 아날로그-디지털 컨버터, 전원 및 전류 공급회로 등으로 구성	'23년 기술로드맵
9	Actuator, 로봇 구동용 시스템반도체	• 모터, 로봇 등의 액츄에이터를 구동에 사용되는 고성능·고신뢰 시스템반도체 기술 확보	전문가

출처: '23년 기술로드맵, 특허-빅데이터, 중소기업 니즈, 수요처 니즈, 대국민(재밍), 전문가 등

나. 핵심 요소기술 선정

❋ 선별된 전략품목 요소기술을 대상으로 전문위원회를 통해 기술개발 핵심성·파급성·가능성을 평가하여 핵심 요소기술 선정

- (기술개발 핵심성) 전략품목 개발 필요 요소기술 가운데 중요도(필수 여부) 및 기술개발 성공 시 달성 기여도
- (기술개발 파급성) 기술개발 이후 타 분야/품목 등에 영향을 미치는 확장 수준
- (기술개발 가능성) 요소기술에 대한 개발 기간, 투자금액, 기술 난이도 등을 종합적으로 고려한 중소기업 적합 수준

[「아날로그·디지털 제어 반도체」 핵심 요소기술 선정]

구분	핵심 요소기술	개요
1	센서용 시스템반도체	• 물리적(진동, 소리, 빛 등), 화학적(가스, 이온 등), 생물학적 신호(바이러스 등)를 감지하여 이를 전기 신호로 변환하는 고성능·고신뢰 시스템반도체 기술 확보
2	Actuator, 로봇 구동용 시스템반도체	• 모터, 로봇 등의 액츄에이터를 구동에 사용되는 고성능·고신뢰 시스템반도체 기술 확보
3	ADC/DAC/DSP 시스템반도체	• 고성능 아날로그 - 디지털 또는 디지털-아날로그 신호 변환 시스템반도체 기술 확보

핵심 요소기술 정의서

4-1 센서용 시스템반도체

<table>
<tr><th colspan="2">구분</th><th>내용</th></tr>
<tr><td rowspan="2">분류
체계</td><td>산업기술</td><td>- (200404) 전기·전자-반도체소자 및 시스템-센서용소자</td></tr>
<tr><td>과학기술</td><td>- (ED0404) 과학기술-인공물-전기/전자-반도체 소자·회로-Sensor용 소자</td></tr>
<tr><td colspan="2">기술개요</td><td>- (정의) 물리적(진동, 소리, 빛 등), 화학적(가스, 이온 등), 생물학적 신호(바이러스 등)를 감지하여 이를 전기 신호로 변환하는 고성능·고신뢰 시스템반도체 기술
• (종류) 물리센서, 화학센서, 바이오센서 등이 존재함

[그림] 센서의 종류 (출처: 한국전자기술연구원)</td></tr>
<tr><td colspan="2">기술
요구사항</td><td>- 다양한 물리적, 화학적, 바이오적 신호의 감지를 위한 감도특성, 선택적 감지능력, 다양한 적용환경에 적용을 위한 고신뢰 등의 요구사항이 있음
• (성능적 요구사항) 고감도 성능, 선택적 감지성능, 무선 IoT를 위한 저전력화 등
• (부가적 요구사항) 다기능화, 소형화 및 고집적화, 고신뢰화 등</td></tr>
<tr><td colspan="2">기술개발
최종 목표</td><td>- 고감도 성능 확보를 위한 고기능성 감지 소재 개발과 동시 다양한 정보 측정을 위한 다중센서 개발
• (요소기술별 목표기술) 기능성 감지 소재개발, 센싱 소자의 고집적화, 저전력화</td></tr>
<tr><td rowspan="3">단계별
목표</td><td>1차년도</td><td>- (소재·공정개발) 센서의 고감도 특성 확보를 위한 고감도, 고선택 기능성 소재 개발 (TRL 4~6단계)
• (소재) 소재 합성 등 소재 양산 레시피 확보와 재현성 검증을 통한 고감도 및 고선택성 기능성 센서 소재 개발
• (공정) 선정된 소재와 테스트 시편 제작을 통한 소자 제작 공정 검증</td></tr>
<tr><td>2차년도</td><td>- (소자·모듈개발) 초소형 및 어레이 센서 구현을 위한 고집적 반도체 공정 적용 센서 소자개발 및 센싱 모듈/시스템 개발 (TRL 5~7단계)
• (소자) 다중 정보의 감지를 위한 고집적 어레이 센서 소자 개발
• (모듈) 감지, 신호전달, 통신 등 다양한 기능을 포함하는 센싱 모듈 및 시스템 개발</td></tr>
<tr><td>3차년도</td><td>- (적합성검증) 개발된 소자 및 모듈의 안전성, 동작신뢰성, 양산성 검증 (TRL 5~8단계)
• (신뢰성) 신호 감지용 센서 또는 모듈의 동작 및 환경, 기계적 신뢰성 검증
• (양산성) 신호 감지용 센서 또는 모듈의 양산성 및 단가 경쟁력 확보</td></tr>
</table>

4-2 Actuator, 로봇 구동용 시스템반도체

구분		내용
분류체계	산업기술	- (200408) 전기·전자-반도체소자 및 시스템-기타 반도체 소자
	과학기술	- (ED0404) 과학기술-인공물-전기/전자-반도체 소자·회로-달리 분류되지 않는 반도체 소자·회로
기술개요		- (정의) 모터, 로봇 등의 액츄에이터를 구동에 사용되는 고성능·고신뢰 시스템반도체 기술 • (종류) 모터 구동, 압전 등 진동 소자의 제어 상황 감지와 제어용 시스템반도체 [그림] 근육 모사 안전 소자와 구동 시스템반도체 개념도 (출처: SK하이닉스)
기술 요구사항		- 인체와 유사한 구동(actuation)을 위한 미세 구동, 다축·다각도 동시 구동을 위한 기술로 고정밀성, 동작의 안정성(고신뢰성), Object 친화성 등의 요구사항이 있음 • (성능적 요구사항) 구동의 고정밀성 제어, 동작제어 안정성 등 • (부가적 요구사항) 소형화, Softness/flexibility/stretchability, 동작주파수 등
기술개발 최종 목표		- 휴머노이드 형태의 로봇과 고정 및 구동기(actuator) 제어 및 구동을 위한 고정밀 고해상도 시스템반도체 개발 • (요소기술별 목표기술) 모터 미세구동, 압전(piezoelectric) 구동 등을 위한 시스템반도체 기술 확보
단계별 목표	1차년도	- (설계) 구동기의 전기적 모델링 및 드라이브 IC 설계 기반의 보드 수준의 검증 (TRL 4~6단계) • (모델링) 압전체의 Capacitive 특성 모델링, 근육의 resistive 특성 모델링 등 구동회로 설계를 위한 등가적 전기적 모델 개발 • (설계) 구동 IC의 설계와 IC 제작전 상용 IC 적용을 통한 보드 수준의 검증
	2차년도	- (제작) 구동회로 설계를 적용한 IC 제작 (TRL 5~7단계) • (SoC) 구동기의 모니터링 및 제어를 위한 다양한 기능이 집적화된 구동회로 SoC 제작
	3차년도	- (최적화) 제작된 구동회로 SoC 성능검증 및 설계/제작 revision (TRL 5~8단계) • (성능검증) 다양한 동작환경 및 신뢰성 환경에서의 동작 성능 및 신뢰성 검증 • (Revision) 검증 결과에 기반한 재설계 및 2차 SoC 제작

4-3 ADC/DAC/DSP 시스템반도체

구분		내용
분류 체계	산업기술	- (200406) 전기·전자-반도체소자 및 시스템-SoC
	과학기술	- (ED0406) 과학기술-인공물-전기/전자-반도체 소자·회로-SoC
기술개요		- (정의) 고성능 아날로그-디지털 또는 디지털-아날로그 신호 변환과 디지털 신호의 고속 및 병렬 연산과 처리를 위한 시스템반도체 기술 • ADC(Analog-to-Digital Converter) : ADC는 온도, 압력, 음성, 영상신호, 전압, 전파 등 실생활에서 측정되는 연속적 값을 가지는 아날로그 신호를 이산적 값을 가지는 디지털 신호로 변환하는 시스템반도체 • DAC(Digital-to-Analog Converter): 디지털 전기신호를 연속적인 아날로그 전기신호로 변환하는 시스템반도체 • DSP(Digital Signal Processor) : 디지털로 변환된 전기신호 인식/처리/압축 등의 작업을 수행하는 시스템반도체 [그림] ADC/DAC 개념도(출처: ElectronicsAD)
기술 요구사항		- 고해상도, 동작 및 처리 속도, 소모전력, 선형성 등의 요구사항이 있음 • (성능적 요구사항) 해상도(Resolution), 동작 및 처리 속도(sampling rate), 소모전력(power consumption), 선형성(Linearity) 등 • (부가적 요구사항) 온도, 습도, 방사선 등 다양한 동작 환경에서의 신뢰성 등
기술개발 최종 목표		- 고해상도, 고속, 저전력, 고선형성 ADC/DAC/DSP 시스템반도체 개발 • (정량목표) Resolution(bits), Power consumption(mW), Temperature range(°C), Input dynamic range, Speed(Hz) 등
단계별 목표	1차년도	- (설계) 구조 설계와 인터페이스 사양 (TRL 4~6단계) • (사양설계) ADC/DAC/DSP의 구조 설계와 외부 신호전달 인터페이스 구조 설계 (TRL 4~6단계) • (1차검증) IC 제작전 상용 IC 적용을 통한 보드 수준의 검증
	2차년도	- (소자·모듈개발) FPGA 프로토타입 검증 및 칩 제작 (TRL 5~7단계) • (1차검증) IC 제작전 상용 IC와 FPGA를 적용을 통한 보드 수준의 검증
	3차년도	- (적합성검증)IC의 성능 검증과 설계/제작 revision (TRL 5~8단계) • (성능검증) 다양한 동작환경 및 신뢰성 환경에서의 동작 성능 및 신뢰성 검증 • (Revision) 검증 결과에 기반한 재설계 및 2차 SoC 제작

2 기술로드맵 구축

가. 기술개발 목표

[「아날로그·디지털 제어 반도체」 기술개발 로드맵]

구분	핵심 요소기술	기술 요구사항	개발목표			최종목표
			1차년도	2차년도	3차년도	
1	센서용 시스템반도체	고감도 성능, 선택적 감지성능, 저전력화, 다기능화, 고신뢰화	고감도 및 고선택성 센서 소재 개발, 소자 제작 공정 검증	고집적 어레이 센서 및 센싱 모듈 개발	소자 및 모듈의 신뢰성 및 양산성 검증	다양한 신호를 감지 가능한 고신뢰 센서용 시스템반도체 기술 개발
2	Actuator, 로봇 구동용 시스템반도체	구동의 고정밀성 제어, 동작제어 안정성, 소형화, 유연성	압전체 및 근육의 전기적 모델링, 구동 IC 설계 및 보드 검증	구동회로 SoC 제작 및 다양한 기능 집적화	구동회로 SoC 성능 검증 및 재설계	휴머노이드 및 로봇용 고정밀 고신뢰 구동 시스템반도체 개발
3	ADC/DAC/DSP 시스템반도체	고해상도, 동작 및 처리 속도, 저전력, 선형성, 신뢰성	ADC/DAC/DSP 구조 설계 및 인터페이스 사양, 1차 보드 검증	FPGA 프로토타입 검증 및 칩 제작	IC 성능 검증 및 재설계	고해상도, 고속, 저전력 ADC/DAC/DSP 시스템반도체 개발

나. 로드맵 기획

(총론) 센싱 및 제어 성능 향상, 고정밀/고속/고신뢰 시스템반도체 기술 이슈에 대응하는 중소기업 전략기술로드맵 구축

- (중소기업 기술개발전략 1) 센서 성능 향상 및 신뢰성 개선을 위한 고감도, 고선택성 소재 및 모듈 개발 필요
- (중소기업 기술개발전략 2) 로봇 구동 및 제어의 고정밀성, 유연성, 신뢰성을 보장하기 위한 SoC 설계 및 제작 필요
- (중소기업 기술개발전략 3) 아날로그/디지털 신호 처리 성능 극대화를 위한 고해상도, 저전력 ADC/DAC/DSP 설계 및 제작 필요

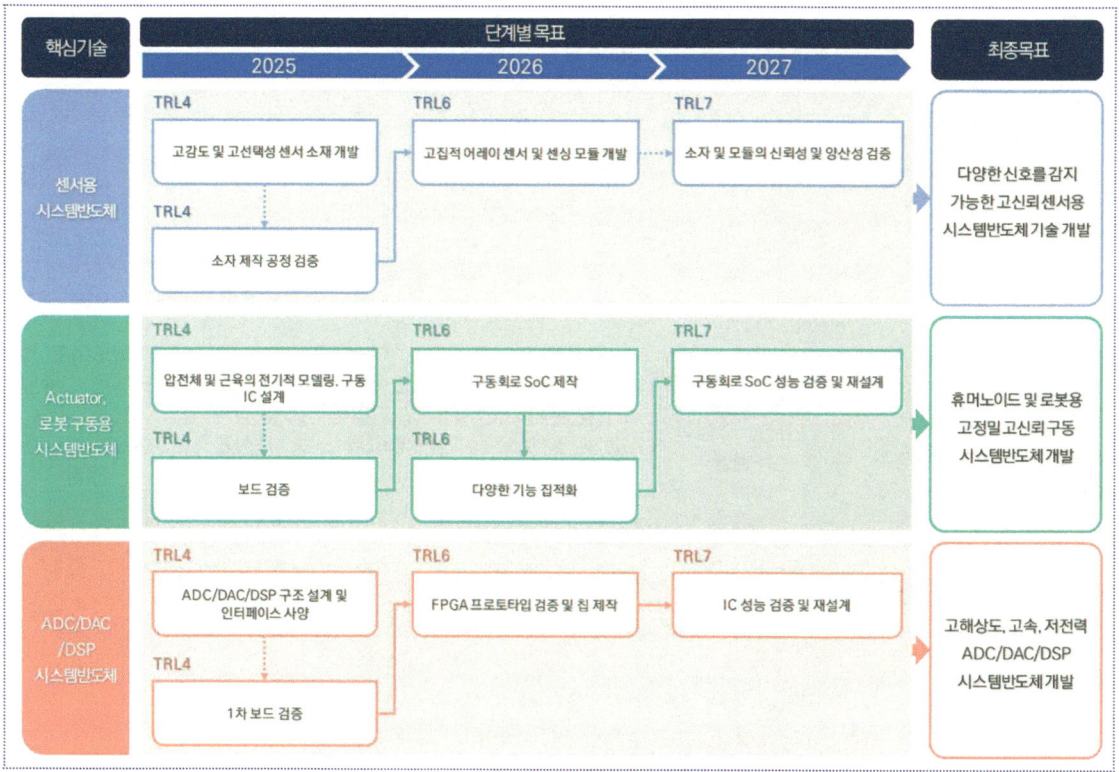

[「아날로그·디지털 제어 반도체」 기술개발 로드맵]

(2025~2027)

중소기업 전략기술로드맵

제2장. 전략품목 환경분석

05_시스템반도체 설계 IP

제1절 개요

1. 정의 및 필요성

가. 정의

- 시스템반도체 설계 IP는 반도체 칩 개발 과정에서 특정 기능을 구현하기 위해 반복적으로 사용 가능한 범용 회로 블록으로, 반도체 설계 및 개발 시간을 단축하고 설계 효율성을 높이는 핵심 기술
  - 시스템반도체 설계 IP는 디지털, 아날로그, RF 및 혼합신호 등 다양한 분야의 기능을 제공하며, 프로세서, 메모리 인터페이스, 통신 회로 등 칩 설계의 기본적인 구성 요소를 포함
  - IP 구동에 필요한 펌웨어 및 소프트웨어를 함께 제공하여 칩 설계 후 검증 및 통합 과정을 간소화
  - 전용 소프트웨어 개발 키트(SDK)와 드라이버 등을 통해 시스템과 하드웨어 간의 호환성을 보장

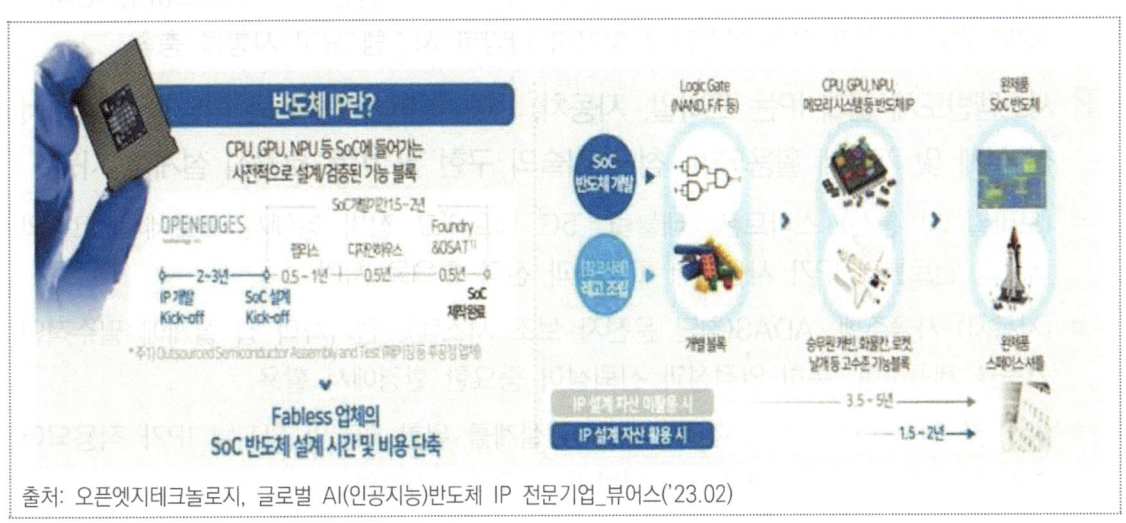

출처: 오픈엣지테크놀로지, 글로벌 AI(인공지능)반도체 IP 전문기업_뷰어스('23.02)

[반도체 IP의 개념]

- ❈ **시스템반도체 설계 IP는 반도체산업 생태계를 지원하는 역할을 하고 있으며, 형태를 갖춘 하나의 산업으로서 존재하기보다는 반도체산업 생태계에서 전방산업과 후방산업을 거미줄처럼 연결하는 다양한 기술군의 특성을 지님**
  - 시스템반도체 설계 IP를 하나의 산업으로 본다면 그다지 큰 규모는 아니지만 시스템반도체 설계 IP는 반도체 산업 전반의 기술 성숙도를 좌우하는 기반 기술이기 때문에 시스템반도체 설계 IP의 중요성은 매우 높음
  - 반도체산업의 규모가 급속하게 커지고 주요기업이 막대한 투자를 통해 경쟁자와 기술격차를 최대한 벌리고 앞서나가는 전략을 취하고 있어 기술격차의 근본이 되는 시스템반도체 설계 IP는 반도체산업의 기술자립을 위한 핵심 무기의 성격을 가짐

- ❈ **시스템반도체 설계 IP는 설계 비용 절감, 개발 기간 단축, 표준화된 기능 제공을 통해 시스템반도체 산업의 경쟁력을 강화하며, 재사용 가능성과 확장성을 특징으로 함**
  - (재사용 가능성) 다양한 칩 설계에서 반복적으로 사용 가능하도록 설계되어, 설계 비용을 절감하고 제품 개발 속도를 가속화
  - (표준화된 설계) 국제 표준 및 규격을 준수하며, 다양한 하드웨어 및 소프트웨어 환경에 호환성을 제공
  - (확장성과 모듈화) IP 모듈을 조합하여 특정 요구사항에 맞는 맞춤형 설계를 지원하며, 설계 변경 시 유연성을 제공
  - (고신뢰성 및 검증) 사전 검증된 IP는 설계의 안정성을 보장
  - (기능적 다양성) 프로세서 코어, 메모리 컨트롤러, 통신 인터페이스(IPI, UART 등)와 같은 다양한 설계 옵션을 포함하여 다양한 시스템 요구 사항을 충족

- ❈ **시스템반도체 설계 IP는 모바일, 자동차, IoT, 데이터 센터 등 다양한 산업에서 칩 설계 및 개발에 활용되며, 첨단 기술의 구현 및 비용 효율적 설계를 지원**
  - (모바일 및 통신) 스마트폰, 태블릿, 5G 네트워크 장비 등에서 프로세서 코어와 메모리 컨트롤러 IP가 사용되어 고성능과 전력 효율을 지원
  - (자동차) 자율주행, ADAS(첨단 운전자 보조 시스템), 전기차의 칩 설계에 필수적인 기능을 제공하며, 특히 안정성과 신뢰성이 중요한 환경에서 활용
  - (IoT 및 엣지 디바이스) 저전력 및 소형 설계를 위한 RF 및 디지털 IP가 적용되어 스마트홈, 헬스케어, 산업용 IoT 디바이스 개발을 가속화
  - (데이터 센터 및 AI) 고속 메모리 인터페이스와 AI 연산 가속기 IP가 클라우드 컴퓨팅, 빅데이터, 머신러닝 애플리케이션에서 핵심적 역할 수행

나. 기술 개발 필요성

✳ **반도체 공정기술의 미세화로, 시스템반도체가 복잡해짐에 따라 반도체 사이즈가 커지는 등 많은 문제가 발생하고 있는데 이는 다양한 시스템반도체 설계 IP로 해결할 수 있음**

- 반도체 IP는 반도체를 설계할 때 그 내부에 쉽게 끼워 넣어 사용할 수 있도록 누군가가 미리 설계, 구현 및 검증을 마치고 재사용을 위해 준비해놓은 코어를 의미하는 것으로, 최근 들어 시간과 비용을 줄이고 위험을 회피하며 전문성을 확보하기 위해 반도체 IP에 의존하는 비중이 크게 높아졌으며, 이에 따라 우수한 반도체 IP를 설계할 수 있는 기술이 매우 중요해짐
- 시스템반도체 대부분은 내부 블록의 제어와 복잡한 알고리즘의 수행을 위해 프로세서 코어를 내장하고 있으며, 여기에 사용되는 프로세서 코어는 소프트웨어의 호환성 때문에 ARM, RISC-V 등 몇 가지만으로 한정되는 경우가 많아 우수한 프로세서 코어를 설계할 수 있는 기술이 매우 중요해짐

✳ **시스템반도체의 복잡도가 크게 증가하여 많게는 수십억 개의 로직 게이트가 들어가는 초대형 반도체 칩이 늘어나고 있음**

- 이러한 반도체 칩은 매우 많은 종류의 설계 오류나 제작 오류 등을 모두 걸러내기 어렵고 기존 방법으로는 테스트 및 검증 시간도 매우 오래 걸려서, 제작된 반도체 칩의 테스트 및 검증을 빠르고 정확하게 수행할 수 있는 기술이 매우 중요해짐
- 자동차, 항공기, 선박 등은 온도, 습도, 진동, 충격, 오염, 전자파, 방사선 등에 의해 반도체 측면에서는 매우 열악한 환경을 가지고 있으며, 이는 반도체가 파괴되거나 오동작하는 경우에 대형사고의 원인이 됨
- 반도체 칩이 커지고 복잡함에 따라 설계 오류나 구조적 문제점 등을 제대로 거르지 못하는 경우가 종종 있는데 이때도 대형사고의 위험이 있음
- 따라서 반도체가 열악한 환경에서도 파괴되지 않고 정상적으로 동작할 수 있는 신뢰성 기술과 반도체에 오류나 문제점이 있어도 사고나 위해를 회피할 수 있도록 대비하여 설계하는 기능 안전 기술이 매우 중요해짐

2 범위 및 분류

가. 가치사슬

❋ 시스템반도체 설계 IP 산업생태계는 설계 IP의 개발, 라이선스, 통합, 검증, 활용 및 파생 제품 설계로 이어지는 가치사슬을 형성하고 있는 구조로, 반도체 설계 단계에서 필수적인 재사용 가능 설계 블록을 제공하여 설계 효율성 및 경제성을 극대화함

- (후방산업) 시스템반도체 설계 IP 개발에 필요한 알고리즘, 프로토콜, 설계 도구 및 관련 소프트웨어를 제공하는 단계로, EDA(전자설계자동화) 소프트웨어, 반도체 공정기술, 표준화 단체 등이 포함됨
- (전방산업) 설계 IP를 활용하여 SoC(System on Chip) 및 기타 시스템반도체를 설계, 생산하는 단계로, 스마트폰, IoT 기기, 자율주행 차량, 데이터센터 등 다양한 애플리케이션에 적용됨

[시스템반도체 설계 IP 품목 산업구조]

후방산업	시스템반도체 설계 IP	전방산업
반도체 설계자동화 산업, 반도체 공정장비 산업, 반도체 시험·분석 산업, 컴퓨터 아키텍쳐 산업, 임베디드 소프트웨어 산업 등	반도체 IP 설계 기술, 프로세서 코어 설계 기술, 반도체 테스트 및 검증 기술, 반도체 신뢰성 및 기능안전 기술, SW-SoC 융합 기술 등	마이크로프로세서 반도체 산업, 메모리 반도체 산업, 시스템반도체 산업, 파워 반도체 산업, 반도체 파운드리 산업 등

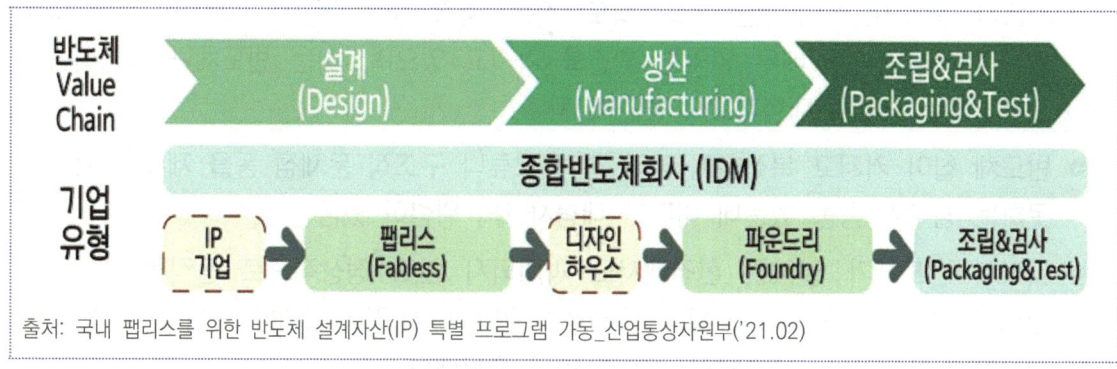

출처: 국내 팹리스를 위한 반도체 설계자산(IP) 특별 프로그램 가동_산업통상자원부('21.02)

[시스템반도체 산업 Value-Chain]

나. 용도별 분류

❖ 대표적인 시스템반도체 설계 기술로는 반도체 IP 설계 기술, 프로세서 코어 설계 기술, 반도체 테스트 및 검증 기술, 반도체 신뢰성·기능안전 기술, 유무선 네트워크 설계 기술, SW-SoC 융합 기술 등을 들 수 있음

- (반도체 IP (Semiconductor Intellectual Property) 설계 기술) 반도체 설계 과정에서 반복적인 설계를 줄이고 시간과 비용을 절감하기 위해 재사용 가능한 형태로 개발된 기능 블록
  - 표준화된 인터페이스 설계를 통해 다양한 반도체 IP 간 호환성을 확보하고, 다양한 제조 공정 (7nm, 5nm 등)과 환경에 최적화된 IP 설계 기술
  - SoC(System on Chip) 설계 시 고속 연산 IP, 메모리 IP, 통신 IP 등 특화 IP를 개발하고, IP 보안을 위해 데이터 암호화 및 인증 기술을 포함한 IP를 보호하는 기술
  - 모바일 프로세서, AI 전용 가속기, 디지털 신호 처리용 칩 등 다양한 응용 분야에 활용

- (프로세서 코어 설계 기술) 시스템의 제어 및 데이터 연산을 수행하는 핵심 모듈인 프로세서 코어 설계 기술
  - 명령어 집합 아키텍처 (ISA) 설계 및 최적화, 고성능 프로세서를 위한 멀티코어 및 병렬 처리 아키텍처 설계 기술
  - 낮은 전력 소모를 위해 클럭 게이팅, 전력 도메인 분리 설계 등 저전력 설계 기법을 적용하고, AI/ML 워크로드에 특화된 프로세서 설계, 텐서 연산 가속기와 같은 맞춤형 설계 기술
  - 엣지 컴퓨팅, 데이터센터 서버, 자율주행차 제어 칩에서 필수적으로 사용

- (반도체 테스트 및 검증 기술) 설계된 반도체 칩이 의도한 대로 동작하는지 확인하기 위한 테스트 및 검증 기술
  - 설계 단계에서 오류를 미리 검출하는 시뮬레이션 기반 검증 및 포멀 검증(Formal Verification), 생산 공정 후 웨이퍼 테스트, 패키지 테스트 등 고속·고정밀 테스트 기술
  - 스마트폰, 자동차, 의료기기 등 높은 신뢰성이 요구되는 산업에 필수 적용

- (반도체 신뢰성·기능안전 기술) 반도체의 장기적 신뢰성과 안전성을 보장하는 설계 기술
  - 온도, 습도, 방사선 등 환경적 요인에 대한 내구성을 강화하는 신뢰성 설계 및 설계 단계부터 고장 상황을 분석하고 시스템 안정성을 보장하는 FMEA(Failure Mode and Effects Analysis) 및 Fault Injection Testing 기술
  - 자율주행차, 항공기 등에서 사용되는 ISO 26262 표준 기반 기능안전 설계 및 안전 시스템의 이중화 및 결함 감지 기술로 주요 시스템 손상을 방지
  - 자율주행차 센서, 원자력 발전 제어 시스템 등 안정성이 핵심인 산업

- (유무선 네트워크 설계 기술) 4G/5G, Wi-Fi, Ethernet 등 표준화된 프로토콜 기반으로 안정적 데이터 전송을 지원하는 기술
  - 4G, 5G, Wi-Fi, Ethernet 등 표준 프로토콜을 지원하는 네트워크 인터페이스 설계 및 대규모 데이터 처리를 위한 QoS(Quality of Service) 기술 및 멀티플렉싱 기술
  - IoT 디바이스를 위한 저전력, 초소형 네트워크 반도체 설계 및 실시간 통신 및 다중 채널 통합 기술로 스마트팩토리 및 자동차용 통신 최적화 기술
  - 스마트폰, 자율주행차, 스마트홈 네트워크에 사용

- (SW-SoC 융합 기술) 하드웨어와 소프트웨어의 유기적 융합을 통해 효율성을 극대화하는 기술로, HW-SW Codesign을 통해 소프트웨어 기능을 하드웨어에서 실행 가능하도록 변환 및 최적화
  - SoC 설계 초기 단계에서 SW-HW를 통합 설계하는 HW-SW Codesign 기술
  - AI, 빅데이터, 클라우드 기반 애플리케이션을 소화할 수 있는 칩 설계 및 SW 프레임워크 통합 기술
  - SoC 칩 내 리소스 관리 및 가속기 사용 최적화를 위한 소프트웨어 스케줄링 기술
  - 칩 단에서 처리하기 어려운 복잡한 작업을 외부 소프트웨어와 분산 처리하는 엣지-클라우드 통합 기술
  - AI 가속기, 네트워크 칩, 엣지 디바이스 등 복잡한 데이터 처리를 요구하는 시스템

제2절 환경 분석

1. 시장 현황 및 전망

가. 개황

■ **시스템반도체의 복잡도 증가**

- 최근 들어 시스템반도체의 복잡도가 기하급수적으로 증가하였기 때문에 설계자가 시스템반도체 전체를 설계하기에는 너무 오랜 시간이 걸리므로 상당수의 기능 블록에 반도체 IP를 가져다 쓰는 것이 대세로 자리 잡고 있음

- 칩을 제작하는 공정 기술이 극히 미세화 되었기 때문에 칩을 한 번 제작하는데 걸리는 시간과 비용이 막대함

  - 설계, 구현, 검증 경험이 부족한 설계자가 성공적인 개발에 실패하는 경우가 빈번하기 때문에 위험 회피 수단으로 미리 검증이 완료된 반도체 IP를 사용하고자 하는 수요가 매우 높음

■ **파운드리 에코시스템의 활성화**

- 설계된 시스템반도체를 실제 칩으로 제작하는 파운드리 회사의 중요성이 계속 높아지고 있으며, 시스템반도체 설계 회사들의 파운드리가 제공하는 공정에 대한 의존성이 점차 커져가고 있음

- 따라서 파운드리 회사를 중심으로 설계 툴 회사, IP 회사, 디자인솔루션파트너 회사, 패키지솔루션 회사가 모여서 '파운드리 에코시스템'을 형성하고 있음

- 파운드리 에코시스템의 핵심이 반도체 IP이며, 수많은 반도체 IP 공급자를 통해 원하는 반도체 IP를 빠르고 안정적으로 확보하며 설계 툴을 통해 이들 반도체 IP를 쉽게 연결하고 집적할 수 있는지가 시스템반도체 개발에서 핵심 요소로 자리 잡아가고 있음

✳ 반도체 IP의 전문화

- 하드웨어와 소프트웨어의 협업으로 수행되는 AI 반도체에는 NPU(Neural Processing Unit)가 필수적이며, NPU와 같이 고도의 설계기술과 전용 소프트웨어가 필요한 경우에는 대부분 직접 개발보다는 전문 IP를 사용하는 추세임
- 고도의 아날로그 회로 및 디지털 시스템 기술이 필요하고, 파운드리 공정 의존성이 강한 초고속 인터커넥트 반도체 역시 전문 IP를 사용하는 추세임
- 네트워크, 카메라, 디스플레이 기술이 발달함에 따라 영상의 해상도가 크게 높아지고 있으며, 이에 따라 Codec, GPU, ISP와 같은 영상 처리 반도체의 복잡도가 크게 높아져서 전문 IP를 사용하는 추세임
- 특히 시스템 제어를 위한 내장 프로세서가 ARM 또는 RISC-V 등 몇 개의 유명 코어로 집중되고 있으며, 이에 따라 ARM 계열 IP, RISC-V 계열 IP로 전문화되는 추세임
  - 개방형 명령어 세트 구조(ISA)인 RISC-V가 비용 효율성과 유연성 측면에서 주목받으며, 이를 활용한 설계 IP 채택이 증가
  - Arm이 시장의 주요 지배자로 자리하고 있으나, 라이선스 비용 절감 및 설계 유연성을 제공하는 RISC-V의 도입이 AI, 엣지 컴퓨팅 등 특정 분야에서 활발히 이루어지고 있음
  - 주요 기업 및 기관에서 RISC-V 기반 설계 IP 개발을 가속화하고 있으며, 이와 관련된 에코시스템의 확장이 시장 성장을 촉진하고 있음

✳ 보안 기능이 강화된 설계 IP의 중요성 증가

- IoT 및 엣지 디바이스 확산으로 인해 설계 단계에서부터 강력한 보안이 요구되고 있음
- 하드웨어 기반 보안 기능을 갖춘 설계 IP는 디지털 인증, 암호화, 물리적 보안 등을 제공하여 사이버 위협에 대응하는 중요한 수단으로 자리 잡고 있음
- 특히, 금융, 헬스케어, 자동차 분야에서 이러한 보안 중심의 IP 도입이 빠르게 확대되고 있음

나. 관련 시장 규모 및 전망

1 세계 시장

※ 시스템반도체 설계 IP의 세계 시장 규모는 7년간 연평균 성장률 6.8%로 증가하며 '22년 약 55억 달러에서 '28년 81억 달러 규모로 성장할 것으로 전망

- AI, IoT, 5G, 전장(電裝) 분야의 수요 증가와 맞물려 설계 IP 기술의 중요성이 강조되고 있음을 의미
- (SoC 및 칩 복잡성 증가) AI, IoT, 자율주행차와 같은 첨단 기술이 요구하는 SoC의 설계 복잡성이 증가하면서, 효율적인 개발을 위한 설계 IP의 활용이 필수적이며, 설계 IP는 설계 시간을 단축하고 개발 비용을 줄일 수 있어 시장 수요가 지속적으로 확대되고 있음
- (AI 및 5G 기술 확산) AI와 5G 네트워크의 상용화는 고성능 저전력 반도체의 수요를 증가시키고 있으며, 이로 인해 IP 설계 요소를 활용한 맞춤형 SoC 개발이 주요 트렌드로 자리 잡고 있음
- (Fabless 및 파운드리 협력 강화) 글로벌 반도체 시장의 Fabless(설계 전문 기업) 비중이 증가하면서, 설계 IP 시장이 함께 성장하고 있으며, 파운드리 기업과의 협력을 통해 표준화된 IP를 활용한 생산 효율화가 이루어지고 있음

[시스템반도체 설계 IP 세계 시장 규모 및 전망]

(단위: 십억 달러, %)

구분	'22년	'23년	'24년	'25년	'26년	'27년	'28년	CAGR ('22년~'28년)
세계시장	5.50	5.93	6.35	6.78	7.20	7.63	8.17	6.8%

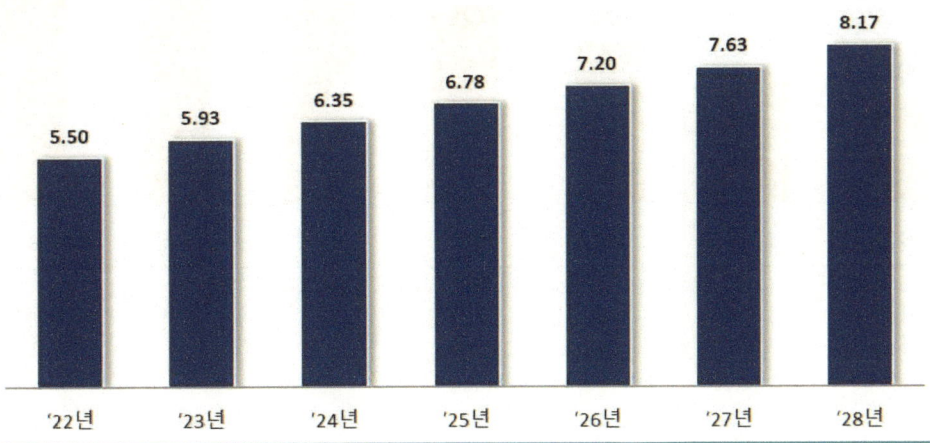

출처: Semiconductor Intellectual Property (IP) Market_MarketsAndMarkets('22.02)

2 국내 시장

✕ 시스템반도체 설계 IP의 국내 시장 규모는 7년간 연평균 성장률 23.4%로 증가하며 '22년 약 4억 달러에서 '28년 14억 달러 규모로 성장할 것으로 전망

- 글로벌 시장 대비 빠른 성장세로, 국내 팹리스(Fabless) 기업과 파운드리의 경쟁력이 강화되는 배경에서 이루어진 결과로 분석됨
- (국내 팹리스 산업 성장과 설계 IP 수요 증가) 삼성전자, DB하이텍 등 글로벌 경쟁력을 갖춘 국내 파운드리 업체들과 팹리스 설계 전문 기업의 성장이 설계 IP 시장 확대로 이어지고 있으며, 반도체 설계의 복잡성이 증가하면서 설계 시간을 단축하고 비용을 절감할 수 있는 설계 IP의 활용이 필수화되고 있음
- (정부 지원 및 연구개발 투자 확대) 한국 정부는 K-반도체 전략을 통해 팹리스와 설계 IP 관련 산업을 적극 지원하고 있으며, 중소 팹리스 기업이 설계 IP를 효율적으로 활용할 수 있도록 인프라와 연구개발 지원을 강화하고 있음

[시스템반도체 설계 IP 국내 시장 규모 및 전망]

(단위: 백만 달러, %)

구분	'22년	'23년	'24년	'25년	'26년	'27년	'28년	CAGR ('22년~'28년)
국내시장	416	513	633	781	964	1,190	1,468	23.4%

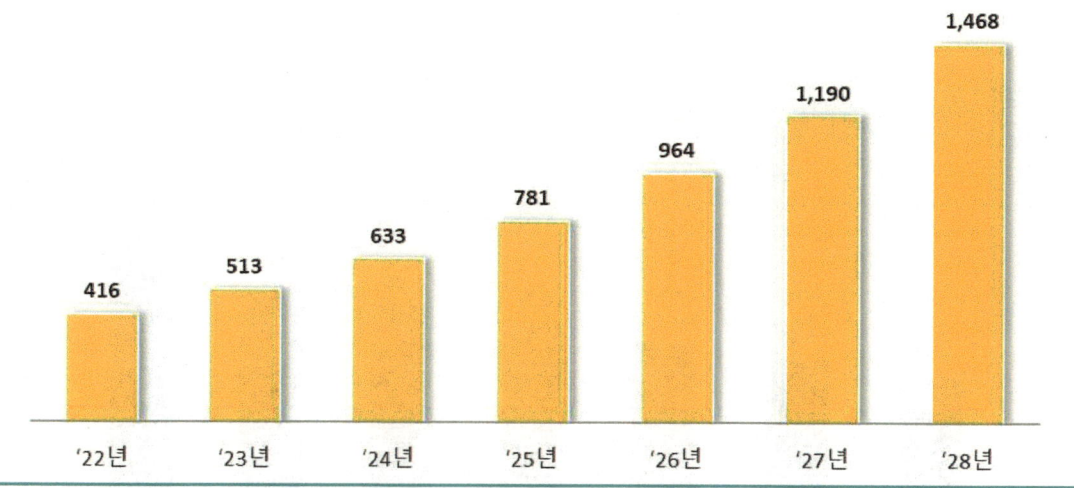

출처: semiconductor-ip-market_Fortune business insight('22.10)

2 기술개발 동향

가. 개황

✳ 시스템반도체 설계 IP(Interface Protocol)는 시스템반도체 개발의 핵심 요소로, 반도체 칩 설계 시 사용되는 기본적인 모듈 및 인터페이스를 말하며, 칩 설계의 복잡도를 낮추고, 제품 개발 속도를 획기적으로 향상시키는 중요한 역할

- 시스템반도체 설계 IP는 크게 CPU, GPU, DSP, 메모리 인터페이스, I/O 인터페이스, 그리고 보안 및 네트워크 프로토콜 등의 분야로 구분
- 설계 IP는 반도체 설계자들이 기존의 설계 정보를 활용해 새로운 제품을 더 효율적으로 개발할 수 있도록 지원

✳ 시스템반도체 설계 IP는 반도체 시장의 발전과 함께 진화해 왔으며, 고성능 컴퓨팅(HPC), 인공지능(AI), 자율주행, IoT 등의 산업 영역에서의 수요 증가로 인해 설계 IP 기술의 중요성은 더욱 커지고 있음

- (CPU 설계 IP) CPU 설계 IP는 주로 범용 프로세서 설계에서 사용되며, 이를 통해 칩 설계자는 최적화된 아키텍처를 빠르게 구현할 수 있으며, 최근 CPU 설계 IP의 주요 개발 트렌드는 고성능, 저전력, 커스터마이징을 위한 고도화된 기술
  - 모바일 기기 및 데이터 센터에서의 성능 요구가 증가함에 따라, 멀티코어 아키텍처 및 병렬 처리 능력이 강화되고 있음
  - (고성능 및 저전력 기술) 최신 CPU 설계 IP는 성능을 극대화하면서도 전력 소비를 최소화하는 데 초점을 맞추고 있으며, FinFET(핀펫) 기술 및 3D 스태킹 기술이 CPU 설계에서 중요한 트렌드로 자리 잡았음
  - (AI 및 머신러닝 최적화) AI 및 머신러닝을 위한 CPU 설계 IP는 벡터 프로세싱 및 하드웨어 가속기 기능을 내장하여, 데이터 처리 성능을 크게 향상시키고 있으며, Neural Processing Unit (NPU) 같은 특화된 연산 모듈이 CPU 설계에 통합되고 있음

- (GPU 설계 IP) GPU 설계 IP는 그래픽 처리뿐만 아니라 병렬 연산을 요구하는 다양한 애플리케이션에 적용되며, 최근 GPU 설계 IP의 개발 트렌드는 고속 연산과 대용량 데이터 처리를 위한 기술 혁신에 집중되고 있음

  - (병렬 처리 성능의 향상) GPU는 멀티코어 구조와 다수의 연산 유닛을 탑재하여, GPU 컴퓨팅 및 인공지능(AI) 응용에 필수적인 고속 처리 성능을 제공하고, CUDA와 같은 병렬 컴퓨팅 플랫폼은 GPU 설계 IP와 함께 발전하고 있으며, AI 및 데이터 분석 분야에서의 수요가 증가하고 있음

  - (FP16/FP32 연산) AI 및 머신러닝 작업에서 반 정밀도 연산(FP16) 및 단정도 연산(FP32)의 수요가 급증하고 있으며, 이를 지원하는 GPU 설계 IP는 데이터 정확도와 처리 속도 간의 균형을 맞추는 기술로 주목받고 있음

- (DSP 설계 IP) 디지털 신호 처리(DSP)는 고속 계산과 연산을 요구하는 분야로, 통신, 오디오/비디오 처리, 이미지/비디오 처리 등 다양한 응용 분야에 사용되며, DSP 설계 IP의 주요 기술 트렌드는 병렬 처리 및 멀티스레딩을 통한 성능 최적화와 전력 효율성을 중심으로 발전하고 있음

  - (고급 처리 기능의 내장) 최신 DSP 설계 IP는 비디오 압축 및 음성 인식과 같은 복잡한 연산을 빠르게 처리할 수 있는 특수 연산 유닛을 내장하고 있으며, 다중 레벨 필터링 및 실시간 연산을 지원하는 기술도 DSP 설계에서 점점 더 중요해지고 있음

  - (저전력 설계) DSP IP의 전력 소비를 줄이기 위한 기술들이 개발되고 있으며, 동적 전압 조정(DVS) 및 비정상 모드 동작을 통해 전력 소비를 효과적으로 제어하고 있음

- (메모리 인터페이스 설계 IP) 메모리 인터페이스 설계 IP는 반도체 칩과 외부 메모리 간의 빠르고 안정적인 데이터 전송을 위해 필수적인 기술이며, 최근 메모리 인터페이스 설계 IP의 발전 방향은 속도 향상, 대역폭 증가, 그리고 저전력을 위한 기술에 집중되고 있음

  - (DDR5 및 LPDDR5 지원) 최신 메모리 인터페이스 설계 IP는 DDR5 및 LPDDR5와 같은 고속 메모리 표준을 지원하여, 대용량 데이터 처리와 빠른 속도의 메모리 통신을 가능하게 하고 있으며, 데이터 센터, AI 학습 모델 등에서의 활용을 지원

  - (HBM(High Bandwidth Memory)) HBM3와 같은 고대역폭 메모리는 고속 데이터 처리가 필요한 반도체 설계에 필수적이며, HBM 설계 IP는 메모리의 대역폭을 크게 향상시키며, 특히 GPU 및 AI 가속기의 성능을 최적화하는 데 중요한 역할을 함

나. 주요 기술개발 동향

1 해외 기업

- 해외 기업들은 시스템반도체 설계 IP 분야에서 각기 다른 특화된 기술을 개발하여 경쟁력을 강화하고 있으며, 특히 ARM 아키텍처, RISC-V 기반의 오픈 아키텍처, GPU 및 AI 처리 기술, 통신 및 DSP 기술에 주력 중
  - (ARM, 영국) ARM은 세계 최대의 반도체 IP 회사로, ARM 프로세서 아키텍처 라이센싱 및 IP 공급을 주력으로 하고 있음
    - ARM은 모바일 및 IoT 장치에 필수적인 저전력 고성능 프로세서를 제공하며, 최근에는 AI 및 머신러닝 처리를 위한 프로세서 코어 개발에 집중 중
  - (SiFive, 미국) SiFive는 RISC-V 기반의 오픈 아키텍처 프로세서를 설계하여 ARM의 경쟁자로 떠오른 회사
    - RISC-V IP는 사용자가 원하는 사양에 맞춰 코어 개수, ISA, 온칩 메모리, I/O 포트 등 다양한 옵션을 선택할 수 있으며, 이를 통해 맞춤형 프로세서 설계를 지원
  - (Imagination, 영국) Imagination은 GPU, VR, AI 분야의 IP를 제공하는 세계 4위의 반도체 IP 회사로, 드림캐스트, 플레이스테이션, 아이폰 등 다양한 디바이스에서 자사의 IP가 사용되고 있으며, 하드웨어 IP 외에도 소프트웨어 드라이버와 개발 도구를 제공하여 생태계 형성에 기여하고 있음
  - (CEVA, 프랑스) CEVA는 DSP 및 통신 분야의 IP를 제공하며, Bluetooth, Wi-Fi, Audio, IoT 등 다양한 플랫폼에 최적화된 IP 세트를 제공하며, DSP를 포함한 IP 플랫폼의 형태로 설계 및 구현 솔루션을 공급하고 있음
  - (Verisilicon, 중국) Verisilicon은 GPU, NPU, DSP, ISP, Video Codec 등 다양한 반도체 기술 분야에서 IP를 제공하고 있으며, SiPaaS(Silicon Platform as a Service)를 통해 Design Service, Turnkey Service, IP Solution을 통합 제공하고, 이를 통해 고객 맞춤형 솔루션을 제공하며 시장 점유율을 확장하고 있음
  - (Synopsys, 미국) Synopsys는 세계 1위의 반도체 설계 툴 회사이자 2위의 반도체 IP 회사로, 반도체 설계 툴과 IP 솔루션을 제공
    - 삼성전자, TSMC 등 주요 파운드리의 에코시스템 내에서 고속 통신, AI 및 고성능 컴퓨팅을 지원하는 설계 IP와 툴을 제공

② 국내 기업

※ 국내 기업들은 5G, AI, IoT, 자율주행차 등 다양한 응용 분야에서 경쟁력을 강화하기 위해 시스템반도체 설계 IP를 개발하고 있으며, 특히 반도체 제조 공정과 최적화된 설계를 결합한 기술 개발에 주력하고 있음

- (삼성전자) 30년까지 파운드리와 시스템반도체 분야에 171조 원을 투자할 계획이며, 이 투자의 상당 부분을 파운드리 IP 확보에 사용하고 있음
  - 현재 파운드리 사업부는 약 9,000개의 IP를 보유하고 있으며, 이는 대만 TSMC의 30% 수준으로, 이를 극복하기 위해 SAFE(Samsung Advanced Foundry Ecosystem)을 구성하여 설계 자동화, IP, 디자인 솔루션 파트너와 협력 체계를 강화하고 있음
- (SK하이닉스) 자회사인 SK하이닉스시스템아이씨를 통해 CMOS, BCDMOS, CIS, eFlash 등 다양한 파운드리 서비스를 제공하고 있음
  - 최근에는 CMOS, BCDMOS, eFlash 등의 파운드리 서비스를 제공하는 키파운드리를 자회사로 인수하며 파운드리 IP 확보를 강화하고 있음
- (LG전자) 스마트홈 및 IoT 디바이스를 위한 저전력 설계 IP 기술을 개발하고 있으며, 최근에는 자동차 전자기기 관련 시스템반도체 설계 IP 개발에도 주력
- (현대자동차 그룹) 자율주행차와 스마트카에 필요한 시스템반도체 설계 IP 기술 개발에 집중하고 있으며, 특히 V2X 통신 및 실시간 데이터 처리 기술을 위한 IP 개발을 강화하고 있음
- (네이버) AI 기반 클라우드 컴퓨팅 및 데이터 처리 관련 시스템반도체 설계 IP 개발에 집중하고 있으며, 이를 기반으로 고객 맞춤형 솔루션을 제공하고 있음
- (코리아세미컨덕터) 스마트폰 및 웨어러블 디바이스를 위한 저전력 고성능 시스템반도체 설계 IP를 개발하고 있으며, 신뢰성과 효율성을 고려한 설계 기술에 주력하고 있음
- (앰코테크놀로지코리아) 반도체 패키징 및 테스트 기술을 기반으로 한 설계 IP 개발에 집중하고 있으며, 고속 데이터 전송 및 전력 효율화 기술에 중점을 두고 있음
- (어보브반도체) MCU 칩 개발사로 프로세서 코어 개발 능력을 갖추고 있으며, 가전용 및 산업용 MCU를 주로 생산, 판매하고 있으며, 최근에는 자동차 MCU 시장 진출을 목표로 다양한 MCU 설계를 진행하고 있음

- (칩스앤미디어) 국내 1위의 IP 전문 기업으로, 삼성전자, 퀄컴, TI 등 150개 이상의 반도체 회사에 비디오 코덱, 영상 처리, 컴퓨터 비전, 딥러닝 관련 IP를 공급하고 있음
- (텔레칩스) MCU 칩 개발사로, 자동차 인포테인먼트 시스템에 필요한 AVN 칩을 생산, 판매하고 있으며, 현대기아차를 포함한 주요 완성차 업체에 공급하고 있음
  - 최근에는 6세대 Bidding을 통해 콕핏 통합 시스템을 지원하는 고성능 AP를 개발 중
- (알파홀딩스) 음향 칩, 가전용 칩, 카메라용 칩 등을 주요 품목으로 하며, 최근 이미지 센서 시장 강화를 위해 알파플러스칩을 합병하였으며, 스마트폰 카메라, 자동차 전장, 로봇 및 IoT 제품에 수요가 급증하는 이미지 센서 설계를 제공함
- (다믈멀티미디어) DAB, Smart Phone Link System을 포함한 차량용 인포테인먼트 IC를 제공하며, 차량용 멀티미디어 IC의 수요 증가에 맞춰 복합적인 인포테인먼트 솔루션을 개발하고 있음
- (에이디칩스) EISC MCU Core IP 라이센싱 사업과 반도체 설계 기술을 독자적으로 개발하여 CPU, MCU 등을 상용화한 비메모리 반도체 설계 전문기업으로, 삼성 파운드리 사업 파트너로 활동하고 있음
- (비트리) 카메라 ISP, DDI, Display Compression IP 등 영상처리 분야에서 다양한 IP를 제공하며, 특히 HDR, 3DNR, Demosaicing 등의 고급 영상 처리 기술을 제공하고 있음
- (퀄리타스 반도체) SERDES(Serializer-Deserializer) 기반의 초고속 인터커넥트 IP를 설계하며, 112Gbps급 인터커넥트 IP를 개발하여 국내 파운드리 업체와 협력 중
- (오픈엣지테크놀로지) NPU와 메모리 서브시스템 IP에 특화된 AI 반도체 IP를 공급하고 있으며, 마이크론, SK텔레콤, 삼성전자, 텔레칩스 등 국내외 기업에 IP를 납품하고 있음
- (실리콘아츠) Ray Tracing 및 GPGPU 분야의 반도체 기술을 개발하고 있으며, RAIV라는 AI용 GPGPU IP를 출시하였고, 이 IP는 RISC-V 아키텍처 기반으로 AI 가속에 최적화된 기술을 제공함
- (큐알티) 반도체 신뢰성 평가와 불량 분석 분야에서 국내 최대 기업으로, 다양한 반도체 신뢰성 시험 및 인증 서비스를 제공하며, JEDEC, AEC, IEC 표준에 대한 신뢰성 평가 및 인증을 수행하고 있음

③ 국내 연구개발 기관

✣ 대표 연구개발 기관

[시스템반도체 설계 IP 주요 연구조직 현황]

분류	연구 분야
한국전자통신연구원	• 인공지능 반도체를 위한 프로세서 코어 설계 기술 개발 • 자동차 반도체를 위한 신뢰성 및 기능안전 기술 개발 • 반도체-소프트웨어 융합을 위한 SW-SoC 기술 개발
한국전자기술연구원	• 인공지능 반도체를 위한 프로세서 코어 설계 기술 개발 • 전력반도체를 위한 신뢰성 기술 개발 및 시험 인증

✣ 주요 기술개발 동향

◎ 한국전자통신연구원

- 인공지능 반도체를 위한 프로세서 코어 설계 기술을 오랫동안 개발해왔으며 최근 PIM(Processing-in-memory) 기술, 서버용 인공지능 프로세서 기술 등에 주력하고 있음

- 자동차 반도체를 위한 프로세서 코어 기술, 기능안전 기술, 신뢰성 기술을 개발하고 있으며 기능안전 분야의 국제 표준인 ISO 26262 Part 11을 제정하였음

- 판교에 SW-SoC융합 R&BD센터를 설립하여 반도체-소프트웨어 융합 기술을 개발하고 사업화, 기업 지원, 인력 양성, 기술 교육 등을 수행하고 있음

◎ 한국전자기술연구원

- AR/VR 시스템을 위한 프로세서 코어 설계 기술, SW-SoC 융합 기술을 오랫동안 개발해왔으며 최근 자동차 반도체, 인공지능 반도체 등으로 확산해 나가고 있음

- 분당에 신뢰성연구센터를 설립하여 반도체, 소재, 부품, 장비 등 다양한 분야의 신뢰성 기술, 테스트 기술 등을 개발하고 있으며 각종 측정 인프라를 완비하여 시험, 인증을 수행하고 있음

✳ 선행연구 사례

[국내 선행연구(정부/민간)]

수행기관	연구명(과제명)	연도	주요내용 및 성과
한국전자통신연구원	인메모리 특화 프로세서 개발	2020~2024	• 인메모리 프로세싱 기술을 활용한 고효율 인공지능 프로세서 반도체 개발
서울대학교	지능형 임베디드 시스템을 위한 소프트웨어 설계 및 코드 생성 기술	2019~2022	• 지능형 임베디드 시스템을 대상으로 선행 연구결과를 바탕으로 소프트웨어 개발자가 쉽게 쓸 수 있는 임베디드 소프트웨어 개발 도구를 개발
한국전자통신연구원	오픈 ISA 기반 슈퍼컴퓨터 프로세서 코어 기술 개발	2020~2024	• 슈퍼컴퓨터 CPU 원천 기술인 벡터 연산이 가능한 멀티코어로 구성되는 오픈 ISA 기반 슈퍼컴프로세서 코어 설계 및 반도체 칩 제작
SK텔레콤	2,000 TFLOPS급 서버 인공지능 딥러닝 프로세서 및 모듈 개발	2020~2027	• 분산 컴퓨팅 및 다중 인공지능 응용 동작이 가능한 인공지능 프로세서 기반 2PFLOPS 급 데이터 중심 서버향 고성능 인공지능 컴퓨팅 플랫폼
에임퓨처	고성능 엣지 컴퓨팅용 인공지능 프로세서 및 확장형 소프트웨어 플랫폼 개발	2021~2023	• ONNX 지원 Neural Network format conversion interface module 개발, 엣지 컴퓨팅에 최적화된 HW 아키텍처 설계
한국전자통신연구원	슈퍼컴퓨터 초고성능 CPU 프로세서 반도체 기술 개발	2020~2024	• 슈퍼컴퓨터 CPU 원천기술인 중앙처리 멀티코어와 병렬연산유닛(XPU) 융합
오픈엣지테크놀로지	가변 정밀도 고속-다중 사물인식 딥러닝 프로세서 기술 개발	2020~2024	• 가변 정밀도 연산(1~8-bit)을 지원하는 고성능 (사물 인식 시간 10ms 이하, 인식 정확도 66% 이상) 고효율 (4.5TOPS/W 이상) 신경망 추론 가속기 IP 개발
어보브반도체	스마트 가전용 40nm 이하급 공정을 적용한 경량화 AI SoC 기술 개발	2021~2024	• 스마트 가전용 40nm 이하급 공정을 적용한 경량화 AI SoC 기술 개발

기관	과제명	기간	내용
슈퍼게이트	다수사용자 멀티태스킹이 가능한 차량 인포테인먼트용 통합 AP 및 응용 SW 개발	2021 ~ 2024	• 다수사용자 멀티태스킹이 가능한 차량 인포테인먼트용 통합 AP 및 응용 SW 개발
서울대학교	인공지능 컴퓨팅 플랫폼의 칩간 초고속(100Gbps 이상) Multi-Rate 데이터 전송 지원 가능 저전력 직렬 인터페이스 기술 개발	2020 ~ 2023	• 인공지능 컴퓨팅 플랫폼의 칩간 초고속(100Gbps 이상) Multi-Rate 데이터 전송 지원 가능 저전력 직렬 인터페이스 IP 개발
테크위드유	헬스케어 센서용 초저전력 고해상도 아날로그 IP 기술개발	2021 ~ 2023	• 헬스케어 센서용 초저전력 고해상도 아날로그 IP 개발
라닉스	5G NR V2X Sidelink 표준 대응 V2X 통신모뎀용 고성능 DSP IP 개발	2021 ~ 2023	• 5G NR V2X Sidelink 표준 대응 V2X 통신모뎀용 고성능 DSP IP 개발
알파솔루션즈	차량용 고속 인터 페이스 A-PHY 및 LVDS 개발	2021 ~ 2023	• 차량용 고속 인터 페이스 A-PHY 및 LVDS IP 개발
단국대학교	친환경 차세대 반도체의 신뢰성 향상을 위한 4H-SiC 기반 ESD 보호소자 핵심기술 개발	2021 ~ 2024	• 친환경 차세대 반도체의 신뢰성 향상을 위한 4H-SiC 기반 ESD 보호소자 핵심기술 개발
서울대학교	설계 자동화를 활용한 초고속 송수신기에 관한 연구	2021 ~ 2024	• 설계 자동화를 활용한 초고속 송수신기에 관한 연구
제너셈	시스템반도체 패키지의 선택적 EMI 차폐를 위한 기술 개발	2020 ~ 2023	• 시스템반도체 패키지의 선택적 EMI 차폐를 위한 기술 개발

출처: NTIS 홈페이지

제3절 특허 분석

[특허 분석 내용]

구분		분석 내용
특허동향 분석	특허증가율 분석	- 주요 국가의 해당품목 기술개발 활동 현황 분석 • 한국(KIPO), 미국(USPTO), 일본(JPO), 유럽(EPO), 중국(CNIPA) 국가별, 연도별 특허출원 동향 파악
	기술주기 분석	- (기술수명주기 분석) 구간에 따른 특허출원건수와 출원인수 변화의 상관관계 분석 • 해당품목의 전체 출원동향을 4구간(각 5년)으로 나누어 각각의 구간별 특허출원인수 및 특허출원수 파악 - (기술순환주기 분석) 한 특허에서 인용한 과거 특허 문서들과의 시차의 중앙값 분석 • 해당품목 기술의 진보 속도 및 주요 국가의 기술혁신 속도 파악
	특허 영향력 분석	- (기술영향력 분석) 특정 등록 특허가 다른 특허들에 의해 인용된 횟수 분석 • 특정 출원인의 기술력 파악 - (시장지배력 분석) 출원인 국적별 패밀리 국가 수 분석 • 특정 출원인의 시장지배력 정도 파악
주요 기술 키워드 분석	기술개발동향 변화분석	- (키워드 분석) AI 알고리즘을 활용하여 해당품목에 대한 기간별 기술 키워드 분석
	기술현황 분석	- (IPC 분석) 전 세계적으로 통용되고 있는 IPC(국제특허분류)를 통해 해당품목의 기술 현황 및 집중 기술 분야 분석
	기술집중력 분석	- (CRn 분석) 출원 건수를 기준으로 주요 출원인에 의한 특허 점유율 분석 • 상위 4개 기업을 기준으로 전체기업/국내시장 연구주체별 기술집중력(시장 독과점 수준) 파악 - (HHI 분석) 특허 데이터를 활용하여 전체 또는 특정 산업부문 내 모든 기업의 특허 점유율 분석 • 시장(산업)내 모든 기업의 각 점유율을 제곱하여 합한 값으로 국가별 기술집중력(시장 독과점 수준) 파악 - (기간별 연구주체 분석) 국내 연구주체에 따른 기간별 특허 동향을 분석 • 해당품목의 중소기업 현재 역량 파악
주요 출원인 분석	주요 출원인 동향	- (주요 출원인 동향 분석) 해당품목에서 다수의 출원을 보유하고 있는 주요 출원인(Top 10)의 분석 • 주요 출원인을 기준으로, 국가별/연도별 출원 건수/국내외 주요 출원인 및 국내 중소기업 주요 출원인 파악
	주요 출원인 기술 키워드 및 주요 특허 분석	- (키워드 및 주요 특허 분석) AI 알고리즘을 활용하여 주요 출원인별 주요 기술 키워드 분석 • 해당품목의 집중연구분야 및 주력기술 분야 파악

1 특허동향 분석

가. 특허 증가율 분석

✖ 연도별·국가별 출원동향

- 주요 국가의 해당품목 기술개발 활동현황 분석
- 과거부터 최근까지(20년) 해당품목에 대한 특허기술 출원의 양적 트렌드 분석을 통해 해당품목의 기술개발 동향파악
- 한국(KIPO), 미국(USPTO), 일본(JPO), 유럽(EPO), 중국(CNIPA) 국가별, 연도별 특허출원 동향을 통해 해당품목을 선도하는 국가 파악

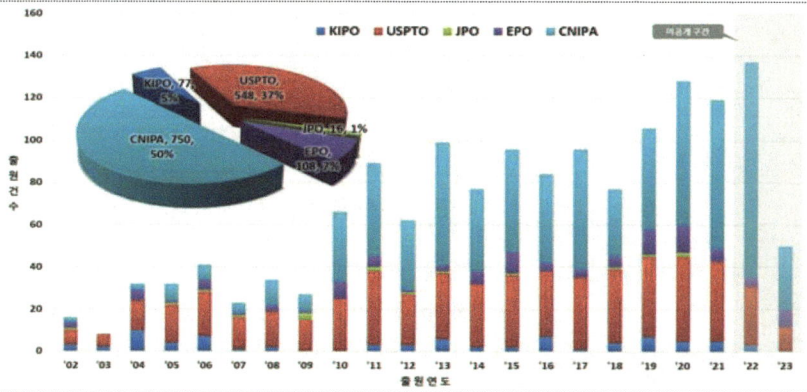

[연도별·국가별 특허출원동향]

- 시스템반도체 설계 IP 품목은 2002년부터 특허출원건수가 증감을 반복하며 증가하는 추세로 출원 활동이 지속적으로 이루어졌으며, 중국, 미국, 유럽, 한국, 일본 순으로 활발한 출원 활동이 진행되고 있음

  - 국가별 출원비중을 살펴보면, 중국이 50%의 출원비중을 차지하고 있어 최대 출원국으로 시스템반도체 설계 IP 산업분야를 리드하고 있는 것으로 나타났으며, 다음으로 미국 37%, 유럽 7%, 한국 5%, 일본 1% 순으로 나타남

  - 연도별 출원동향을 살펴보면, 시스템반도체 설계 IP 기술은 2010년 이후 기존보다 높은 특허출원건수를 나타내는데 이는 통신, 자동차, 헬스케어, 가전 등 다양한 산업에서의 반도체 수요증가에 기인한 것으로 분석됨

나. 기술주기 분석

✦ 기술수명주기 분석

- 기술수명주기 분석을 통해 해당품목 기술의 현재 위치를 파악함
- 해당품목의 전체 출원동향을 4구간(각 5년)으로 나누어 각각의 구간별 특허출원인수 및 특허출원수를 그래프로 나타냄으로써 해당기술의 수명주기 파악이 가능함

  ※ 기술수명주기 분석 = 구간에 따른 특허출원건수와 출원인수 변화의 상관관계 분석

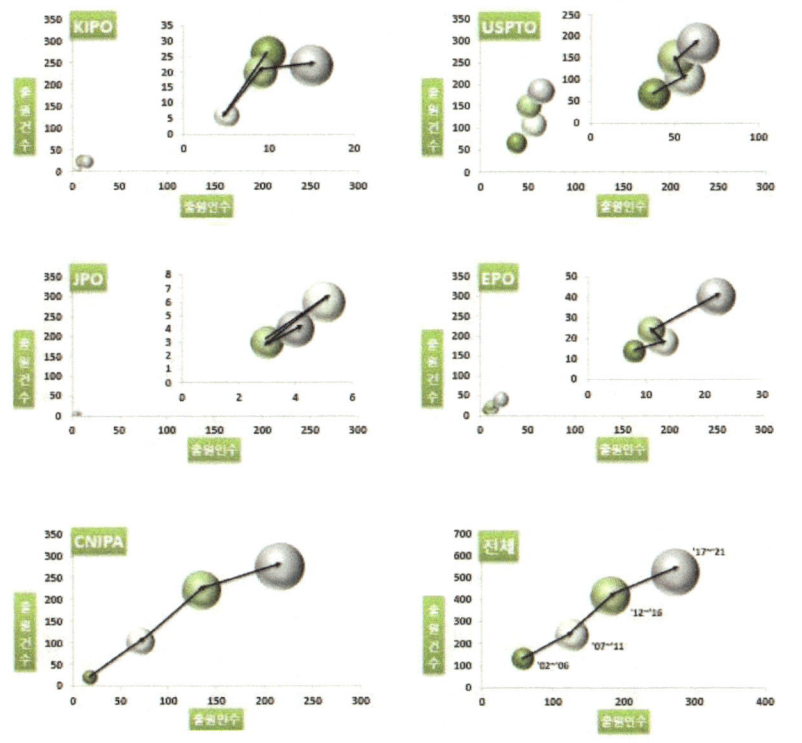

[기술수명주기분석]

- 시스템반도체 설계 IP 기술 분야의 기술 위치를 살펴본 결과, 전체적인 동향은 기술혁신의 주체인 특허출원인수와 기술혁신의 결과인 특허출원건수가 동시에 증가하는 동향이 나타나고 있어서 성장기 단계로 분석됨
- 한국과 미국, 일본, 유럽은 특허출원인수와 특허출원건수가 증감을 반복하나 최근 증가하는 추세이므로 성장기 단계라 분석됨. 중국은 특허출원인수와 특허출원건수가 전 구간에서 증가하는 추세이므로 성장기 단계로 분석됨

기술순환주기(TCT) 분석

- TCT 분석을 통하여 해당품목 기술의 진보속도 및 주요국가의 기술혁신 속도를 파악함
  - TCT는 최신 기술을 활용하는 경향을 나타내는 지표로서, 제품의 개발주기와 기술개발활동의 강도와 연관되며, TCT 값이 크면 신기술 개발주기가 길어져서 시장에서 새로운 기술 도입에 긴 시간이 걸리며, TCT 값이 작으면 신기술 개발주기가 짧아져서 해당품목관련 신기술 도입에 오랜 시간이 걸리지 않아서 새로운 기술이 적용된 신제품이 자주 등장한다는 것을 의미함

  ※ TCT(Technology Cycle Time) = 한 특허에서 인용한 과거 특허 문서들과의 시차의 중앙값

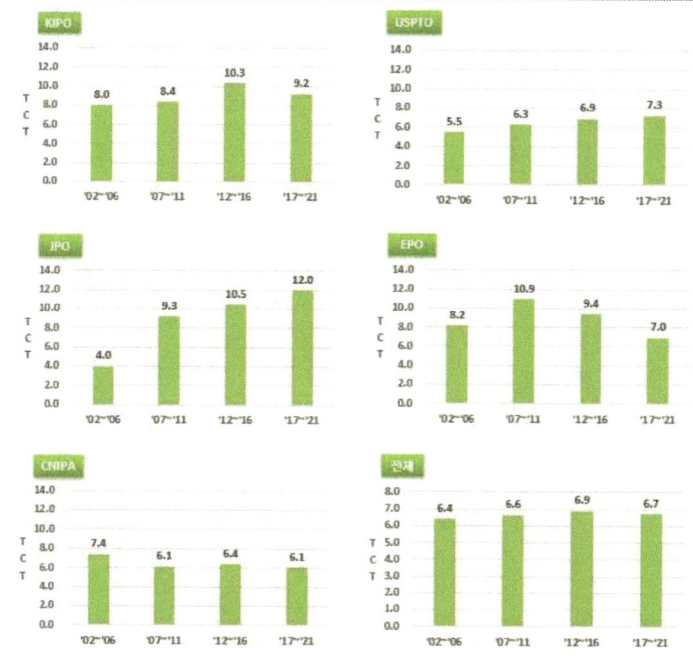

[TCT분석]

- 전체 기술순환주기(TCT) 값을 살펴보면, 2002~2021년까지는 평균 TCT 값이 6.7년으로 전반적으로 개량기술을 기반으로 해당품목의 기술개발이 보다 빠르게 진행되고 있는 것으로 분석됨
  - 최근 값을 살펴보면, 중국의 기술순환주기 값이 6.1로 주요국가 중 가장 낮게 나타나며 해당품목의 기술개발활동이 활발하게 진행되는 것으로 분석됨. 다만 일본은 12.0의 기술순환주기 값을 보여 상대적으로 기술개발 속도가 낮은 수준으로 나타남

다. 특허 영향력 분석

기술영향력(CPP) 및 시장지배력(PFS) 분석

- 기술영향력 지수(CPP) 분석을 통해 특정 출원인의 기술력을 파악함
  - 기술영향력 지수(CPP) 지수는 특정 등록특허가 다른 특허들에 의해 인용된 횟수를 나타내며, 이 값이 클수록 질적 수준이 높은 특허임
- 시장확보지수(PFS) 분석을 통해 특정 출원인의 시장지배력 정도를 파악함
  - 시장확보지수(PFS)는 출원인 국적별 패밀리국가수를 분석하는 것으로, 해당품목에서 글로벌시장을 타겟팅한 출원인이 누구인지 파악 가능함

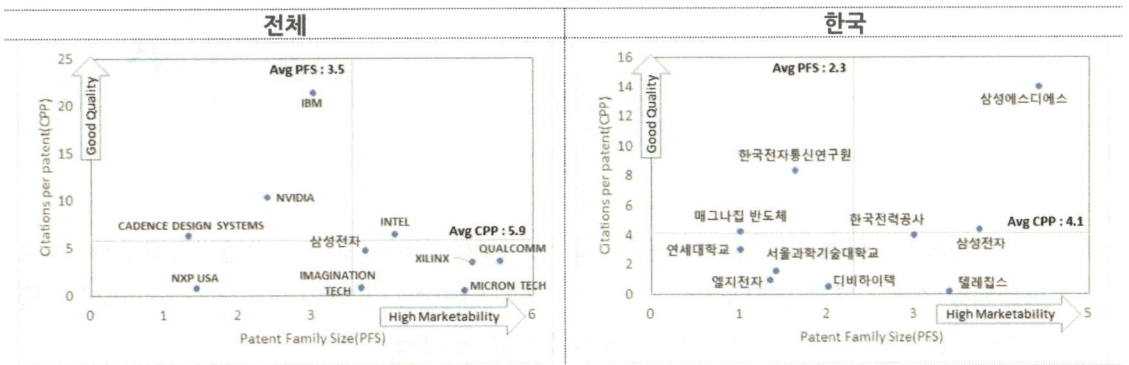

[특허 영향력 분석]

- 시스템반도체 설계 IP 품목에 대한 주요 출원인들의 경쟁력 분석 결과, 전체국가에서는 INTEL 특허가 상업적 가치가 높은 것으로 평가됨
  - 전체국가에서 한국의 기업으로는 삼성전자가 포함되어 있으나 시장확보력 및 질적수준이 다소 낮은 것으로 평가됨

    (전체) INTEL : 기술영향력(CPP) 6.4 / 시장확보력(PFS) 4.1
          삼성전자 : 기술영향력(CPP) 4.7 / 시장확보력(PFS) 3.7

  - 한국에서는 삼성에스디에스 특허의 기술영향력 및 시장확보력이 상대적으로 모두 높은 것으로 분석됨. 그 다음으로 한국전자통신연구원 특허의 기술영향력 및 시장확보력이 상대적으로 높은 것으로 분석됨.

    (한국) 삼성에스디에스 : 기술영향력(CPP) 14.0 / 시장확보력(PFS) 4.4
          한국전자통신연구원 : 기술영향력(CPP) 8.4 / 시장확보력(PFS) 1.6

2. 주요 기술 키워드 분석

가. 기술개발동향 변화분석

✱ 키워드 분석

◦ AI 알고리즘을 활용하여 해당품목에 대한 기간별 기술 키워드를 분석함

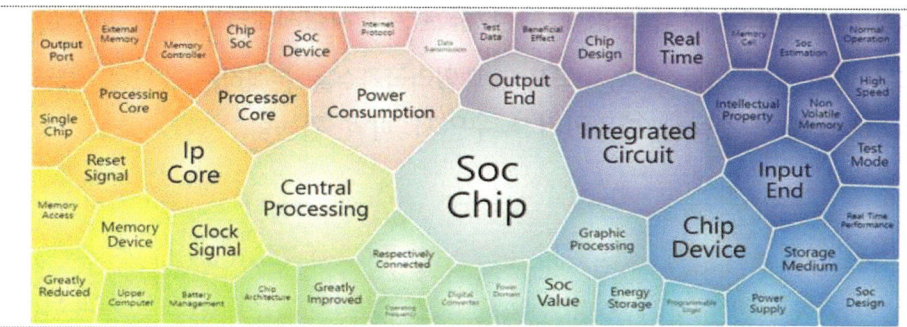

[전체구간 특허 주요 키워드]

◦ 시스템반도체 설계 IP 품목 분석 결과, Soc Chip 기술 관련 키워드가 주로 도출되었으며, 시스템반도체 설계 IP를 위한 'Central Processing' 및 'Integrated Circuit' 키워드가 도출된 것으로 조사됨

(전체구간 주요 키워드) Soc Chip, Central Processing, Integrated Circuit, Ip Core, Power Consumption, Soc Device, Chip Device, Soc Value, Storage Medium

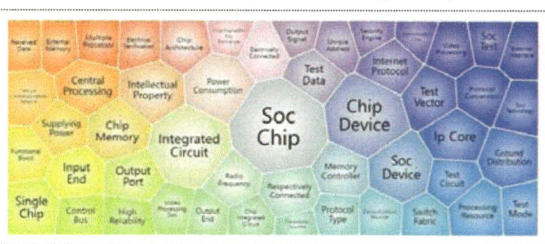	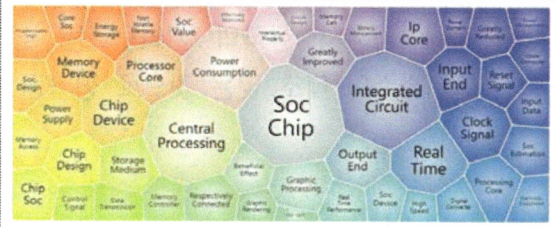

[구간별 특허 주요 키워드]

◦ 시스템반도체 설계 IP 품목에 대한 최근 구간 특허 주요 기술 키워드 분석결과, 1구간 및 2구간 모두 'Soc Chip'이 주요 기술 키워드로 도출됨

(1구간 주요 키워드) Soc Chip, Chip Device, Integrated Circuit, Chip Memory, Central Processing, Supply Power, Soc Device, Test Vector, Test Data

(2구간 주요 키워드) Soc Chip, Central Processing, Integrated Circuit, Ip Core, Real Time, Output End, Input End, Chip Device, Clock Signal, Processor Core

나. 기술현황 분석

✖ IPC(국제특허분류) 분석

- 전 세계적으로 통용되고 있는 IPC를 통해 해당품목의 기술현황 및 집중 기술 분야를 확인함
  - 기술·산업 간 융합에 기반한 새로운 시장전개에 대한 이해증진을 위해 IPC를 활용한 기술융합 분석 정보를 제공함

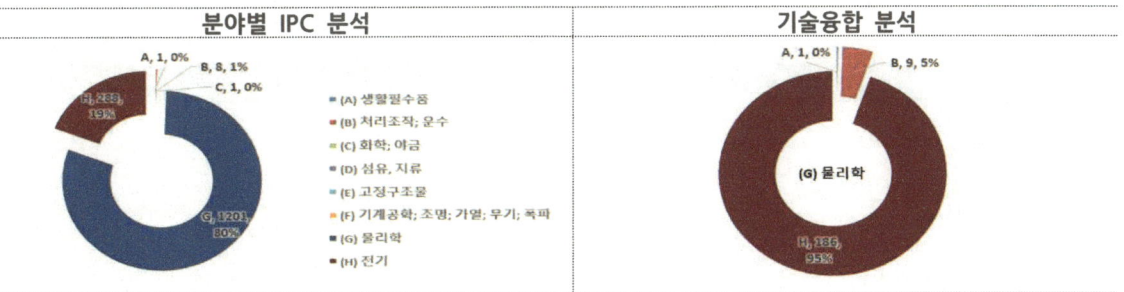

[IPC 분석]

- 시스템반도체 설계 IP 품목은 섹션 G 물리학 (80%) 기술분야의 비중이 매우 높은 것으로 나타났으며, 그중에서도 전기에 의한 디지털 데이터처리(G06F) 분야에서 집중 연구가 진행되고 있는 것으로 분석됨
  - 기술융합에 대한 추이를 살펴보면, (G)물리학에서 (H)전기와의 기술융합(95%)이 활발히 진행되고 있는 것으로 나타남

[IPC Sub Class]

IPC Sub Class	국문타이틀	건수
G06F	전기에 의한 디지털 데이터처리(특정계산모델방식의 컴퓨터시스템 G06N)	866
G01R	전기변량의 측정; 자기변량의 측정(공진회로의 바른 동조의 지시 H03J 3/12)	158
H04L	디지털 정보의 전송, 예. 전신통신(전신(telegraphic) 및 전화통신의 공통장치 H04M) [1985.01]	83
H01L	클래스 H10에 포함되지 않는 반도체 장치 (측정을 위해 반도체 장치 사용 G01; 저항 일반 H01C; 자석, 인덕터, 변압기 H01F; 커패시터 일반 H01G; 전해장치 H01G 9/00; 배터리 또는 축전지 H01M; 도파관, 공진기 또는 공진기 라인 도파관 유형 H01P; 라인 커넥터 또는 집진 장치 H01R; 유도방출 소자 H01S; 전기기계적 공진기 H03H; 확성기, 마이크로폰, 축음기의 픽업 또는 음향의 전기기계적 변환기 H04R;	47
G11C	정적 저장 (반도체 메모리 장치 H10B)	42

다. 기술 집중력 분석

✥ CRn 분석

- 주요 출원인에 의한 특허점유율을 분석하여 기술집중력(시장 독과점 수준)을 판단함
  - 특허동향조사에서는 통상 CR4를 사용하며, CRn값이 0에 가까울수록 시장 독과점 수준이 낮은 것을 의미하고, CR4 값이 40에서 60일 경우 시장의 독과점 수준이 높은 것으로 해석됨

[CR4 분석_ 전체기업 집중력]

출원인	출원건수	특허점유율	CRn	n
삼성전자(KR)	112	7.5%		1
INTEL(US)	66	4.4%		2
NVIDIA(US)	52	3.5%		3
CADENCE DESIGN SYSTEMS(US)	50	3.3%	18.7%	4
QUALCOMM(US)	46	3.1%		5
IMAGINATION TECH(GB)	38	2.5%		6
XILINX(US)	35	2.3%		7
IBM(US)	26	1.7%		8
NXP USA(US)	19	1.3%		9
MICRON TECH(US)	17	1.1%		10
기타	1038	69.2%		
합계	1499	100.0%	CR4=18.7%	

- 시스템반도체 설계 IP 관련 기술에 대한 시장관점의 기술독점 현황분석을 위해 집중률 지수(CRn) 분석 결과, 상위 4개 기업의 시장점유율이 18.7%로 독과점 정도가 낮은 수준으로 분석되어 주요 출원인들에 의한 기술 집중화 정도가 낮은 시장으로 판단됨

[CR4 분석_국내시장 연구주체별 집중력]

출원인	출원건수	특허점유율	CRn	n
중소기업(개인)	20	26.0%	26.0%	1
대기업	29	37.7%		2
연구기관/대학	14	18.2%		3
기타(외국인)	14	18.2%		4
합계	77	100.0%		

주) 국내 대기업의 판단기준은 2024년 5월 공정거래위원회의 공시대상기업집단 지정결과(대기업집단 88개, 소속회사 3,318개 포함)에 따르며, 중소기업에는 중견기업을 포함

- 국내시장에서의 중소기업의 점유율 분석 결과, 시스템반도체 설계 IP 품목에서 중소기업의 점유율은 26.0%로 국내시장에서 중소기업의 시장 진입장벽은 다소 존재할 것으로 분석됨

HHI 분석

- 주요 출원인에 의한 특허점유율을 분석하여 기술집중력(시장 독과점 수준)을 판단함
- 특허데이터를 활용하여 전체 또는 특정 산업부문 내 모든 기업의 특허점유율을 이용해 시장집중도를 분석함
- HHI값이 높을수록 기술활동의 집중수준이 높고 특정 기업들이 해당 시장을 과점하고 있기 때문에 신규 업체가 해당시장을 진입하기가 쉽지 않은 것으로 해석됨

※ HHI(Herfindahl-Hirschman Index) = 시장(산업)내 모든 기업의 각 점유율을 제곱하여 합한 값

[HHI 분석]

공보	KIPO	USPTO	JPO	EPO	CNIPA	전체
HHI	899	354	781	595	56	140

- 시스템반도체 설계 IP 관련 기술에 대한 HHI(허핀달-허쉬만)지수 분석결과, 전체 140으로 경쟁적인 시장이 형성되어 있으므로 시장진입이 다소 용이한 것으로 분석됨
- 한국의 경우 HHI 지수가 899로 다른 주요국가 대비 상대적으로 높게 나타나지만, 기술활동의 집중수준이 높지 않은 상태이므로 시장진입이 어렵지 않은 것으로 분석됨

기간별 연구주체 분석

- 국내 연구주체에 따른 기간별 특허동향을 분석하여 해당품목의 기술개발 선도주체를 파악함

  ※ 국내 대기업의 판단기준은 2024년 5월 공정거래위원회의 공시대상기업집단 지정결과 (대기업집단 88개, 소속회사 3,318개 포함)에 따르며, 중소기업에는 중견기업을 포함

  - 기간별 연구주체 분석을 통하여 해당품목의 중소기업 현재 역량을 파악할 수 있으며, 향후 중소기업의 기술개발 및 투자전략 타당성 확보를 위한 가이드라인을 제시함

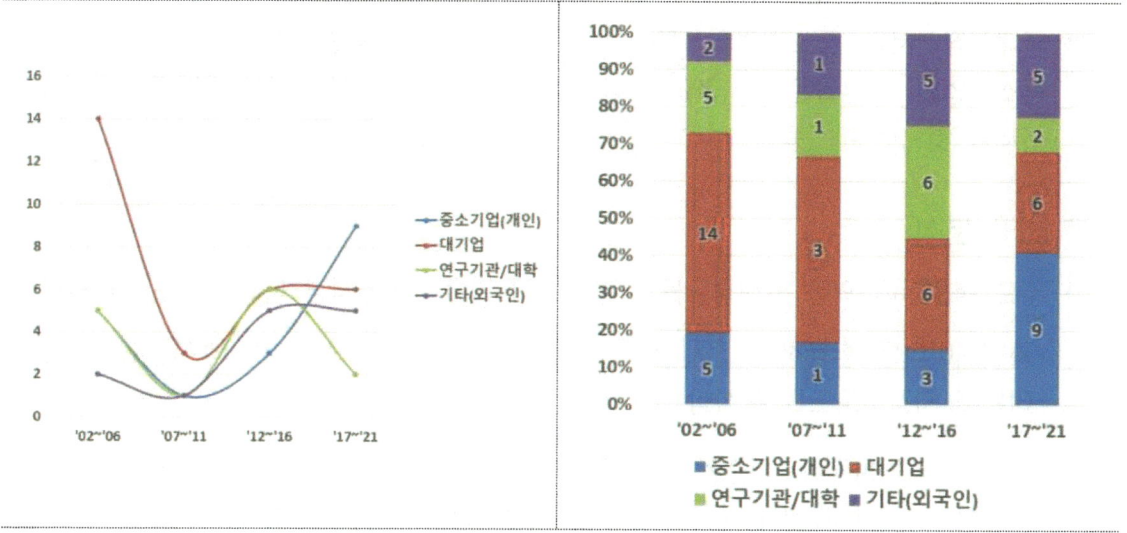

[기간별 연구주체 동향]

- 기간별 연구주체 분석에 따르면, 최근 시스템반도체 설계 IP 품목은 중소기업(개인)이 주체가 되어 기술개발이 활발히 진행되고 있는 것으로 나타남. 이는 해당품목에 대한 중소기업 중심의 기술개발 및 투자전략이 타당함을 보여줌

3 주요 출원인 분석

가. 주요 출원인 동향

❖ 주요 출원인 동향 분석

- 해당품목에서 다수의 출원을 보유하고 있는 주요 출원인(Top 10)의 분석을 통해 전략적인 지적재산관리와 기업의 경쟁력을 강화함
  - 주요 출원인을 기준으로, 해당품목에 대해 기술개발을 주도하고 있는 기관 및 기업을 파악하고, 한국(KIPO), 미국(USPTO), 일본(JPO), 유럽(EPO), 중국(CNIPA) 국가별 출원현황 분석을 통해 주요 출원인들이 고려하고 있는 주요 시장이 어디인지 예측하여 거시적 관점의 향후 트렌드를 전망함

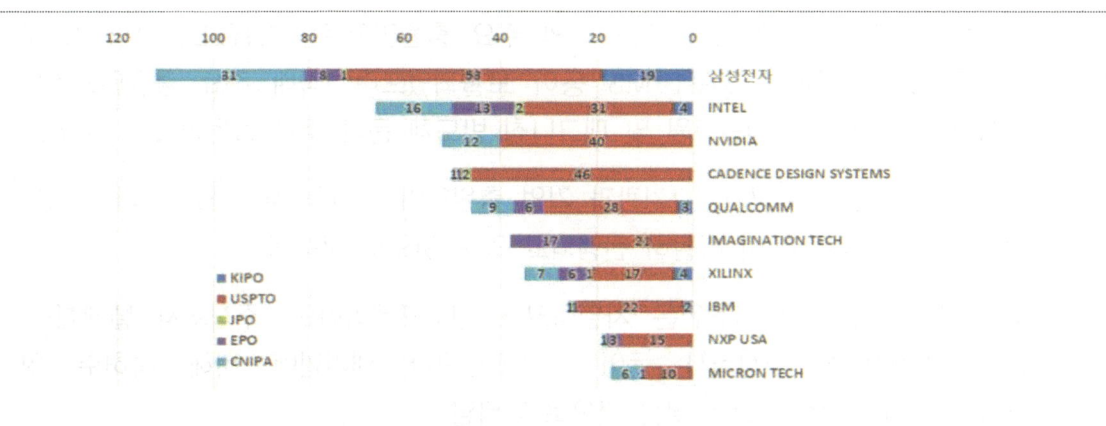

[주요 출원인 국가별 출원 건수]

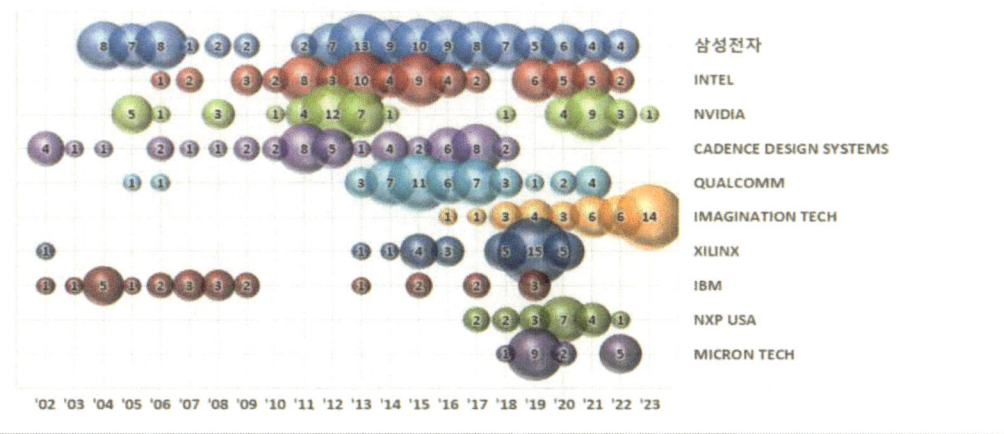

[연도별 출원인 건수]

[국내외 주요 출원인 / 국내 중소기업 주요 출원인]

주) 국내 대기업의 판단기준은 2024년 5월 공정거래위원회의 공시대상기업집단 지정결과(대기업집단 88개, 소속회사 3,318개 포함)에 따르며, 중소기업에는 중견기업을 포함

- 시스템반도체 설계 IP 품목의 주요 출원인을 살펴보면, 한국과 미국, 유럽 국적의 출원인이 다수 포함되어 있으며, 제1 출원인은 한국의 삼성전자인 것으로 조사됨

  - 시스템반도체 설계 IP 품목 관련 해외 주요 출원인으로는 INTEL, NVIDIA 및 CADENCE DESIGN SYSTEMS 등이 도출되었으며, 국내 주요 출원인으로는 삼성전자, 한국전자통신연구원 및 매그나칩 반도체 등이 주요 출원인으로 나타남

  - 국내 주요 출원인은 국가연구기관과 기업 출원인이 출원을 주도하고 있어 국가와 민간 주도의 연구개발이 활발히 진행되고 있는 것으로 분석됨

  - 국내 중소기업 주요 출원인은 자일링크스 인코포레이티드, 주식회사 텔레칩스, 동부일렉트로닉스 주식회사 등이 도출되었으나 대기업에 비해 특허수 및 해외출원건수가 상대적으로 낮은 것으로 나타남

나. 주요 출원인 기술 키워드 및 주요 특허 분석

✣ 키워드 및 주요 특허 분석

- AI 알고리즘을 활용하여 주요 출원인별 주요 기술 키워드를 통하여 집중연구분야를 파악함
- 주요 출원인이 출원한 주요 특허를 검토하여 키워드를 통하여 주력기술 분야를 예측함

◎ 삼성전자

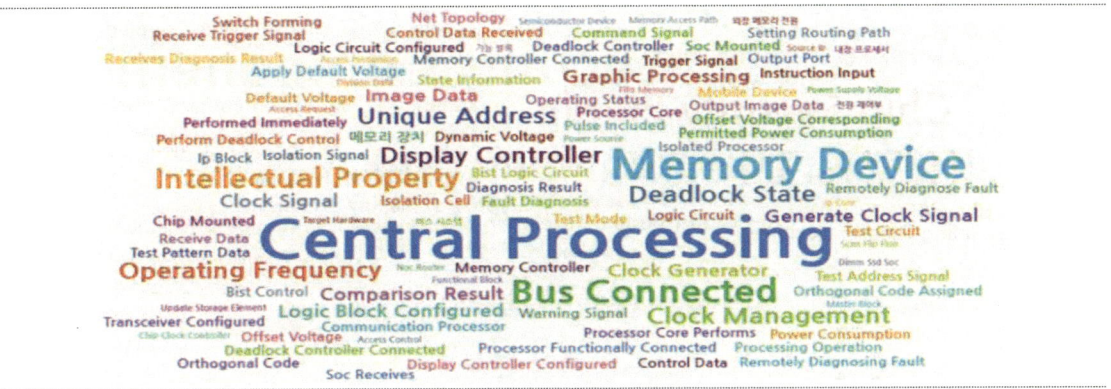

[주요 출원인 기술 키워드]

[주요 특허 분석]

등록/공개번호 (출원일)	명칭	기술적용분야	IP 경쟁력	
			피인용 문헌수	패밀리 국가수
KR 10-1089324 (2004.02.20)	BUS SYSTEM FOR CONNECT SUB-SYSTEM INCLUDED PLURAL MASTERS TO BUS BASED ON OPEN CORE PROTOCOL	시스템 온 칩(SOC: System On Chip)의 버스 시스템에 관한 기술	21	6
KR 10-1034494 (2004.02.11)	BUS SYSTEM BASED ON OPEN CORE PROTOCOL	시스템 온 칩(SOC: System On Chip)에 있어서의 버스 시스템에 관한 기술	6	4
KR 10-0727975 (2005.09.10)	Fault diagnostic apparatus of System on chip and method thereof, SoC capable of fault diagnostic	현장 또는 원격지에서 사용되는 제품에 탑재된 SoC(System on Chip)의 고장 진단이 용이한 고장 진단 장치 및 방법과 자체적으로 고장 진단이 가능한 시스템 온 칩에 관한 기술	6	7

- Central Processing, Memory Device, Display Controller, Intellectual Property, Bus Connected 등의 키워드가 도출됨
- 삼성전자는 시스템반도체 설계 IP 품목과 관련하여 Top 1 출원인으로, 한국을 중심으로 출원을 진행하였으며, 특히 시스템 온칩의 버스 시스템에 관련된 기술력이 높은 것으로 조사됨

◎ INTEL

[주요 출원인 기술 키워드]

[주요 특허 분석]

등록/공개번호 (출원일)	명칭	기술적용분야	IP 경쟁력	
			피인용 문헌수	패밀리 국가수
US 9887838 (2011.12.15)	Method and device for secure communications over a network using a hardware security engine	방법, 장치, 서버와의 보안 통신 세션을 설정하기 위한 시스템에 관한 기술	123	6
US 8560863 (2006.06.28)	Systems and techniques for datapath security in a system-on-a-chip device	시스템 온 칩 (SOC)장치에서 데이터 경로 보안을 제공하기 위한 시스템 및 방법에 관한 기술	71	1
US 10726162 (2014.12.19)	Security plugin for a system-on-a-chip platform	시스템 온 칩 (SoC)보안 플러그 인을 위한 시스템과 기술	24	5

- Interconnect Endpoint, Component Message, Security Component, Chip Security Plugin, Cryptographic Engine 등의 키워드가 도출됨
- INTEL은 시스템반도체 설계 IP 품목과 관련하여 Top 2 출원인으로, 미국, 일본, 유럽, 중국을 모두 포함한 폭넓은 국제출원을 진행하였으며, 특히 시스템 온칩에서 보안을 제공하기 위한 시스템에 관련된 기술력이 높은 것으로 조사됨

◎ NVIDIA

[주요 출원인 기술 키워드]

[주요 특허 분석]

등록/공개번호 (출원일)	명칭	기술적용분야	IP 경쟁력	
			피인용 문헌수	패밀리 국가수
US 2009-0309243 (2008.06.11)	MULTI-CORE INTEGRATED CIRCUITS HAVING ASYMMETRIC PERFORMANCE BETWEEN CORES	비대칭 코어 및 비대칭 코어 제어 회로를 포함하는 집적회로에 관한 기술	26	3
US 8639882 (2011.12.14)	Methods and apparatus for source operand collector caching	소스 피연산자 수집기 캐싱을 위한 방법과 장치에 관한 기술	23	4
US 7348836 (2005.08.15)	Integrated circuit core power supply event monitor	집적 회로 코어 전원 공급 이벤트 모니터에 관한 기술	20	1

- Processing Core, Computer Implemented, Processor Core, Light Source, Dimensional Environment, Decode Data 등의 키워드가 도출됨

- NVIDIA는 시스템반도체 설계 IP 품목과 관련하여 Top 3 출원인으로, 미국과 중국 위주의 출원을 진행하였으며, 특히 집적회로에 관련된 기술력이 높은 것으로 조사됨

4 분석종합

가. 분석결과 요약

✳ 특허 분석 결과 요약

[특허 분석 결과]

구분		분석 내용
특허동향 분석	특허증가율 분석	• 주요 국가별로 살펴보면 중국이 가장 활발한 출원활동을 보이는 것으로 조사되었으며, 다음으로 미국, 유럽, 한국, 일본 순으로 분석됨
	기술주기 분석	• 시스템반도체 설계 IP 기술 분야의 기술 위치를 살펴본 결과, 전체적인 동향은 기술혁신의 주체인 특허출원인수와 기술혁신의 결과인 특허출원건수가 동시에 증가하는 동향이 나타나고 있어서 성장기 단계로 분석됨
	특허영향력 분석	• 시스템반도체 설계 IP 품목에 대한 주요 출원인들의 경쟁력 분석 결과, 전체국가에서는 INTEL 특허가 상업적 가치가 높은 것으로 평가됨 • 한국에서는 삼성에스디에스 특허의 기술영향력 및 시장확보력이 상대적으로 모두 높은 것으로 분석됨. 그 다음으로 한국전자통신연구원 특허의 기술영향력 및 시장확보력이 상대적으로 높은 것으로 분석됨.
기술동향 분석	기술개발동향 변화분석	• 시스템반도체 설계 IP 품목에 대한 지난 20년간의 특허 주요 기술 키워드 분석 결과, 시스템반도체 설계 IP를 위한 'Central Processing' 및 'Integrated Circuit' 키워드가 도출된 것으로 조사됨
	기술현황 분석	• 시스템반도체 설계 IP 품목은 섹션 G 물리학 (80%) 기술분야의 비중이 매우 높은 것으로 나타났으며, 그중에서도 전기에 의한 디지털 데이터처리(G06F) 분야에서 집중 연구가 진행되고 있는 것으로 분석됨
	기술집중력 분석	• 시스템반도체 설계 IP 품목은 기술 집중화 정도가 높지 않은 상태이므로 시장진입이 어렵지 않은 것으로 분석됨
주요 출원인 분석	출원인 동향 분석	• 시스템반도체 설계 IP 품목의 주요 출원인을 살펴보면 한국과 미국, 유럽 국적의 출원인이 다수 포함되어 있으며, 제1 출원인은 한국의 삼성전자인 것으로 조사됨
	주요 출원인 기술 키워드 및 주요 특허 분석	• 삼성전자는 Central Processing, Memory Device, Display Controller 등의 키워드가 도출되었으며, 시스템 온칩의 버스 시스템에 관련된 기술력이 높은 것으로 조사됨 • INTEL은 Interconnect Endpoint, Component Message 등의 키워드가 도출되었으며, 시스템 온칩에서 보안을 제공하기 위한 시스템에 관련된 기술력이 높은 것으로 조사됨 • NVIDIA는 Processing Core, Computer Implemented, Processor Core 등의 키워드가 도출되었으며, 집적회로에 관련된 기술력이 높은 것으로 조사됨

❖ 분석 종합표

[평가지표/ 정량적 분석]

평가지표	한국		미국	유럽	일본	중국
	전체	중소기업				
특허 활동도[37]	27.4	4.6	83.9	13.2	2.4	100.0
특허 부상도[38]	64.1	81.5	99.7	94.9	0.0	100.0
특허 시장력[39]	85.9	52.8	88.8	100.0	85.7	31.8
특허 영향력[40]	47.0	25.4	79.1	39.7	100.0	16.0
상대적 기술경쟁력[41]	63.8	47.1	100.0	70.5	53.5	70.5

주) 각 평가지표 값은 원 계산 값에 상대적 비교의 편의성을 위해 최고점 100점으로 환산한 값이며, 상대적 기술경쟁력은 각 평가지표의 가중치를 1:1로 반영하여 평균값을 도출한 것임

[주요 특허 선별지표]

선별지표	가중치
패밀리 특허 수(A)	2
피인용 횟수(B)	2
발명자 수(C)	2
청구항 수(D)	1.5
등록 여부(E)	1.5
IPC 수(F)	1
선별지표 최종 계산식[42]	(A+B+C)X2 + (D+E)X1.5 + (F)X1

---

37) 전체 출원건수 대비 국가별 출원건수 평가
38) 각 국가별 전체 출원건수 대비 최근 5년 출원건수 평가
39) 국가별 패밀리 국가수(PFS) 평가
40) 국가별 피인용도(CPP) 평가
41) 상기 4개 평가지표의 합계 최고 국가 대비 상대값
42) 전략품목과의 정합성을 높이기 위하여 선별지표 최종 계산식에서 2~3배 후보군을 도출한 다음 명칭, 요약, 청구항을 참조하여 최종 주요 특허를 선별함

나. 요소기술 후보군 도출

✦ 특허 클러스터링 기반 주요 키워드 및 관련 특허 분석

- (워드 클라우드) 전략품목 관련 특허에 대해 아래와 같이 핵심 키워드 도출

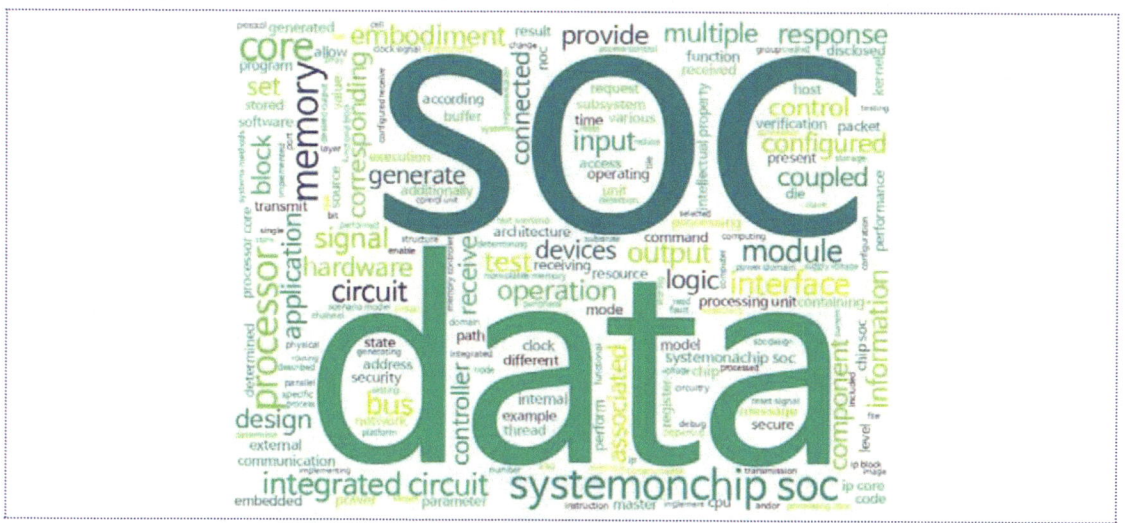

[워드 클라우드]

- (토픽 클러스터링) 전략품목 관련 특허에 대해 아래와 같이 핵심 주제 및 주요 토픽이 도출되었으며, 이를 활용하여 클러스터링 분석 수행

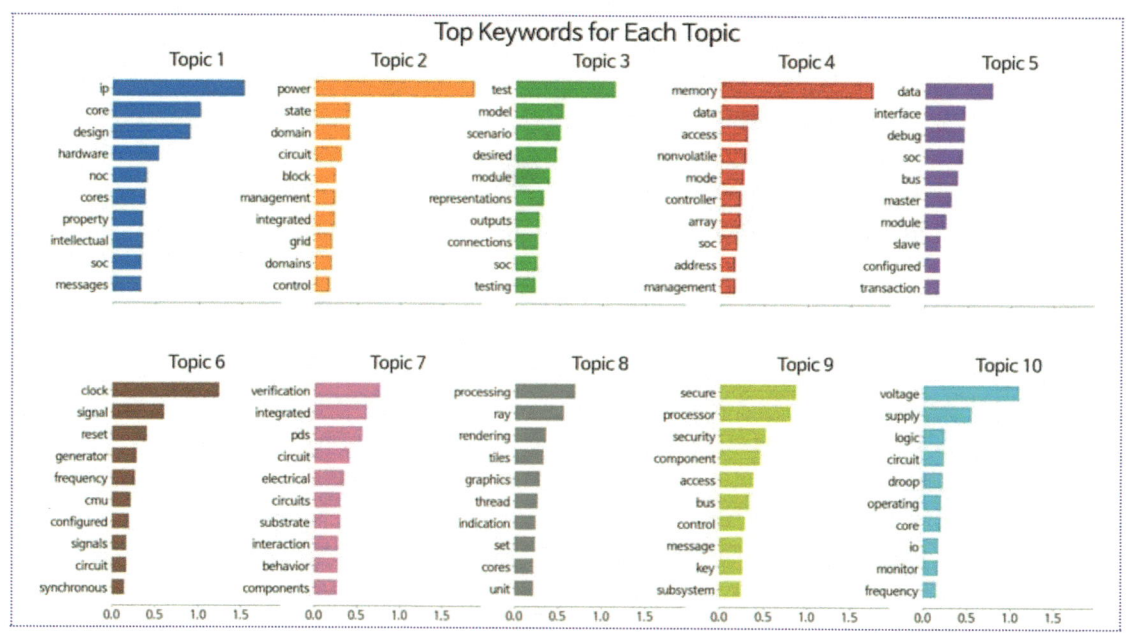

[각 토픽별 주요 키워드]

- (네트워크 맵) 핵심 특허 및 주요 토픽을 통해 도출된 핵심 키워드를 활용하여 클러스터링 분석에 의한 요소기술 후보군 도출
  - 키워드별 노드의 크기는 키워드의 중요도를, 연결된 선의 거리는 키워드 간 근접성(유사성)을, 연결된 선의 수는 노드에 대한 중심성을 의미

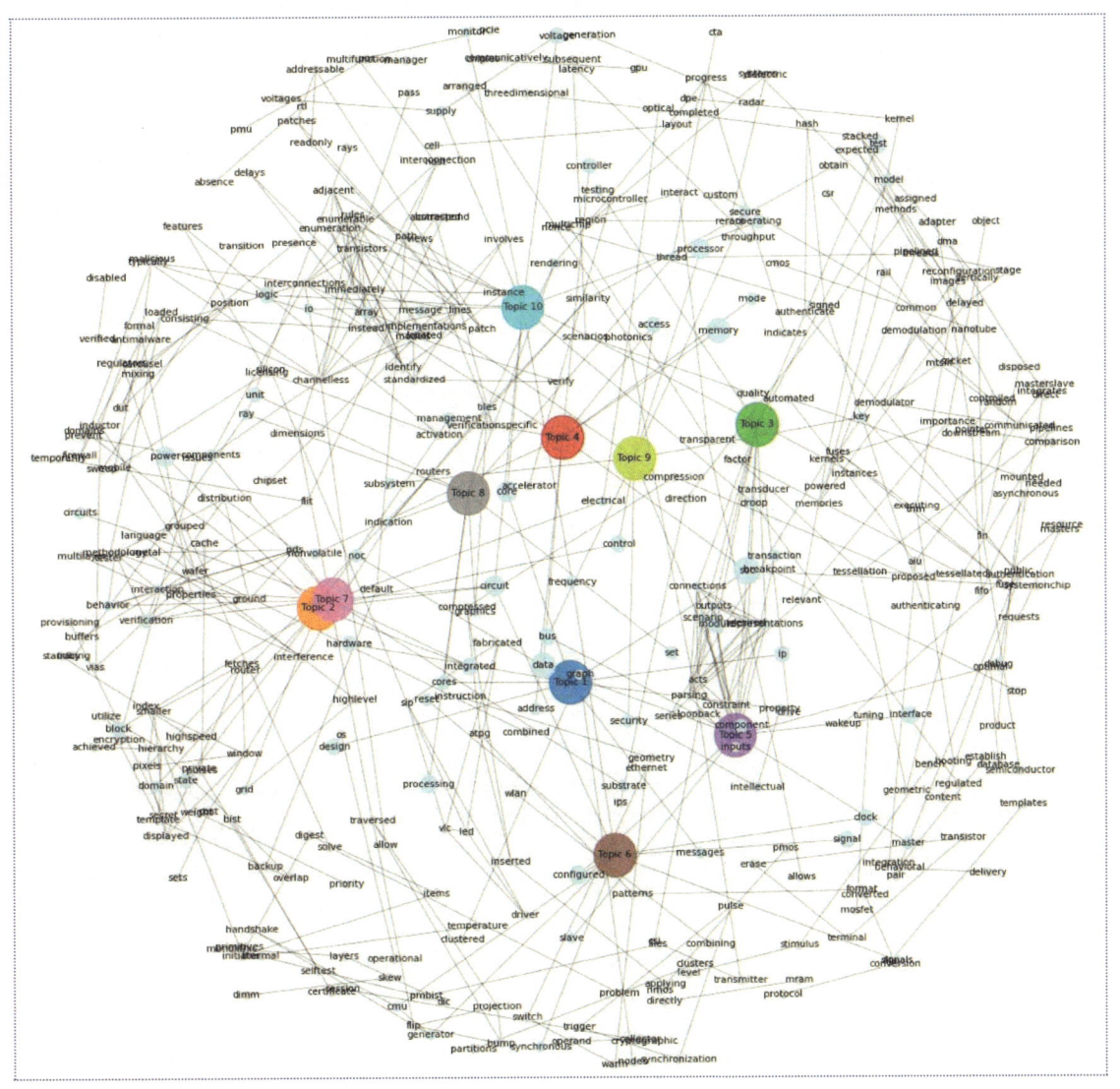

[키워드 네트워크 분석 결과]

○ **(요소기술 후보군 도출)** 10개 클러스터별 핵심 키워드와 관련 특허(출원번호)를 통해 요소기술 후보군 제시

[시스템반도체 설계 IP 요소기술 후보군 도출]

No	핵심 키워드	관련 특허(출원번호)	요소기술 후보군
1	ip, core, design, hardware, noc, cores, property, intellectual, soc, messages	• FRAMEWORK FOR AUTOMATED SYNTHESIS OF SECURE, OPTIMIZED SYSTEM-ON-CHIP ARCHITECTURES (17/375790) • Software-Enabled Remote Licensing and Provisioning (17/009602)	• 시스템온칩(SOC) 내 보안 최적화를 위한 IP 코어 설계 기술 • 다중 코어간 메시지 전송 효율화를 위한 NoC(Network-on-Chip) 설계 기술 • IP 라이선스 및 원격 프로비저닝 관리 기술
2	power, state, domain, circuit, block, management, integrated, grid, domains, control	• System-on-a-Chip (SoC) Architecture for Low Power State Communication (17/496557) • Apparatus, method, and system for power consumption management of system-on-chip (17/461022) • Detection of recycled integrated circuits and system-on-chips based on degradation of power supply rejection ratio (17/008722)	• 저전력 상태 전환을 위한 전력 도메인 제어 기술 • SOC 내 전력 소비 최적화를 위한 전력 그리드 설계 기술 • 전력 공급 품질 저하 탐지를 통한 재활용 IC 식별 기술
3	test, model, scenario, desired, module, representations, outputs, connections, soc, testing	• AUTOMATED SYNTHESIS OF VIRTUAL SYSTEM-ON-CHIP ENVIRONMENTS (18/170316) • Scan wrapper architecture for system-on-chip (17/247948) • System and method for managing testing and availability of critical components on system-on-chip (17/175950)	• SOC 테스트 자동화 및 시뮬레이션 환경 설계 기술 • 가상 시스템온칩 테스트 모델링 기술 • SOC 내 핵심 부품 테스트 관리 및 가용성 모니터링 기술
4	memory, data, access, nonvolatile, mode, controller, array, soc, address, management	• MEMORY MANAGEMENT FOR MULTICORE 3-D GRAPHICS RENDERING (18/126286) • Memory device architecture coupled to a system-on-chip (17/943156) • Memory device having an enhanced ESD protection and a secure access from a testing machine (17/891697)	• SOC 내 비휘발성 메모리 최적화를 위한 데이터 액세스 제어 기술 • 멀티코어 기반 3D 그래픽 렌더링 메모리 관리 기술 • 보안 메모리 접근 및 테스트용 아키텍처 설계 기술

No	핵심 키워드	관련 특허(출원번호)	요소기술 후보군
5	data, interface, debug, soc, bus, master, module, slave, configured, transaction	• NETWORK-ON-CHIP SYSTEM AND A METHOD OF GENERATING THE SAME (18/048863) • VIDEO STORAGE METHOD AND APPARATUS, AND SOC SYSTEM AND MEDIUM (18/008381) • NETWORK-ON-CHIP SYSTEM FOR OPTIMIZING DATA TRANSFER (17/964548)	• 데이터 전송 최적화를 위한 Network-on-Chip 통신 기술 • SOC 간 디버깅 및 인터페이스 설계 기술 • 고효율 데이터 트랜잭션 관리 모듈 설계 기술
6	clock, signal, reset, generator, frequency, cmu, configured, signals, circuit, synchronous	• SYNCHRONOUS RESET DEASSERTION CIRCUIT (18/108239) • INDEPENDENT OPERATION OF AN ETHERNET SWITCH INTEGRATED ON A SYSTEM ON A CHIP (17/888533) • SYSTEM-ON-CHIP AND AN OPERATING METHOD THEREOF (17/720483)	• 동기화 클럭 신호 생성 및 리셋 제어 기술 • 고주파수 클럭 생성기 및 신호 안정화 기술 • 이더넷 스위치와 SOC 간 독립적 동작 기술
7	verification, integrated, pds, circuit, electrical, circuits, substrate, interaction, behavior, components	• MONOLITHICALLY INTEGRATED SYSTEM ON CHIP FOR SILICON PHOTONICS (18/135472) • ARTIFICIAL REALITY SYSTEM HAVING SYSTEM-ON-A-CHIP (SoC) INTEGRATED CIRCUIT COMPONENTS INCLUDING STACKED SRAM (18/062409) • SYSTEM ARCHITECTURE, STRUCTURE AND METHOD FOR HYBRID RANDOM ACCESS MEMORY IN A SYSTEM-ON-CHIP (17/973557)	• 전기 회로 간 상호작용 검증 기술 • 실리콘 포토닉스 통합 시스템 설계 기술 • SOC 내 적층형 SRAM 기반 하이브리드 RAM 설계 기술
8	processing, ray, rendering, tiles, graphics, thread, indication, set, cores, unit	• ACCELERATED PROCESSING VIA A PHYSICALLY BASED RENDERING ENGINE (18/339166) • BOOT PROCESS SYSTEM-ON-CHIP NODE CONFIGURATION (18/306944) • Scalable Parallel Tessellation (18/208805)	• SOC 기반 물리적 렌더링 엔진 가속화 기술 • 병렬 처리를 통한 그래픽 타일링 최적화 기술 • 레이 트레이싱 기반 그래픽 코어 설계 기술

No	핵심 키워드	관련 특허(출원번호)	요소기술 후보군
9	secure, processor, security, component, access, bus, control, message, key, subsystem	• METHOD FOR STARTING A SYSTEM-ON-A-CHIP WITHOUT READ ONLY MEMORY, SYSTEM ON-A-CHIP WITHOUT READ ONLY MEMORY AND HEADPHONE (17/785563) • SYSTEM-ON-CHIP OPERATING MULTIPLE CPUS OF DIFFERENT TYPES, AND OPERATION METHOD FOR SAME (17/783175) • Security plugin for a system-on-a-chip platform (17/679009)	• 읽기 전용 메모리 없이 SOC 부팅 기술 • 다중 CPU 아키텍쳐를 지원하는 보안 플러그인 기술 • 메시지 전송 및 암호화를 위한 보안 서브시스템 설계 기술
10	voltage, supply, logic, circuit, droop, operating, core, io, monitor, frequency	• CURRENT-MONITOR CIRCUIT FOR VOLTAGE REGULATOR IN SYSTEM-ON-CHIP (17/672361) • Display device with system-on-chip including optical performance adjustment IP core (17/553177) • Detecting power delivery network marginality in a computing device (17/485120)	• 전력 공급 네트워크의 한계 탐지 및 전압 드룹 모니터링 기술 • SOC 내 전압 조정기를 위한 전류 모니터 회로 설계 기술 • IO 및 코어 간 전압 안정화를 위한 논리 회로 설계 기술

※ 관련 특허 : 주제 분포 측면에서 얼마나 유사한지를 기준으로 평가하여 밀접한 관련이 있다고 판단되는 특허

제4절 기술개발 로드맵

1. 요소기술 도출 및 핵심 요소기술 선정

가. 요소기술 도출

 핵심 요소기술 선정을 위한 전략품목 요소기술 8개 도출

[요소기술 도출]

구분	요소기술	개요	출처
1	고효율 프로세서 코어 설계 기술	• 시스템을 제어하고 고속 저전력으로 연산을 수행하는 핵심 블록인 프로세서 코어의 명령어 집합, 프로세서 아키텍쳐, 연산기 유닛, 가속기 유닛, 메모리 시스템, 버스 시스템, 기능 블록 등을 설계하는 기술	'23년 기술로드맵
2	반도체 설계 자동화 기술	• 아날로그 및 디지털 반도체를 설계하는 전체 과정에 필요한 다양한 설계 도구와 이들을 연결하여 운용하는 설계 환경으로 구성되는 컴퓨터 소프트웨어 형태의 설계 자동화 기술 등	'23년 기술로드맵
3	네트워크 반도체 설계 기술	• 5G, Ethernet, Wi-Fi, Bluetooth, CAN/CAN-FD/CAN-XL 등 표준화된 통신 및 네트워크 프로토콜로 유무선 채널을 통해 안정적인 데이터 전송이 가능하도록 하는 네트워크 반도체 설계 기술 등	'23년 기술로드맵

4	소프트웨어-SoC 융합기술	• 어플리케이션을 하드웨어 수행과 소프트웨어 수행으로 분할하고 단일 프레임워크 내에서 함께 설계 및 구현하는 HW-SW Codesign 기술, 시스템반도체 칩만으로 수행하기 어려운 다양하고 복잡한 어플리케이션을 소프트웨어 융합으로 해결하는 기술 등	'23년 기술로드맵
5	차세대 고속 인터페이스 회로 기술	• 반도체 IP간 또는 디바이스간 연결을 위한 고속 대용량 인터페이스 기술로서, PCIe, DDR, CXL, MIPI 등과 같은 산업계 표준 규격 및 프로토콜, 성능을 만족하는 반도체	'23년 기술로드맵
6	반도체 신뢰성·기능안전 기술	• 반도체 칩이 실제 사용 환경에서 온도, 습도, 진동, 충격, 오염, 전자파, 방사선 등에 의해 파괴되거나 오동작하지 않도록 설계하는 신뢰성 기술, 반도체 칩이 설계 오류나 구조적 문제점 등이 있어도 사고나 위해를 회피할 수 있도록 대비하여 설계하는 기능안전 기술 등	'23년 기술로드맵
7	반도체 IP 설계 기술	• 시스템반도체을 설계할 때 반도체 내에 포함시켜 재사용 가능한 기능 블록인 반도체 IP의 설계 기술, 연결 기술, 제어 기술, 구현 기술, 검증 기술, 공정 최적화 기술	전문가
8	인공지능 연산 코어 설계 기술	• 다양한 AI 기능을 수행하기 위한 인공지능 연산 코어의 아키텍쳐, 연산기 유닛, 메모리 시스템, 버스 시스템, 온디바이스 알고리즘, 고속화 및 저전력 기술	전문가

출처: '23년 기술로드맵, 특허-빅데이터, 중소기업 니즈, 수요처 니즈, 대국민(재밍), 전문가 등

나. 핵심 요소기술 선정

❋ 선별된 전략품목 요소기술을 대상으로 전문위원회를 통해 기술개발 핵심성·파급성·가능성을 평가하여 핵심 요소기술 선정

- **(기술개발 핵심성)** 전략품목 개발 필요 요소기술 가운데 중요도(필수 여부) 및 기술개발 성공 시 달성 기여도
- **(기술개발 파급성)** 기술개발 이후 타 분야/품목 등에 영향을 미치는 확장 수준
- **(기술개발 가능성)** 요소기술에 대한 개발 기간, 투자금액, 기술 난이도 등을 종합적으로 고려한 중소기업 적합 수준

[「시스템반도체 설계 IP」 핵심 요소기술 선정]

구분	핵심 요소기술	개요
1	반도체 IP 설계 기술	• 시스템반도체을 설계할 때 반도체 내에 포함시켜 재사용 가능한 기능 블록인 반도체 IP의 설계 기술, 연결 기술, 제어 기술, 구현 기술, 검증 기술, 공정 최적화 기술
2	프로세서 코어 설계 기술	• 시스템 연산과 제어를 담당하는 프로세서 코어의 명령어 집합, 아키텍쳐, 연산기 유닛, 가속기 유닛, 메모리 시스템, 버스 시스템, 고속화 및 저전력 기술
3	네트워크 및 인터페이스 설계 기술	• 표준에 기반한 LTE, 5G, Ethernet, WiFi, BT 등 네트워크 IP 기술, MIPI, HDMI, DP, SERDES 등 인터페이스 IP 기술
4	SW-SoC 설계 기술	• 어플리케이션을 HW, SW로 단일 프레임워크 내에서 함께 설계 및 구현하는 HW-SW Codesign 기술, 시스템반도체 칩만으로 수행하기 어려운 다양하고 복잡한 어플리케이션을 소프트웨어 융합으로 해결하는 기술

핵심 요소기술 정의서

5-1 반도체 IP 설계 기술

구분		내용
분류체계	산업기술	- (200406) SoC
	과학기술	- (ED0406) SoC
기술개요		- 시스템반도체를 설계할 때 반도체 내에 포함시켜 재사용 가능한 기능 블록인 반도체 IP의 설계 기술, 연결 기술, 제어 기술, 구현 기술, 검증 기술
기술 요구사항		- IP 설계, 연결, 제어, 구현, 검증을 위한 통합 개발 프레임워크 구축 - 다양한 IP에 폭넓고 손쉽게 적용할 수 있는 용이성, 범용성 획득
기술개발 최종 목표		- 반도체 IP의 설계 기술, 연결 기술, 제어 기술, 구현 기술, 검증 기술 및 이를 통합하여 IP 개발에 사용할 수 있는 통합 설계 환경의 개발
단계별 목표	1차년도	- 반도체 IP 설계, 연결, 제어, 구현, 검증 등 요소 기술 개발 (TRL 5단계)
	2차년도	- 반도체 IP 설계, 연결, 제어, 구현, 검증 등 요소 기술 실증 (TRL 7단계)
	3차년도	- 반도체 IP 설계 통합 프레임워크 개발 (TRL 8단계)

5-2 프로세서 코어 설계 기술

구분		내용
분류 체계	산업기술	- (200406) SoC
	과학기술	- (ED0406) SoC
기술개요		- 다양한 반도체 내에 장착되어 시스템 연산과 제어를 담당하는 프로세서 코어 IP 기술
기술 요구사항		- 초고속 저전력 저면적 고신뢰 - 명령어 수준 호환성 획득 - Programmability, Flexibility - 소프트웨어 개발 환경 구축
기술개발 최종 목표		- 시스템 연산과 제어를 담당하는 프로세서 코어의 명령어 집합, 아키텍쳐, 연산기 유닛, 가속기 유닛, 메모리 시스템, 버스 시스템 등 IP의 개발
단계별 목표	1차년도	- 프로세서 코어 IP 아키텍쳐 개발 (TRL 5단계)
	2차년도	- 프로세서 코어 IP 회로 개발 (TRL 7단계)
	3차년도	- 프로세서 코어 IP 실리콘 검증 (TRL 8단계)

5-3 네트워크 및 인터페이스 설계 기술

구분		내용
분류 체계	산업기술	- (200406) SoC
	과학기술	- (ED0406) SoC
기술개요		- 유무선 통신 연결인 LTE, 5G, Ethernet, WiFi, BT 등 네트워크 IP 기술 및 디스플레이 연결인 MIPI, HDMI, DP, SERDES 등 인터페이스 IP 기술
기술 요구사항		- 초고속 저전력 저면적 고신뢰 - Programmability, Flexibility - 표준 부합 확인을 위한 Compliance Test - 전자파적합성 확인을 위한 EMC Test
기술개발 최종 목표		- 표준에 기반한 LTE, 5G, Ethernet, WiFi, BT 등 네트워크 IP 기술, MIPI, HDMI, DP, SERDES 등 인터페이스 IP의 개발
단계별 목표	1차년도	- 표준 기반 네트워크/인터페이스 IP 구조 개발 (TRL 5단계)
	2차년도	- 표준 기반 네트워크/인터페이스 IP 회로 개발 (TRL 7단계)
	3차년도	- 표준 기반 네트워크/인터페이스 IP 실리콘 검증 (TRL 8단계)

5-4 SW-SoC 설계 기술

구분		내용
분류 체계	산업기술	- (200406) SoC
	과학기술	- (ED0406) SoC
기술개요		- 어플리케이션을 HW, SW로 단일 프레임워크 내에서 함께 설계 및 구현하는 HW-SW Codesign 기술, 시스템반도체 칩만으로 수행하기 어려운 다양하고 복잡한 어플리케이션을 소프트웨어 융합으로 해결하는 기술
기술 요구사항		- HW-SW Codesign 알고리즘, 아키텍쳐, 툴 기술 개발 - 어플리케이션 자동 분석 및 HW-SW 최적화 기술 개발
기술개발 최종 목표		- 어플리케이션을 HW, SW로 단일 프레임워크 내에서 함께 설계 및 구현하는 HW-SW Codesign 기술, 시스템반도체 칩만으로 수행하기 어려운 다양하고 복잡한 어플리케이션을 소프트웨어 융합으로 해결하는 기술의 개발
단계별 목표	1차년도	- HW-SW Codesign 기술 및 IP 개발 (TRL 5단계)
	2차년도	- HW-SW Codesign 칩 개발 및 실증 (TRL 7단계)
	3차년도	- 소프트웨어 융합 기술 개발 및 어플리케이션 실증 (TRL 8단계)

2 기술로드맵 구축

가. 기술개발 목표

[「시스템반도체 설계 IP」 기술개발 로드맵]

구분	핵심 요소기술	기술 요구사항	개발목표 1차년도	개발목표 2차년도	개발목표 3차년도	최종목표
1	반도체 IP 설계 기술	IP 설계, 연결, 제어, 구현, 검증을 위한 통합 개발 프레임워크 구축	반도체 IP 설계, 연결, 제어, 구현, 검증 등 요소 기술 개발	반도체 IP 설계, 연결, 제어, 구현, 검증 등 요소 기술 실증	반도체 IP 설계 통합 프레임워크 개발	반도체 IP 설계 기술 통합 프레임워크 개발
2	프로세서 코어 설계 기술	초고속, 저전력, 저면적, 고신뢰 명령어 수준 호환성 및 소프트웨어 개발 환경 구축	프로세서 코어 IP 아키텍처 개발	프로세서 코어 IP 회로 개발	프로세서 코어 IP 실리콘 검증	명령어 집합, 아키텍처, 연산기, 가속기 유닛 등 프로세서 코어 IP 개발
3	네트워크 및 인터페이스 설계 기술	표준 기반 유무선 네트워크 및 디스플레이 연결 인터페이스 설계	표준 기반 네트워크/인터페이스 IP 구조 개발	표준 기반 네트워크/인터페이스 IP 회로 개발	표준 기반 네트워크/인터페이스 IP 실리콘 검증	표준 기반 네트워크/인터페이스 IP 기술 개발
4	SW-SoC 설계 기술	HW-SW Codesign 알고리즘, 아키텍처 및 최적화 기술 개발	HW-SW Codesign 기술 및 IP 개발	HW-SW Codesign 칩 개발 및 실증	소프트웨어 융합 기술 개발 및 어플리케이션 실증	HW-SW Codesign 기반 소프트웨어 융합 기술 개발

나. 로드맵 기획

■ **(총론)** 반도체 IP 설계 효율화, 프로세서 성능 향상, 네트워크 및 인터페이스 표준화, HW-SW 융합 기술 이슈에 대응하는 중소기업 전략기술로드맵 구축

- (중소기업 기술개발전략 1) 반도체 IP 설계 효율화를 위한 통합 프레임워크 기술 개발 필요
- (중소기업 기술개발전략 2) 프로세서 코어 IP의 명령어 집합 및 회로 설계 기술 확보 필요
- (중소기업 기술개발전략 3) 네트워크 및 디스플레이 인터페이스 표준화 기반 IP 개발 필요
- (중소기업 기술개발전략 4) HW-SW Codesign 기술을 통한 시스템반도체 어플리케이션 최적화 기술 필요

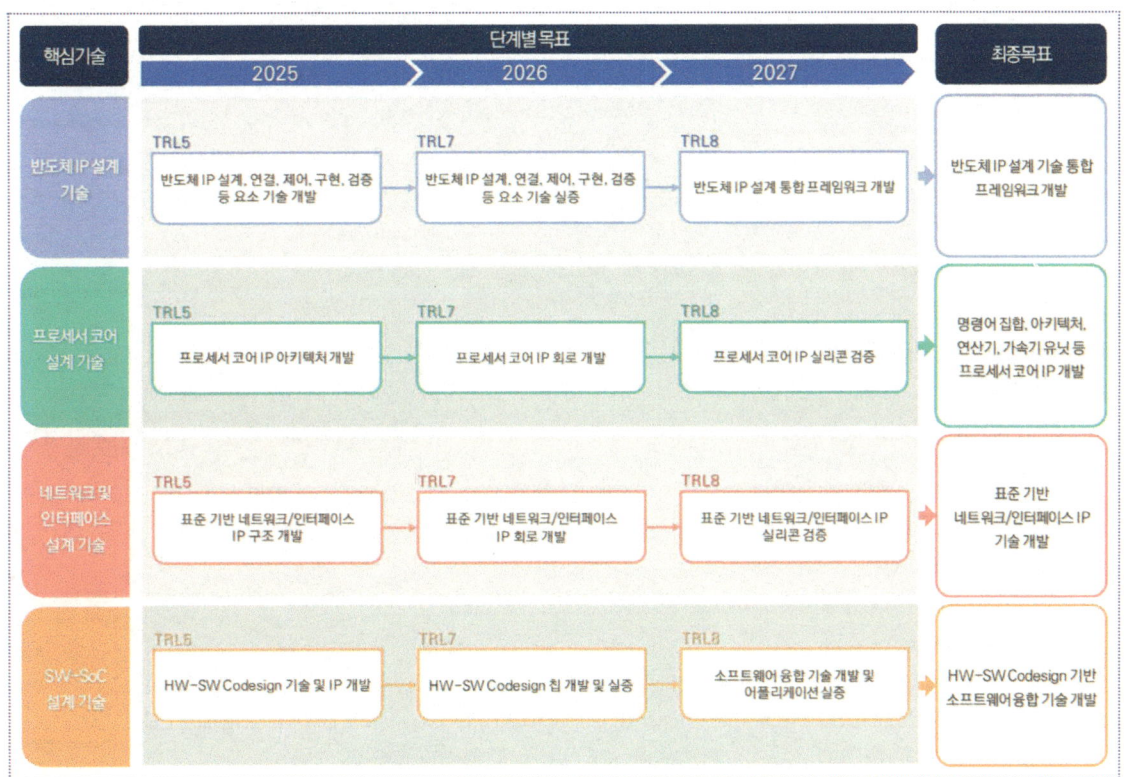

[「시스템반도체 설계 IP」 기술개발 로드맵]

(2025~2027)

중소기업 전략기술로드맵

제2장. 전략품목 환경분석

06_보안용 인공지능 반도체

| 시스템반도체 |

제1절 개요

1 정의 및 필요성

가. 정의

- 보안용 인공지능 반도체는 인공지능(AI) 기술의 구현과 데이터 보안 기능을 결합한 고성능 반도체로, AI 연산 처리와 시스템 보호를 동시에 수행하도록 설계
  - AI 연산 가속과 데이터 보호를 위해 설계된 반도체로, 딥러닝 학습 및 추론을 효율적으로 지원하며, 동시에 데이터 암호화, 인증, 보안 부트(Secure Boot)와 같은 보안 기능을 제공
  - 하드웨어 레벨에서 보안과 AI 연산 기능을 통합하여, 클라우드, 엣지 컴퓨팅 및 IoT 기기에서 효율적이고 안전한 AI 처리가 가능

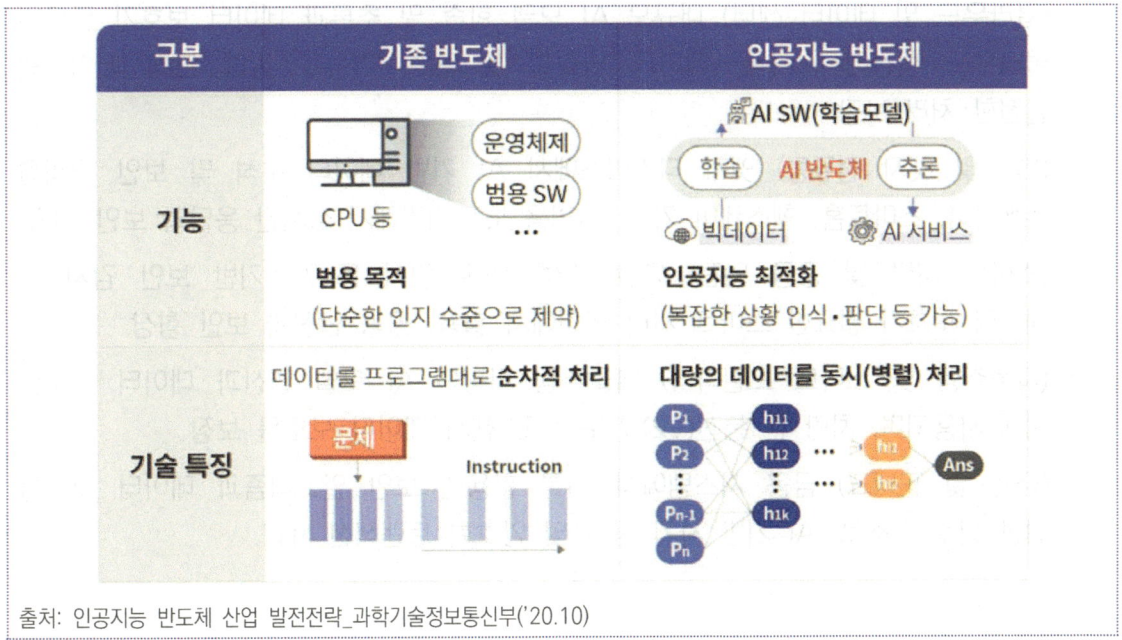

출처: 인공지능 반도체 산업 발전전략_과학기술정보통신부('20.10)

[기존 반도체와 AI 반도체의 특징]

❎ 보안용 인공지능 반도체는 AI 연산 성능과 데이터 보안을 동시에 만족시키는 특성을 가지고 있어, 높은 신뢰성과 성능이 요구되는 시스템에서 주로 사용

- (AI 연산 가속) 고속 병렬 연산 처리 유닛과 최적화된 AI 모델 전용 하드웨어 설계를 통해, 대규모 데이터를 빠르게 학습하고 추론할 수 있는 기능 제공
- (고신뢰성 보안 기능) 데이터 암호화와 암호키 보호, 보안 부트 및 신뢰점(TPM, Trusted Platform Module) 등의 기능을 통합하여 데이터 및 시스템 무결성 유지
- (저전력 설계) 엣지 및 배터리 기반 IoT 환경에서도 활용 가능하도록 설계된 저전력 동작 특성을 통해, 연산 및 보안 기능의 에너지 효율 극대화
- (하드웨어-소프트웨어 통합) 보안 및 AI 연산 최적화를 위해 하드웨어 설계와 소프트웨어 알고리즘이 통합적으로 작동하며, 개발 키트와 소프트웨어 프레임워크 지원
- (유연성 및 확장성) 다양한 AI 모델과 보안 요구사항에 대응할 수 있는 확장 가능한 아키텍처 설계로, 클라우드 및 엣지 환경에서 유연하게 작동

❎ 보안용 인공지능 반도체는 AI 연산 성능과 보안이 동시에 중요한 분야에서 널리 활용되며, 특히 클라우드 서비스, IoT 기기, 엣지 컴퓨팅, 스마트홈 및 자율주행 차량 등에서 사용

- (클라우드 및 데이터 센터) 대규모 AI 모델 학습 및 추론과 데이터 보호가 중요한 클라우드 환경에서 사용, 데이터 암호화 및 인증 기능을 통해 고객 데이터의 안전한 처리 보장
- (IoT 및 엣지 컴퓨팅) 엣지 디바이스에서 AI 기반 데이터 분석 및 보안 처리를 수행하여, 스마트홈, 헬스케어 기기, 산업용 IoT 기기에서 실시간 응답과 보안 제공
- (스마트 시티 및 공공 안전) 영상 분석, 얼굴 인식 등 AI 기반 보안 감시 및 데이터 보호가 필요한 스마트 시티 환경에서 활용, 공공 안전과 보안 향상
- (자율주행 및 스마트 모빌리티) 자율주행 차량의 AI 모델 연산과 데이터 보호를 위해 사용되며, 차량 간 통신(V2X) 보안 및 센서 데이터 보호를 보장
- (금융 및 핀테크) 금융 시스템에서 AI를 활용한 보안 알고리즘과 데이터 보호를 위한 필수 요소로, AI 기반 사기 탐지 및 암호화 트랜잭션 제공

나. 기술 개발 필요성

✦ 고도화된 인공지능 연산 처리를 위한 AI 반도체 기술 필요성 증대

- 인공지능(AI) 기술의 발전과 다양한 산업 영역으로의 확산으로 인해 대규모 데이터 학습 및 추론을 실시간으로 처리할 수 있는 고성능 AI 전용 반도체 기술의 수요 증가
- 기존 CPU와 GPU 기반 시스템의 한계로 인해 높은 연산 성능과 에너지 효율을 동시에 제공하는 AI 전용 반도체 개발의 필요성 대두
- AI 모델 학습 과정에서 요구되는 높은 연산량과 대규모 병렬 처리를 수행하기 위해, AI 알고리즘에 최적화된 하드웨어 설계 필요
- IoT, 스마트 제조, 자율주행, 헬스케어 등 실시간 AI 응용 분야에서 초저지연성과 고효율 AI 추론을 지원하기 위한 전용 칩 기술 요구

✦ AI 시스템 보안을 강화하는 데이터 보호 및 신뢰성 확보 기술 필요

- AI 시스템의 데이터 처리 과정에서 발생할 수 있는 개인정보 유출 및 데이터 조작 위험 증가로, 데이터 암호화 및 무결성 보장을 위한 내장형 보안 기술 필요
- 보안 부트(Secure Boot)와 인증 메커니즘을 통합하여 AI 시스템에 대한 외부 위협 차단 및 신뢰성을 확보하는 기술 개발 필요
- AI 알고리즘 및 데이터의 무단 사용을 방지하고, 시스템 내 악의적 침입 및 해킹을 예방하기 위해 보안용 인공지능 반도체의 내장형 보안 솔루션 강화 필요
- 클라우드와 엣지 컴퓨팅 환경 간 데이터 이동 과정에서의 보안 취약점 해결을 위한 통합 보안 기능의 중요성 부각

✦ 글로벌 AI 반도체 시장 경쟁 심화 및 기술 자립 필요

- 미국, 중국 등 주요 국가에서 자국 내 AI 반도체 기술 주도권을 확보하기 위해 대규모 투자와 기술 개발을 진행하며 시장 경쟁 심화
- 글로벌 빅테크 기업들이 AI 추론 가속기, 데이터 센터 전용 AI 칩, 엣지 AI 칩 등 다양한 응용 분야에서 독점적 위치를 강화하고 있는 상황
- 국내 AI 반도체 기술 생태계 조성과 글로벌 경쟁력 강화를 위해 차세대 AI 반도체 기술 및 상용화를 위한 원천 기술 확보 필요
- 국내 보안 기술 및 반도체 제조 역량을 결합하여 차별화된 보안용 AI 반도체 솔루션 개발이 국가적 기술 자립과 시장 선점의 핵심

✺ 에너지 효율성과 환경적 요구를 충족시키는 AI 반도체 기술 필요

- 고도화된 AI 연산 처리를 지원하면서도 전력 소비를 최소화하는 저전력 반도체 기술의 필요성 증가
- 데이터 센터 및 엣지 디바이스의 에너지 소비를 줄이고, 탄소 배출 감소를 위한 지속 가능한 반도체 기술 개발 요구
- 환경 규제 및 글로벌 기업의 탄소 중립 전략 강화에 대응하여 에너지 효율성과 성능을 동시에 만족시키는 기술 개발 필요
- 초저전력 동작이 가능한 AI 반도체를 통해 에너지 비용 절감과 환경 보존을 동시에 달성하기 위한 혁신 기술 요구

✺ 디지털 전환 시대의 핵심 인프라로서의 파급효과 기대

- 전 세계적으로 디지털 전환과 인공지능 기술의 상용화가 급속히 진행됨에 따라 AI 연산 가속과 데이터 보안이 통합된 반도체에 대한 수요 증가
- 자율주행 자동차, 드론, 스마트 팩토리, 스마트 헬스케어 등 실시간 데이터 처리 및 보안 요구가 높은 응용 분야에서 보안용 AI 반도체의 시장성이 확대되는 추세
- 개인정보보호 규제 강화 및 보안 위협 증가로 인해 데이터 암호화 및 인증 기능을 내장한 보안 반도체에 대한 시장 요구 증대
- 글로벌 보안 반도체 시장은 연평균 8% 이상의 성장률을 기록하며, 특히 엣지 디바이스와 IoT 기기 분야에서 보안 및 AI 결합 기술이 차세대 핵심 기술로 부각
- 클라우드 및 엣지 컴퓨팅 인프라의 확산으로 대량의 데이터를 신속하게 처리하고 보호할 수 있는 보안 AI 반도체 기술이 IT 인프라의 필수 요소로 자리잡고 있음
- 데이터 중심 경제로의 전환과 AI 도입 가속화로 인해 고성능, 저전력, 고안정성을 갖춘 AI 반도체의 시장 확대 기대
- 국내외 기업과 정부에서 보안이 강화된 AI 반도체 기반 인프라 구축에 적극적으로 투자하며, 관련 제품 및 서비스에 대한 수요가 지속적으로 증가

2 범위 및 분류

가. 가치사슬

❖ 보안용 인공지능 반도체는 설계, 제조, 패키징, 검증 및 시스템 통합의 가치사슬을 형성하고 있으며, 데이터 보안과 AI 연산 기능의 통합을 통해 AI 연산 처리, 데이터 보호, 인증 기능을 포함하는 고부가가치 구조를 갖추고 있음

❖ 인공지능 알고리즘 실행과 민감한 데이터 보호를 위해 설계되어 자율주행, IoT, 클라우드 컴퓨팅, 블록체인 등 다양한 전방산업에서 핵심적 역할을 수행

- (후방산업) 반도체 설계와 제조에 필요한 웨이퍼 제조, 재료공학, 공정장비 및 설계 도구(EDA) 산업 등을 포함하며, 보안 기능이 결합된 AI 반도체의 설계 및 생산을 지원하는 단계임
- (전방산업) 보안 기능을 갖춘 AI 반도체를 기반으로 다양한 응용 제품에 적용하는 단계로, 스마트 기기, 클라우드 컴퓨팅, IoT 디바이스, 자율주행 차량, 국방 및 보안 시스템 등이 포함됨

[보안용 인공지능 반도체 품목 산업구조]

후방산업	보안용 인공지능 반도체	전방산업
웨이퍼 제조, 재료공학, 반도체 설계 도구(EDA), 공정장비, 패키징 기술	AI 연산 처리 코어, 보안 엔진(암호화/복호화), 인증 모듈, 메모리 보호 기술, 보안 부트(Secure Boot) 기능	스마트 기기, 클라우드 데이터 센터, IoT 시스템, 자율주행 차량, 국방/보안 시스템

나. 용도별 분류

❖ 보안용 인공지능 반도체는 인공지능 연산 가속, 보안 인증 및 데이터 보호, 사이버 보안 및 네트워크 보호, 스마트 디바이스 및 IoT 보안, 자율주행 및 차량 시스템, 그리고 의료 및 스마트 헬스케어 등 다양한 분야에서 핵심적인 역할을 수행하는 분류할 수 있음

- (인공지능 연산 가속용 반도체) AI 알고리즘의 학습과 추론을 고속으로 처리하기 위한 반도체로, 딥러닝, 자율주행, 음성 인식 및 영상 처리 등 다양한 인공지능 응용 분야에서 활용됨. 대표적으로 GPU, TPU, NPU가 해당
  - (AI 전용 프로세서) 딥러닝 및 머신러닝 알고리즘을 고속으로 처리하기 위해 설계된 전용 반도체로 AI 모델 학습 및 추론에 사용하며, GPU, TPU, NPU 등이 이에 해당하고 자율주행, 음성 인식, 영상 처리 등에 활용됨
  - (엣지 컴퓨팅 반도체) 데이터 처리와 분석을 클라우드로 보내지 않고 디바이스 자체에서 수행하기 위해 설계된 반도체로, IoT 디바이스, 스마트폰, 웨어러블 기기에서 저지연 처리가 가능함

- (보안 인증 및 데이터 보호용 반도체) 데이터 암호화와 생체 정보 인증을 전담하는 반도체로, 스마트카드, 전자여권, 금융 단말기 및 모바일 기기에서 데이터 보호와 보안 인증에 활용됨
  - (암호화 프로세서) 데이터의 암호화 및 복호화 작업을 전담하여 통신, 금융, 인증 등 민감한 데이터의 보안을 강화하는 역할을 하며, 스마트카드, 전자여권, 금융 단말기에 적용됨
  - (신원 확인 및 인증용 칩) 사용자의 생체 정보를 기반으로 신원을 인증하거나 기기 보안을 강화하는 칩으로, 모바일 디바이스의 지문 인식 센서, 얼굴 인식 기능, IoT 기기 인증에 활용됨

- (사이버 보안 및 네트워크 보호 반도체) 네트워크와 시스템의 보안을 강화하기 위해 암호 키 관리, 이상 징후 탐지 및 침입 방지 기능을 제공하며, 데이터 센터, 클라우드 및 IoT 네트워크 환경에서 사용됨
  - (하드웨어 보안 모듈, HSM) 암호 키 관리, 디지털 서명, 인증 등 보안 작업을 물리적으로 분리된 하드웨어에서 수행하며, 금융 기관과 클라우드 서비스의 보안 인프라에서 사용됨

- (침입 감지 및 방지 반도체) 트래픽을 실시간으로 분석하여 이상 징후를 탐지하고 대응하며, 데이터센터 및 산업용 IoT 환경에서 보안을 강화하는 데 활용

◉ (스마트 디바이스 및 IoT용 보안 반도체) 스마트홈, 드론, 로봇 등 IoT 기기의 신뢰성과 보안을 확보하며, 부팅 과정의 검증 및 사이버 위협 대응을 위한 기능을 제공함

- (Trusted Platform Module, TPM) 디바이스의 부팅 과정에서 보안을 확보하고 신뢰를 검증하는 보안 칩으로, 스마트홈 기기, 드론, 로봇 등 IoT 디바이스에 내장됨

- (보안 IoT 센서) IoT 환경에서 데이터의 기밀성과 무결성을 보호하며 사이버 위협에 대응하는 센서로, 스마트팩토리와 의료 IoT 기기에서 활용됨

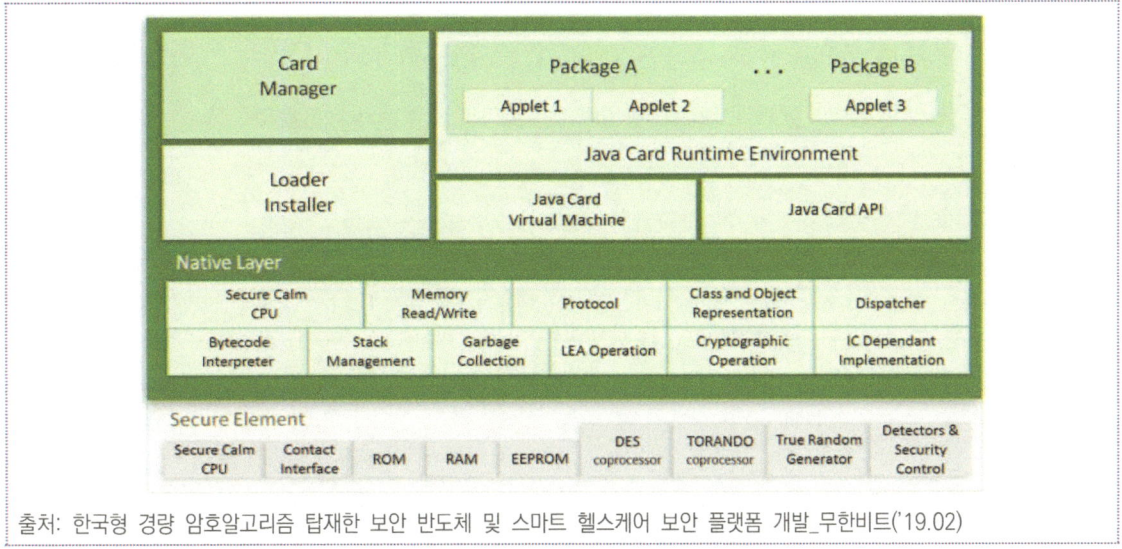

출처: 한국형 경량 암호알고리즘 탑재한 보안 반도체 및 스마트 헬스케어 보안 플랫폼 개발_무한비트('19.02)

[IoT용 보안 반도체 구성도(예시)]

◉ (자율주행 및 차량용 반도체) 자율주행 시스템에서 차량 센서 데이터를 처리하고 안전 제어를 지원하며, 차량 네트워크와 전자제어장치(ECU) 간 통신 보안을 담당함

- (보안 ECU) 차량 내부 네트워크와 전자제어장치(ECU) 간의 통신을 보호하여 해킹 위협을 방지하며, 커넥티드 카와 자율주행차에서 필수적인 역할을 함

◉ (의료 및 스마트 헬스케어) 의료 데이터의 암호화와 보호, AI 기반 진단 알고리즘의 고속 처리 등을 통해 의료 영상 분석, 진단 보조 및 웨어러블 기기에서 활용됨

- (생체 데이터 보호 반도체) 의료기기와 웨어러블 디바이스에서 수집되는 민감한 생체 데이터를 암호화하고 보호하며, 원격 진료, 스마트 워치, 건강 관리 시스템에 사용

- (AI 기반 진단 반도체) 의료 데이터 분석 및 진단 알고리즘을 고속 처리하여 정밀 진단을 지원하며, 의료 영상 처리 및 진단 보조 시스템에 활용됨

제2절 환경 분석

1. 시장 현황 및 전망

가. 개황

❈ AI 반도체 수요의 폭발적 증가
- 인공지능 기술의 확산과 함께 데이터 처리 속도와 에너지 효율성을 동시에 요구하는 AI 반도체 수요가 급격히 증가하고 있음
- 특히, 챗GPT와 같은 대규모 언어 모델 및 자율주행, 의료 진단 등의 고도화된 AI 애플리케이션이 등장하면서 AI 전용 프로세서(ASIC, GPU, NPU 등) 시장이 성장
- 글로벌 시장에서는 NVIDIA, AMD와 같은 기업이 선도하며, 국내에서는 삼성전자와 SK하이닉스가 자체 기술력을 바탕으로 AI 반도체 개발에 박차를 가하고 있음

❈ 엣지 컴퓨팅을 위한 AI 반도체 기술 개발
- 중앙 데이터 센터에서 처리되는 데이터 양이 기하급수적으로 증가함에 따라 엣지 디바이스에서 실시간 데이터 처리를 가능하게 하는 AI 반도체 수요가 증가
- 저전력, 소형화, 실시간 처리 능력을 갖춘 엣지 AI 칩셋 개발이 주요 트렌드로 부상
- 예를 들어, 자율주행차, 스마트 가전, IoT 기기에 엣지 AI 칩셋이 탑재되며, 보안 및 데이터 보호를 위한 기술적 요구가 병행되고 있음

❈ 보안 반도체의 중요성 증대
- 디지털 전환 가속화 및 사이버 위협 증가로 인해 보안 반도체 시장이 주목받고 있음
- 보안 반도체는 데이터 암호화, 사용자 인증, 보안 키 관리 등과 같은 기능을 제공하며, IoT 기기, 금융 결제 시스템, 스마트카 등에 필수적으로 적용
- 주요 기업들이 보안 인증 모듈, 신뢰 실행 환경(TEE)을 통합한 보안 칩 개발을 통해 데이터 무결성과 사용자 신뢰도를 보장하고 있음

❖ AI 및 보안 반도체의 융합

- AI 기술을 활용한 사이버 위협 탐지 및 대응을 위해 AI 반도체와 보안 반도체 기술의 융합이 이루어지고 있음
- AI 칩에 내장된 보안 기능(예: 실시간 암호화, 데이터 보호)은 데이터 처리 및 저장 과정에서의 보안성을 높이는 핵심 기술로 부각
- 클라우드 기반 서비스와 엣지 디바이스 간 데이터 이동에서의 보안을 강화하며, AI 알고리즘의 신뢰성 확보를 위한 하드웨어 기반 보안 기술이 개발되고 있음

❖ 글로벌 및 국내 시장 경쟁

- 미국과 중국 간 기술 패권 경쟁으로 AI 및 보안 반도체 기술 자립이 각국의 핵심 과제로 떠오름[43]
  - (미국) 민간기업이 AI반도체 개발을 주도하며 국방부는 차세대 반도체 리더십 확보를 위한 장기적인 기술과제 해결, 상무부는 국내 반도체 제조시설 구축 등을 지원
  - (중국) 2030년 세계 1위 AI 국가로 도약을 추진했으나 미국의 제재 등으로 AI 연산을 위한 컴퓨팅 자원 확보가 어려워져 자국 AI반도체 육성 지원을 강화
  - (대만) AI반도체 기술력 제고를 위해 핵심기술 개발 지원, 산학연 협력 플랫폼 조성, 글로벌 선도기업과 협력 강화 등을 지원
  - (일본) '반도체·디지털 산업전략개전안('23)'을 통해 글로벌 협력을 통한 첨단 반도체 제조기반 구축, 차세대 반도체 기술기반 확립, 미래 기술기반 확보를 추진
- 미국은 NVIDIA, Intel, Qualcomm 등 기술 선도 기업들이 AI 및 보안 반도체 시장에서 우위를 점유하고 있으며, 중국은 대규모 투자와 생산력을 기반으로 자국 시장의 점유율을 확대
- 국내에서는 삼성전자와 SK하이닉스가 글로벌 시장에서 AI 반도체 경쟁력을 강화하고 있으며, 국내 스타트업들도 엣지 AI 및 보안 칩 개발에 주력하고 있음
  - 국내 AI반도체 기업은 10여개로 모바일, 가전 등 온디바이스 부문에서 일부 제품을 상용화 했으며 데이터센터 부문은 Reference를 구축하고 사업 본격과 단계

---

[43] AI반도체 시장 현황 및 전망_한국수출입은행('24.05)

나. 관련 시장 규모 및 전망

1 세계 시장

- 보안용 인공지능 반도체의 세계 시장 규모는 7년간 연평균 성장률 24.3%로 증가하며 '22년 약 431억 달러에서 '28년 1,590억 달러 규모로 성장할 것으로 전망
  - AI 기술과 보안 솔루션이 융합되는 트렌드 속에서 보안용 반도체의 활용성이 급증
  - (AI와 엣지 컴퓨팅 확산) 엣지 디바이스와 IoT 기기가 대규모로 연결되면서 보안 위험도 증가하고 있으며, AI 기반 보안용 반도체는 엣지 컴퓨팅 환경에서 빠른 데이터 처리와 보안을 동시에 제공할 수 있는 강력한 솔루션으로 자리 잡고 있음
  - (정부 규제 강화 및 보안 표준화) 각국 정부는 데이터 보호와 사이버 보안을 강화하는 규제를 도입하고 있으며, 이에 따라 기업들은 보안 강화에 필수적인 AI 반도체 채택을 확대하고 있으며, 특히, 유럽의 GDPR(일반 데이터 보호 규정)과 같은 규제는 시장 성장을 촉진하는 요인으로 작용
  - (AI 기반 분석 기술 발전) AI 기술의 발전은 더 정교하고 신속한 보안 위협 탐지를 가능하게 하며, 이를 지원하는 AI 반도체의 수요를 크게 증가시키고 있으며, 머신러닝 모델의 성능을 최적화하는 NPU(신경망 처리 장치)의 활용이 확대되고 있음

[보안용 인공지능 반도체 세계 시장 규모 및 전망]

(단위: 백만 달러, %)

구분	'22년	'23년	'24년	'25년	'26년	'27년	'28년	CAGR ('22년~'28년)
세계시장	43,183	53,662	71,252	91,955	116,269	141,397	159,022	24.3%

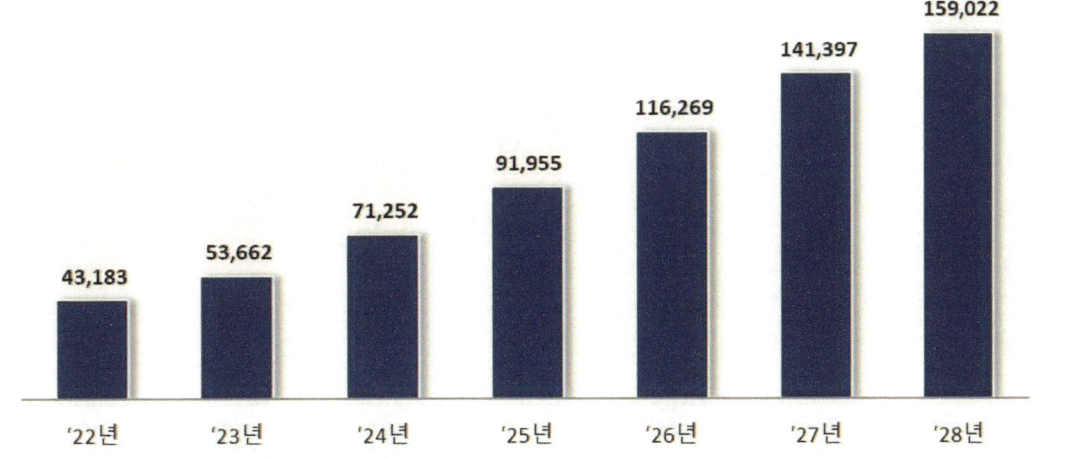

출처: 새로운 기회의 창으로 AI반도체 시장 현황과 전망_정보통신정책연구원('24.01)

2 국내 시장

❖ 보안용 인공지능 반도체의 국내 시장 규모는 7년간 연평균 성장률 24.3%로 증가하며 '22년 약 1,425억 원에서 '28년 5,248억 원 규모로 성장할 것으로 전망

- (사이버 보안 위협 증가) 국내 기업과 공공기관을 대상으로 한 해킹, 데이터 유출, 랜섬웨어 공격 사례가 증가하며, 보안 기술의 중요성이 부각되고 있는 상황에서, AI 반도체는 실시간 위협 탐지와 복잡한 보안 문제를 해결하기 위한 핵심 기술로 자리 잡고 있음

- (정부 규제와 보안 투자 강화) 정부는 국가 사이버 보안 전략과 데이터 보호 정책을 통해 보안 기술 개발을 지원하고 있으며, AI 기반 반도체를 활용한 보안 솔루션 도입이 촉진되고 있음
  - 디지털 플랫폼 정부 전략과 같은 국가 프로젝트는 데이터 보안의 중요성을 더욱 강조

- (엣지 디바이스와 IoT 보급 확대) 국내 IoT 디바이스와 스마트 홈 시장의 성장으로, 보안 문제가 더욱 중요해지고 있으며, 엣지 컴퓨팅 환경에서 AI 반도체는 보안 데이터 처리와 실시간 분석의 필수 요소로 활용되고 있음

[보안용 인공지능 반도체 국내 시장 규모 및 전망]

(단위: 억 원, %)

구분	'22년	'23년	'24년	'25년	'26년	'27년	'28년	CAGR ('22년~'28년)
국내시장	1,425	1,771	2,351	3,035	3,837	4,666	5,248	24.3%

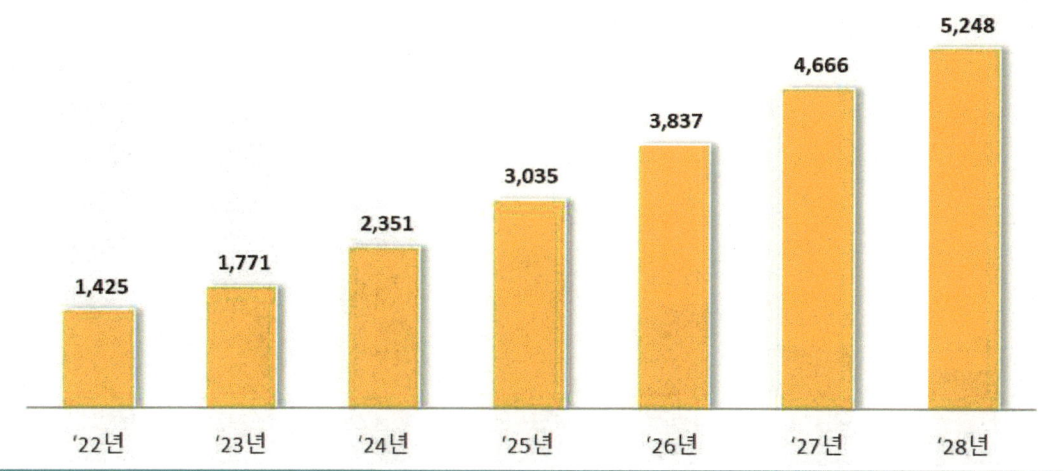

출처: 시스템반도체 산업의 글로벌 지형 및 정책 방안 연구_산업연구원('24.01) 시스템반도체 세계시장 3.3% 점유율 적용('22)

2 기술개발 동향

가. 개황

■ 인공지능 반도체 관련 기술

- AI 알고리즘 처리 최적화에 특화된 하드웨어
  - AI 반도체는 대규모 데이터를 빠르게 처리하고, 효율적으로 학습 및 추론을 지원하기 위한 전용 하드웨어로 설계됨
  - 일반 CPU와 GPU의 한계를 보완하기 위해 개발된 ASIC(Application-Specific Integrated Circuit), FPGA(Field-Programmable Gate Array), NPU(Neural Processing Unit) 등이 주목받고 있음

- 고성능과 저전력의 조화
  - AI 반도체는 데이터 센터용 고성능 제품과 엣지 디바이스용 저전력 제품으로 이원화된 개발 방향성을 보임
  - 데이터 센터용 제품은 학습 효율을 높이기 위해 병렬 처리와 대용량 메모리 대역폭을 제공하며, NVIDIA의 GPU 및 Google의 TPU가 대표적 사례임
  - 엣지 디바이스용 제품은 모바일, IoT 기기에 최적화된 저전력 설계와 실시간 추론 성능이 핵심. Apple의 A 시리즈와 Tesla의 FSD(Full Self-Driving) 칩이 이에 해당

- AI 반도체 설계와 소프트웨어 최적화의 중요성
  - 반도체의 성능을 극대화하기 위해 소프트웨어(프레임워크 및 라이브러리)의 최적화가 필수적이며, 하드웨어와 소프트웨어의 동시 설계(Co-design) 방식이 채택되고 있음
  - PyTorch, TensorFlow 등 AI 프레임워크가 반도체 아키텍처에 맞춰 최적화됨으로써 활용도가 증가

■ 보안 반도체 관련 기술

- 사이버 보안의 강화와 반도체 통합
  - 보안 반도체는 개인정보 보호와 데이터 무결성을 위해 설계된 칩으로, 암호화, 인증, 신원 확인 등의 기능을 수행함
  - 스마트카, IoT, 금융, 통신 등 보안 요구가 높은 응용 분야에서 채택이 증가하고 있음

- 하드웨어 기반 보안 기술
  - 기존 소프트웨어 중심의 보안이 하드웨어로 이동하면서 Root of Trust(신뢰의 근원)와 같은 개념이 반도체에 내재화됨
  - TPM(Trusted Platform Module), HSM(Hardware Security Module)과 같은 표준 기반 기술이 주요 기업의 보안 제품에 적용되고 있음
- 신뢰도와 규제 대응을 위한 설계
  - 보안 반도체는 높은 신뢰도와 장기적인 내구성을 요구하며, 국제 보안 규격(CC, FIPS) 인증 획득이 중요한 이슈로 부각
  - 특히, 자율주행차, 스마트 헬스케어와 같은 분야에서는 데이터 암호화 및 보안 통신 요구가 필수적임

기술 융합 및 시장 전망

- AI와 보안 반도체의 융합
  - AI 기술이 보안 반도체에 적용되어 데이터 위변조 탐지, 이상 징후 감지 등 고도화된 보안 기능을 제공
  - AI 기반 보안 칩의 수요는 디지털 전환의 가속화와 함께 지속적인 성장세를 보임
- 주요국 자국화 정책 확대 및 시장 수요 증가
  - 미국, 중국, EU 등 주요 국가가 AI 및 보안 반도체 기술 개발과 자국화에 주력하고 있으며, 정부의 연구개발 지원이 확대되고 있음
  - 특히, 자율주행차, 헬스케어, 스마트 팩토리 등 고도화된 응용 산업에서 AI 및 보안 반도체의 수요가 급증하고 있음

[주요 기술별 핵심 이슈]

구분	주요 기술	핵심 이슈
AI 반도체	• NPU, TPU, ASIC	• 병렬처리, 저전력 설계, SW-하드웨어 최적화
보안 반도체	• TPM, HSM, Secure Enclave	• 신뢰 기반 설계, 국제 인증 대응, 데이터 암호화
융합 기술	• AI 기반 이상 탐지, 보안 알고리즘 최적화	• 디지털 트윈, 자율주행차 보안, 엣지 컴퓨팅 통합

나. 주요 기술개발 동향

1 해외 기업

- 해외 주요 기업들은 AI 및 보안 반도체 분야에서 고성능, 저전력, 고효율을 목표로 기술 개발을 진행하며, AI 연산 가속을 위한 전용 프로세서 개발과 보안 강화를 위한 암호화 기술 통합에 주력하고 있음
  - (NVIDIA, 미국) 딥러닝 및 AI 연산에 최적화된 GPU 아키텍처를 개발하여, 데이터센터와 자율주행차 등 다양한 분야에 적용
  - (Intel, 미국) AI 가속기인 '하바나 랩스'의 Gaudi2 프로세서를 통해 데이터센터용 AI 연산 효율을 높이고 있으며, 보안 강화를 위한 하드웨어 기반의 신뢰 실행 환경(TEE)을 제공
  - (AMD, 미국) AI 및 머신러닝 작업에 특화된 'MI200' 시리즈 GPU를 개발하여 고성능 컴퓨팅 시장을 공략하고 있으며, 보안 기능 강화를 위해 메모리 암호화 기술을 적용
  - (Qualcomm, 미국) 모바일 기기를 위한 AI 엔진을 내장한 '스냅드래곤' 프로세서를 개발하여 엣지 디바이스에서의 AI 처리 능력을 향상시키고 있음
  - (ARM, 영국) AI 워크로드에 최적화된 'Ethos' NPU 시리즈를 통해 다양한 IoT 기기에 AI 기능을 통합하고 있으며, 보안 강화를 위한 'TrustZone' 기술을 제공
  - (IBM, 미국) AI 연산에 특화된 'Power10' 프로세서를 개발하여 기업용 서버 시장을 타겟으로 하며, 양자 컴퓨팅과의 결합을 통한 보안 강화 연구를 진행
  - (Google, 미국) 자체 개발한 AI 전용 칩인 'TPU'를 통해 자사 데이터센터의 AI 처리 효율을 높이고 있으며, 보안 강화를 위한 하드웨어 기반의 보안 모듈을 개발 중

출처: AI 반도체 기술동향과 산업생태계_TTA('23.01)

[AI반도체 스타트업의 시장 공략]

2 국내 기업

국내 기업들은 AI 및 보안 반도체 분야에서 기술 자립과 글로벌 경쟁력 강화를 목표로 연구개발을 진행하고 있으며, 대기업은 대규모 투자를 통해 AI 전용 칩과 보안 솔루션을 개발 중

- (삼성전자) AI 연산에 최적화된 '엑시노스' 프로세서 시리즈를 개발하여 모바일 기기와 자동차 전장 분야에 적용하고 있으며, 보안 강화를 위한 'Knox' 플랫폼을 제공
- (SK하이닉스) AI 데이터 처리를 위한 고대역폭 메모리(HBM)를 개발하여 데이터센터와 AI 가속기 시장을 공략하고 있으며, 보안 기능이 강화된 메모리 솔루션을 제공
- (LG전자) AI 기능이 내장된 가전제품용 SoC를 개발하여 스마트홈 시장을 선도하고 있으며, 보안 강화를 위한 자체 암호화 기술을 적용하고 있음
- (현대자동차) 자율주행차를 위한 AI 프로세서 개발에 투자하여 차량의 인공지능 기능을 강화하고 있으며, 차량 보안을 위한 하드웨어 기반의 보안 모듈을 개발하고 있음

중소기업은 특화된 기술력으로 시장에서의 입지를 다지고 있음

- (딥엑스) 엣지 디바이스용 저전력 AI 칩을 개발하여 IoT 시장을 타겟으로 하면서, 보안 강화를 위한 신뢰 실행 환경을 제공
- (넥스트칩) 영상 인식을 위한 AI 프로세서를 개발하여 CCTV 및 자동차용 카메라 시장에 진출하고 있으며, 보안 강화를 위한 영상 데이터 암호화 기술을 제공
- (아이닉스) IP 네트워크 카메라용 SoC 'EN675' 개발하고, 국산 보안용 핵심 SoC로, AI 최적화 알고리즘을 이용한 실시간 화질 개선 기능과 객체 인식 및 상황 인지 기능을 제공하며, 하이실리콘 제품의 대안으로 주목받고 있음
- (암바렐라) 자율주행 차량용 5나노 AI 반도체 개발하여, 삼성전자와 협력하여 네트워크 연산 소비 전력을 낮추고, 기존 칩 대비 성능이 약 40배 향상된 기술을 선보이며, 전기차의 주행거리를 5~10km 증가시키는 데 기여
- (CEVA) AI 프로세서 IP 개발하고, 인공지능 및 딥러닝 연산에 최적화된 프로세서 IP를 다양한 응용 분야에 적용하며, 효율적이고 확장 가능한 설계를 제공
- (실리콘랩스) IoT 보안용 SoC 개발하여, 보안 기능이 강화된 무선 SoC를 통해 IoT 환경에서의 데이터 무결성과 기밀성을 보장하며, 효율적인 IoT 보안 시장을 공략

③ 국내 연구개발 기관

❖ 대표 연구개발 기관

[보안용 인공지능 반도체 주요 연구조직 현황]

분류	연구 분야
한국과학기술원 (KAIST)	• 100% 실리콘 호환 공정으로 제작된 핀펫(FinFET) 기반 보안용 암호반도체 크립토그래픽 트랜지스터를 개발 • 절연층이 실리콘 하부에 형성되어 있는 실리콘 온 인슐레이터(Silicon-on-Insulator, SOI) 기판 위에 제작된 핀펫(FinFET)이 가지는 내재적인 전위 불안정성을 이용해 무작위적으로 0과 1을 예측 불가능하게 내보내는 난수발생기를 개발

❖ 주요 기술개발 동향

◈ 한국과학기술원

- NAVER·intel·KAIST AI 공동연구센터(NIK AI Research Center)'를 설립하여 인텔의 하바나랩스가 개발한 인공지능 학습 및 추론용 칩(Chip) '가우디(GAUDI)'를 위한 플랫폼 생태계 공동 구축을 목적으로 20~30개 규모의 산학 연구과제를 진행

- 자연어 처리, 컴퓨터 비전과 머신러닝 등 주로 인공지능 분야 오픈소스용 소프트웨어 개발

- 100% 실리콘 호환 공정으로 제작된 핀펫(FinFET) 기반 보안용 암호반도체 크립토그래픽 트랜지스터를 개발

- 트랜지스터 하나로 이루어진 독창적 구조를 갖고 있을 뿐만 아니라, 동작 방식 또한 독특해 유일무이한 특성을 구비한 난수발생기 개발

선행연구 사례

[국내 선행연구(정부/민간)]

수행기관	연구명(과제명)	연도	주요내용 및 성과
아이닉스	고화질 CIS 및 고속 DVS 기반 객체 및 행동인지가 가능한 인공지능 반도체 개발	2022 ~ 2025	• 다양한 DVS 적용 플랫폼 연구를 가속화 할 것으로 예상 • 저전력, 고성능의 미세공정으로 개발된 SoC를 사용하여 저발열의 안정적인 성능을 제공 • 이벤트 프로세서와 지능형 영상처리 반도체에 최적화된 영상 화질 개선 기술 및 암호화 기술 개발
성균관대학교	프라이버시 보장 의료용 AI를 위한 동형암호 기반 AI 연산 가속기 연구	2024 ~ 2027	• 동형암호기반 NPU용 신경망 연산 알고리즘 개발 및 HW 설계/최적화 • Server향 고성능 NTT/INTT 연산 가속기 및 NPU 설계 • Client향 경량화된 NTT/INTT 연산 가속기 및 동형암호 암호와/복호화 가속기 설계 • Server-Client간 보안 인증을 위한 보안용 PUF/TRNG HW 설계 • 동형암호 연산을 이용한 프라이버시 보장 의료 AI 개발 및 검증
픽셀플러스	스마트 시티 CCTV용 주야간 영상확인이 가능한 RGB-IR HDR 이미지센서와, AI 화질개선기능이 포함된 ISP 개발	2021 ~ 2023	• RGB-IR 센서를 통한 주야간 영상확인 기능 • 0.1 lux 이하에서도 물체 구분이 가능한 정도의 2배 • 노이즈 제거를 통해 밝기 개선에 따른 노이즈 증폭 제한
피에스디엘	고품질 물리 난수 암호 키를 고속으로 갱신하는 기술을 탑재한 IoT 보안용 종단간 실시간 암·복호화 SoC 개발	2020 ~ 2022	• 전기신호 기반 고품질 물리 난수 초고속(> 10 Mbps) 생성 및 난수분류알고리즘 개발 • 무선 통신신호 기반 고품질, 초고속 물리 난수 생성 기법 개발 • 물리 난수 기반 국제 표준 암호체계를 사용한 최적화된 암·복호화 시스템 개발
피앤피넷	CCTV에 적합한 AI가속기와 보안모듈이 적용된 인공지능반도체와 응용시스템 개발	2022 ~ 2024	• FPGA 상의 개선된 인공지능 가속기(NPU) 동작 기능 • FPGA 상의 인공지능 신경망 모델의 객체인식 / 음향인식 기능 • FPGA 상의 개선된 암호블록 엔진(Security) 동작 기능 • FPGA 상의 개선된 단위 SoC IP 시험 기능 • FPGA 상의 개선된 영상 녹화/재생 기능 • FPGA 상의 개선된 카메라 입력 및 디스플레이 출력 기능

출처: NTIS 홈페이지

제3절 특허 분석

[특허 분석 내용]

구분		분석 내용
특허동향 분석	특허증가율 분석	- 주요 국가의 해당품목 기술개발 활동 현황 분석 • 한국(KIPO), 미국(USPTO), 일본(JPO), 유럽(EPO), 중국(CNIPA) 국가별, 연도별 특허출원 동향 파악
	기술주기 분석	- (기술수명주기 분석) 구간에 따른 특허출원건수와 출원인수 변화의 상관관계 분석 • 해당품목의 전체 출원동향을 4구간(각 5년)으로 나누어 각각의 구간별 특허출원인수 및 특허출원수 파악 - (기술순환주기 분석) 한 특허에서 인용한 과거 특허 문서들과의 시차의 중앙값 분석 • 해당품목 기술의 진보 속도 및 주요 국가의 기술혁신 속도 파악
	특허 영향력 분석	- (기술영향력 분석) 특정 등록 특허가 다른 특허들에 의해 인용된 횟수 분석 • 특정 출원인의 기술력 파악 - (시장지배력 분석) 출원인 국적별 패밀리 국가 수 분석 • 특정 출원인의 시장지배력 정도 파악
주요 기술 키워드 분석	기술개발동향 변화분석	- (키워드 분석) AI 알고리즘을 활용하여 해당품목에 대한 기간별 기술 키워드 분석
	기술현황 분석	- (IPC 분석) 전 세계적으로 통용되고 있는 IPC(국제특허분류)를 통해 해당품목의 기술 현황 및 집중 기술 분야 분석
	기술집중력 분석	- (CRn 분석) 출원 건수를 기준으로 주요 출원인에 의한 특허 점유율 분석 • 상위 4개 기업을 기준으로 전체기업/국내시장 연구주체별 기술집중력 (시장 독과점 수준) 파악 - (HHI 분석) 특허 데이터를 활용하여 전체 또는 특정 산업부문 내 모든 기업의 특허 점유율 분석 • 시장(산업)내 모든 기업의 각 점유율을 제곱하여 합한 값으로 국가별 기술집중력(시장 독과점 수준) 파악 - (기간별 연구주체 분석) 국내 연구주체에 따른 기간별 특허 동향을 분석 • 해당품목의 중소기업 현재 역량 파악
주요 출원인 분석	주요 출원인 동향	- (주요 출원인 동향 분석) 해당품목에서 다수의 출원을 보유하고 있는 주요 출원인(Top 10)의 분석 • 주요 출원인을 기준으로, 국가별/연도별 출원 건수/국내외 주요 출원인 및 국내 중소기업 주요 출원인 파악
	주요 출원인 기술 키워드 및 주요 특허 분석	- (키워드 및 주요 특허 분석) AI 알고리즘을 활용하여 주요 출원인별 주요 기술 키워드 분석 • 해당품목의 집중연구분야 및 주력기술 분야 파악

1 특허동향 분석

가. 특허 증가율 분석

✦ 연도별·국가별 출원 동향

- 주요 국가의 해당품목 기술개발 활동현황 분석
  - 과거부터 최근까지(20년) 해당품목에 대한 특허기술 출원의 양적 트렌드 분석을 통해 해당품목의 기술개발 동향 파악
  - 한국(KIPO), 미국(USPTO), 일본(JPO), 유럽(EPO), 중국(CNIPA) 국가별, 연도별 특허출원 동향을 통해 해당품목을 선도하는 국가 파악

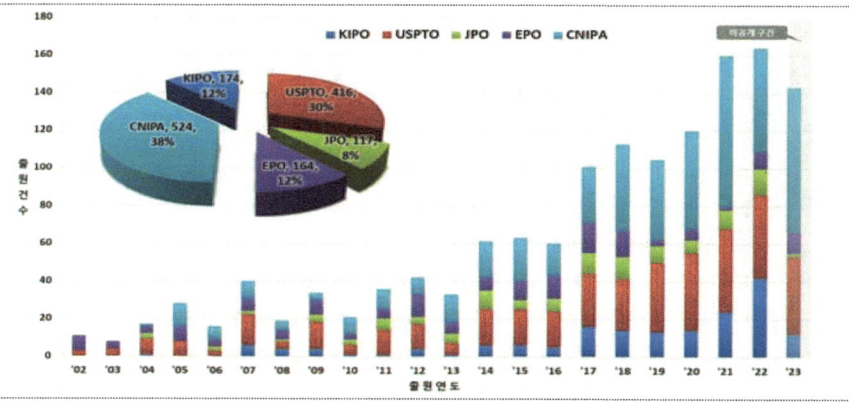

[연도별·국가별 특허출원동향]

- 보안용 인공지능 반도체 품목은 2002년부터 최근까지 지속적인 특허출원건수의 증가가 이루어졌으며, 특히 2017년 이후 빠른 특허출원건수의 증가가 진행됨. 중국, 미국, 한국, 유럽, 일본 순으로 활발한 출원 활동이 진행되고 있음
  - 국가별 출원비중을 살펴보면, 중국이 38%의 출원비중을 차지하고 있어 최대 출원국으로 보안용 인공지능 반도체 산업분야를 리드하고 있는 것으로 나타났으며, 다음으로 미국 30%, 한국 12%, 유럽 12%, 일본 8% 순으로 나타남
  - 연도별 출원동향을 살펴보면, 보안용 인공지능 반도체 기술은 2017년 이후 빠르게 증가하는 경향을 보이고 있으며, 이는 인공지능 및 보안 기술이 자율주행, IoT, 5G와 같은 첨단 산업의 핵심 요소로 급부상하면서 관련 반도체 기술의 수요와 연구개발 투자 증가에 기인한 것으로 분석됨

나. 기술주기 분석

❖ 기술수명주기 분석

- 기술수명주기 분석을 통해 해당품목 기술의 현재 위치를 파악함
  - 해당품목의 전체 출원동향을 4구간(각 5년)으로 나누어 각각의 구간별 특허출원인수 및 특허출원수를 그래프로 나타냄으로써 해당기술의 수명주기 파악이 가능함
    ※ 기술수명주기 분석 = 구간에 따른 특허출원건수와 출원인수 변화의 상관관계 분석

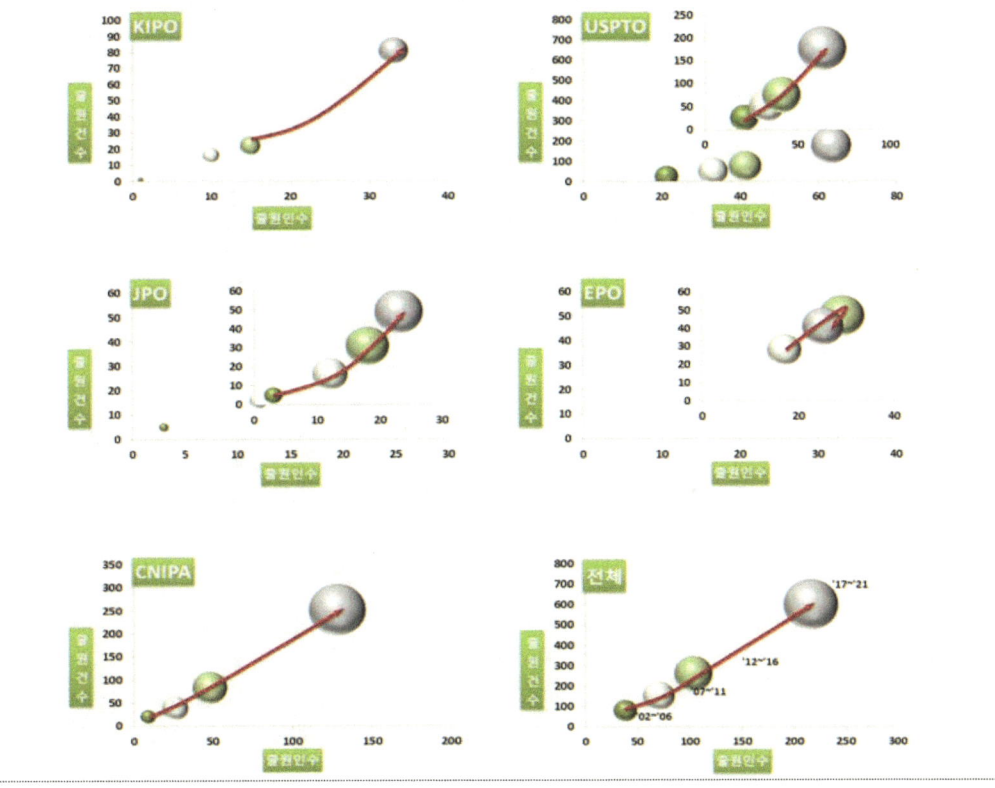

[기술수명주기분석]

- 보안용 인공지능 반도체 기술 분야의 기술 위치를 살펴본 결과, 전체적인 동향은 기술혁신의 주체인 특허출원인수와 기술혁신의 결과인 특허출원건수가 동시에 증가하는 동향이 나타나고 있어서 성장기 단계로 분석됨
  - 한국을 비롯한 미국, 일본, 중국은 특허출원인수와 특허출원건수가 전 구간에서 증가하는 추세이므로 성장기 단계로 분석됨. 다만 유럽은 최근 4구간에서 특허출원인수와 특허출원건수가 소폭 감소하는 추세이므로 성숙기 단계로 분석됨

기술순환주기(TCT) 분석

- TCT 분석을 통하여 해당품목 기술의 진보속도 및 주요국가의 기술혁신 속도를 파악함
  - TCT는 최신 기술을 활용하는 경향을 나타내는 지표로서, 제품의 개발주기와 기술개발활동의 강도와 연관되며, TCT 값이 크면 신기술 개발주기가 길어져서 시장에서 새로운 기술 도입에 긴 시간이 걸리며, TCT 값이 작으면 신기술 개발주기가 짧아져서 해당품목관련 신기술 도입에 오랜 시간이 걸리지 않아서 새로운 기술이 적용된 신제품이 자주 등장한다는 것을 의미함

  ※ TCT(Technology Cycle Time) = 한 특허에서 인용한 과거 특허 문서들과의 시차의 중앙값

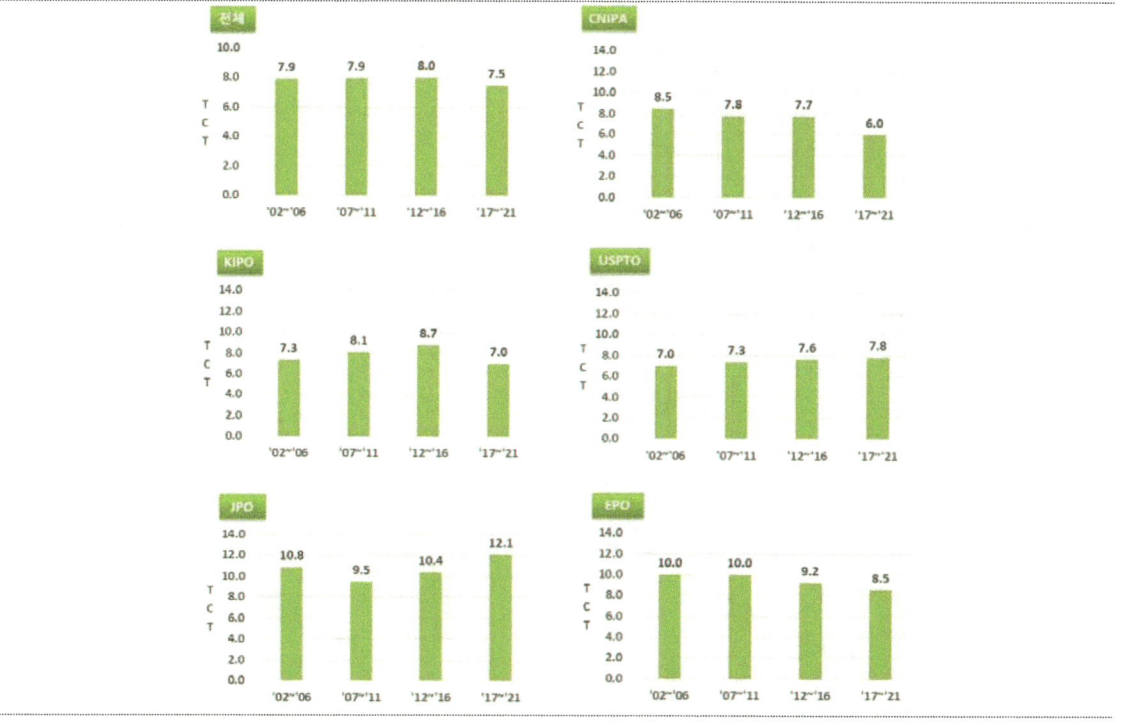

[TCT 분석]

- 보안용 인공지능 반도체 기술 분야의 전체 기술순환주기(TCT) 값을 살펴보면, 2002~2021년까지는 평균 TCT 값이 8.1년으로 보통 수준의 기술개발 속도를 보이며, 전 구간에 걸쳐 지속적인 기술개발이 진행되고 있는 것으로 분석됨
  - 최근 값을 살펴보면, 중국의 기술순환주기 값이 6.0으로 주요국가 중 가장 낮게 나타나며 해당품목의 기술개발활동이 활발하게 진행되는 것으로 분석됨. 다만 일본은 12.1의 기술순환주기 값을 보여 상대적으로 다른 국가 대비 기술개발 속도가 느린 수준으로 나타남

다. 특허 영향력 분석

기술영향력(CPP) 및 시장지배력(PFS) 분석

- 기술영향력 지수(CPP) 분석을 통해 특정 출원인의 기술력을 파악함
  - 기술영향력 지수(CPP) 지수는 특정 등록특허가 다른 특허들에 의해 인용된 횟수를 나타내며, 이 값이 클수록 질적 수준이 높은 특허임
- 시장확보지수(PFS) 분석을 통해 특정 출원인의 시장지배력 정도를 파악함
  - 시장확보지수(PFS)는 출원인 국적별 패밀리국가수를 분석하는 것으로, 해당품목에서 글로벌시장을 타겟팅한 출원인이 누구인지 파악 가능함

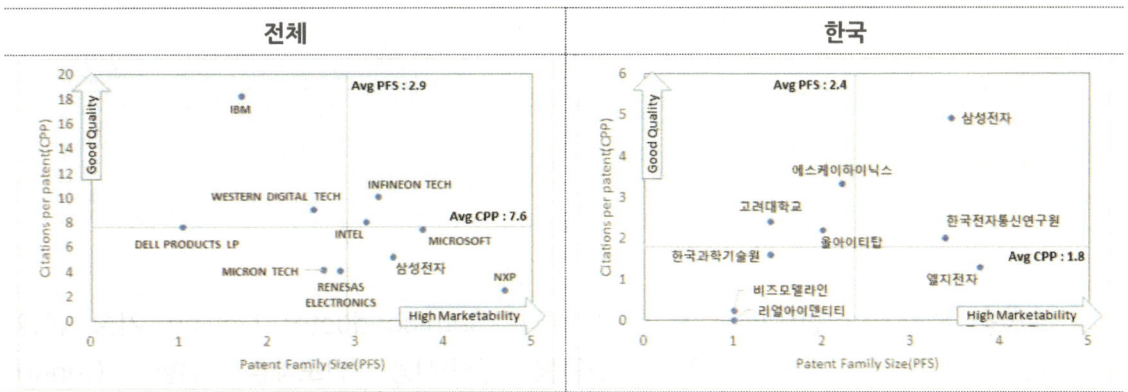

[특허 영향력 분석]

- 보안용 인공지능 반도체 품목에 대한 주요 출원인들의 경쟁력 분석 결과, 전체국가에서는 INFINEON TECH, INTEL 특허가 상업적 가치가 높은 것으로 평가됨
  - 전체국가에서 한국의 기업은 시장확보력 또는 질적수준이 다소 낮은 것으로 평가됨

  (전체) INFINEON TECH : 기술영향력(CPP) 10.1 / 시장확보력(PFS) 3.3
        INTEL : 기술영향력(CPP) 8.0 / 시장확보력(PFS) 3.1

  - 한국에서는 삼성전자, 한국전자통신연구원의 기술영향력 및 시장확보력이 상대적으로 모두 높은 것으로 분석됨

  (한국) 삼성전자 : 기술영향력(CPP) 4.9 / 시장확보력(PFS) 3.4
        한국전자통신연구원 : 기술영향력(CPP) 2.0 / 시장확보력(PFS) 3.4

2. 주요 기술 키워드 분석

가. 기술개발동향 변화분석

✦ 키워드 분석

- AI 알고리즘을 활용하여 해당품목에 대한 기간별 기술 키워드를 분석함

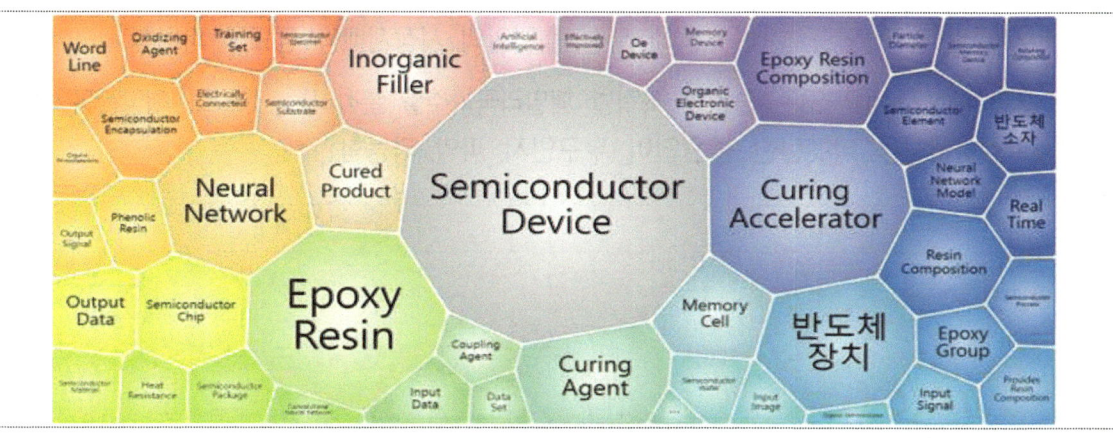

[전체구간 특허 주요 키워드]

- 보안용 인공지능 반도체 품목 분석 결과, Semiconductor Device 기술 관련 키워드가 주로 도출되었으며, 보안용 인공지능 반도체를 위한 'Curing Accelerator' 및 'Epoxy Resin' 키워드가 도출된 것으로 조사됨

  (전체구간 주요 키워드) Semiconductor Device, Curing Accelerator, Epoxy Resin

[구간별 특허 주요 키워드]

- 보안용 인공지능 반도체 품목에 대한 최근 구간 특허 주요 기술 키워드 분석결과, 1구간에서는 'Epoxy Resin' 및 2구간에서는 'Semiconductor Device'가 주요 기술 키워드로 도출됨

  (1구간 주요 키워드) Epoxy Resin, Semiconductor Device, Epoxy Resin Composition
  (2구간 주요 키워드) Semiconductor Device, Curing Accelerator, Epoxy Resin

나. 기술현황 분석

IPC(국제특허분류) 분석

- 전 세계적으로 통용되고 있는 IPC를 통해 해당품목의 기술현황 및 집중 기술분야를 확인함
  - 기술·산업 간 융합에 기반한 새로운 시장전개에 대한 이해증진을 위해 IPC를 활용한 기술융합 분석 정보를 제공함

[IPC 분석]

- 보안용 인공지능 반도체 품목은 섹션 G 물리학 (49%) 기술분야의 비중이 매우 높은 것으로 나타났으며, 그중에서도 클래스 H10에 포함되지 않는 반도체 장치(H01L) 분야에서 집중 연구가 진행되고 있는 것으로 분석됨
  - 기술융합에 대한 추이를 살펴보면, (G)물리학에서 (H)전기와의 기술융합(94%)이 활발히 진행되고 있는 것으로 나타남

[IPC Sub Class]

IPC Sub Class	국문타이틀	건수
H01L	클래스 H10에 포함되지 않는 반도체 장치	270
G06F	전기에 의한 디지털 데이터처리	261
G06N	특정 컴퓨터 모델에 기반한 컴퓨팅 장치	98
C08G	탄소-탄소 불포화 결합만이 관여하는 반응 이외의 반응으로 얻는 고분자 화합물	84
C08L	고분자 화합물의 조성물	79

다. 기술 집중력 분석

✥ CRn 분석

- 주요 출원인에 의한 특허점유율을 분석하여 기술집중력(시장 독과점 수준)을 판단함
  - 특허동향조사에서는 통상 CR4를 사용하며, CRn값이 0에 가까울수록 시장 독과점 수준이 낮은 것을 의미하고, CR4 값이 40에서 60일 경우 시장의 독과점 수준이 높은 것으로 해석됨

[CR4 분석_ 전체기업 집중력]

출원인	출원건수	특허점유율	CRn	n
삼성전자	132	9.5%		1
RENESAS ELECTRONICS	85	6.1%		2
SEMICONDUCTOR ENERGY LAB	61	4.4%		3
SHINETSU CHEMICAL	49	3.5%	23.4%	4
APPLIED MATERIALS	38	2.7%		5
MERCK PATENT GMBH	35	2.5%		6
KLA	30	2.2%		7
TSMC	28	2.0%		8
SK하이닉스	26	1.9%		9
TOSHIBA	24	1.7%		10
기타	887	63.6%		
합계	1395	100.0%	CR4=23.4%	

- 보안용 인공지능 반도체 관련 기술에 대한 시장관점의 기술독점 현황분석을 위해 집중률 지수(CRn) 분석 결과, 상위 4개 기업의 시장점유율이 23.4%로 독과점 정도가 보통 수준으로 분석되어 주요 출원인들에 의한 기술 집중화 정도가 낮은 시장으로 판단됨

[CR4 분석_국내시장 연구주체별 집중력]

출원인	출원건수	특허점유율	CRn	n
중소기업(개인)	38	21.8%	21.8%	1
대기업	60	34.5%		2
연구기관/대학	15	8.6%		3
기타(외국인)	61	35.1%		4
합계	174	100.0%		

주) 국내 대기업의 판단기준은 2024년 5월 공정거래위원회의 공시대상기업집단 지정결과(대기업집단 88개, 소속회사 3,318개 포함)에 따르며, 중소기업에는 중견기업을 포함

- 국내시장에서의 중소기업의 점유율 분석 결과, 보안용 인공지능 반도체 품목에서 중소기업의 점유율은 21.8%로 국내시장에서 중소기업의 시장 진입장벽은 다소 존재할 것으로 분석됨

HHI 분석

- 주요 출원인에 의한 특허점유율을 분석하여 기술집중력(시장 독과점 수준)을 판단함
  - 특허데이터를 활용하여 전체 또는 특정 산업부문 내 모든 기업의 특허점유율을 이용해 시장집중도를 분석함
  - HHI값이 높을수록 기술활동의 집중수준이 높고 특정 기업들이 해당 시장을 과점하고 있기 때문에 신규 업체가 해당시장을 진입하기가 쉽지 않은 것으로 해석됨

※ HHI(Herfindahl-Hirschman Index) = 시장(산업)내 모든 기업의 각 점유율을 제곱하여 합한 값

[HHI 분석]

공보	KIPO	USPTO	JPO	EPO	CNIPA	전체
HHI	345	2,148	374	2,317	707	851

- 보안용 인공지능 반도체 관련 기술에 대한 HHI(허핀달-허쉬만)지수 분석결과, 전체 851로 경쟁적인 시장이 형성되어 있으므로 시장진입이 용이한 것으로 분석됨
  - 한국의 경우 HHI 지수가 345로 다른 국가 대비 가장 낮게 나타나고 있어, 기술활동의 집중수준이 낮은 상태이므로 해당시장 진입이 용이한 것으로 나타남

기간별 연구주체 분석

- 국내 연구주체에 따른 기간별 특허동향을 분석하여 해당품목의 기술개발 선도 주체를 파악함

    ※ 국내 대기업의 판단기준은 2024년 5월 공정거래위원회의 공시대상기업집단 지정결과 (대기업집단 88개, 소속회사 3,318개 포함)에 따르며, 중소기업에는 중견기업을 포함

    - 기간별 연구주체 분석을 통하여 해당품목의 중소기업 현재 역량을 파악할 수 있으며, 향후 중소기업의 기술개발 및 투자전략 타당성 확보를 위한 가이드라인을 제시함

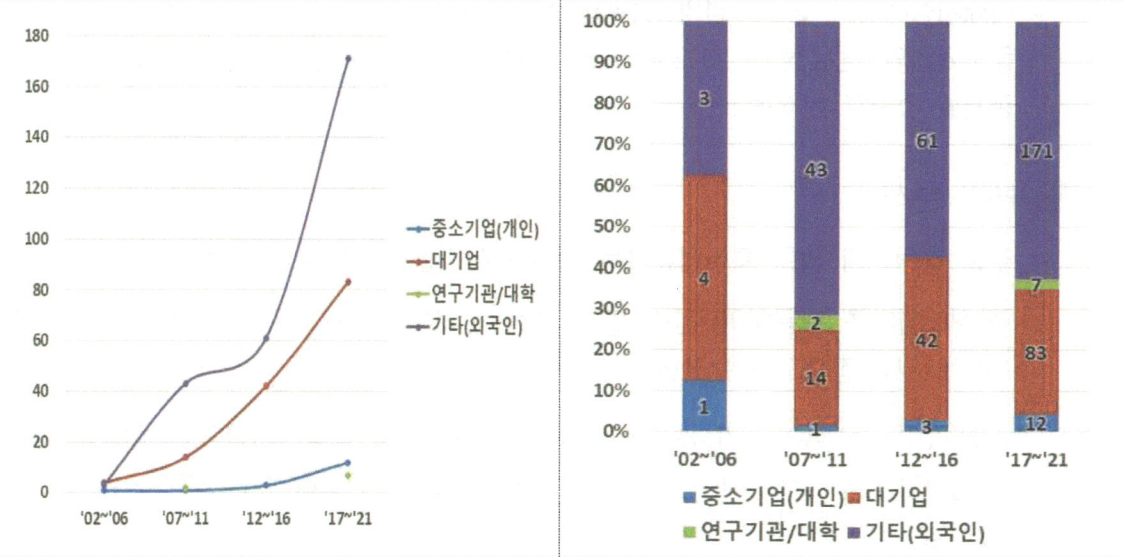

[기간별 연구주체 동향]

- 기간별 연구주체 분석에 따르면, 최근 보안용 인공지능 반도체 품목은 기타(외국인) 및 대기업이 주체가 되어 기술개발이 활발히 진행되고 있는 것으로 나타남. 보안용 인공지능 반도체 품목에서 기타(외국인)과 대기업이 주도하는 시장 구조를 보완하고, 기술 다양성과 산업 생태계 경쟁력을 강화하기 위해서는 중소기업의 기술개발이 필수적이므로 이를 위한 투자전략이 시급함

3 주요 출원인 분석

가. 주요 출원인 동향

✖ 주요 출원인 동향 분석

- 해당품목에서 다수의 출원을 보유하고 있는 주요 출원인(Top 10)의 분석을 통해 전략적인 지적재산관리와 기업의 경쟁력을 강화함
  - 주요 출원인을 기준으로, 해당품목에 대해 기술개발을 주도하고 있는 기관 및 기업을 파악하고, 한국(KIPO), 미국(USPTO), 일본(JPO), 유럽(EPO), 중국(CNIPA) 국가별 출원현황 분석을 통해 주요 출원인들이 고려하고 있는 주요 시장이 어디인지 예측하여 거시적 관점의 향후 트렌드를 전망함

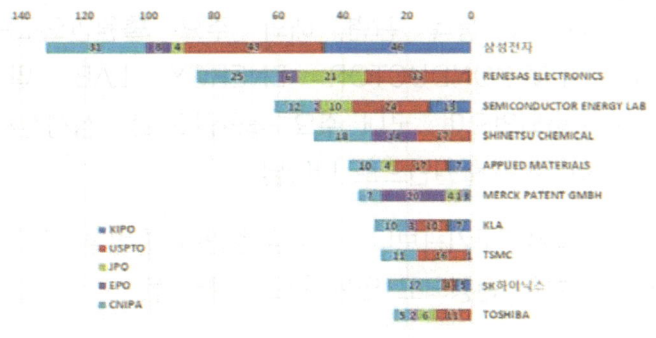

[주요 출원인 국가별 출원 건수]

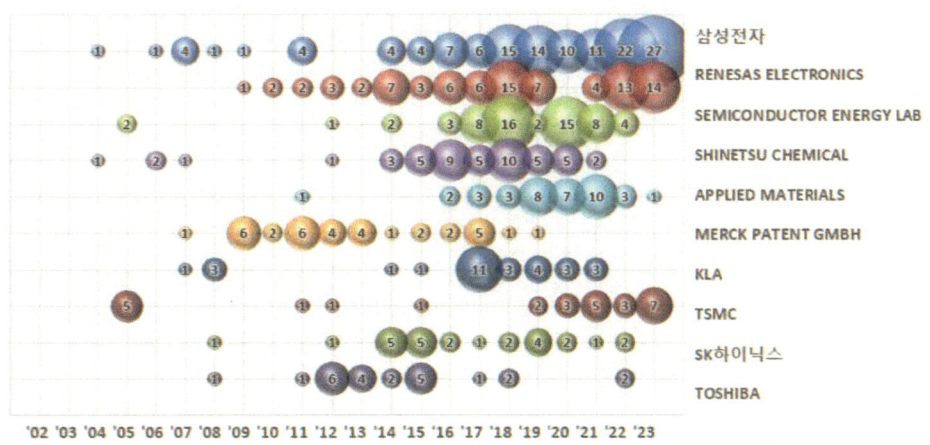

[연도별 출원인 건수]

[국내외 주요 출원인 / 국내 중소기업 주요 출원인]

주) 국내 대기업의 판단기준은 2024년 5월 공정거래위원회의 공시대상기업집단 지정결과(대기업집단 88개, 소속회사 3,318개 포함)에 따르며, 중소기업에는 중견기업을 포함

- 보안용 인공지능 반도체 품목의 주요 출원인을 살펴보면, 다수의 일본 국적의 출원인이 포함되어 있으며, 제1 출원인은 한국의 삼성전자인 것으로 조사됨

  - 보안용 인공지능 반도체 품목 관련 해외 주요 출원인으로는 RENESAS ELECTRONICS, SEMICONDUCTOR ENERGY LAB 및 SHINETSU CHEMICAL 등이 도출되었으며, 국내 주요 출원인으로는 삼성전자, SK하이닉스 및 ㈜마키나락스 등이 주요 출원인으로 나타남

  - 국내 주요 출원인은 국가연구기관보다 기업 출원인이 출원을 주도하고 있어 민간 주도의 연구개발이 활발히 진행되고 있는 것으로 분석됨

  - 국내 중소기업 주요 출원인은 ㈜마키나락스, 알세미, 앰코테크놀로지코리아 등이 도출되었고, 국내에서의 경쟁력을 갖추기 위해 노력하고 있는 것으로 분석됨

나. 주요 출원인 기술 키워드 및 주요 특허 분석

✦ 키워드 및 주요 특허 분석

- AI 알고리즘을 활용하여 주요 출원인별 주요 기술 키워드를 통하여 집중연구분야를 파악함
- 주요 출원인이 출원한 주요 특허를 검토하여 키워드를 통하여 주력기술 분야를 예측함

◎ 삼성전자

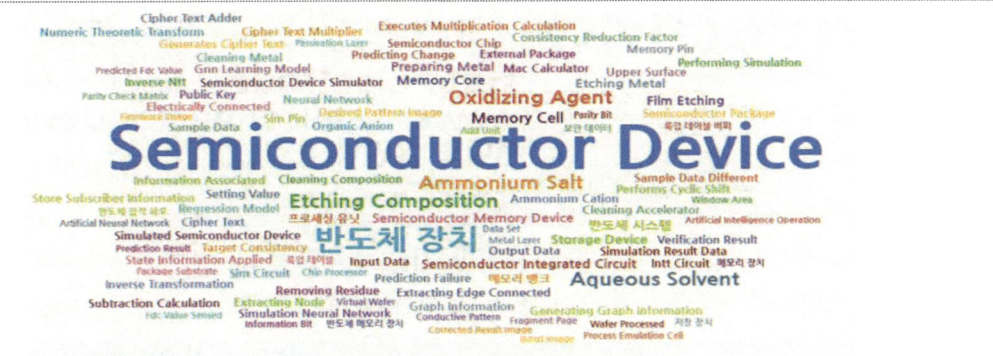

[주요 출원인 기술 키워드]

[주요 특허 분석]

등록/공개번호 (출원일)	명칭	기술적용분야	IP 경쟁력 피인용 문헌수	IP 경쟁력 패밀리 국가수
US 10097529 (2016.04.29)	Semiconductor device for controlling access right to server of internet of things device and method of operating the same	다중 IoT 기기의 인증 및 접근 권한 관리를 통해 서버와의 안전한 데이터 전송을 지원하는 방법에 관한 기술	50	2
US 8443203 (2008.06.24)	Secure boot method and semiconductor memory system using the method	OTP 메모리, 공용 키 및 부트 로더 구조를 활용하여 인증 및 데이터 무결성을 보장하며 메모리 용량과 기록 시간을 최적화하는 방법에 관한 기술	31	2
US 10476681 (2018.09.24)	Semiconductor device generating security key, method of generating security key, and method of enrolling security key	고유한 보안 키를 생성하기 위한 암호화 및 인증 기능을 포함하여 민감한 데이터를 안전하게 처리하고 보호하는 방법에 관한 기술	25	4

- Semiconductor Device, 반도체 장치, Oxidizing Agent, Aqueous Solvent, Etching Composition, Ammonium Salt 등의 키워드가 도출됨
- 삼성전자는 보안용 인공지능 반도체 품목과 관련하여 Top 1 출원인으로, 한국을 비롯한 미국과 유럽, 중국, 일본을 포함한 폭넓은 출원을 진행하였으며, 특히 고효율 결함 탐지 및 공정 예측 시스템에 관련된 기술력이 높은 것으로 조사됨

◎ RENESAS ELECTRONICS

[주요 출원인 기술 키워드]

[주요 특허 분석]

등록/공개번호 (출원일)	명칭	기술적용분야	IP 경쟁력	
			피인용 문헌수	패밀리 국가수
JP 5474705 (2010.18.23)	반도체 장치	메모리 테스트와 전압 변화를 활용하여 고유 칩 ID를 생성하고 이를 인증에 활용하는 반도체 장치에 관한 기술	41	2
US 9846788 (2014.06.26)	Semiconductor integrated circuit and system	IC 내에서 생산 변동으로 생성된 고유 코드와 보정 파라미터를 사용하여 ROM 데이터를 복호화하는 보안 메커니즘에 관한 기술	22	4
US 8918611 (2011.03.13)	Semiconductor device and data processing method	비휘발성 메모리 장치에서 비밀 정보 설정 및 인증 결과에 따라 데이터 읽기와 쓰기를 제어하는 보안 상태 관리에 관한 기술	22	2

- Semiconductor Device, 반도체 장치, Output Data, Arithmetic Operation, Semiconductor Device Capable 등의 키워드가 도출됨
- RENESAS ELECTRONICS는 보안용 인공지능 반도체 품목과 관련하여 Top 2 출원인으로, 미국을 비롯한 일본, 유럽, 중국을 포함한 폭넓은 국제출원을 진행하였으며, 특히 고성능 연산 및 에너지 효율성 향상에 관련된 기술력이 높은 것으로 조사됨

◎ SEMICONDUCTOR ENERGY LAB

Power Semiconductor Device
Control Transistor Mesa Included Back Converter
Inversion Channel Active Region
Arranged Adjacent **Electrically Connected**
Total Extension Respective Mesa Channel Region Lateral Direction
Load Terminal Load Current Heat Sink Sync Transistor
Power Semiconductor Chip Electrically Insulated
Source Region **Drift Region** Semiconductor Substrate
Conduct Load Current Trench Extending
Channel Region Coupled Semiconductor Channel Region Operatively Coupled
Load Terminal Structure **Conductivity Type**
Temperature Sensor Barrier Region Load Path Semiconductor Chip
Direction Perpendicular Control Terminal Semiconductor Device
Port Region Power Transistor Insulation Structure Vertical Direction
Extension Direction Power Cell
Control Electrode Power Semiconductor Module
Power Semiconductor Die Evenly Distributed Form Factor
Driver Integrated Circuit Power Semiconductor Component
Mechanical Connection Spatially Confined

[주요 출원인 기술 키워드]

[주요 특허 분석]

등록/공개번호 (출원일)	명칭	기술적용분야	IP 경쟁력	
			피인용 문헌수	패밀리 국가수
US 11556771 (2018.04.02)	Semiconductor neural network device including a synapse circuit comprising memory cells and an activation function circuit	인공지능 알고리즘을 효율적으로 실행할 수 있는 신경망을 구성하는 퍼셉트론의 반도체 구현에 관한 기술	12	3
US 11509918 (2018.01.16)	Semiconductor device, and electronic device	저전력 소비를 목표로 한 신호 인코딩 및 디코딩을 포함한 소스 드라이버 회로 구성의 반도체 설계에 관한 기술	12	3
US 10109633 (2017.04.18)	Semiconductor device, electronic device, and authentication system	메모리 셀 간의 곱셈 및 합산 연산 기능을 활용하여 데이터 처리 효율성을 극대화하는 반도체 장치 설계에 관한 기술	12	2

- Semiconductor Device, 반도체 장치, 아날로그 데이터, 용량 소자, Potential Corresponding, 적화 연산 등의 키워드가 도출됨
- SEMICONDUCTOR ENERGY LAB은 보안용 인공지능 반도체 품목과 관련하여 Top 3 출원인으로, 일본을 비롯한 미국과 유럽, 중국, 한국을 포함한 폭넓은 출원을 진행하였으며, 특히 AI 기반 신경망 연산 최적화 및 데이터 병렬 처리에 관련된 기술력이 높은 것으로 조사됨

4. 분석종합

가. 분석결과 요약

✤ 특허 분석 결과 요약

[특허 분석 결과]

구분		분석 내용
특허동향 분석	특허증가율 분석	• 주요 국가별로 살펴보면 중국이 가장 활발한 출원활동을 보이는 것으로 조사되었으며, 다음으로 미국, 한국, 유럽, 일본 순으로 분석됨
	기술주기 분석	• 보안용 인공지능 반도체 기술 분야의 기술 위치를 살펴본 결과, 전체적인 동향은 기술혁신의 주체인 특허출원인수와 기술혁신의 결과인 특허출원건수가 동시에 증가하는 동향이 나타나고 있어서 성장기 단계로 분석됨
	특허영향력 분석	• 보안용 인공지능 반도체 품목에 대한 주요 출원인들의 경쟁력 분석 결과, 전체국가에서는 INFINEON TECH, INTEL 특허가 상업적 가치가 높은 것으로 평가됨 • 한국에서는 삼성전자, 한국전자통신연구원의 기술영향력 및 시장확보력이 상대적으로 모두 높은 것으로 분석됨
기술동향 분석	기술개발동향 변화분석	• 보안용 인공지능 반도체 품목에 대한 지난 20년간의 특허 주요 기술 키워드 분석 결과, Semiconductor Device 기술 관련 키워드가 주로 도출되었으며, 보안용 인공지능 반도체를 위한 'Curing Accelerator' 및 'Epoxy Resin' 키워드가 도출된 것으로 조사됨
	기술현황 분석	• 보안용 인공지능 반도체 품목은 섹션 G 물리학 (49%) 기술분야의 비중이 매우 높은 것으로 나타났으며, 그중에서도 클래스 H10에 포함되지 않는 반도체 장치(H01L) 분야에서 집중 연구가 진행되고 있는 것으로 분석됨
	기술집중력 분석	• 보안용 인공지능 반도체 품목은 HHI 지수 분석결과, 전체 851로 경쟁적인 시장이 형성되어 있으므로 시장진입이 용이한 것으로 분석됨
주요 출원인 분석	출원인 동향 분석	• 보안용 인공지능 반도체 품목의 주요 출원인을 살펴보면 다수의 일본 국적의 출원인이 포함되어 있으며, 제1 출원인은 한국의 삼성전자인 것으로 조사됨
	주요 출원인 기술 키워드 및 주요 특허 분석	• 삼성전자는 Semiconductor Device, 반도체 장치 등의 키워드가 도출되었으며, 특히 고효율 결함 탐지 및 공정 예측 시스템에 관련된 기술력이 높은 것으로 조사됨 • RENESAS ELECTRONICS는 Semiconductor Device, 반도체 장치 등의 키워드가 도출되었으며, 특히 고성능 연산 및 에너지 효율성 향상에 관련된 기술력이 높은 것으로 조사됨 • SEMICONDUCTOR ENERGY LAB은 Semiconductor Device, 반도체 장치 등의 키워드가 도출되었으며, 특히 AI 기반 신경망 연산 최적화 및 데이터 병렬 처리에 관련된 기술력이 높은 것으로 조사됨

분석 종합표

[평가지표/ 정량적 분석]

평가지표	한국 전체	한국 중소기업	미국	유럽	일본	중국
특허 활동도[44]	29.7	6.6	71.8	28.0	20.4	100.0
특허 부상도[45]	78.7	100.0	65.8	25.2	48.8	82.1
특허 시장력[46]	87.6	35.5	100.0	98.5	95.1	78.2
특허 영향력[47]	15.1	13.9	100.0	15.1	33.7	21.5
상대적 기술경쟁력[48]	62.5	46.2	100.0	49.4	58.6	83.5

주) 각 평가지표 값은 원 계산 값에 상대적 비교의 편의성을 위해 최고점 100점으로 환산한 값이며, 상대적 기술경쟁력은 각 평가지표의 가중치를 1:1로 반영하여 평균값을 도출한 것임

[주요 특허 선별지표]

선별지표	가중치
패밀리 특허 수(A)	2
피인용 횟수(B)	2
발명자 수(C)	2
청구항 수(D)	1.5
등록 여부(E)	1.5
IPC 수(F)	1
선별지표 최종 계산식[49]	(A+B+C)X2 + (D+E)X1.5 + (F)X1

---

44) 전체 출원건수 대비 국가별 출원건수 평가
45) 각 국가별 전체 출원건수 대비 최근 5년 출원건수 평가
46) 국가별 패밀리 국가수(PFS) 평가
47) 국가별 피인용도(CPP) 평가
48) 상기 4개 평가지표의 합계 최고 국가 대비 상대값
49) 전략품목과의 정합성을 높이기 위하여 선별지표 최종 계산식에서 2~3배 후보군을 도출한 다음 명칭, 요약, 청구항을 참조하여 최종 주요 특허를 선별함

나. 요소기술 후보군 도출

❇ 특허 클러스터링 기반 주요 키워드 및 관련 특허 분석

- (워드 클라우드) 전략품목 관련 특허에 대해 아래와 같이 핵심 키워드 도출

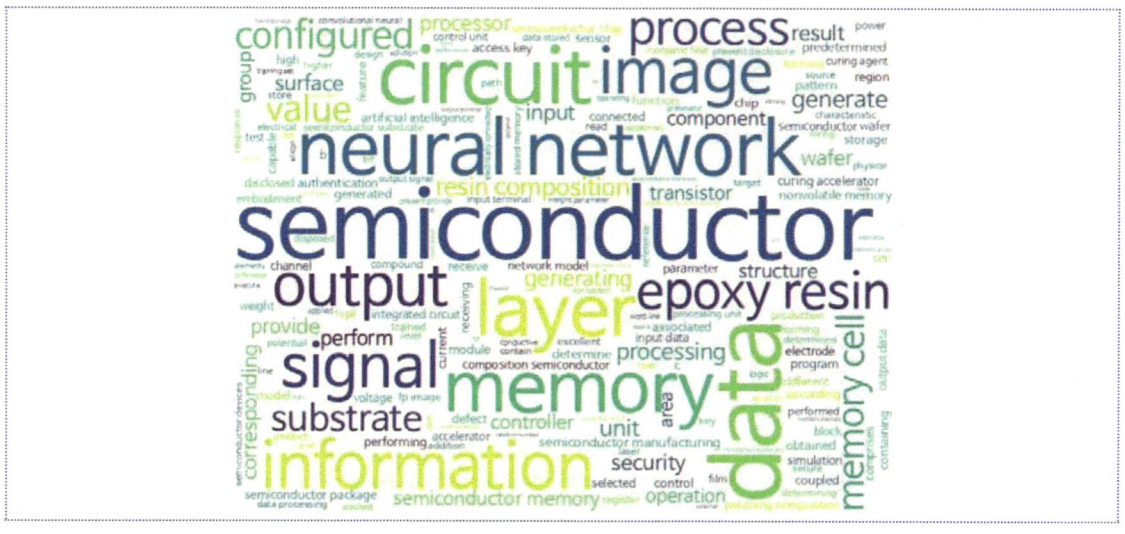

[워드 클라우드]

- (토픽 클러스터링) 전략품목 관련 특허에 대해 아래와 같이 핵심 주제 및 주요 토픽이 도출되었으며, 이를 활용하여 클러스터링 분석 수행

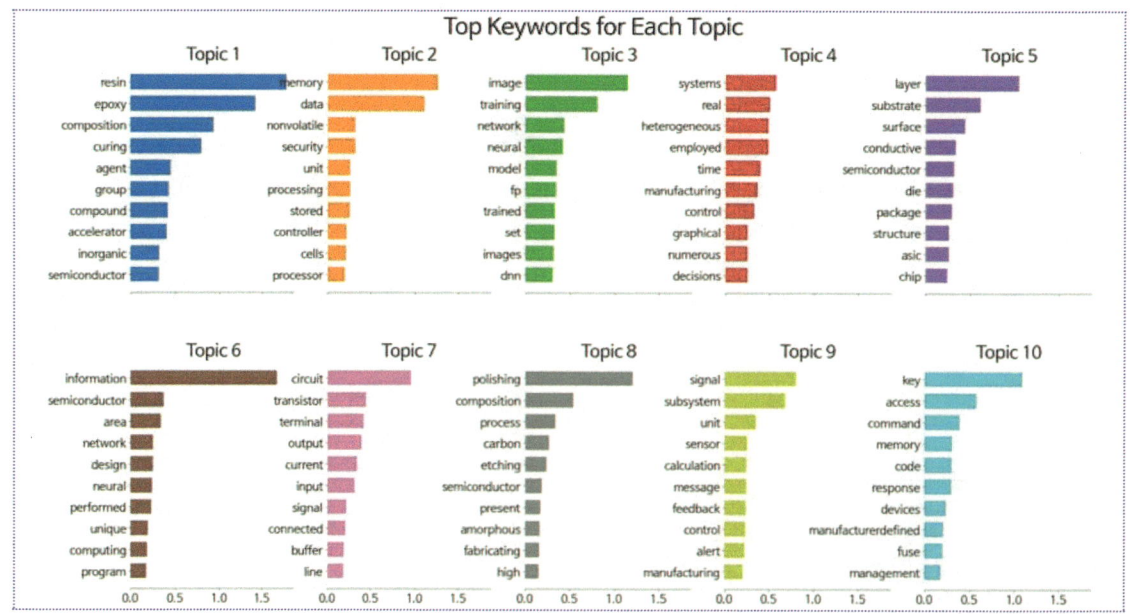

[각 토픽별 주요 키워드]

- (네트워크 맵) 핵심 특허 및 주요 토픽을 통해 도출된 핵심 키워드를 활용하여 클러스터링 분석에 의한 요소기술 후보군 도출
  - 키워드별 노드의 크기는 키워드의 중요도를, 연결된 선의 거리는 키워드 간 근접성(유사성)을, 연결된 선의 수는 노드에 대한 중심성을 의미

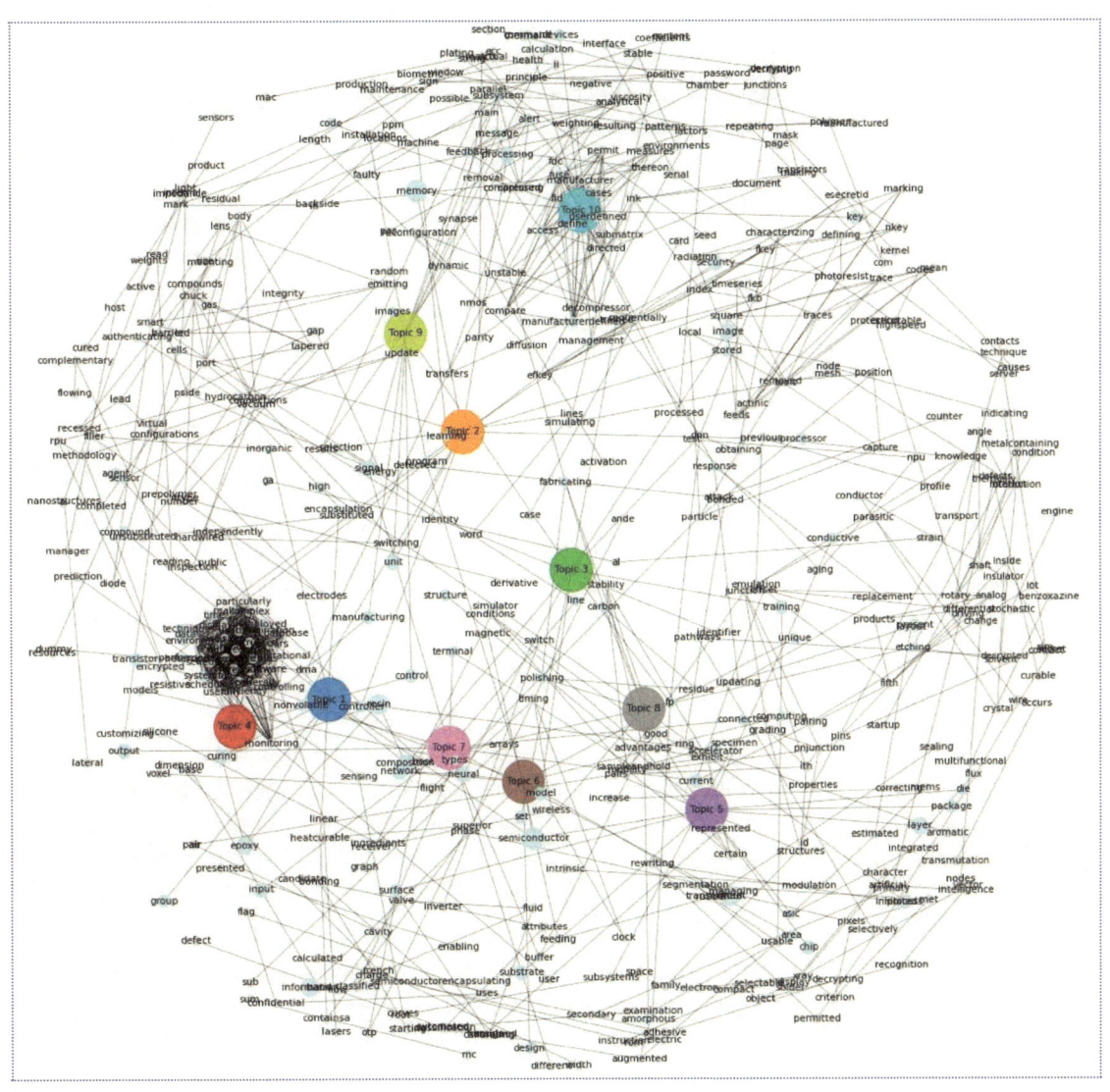

[키워드 네트워크 분석 결과]

◦ **(요소기술 후보군 도출)** 10개 클러스터별 핵심 키워드와 관련 특허(출원번호)를 통해 요소기술 후보군 제시

[보안용 인공지능 반도체 요소기술 후보군 도출]

No	핵심 키워드	관련 특허(출원번호)	요소기술 후보군
1	resin, epoxy, composition, curing, agent, group, compound, accelerator, inorganic, semiconductor	• Thermally curable resin composition, cured object, resin sheet, prepreg, metal-clad laminate, multilayered printed wiring board, sealing material, fiber-reinforced composite material, adhesive, and semiconductor device (18-276056) • Liquid molding compound for protecting five edges of semiconductor chip and preparation method thereof (17-911431)	• 열경화성 레진 조성물 및 반도체 밀봉 기술 • 다층 PCB 및 금속 적층용 고내열 접착 기술 • 반도체 칩 가장자리 보호를 위한 액상 성형 조성물 기술
2	memory, data, nonvolatile, security, unit, processing, stored, controller, cells, processor	• Method for performing aging test on semiconductor used for neural network (18-648655) • Semiconductor device and control method (18-482938) • Semiconductor device (18-348534)	• 뉴럴 네트워크 활용 반도체 메모리 노화 시험 기술 • 비휘발성 메모리 보안 관리 및 데이터 처리 기술 • 반도체 메모리 셀 내 데이터 정확도 보존 기술
3	image, training, network, neural, model, fp, trained, set, images, dnn	• Method of processing image based on super-resolution with deep learning and method of predicting characteristic of semiconductor device using the same (18-448590) • Semiconductor production system and method (18-440649) • Method and apparatus with semiconductor pattern correction (18-356612)	• 초해상도 이미지 복원을 위한 딥러닝 기반 기술 • 반도체 패턴 수정 및 제조 특성 예측 기술 • DNN(Deep Neural Network)을 활용한 반도체 모델 학습 기술
4	systems, real, heterogeneous, employed, time, manufacturing, control, graphical, numerous, decisions	• System, methods and apparatus using virtual appliances in a semiconductor test environment (13-821559) • Methods and systems for controlling a semiconductor fabrication process (11-877242)	• 반도체 테스트 환경에서 가상 어플라이언스 활용 기술 • 제조 공정 실시간 제어 및 의사결정 지원 시스템 • 이기종 컴퓨팅을 기반으로 한 반도체 공정 최적화 기술

No	핵심 키워드	관련 특허(출원번호)	요소기술 후보군
5	layer, substrate, surface, conductive, semiconductor, die, package, structure, asic, chip	• Semiconductor device and method for forming the same (18-404922) • Semiconductor package redistribution structure and fabrication method thereof (18-358662) • Semiconductor package (18-188627)	• 재분배층(RDL)을 포함한 패키징 기술 • 웨이퍼 다이 및 반도체 구조 최적화를 위한 설계 기술 • 고성능 ASIC 패키징 및 집적도 향상 기술
6	information, semiconductor, area, network, design, neural, performed, unique, computing, program	• Error correcting code encoding circuit and semiconductor device including the same (18-520707) • Semiconductor device and method of managing secret information (18-449968) • Predictive maintenance for semiconductor manufacturing equipment (18-251977)	• 오류 수정 코드를 활용한 데이터 신뢰성 기술 • 반도체 설계 단계에서 비밀정보 암호화 기술 • 제조 장비 및 네트워크를 위한 예측 유지보수 시스템
7	circuit, transistor, terminal, output, current, input, signal, connected, buffer, line	• Sensor device and semiconductor device (18-551865) • Security circuit for detecting physical attack on system semiconductor (18-390657) • System and method for semiconductor device compact modeling using multiple specialized artificial neural networks for each semiconductor device operation region (18-320809)	• AI 기반 신호 입력/출력 회로 설계 기술 • 물리적 공격 탐지 및 대응을 위한 보안 회로 기술 • 다중 신호 처리 및 AI 회로 모델링 기술
8	polishing, composition, process, carbon, etching, semiconductor, present, amorphous, fabricating, high	• Etching composition, metal-containing film etching method using the same and semiconductor device manufacturing method using the same (18-612457) • Cleaning composition for removing residues on surface, method of cleaning metal-containing film by using the same, and method of manufacturing semiconductor device by using the same (18-324260) • Composition for cleaning semiconductor substrate, method for cleaning semiconductor substrate, and method for producing semiconductor substrate (18-276480)	• 반도체 표면 잔여물 제거를 위한 세정 조성물 기술 • 금속 함유 필름의 고효율 식각 기술 • 탄소 및 비정질 구조 표면 처리 기술

No	핵심 키워드	관련 특허(출원번호)	요소기술 후보군
9	signal, subsystem, unit, sensor, calculation, message, feedback, control, alert, manufacturing	• Gas flow accelerator to prevent buildup of processing byproduct in a main pumping line of a semiconductor processing tool (18-623347) • Systems and methods of predictive manufacturing of three-dimensional, multi-planar semiconductors (18-098140) • Neuromorphic semiconductor devices and operating methods (17-837006)	• 제조 공정 부산물 제거를 위한 가스 흐름 가속 기술 • AI 기반 신호 피드백 제어 및 예측 모델 기술 • 뉴로모픽 반도체 신호 처리 및 최적화 기술
10	key, access, command, memory, code, response, devices, manufacturerdefined, fuse, management	• Semiconductor device with secure access key and associated methods and systems (18-626227) • Customer-specific activation of functionality in a semiconductor device (18-406041)	• 반도체 보안 키 생성 및 관리 시스템 설계 기술 • 고객 맞춤형 반도체 장치 기능 활성화 기술 • 명령 코드 및 접근 제어 보안 기술

※ 관련 특허 : 주제 분포 측면에서 얼마나 유사한지를 기준으로 평가하여 밀접한 관련이 있다고 판단되는 특허

시스템반도체

제4절 기술개발 로드맵

1 요소기술 도출 및 핵심 요소기술 선정

가. 요소기술 도출

 핵심 요소기술 선정을 위한 전략품목 요소기술 8개 도출

[요소기술 도출]

구분	요소기술	개요	출처
1	사용자 정보 식별·암호화 처리 IC 제조 기술	• 정보 보안의 3대 요소인 기밀성, 무결성, 확실성을 보장하기 위한 해시 및 암호화 알고리즘을 포함하는 HW 및 SW 핸들링 기법 • 상기 기능을 포함하는 사용자 식별이 가능한 IC 및 카드 형태의 모듈	'23년 기술로드맵
2	생체인식 기반 사용자 인증 SoC 제조 기술	• 신체의 고유한 특성(지문, 홍채, 정맥, 얼굴 등)이나, 행동적인 특성(음성, 필체, 특정행동, 걸음걸이 등)을 이용하여 사용자를 식별하는 기술을 제공하는 SoC	'23년 기술로드맵
3	부정 데이터 감지 반도체 IP 설계 기술	• 일련의 데이터 시퀀스로부터 부정한 또는 이상 징후의 데이터를 감지할 수 있는 HW IP	'23년 기술로드맵
4	암호화 정보 해독(EIR) 기술	• EIC 기술은 인코딩된 정보를 해독하여 읽어낼 수 있는 기술을 뜻하며, 이 기술을 활용한 단말기는 바코드, RFID, 카드 등의 인코딩된 정보를 읽어서 해독된 메시지를 출력할 수 있는 기능을 제공	'23년 기술로드맵
5	AI 프로세서 기술	• AI 알고리즘을 위한 고성능 병렬 연산을 지원하며, 딥러닝과 머신러닝, 데이터 처리 같은 연산 처리 구현	전문가
6	AI 반도체 인터페이스	• AI 시스템과 외부 하드웨어 장치 간의 고속 데이터 전송 및 저지연 연결 구현	전문가
7	온디바이스 AI 반도체	• 클라우드와의 연결 없이 기기 자체에서 AI 연산을 수행해 실시간으로 데이터 처리 구현	전문가
8	보안 반도체	• 데이터 탈취, 위변조, 불법 복제, 도용 방지, 해킹 감지, 차단, 안전한 정보의 교환 및 저장을 위한 인증 및 암/복호화, 침입 감지/차단 반도체 구현	전문가

출처: '23년 기술로드맵, 특허-빅데이터, 중소기업 니즈, 수요처 니즈, 대국민(재밍), 전문가 등

나. 핵심 요소기술 선정

✺ 선별된 전략품목 요소기술을 대상으로 전문위원회를 통해 기술개발 핵심성·파급성·가능성을 평가하여 핵심 요소기술 선정

- (기술개발 핵심성) 전략품목 개발 필요 요소기술 가운데 중요도(필수 여부) 및 기술개발 성공 시 달성 기여도
- (기술개발 파급성) 기술개발 이후 타 분야/품목 등에 영향을 미치는 확장 수준
- (기술개발 가능성) 요소기술에 대한 개발 기간, 투자금액, 기술 난이도 등을 종합적으로 고려한 중소기업 적합 수준

[「보안용 인공지능 반도체」 핵심 요소기술 선정]

구분	핵심 요소기술	개요
1	AI 프로세서 기술	• AI 알고리즘을 위한 고성능 병렬 연산을 지원하며, 딥러닝과 머신러닝, 데이터 처리 같은 연산 처리 구현
2	AI 반도체 인터페이스	• AI 시스템과 외부 하드웨어 장치 간의 고속 데이터 전송 및 저지연 연결 구현
3	온디바이스 AI 반도체	• 클라우드와의 연결 없이 기기 자체에서 AI 연산을 수행해 실시간으로 데이터 처리 구현
4	보안 반도체	• 데이터 탈취, 위변조, 불법 복제, 도용 방지, 해킹 감지, 차단, 안전한 정보의 교환 및 저장을 위한 인증 및 암/복호화, 침입 감지/차단 반도체 구현

핵심 요소기술 정의서

6-1 AI 프로세서 기술

구분		내용
분류 체계	산업기술	- (200406) SoC 반도체
	과학기술	- (ED0406) SoC
기술개요		- 인공신경망 모델의 초거대화(Huge Neural Network)를 통한 인공지능의 초고성능화가 지속적으로 진행되고 있으며, 이러한 인공지능의 고성능화는 '폭증 데이터에 대한 효율적 컴퓨팅'(AI computing on exploded data)하기 위한 대용량의 온칩 및 인칩 메모리와 온칩-인칩 메모리의 성능을 극대화하는 아키텍처 개발 • 인칩 메모리 활용을 통해 절대성능에 가까운 실성능을 내기 위한 High Bandwidth Memory Buffer Block을 포함하는 AI 프로세서 기술 개발 필요
기술 요구사항		- 인칩(In-Package) 프로세서 다이-메모리 대역폭 설계 - 인칩(In-Package) AI 프로세서 연산 성능 • 인공지능알고리즘 처리를 위한 5 TFLOPS 인공시능 연산 성능
기술개발 최종 목표		- 대용량 인칩 메모리 융합을 위한 고성능 AI 프로세서 개발 • High Bandwidth Memory Buffer Block을 포함하는 인터페이스 설계 • 높은 실효율 성능을 갖는 인공지능 프로세서 코어 설계
단계별 목표	1차년도	- 대용량 인칩 메모리 융합 고성능 AI 프로세서 아키텍처 설계 (TRL 5단계) • 대용량 인칩 메모리 융합을 위한 Buffer Block 기반 인터페이스 • 대용량 인칩 메모리 융합을 통한 높은 메모리 대역폭을 활용하는 인공지능 프로세서 구조 • 대용량 인칩 메모리 융합에 따른 높은 메모리 대역폭을 손실 없이 통신할 수 있는 계층 구조의 온칩 메모리 및 네트워크 구조
	2차년도	- 대용량 인칩 메모리 융합 고성능 AI 프로세서 설계 (TRL 6단계) • 대용량 인칩 메모리 융합을 위한 Buffer Block 기반 인터페이스 설계 • 대용량 인칩 메모리 융합을 통한 높은 메모리 대역폭을 활용하는 인공지능 프로세서 설계 • 대용량 인칩 메모리 융합에 따른 높은 메모리 대역폭을 손실 없이 통신할 수 있는 계층 구조의 온칩 메모리 및 네트워크 설계
	3차년도	- 대용량 인칩 메모리 융합 고성능 AI 프로세서 제작 및 검증 (TRL 7단계) • 대용량 인칩 메모리 융합을 위한 Buffer Block 기반 인터페이스, 높은 메모리 대역폭을 활용하는 인공지능 프로세서 코어, 높은 메모리 대역폭을 손실 없이 통신할 수 있는 계층 구조의 온칩 메모리 및 네트워크를 포함하는 AI 프로세서 구현 • 대용량 인칩 메모리 융합을 위한 AI 프로세서를 위한 SW 환경 구축 및 검증

6-2 AI 반도체 인터페이스

구분		내용
분류 체계	산업기술	- (200406) SoC 반도체
	과학기술	- (ED0406) SoC
기술개요		- 온디바이스 AI 연산에 최적화된 메모리용 칩렛 인터페이스(UCIe to LPDDR6) • 고성능 AI 반도체 구현을 위해 칩렛 기술이 중요해지고 있으며, D2D (Die-to-Die) 인터페이스 기반의 AI 연산에 최적화된 NPU 칩렛은 외부 메모리와의 데이터 송수신을 위해 고성능 칩렛 인터페이스를 요구하고 있음 • D2D 인터페이스 표준인 UCIe는 주요 반도체 기업들 (Intel, Samsung, AMD, ARM, TSMC 등)이 참여하여 개발 중인 표준으로 현재 UCIe 1.1까지 발표되었으며, LPDDR 표준은 현재 LPDDR5까지 발표되었고, LPDDR6는 표준화 진행 중인 최신의 기술임 • "온디바이스 AI 연산에 최적화된 메모리용 칩렛 인터페이스(UCIe to LPDDR6)" 기술은 온디바이스 (On-Device) AI 연산시 NPU와 Memory 간 데이터 송수신을 지원하기 위해 기술로써, UCIe (D2D)와 LPDDR6 (Low-Power DDR) 인터페이스를 기반으로 구현된 초고속, 저전력 칩렛 인터페이스 기술임
기술 요구사항		- LPDDR6 메모리 인터페이스 기술 • LPDDR6 표준을 만족하는 고속 PHY IP 기술과 전송효율을 최적화하는 Controller 기술이 필요함 - UCIe1.1 기반 D2D 인터페이스 기술 • 고대역폭/저지연 특성의 UCIe1.1 인터페이스를 구현하기 위해 Physical Layer, Die-to-Die Adapter, Protocol Layer 기술 확보가 필수적임 - 칩렛 인터페이스 제작 및 검증 기술 • LPDDR6와 UCIe간의 데이터 전송을 원활하게 하기 위한 NoC 기반의 브리지 기술을 포함한 칩렛 구현기술이 필요함 • 또한, 칩렛의 특성을 고려한 칩제작 및 패키지, 칩렛 테스트 보드 구성을 포함한 검증기술도 요구됨
기술개발 최종 목표		- UCIe to LPDDR6 기반의 칩렛 인터페이스 개발 • LPDDR6 메모리 인터페이스 (컨트롤러 & PHY) 기술 개발 • UCIe1.1 인터페이스 기술 개발 • UCIe와 LPDDR6 간 NoC를 포함한 브리지 기술 개발 • 칩렛 인터페이스 검증보드 제작 및 검증기술 개발
단계별 목표	1차년도	- LPDDR6 및 UCIe1.1 인터페이스 설계 (TRL 5단계) • LPDDR6 인터페이스 설계 및 레이아웃 • UCIe1.1 인터페이스 설계 및 레이아웃
	2차년도	- LPDDR6 및 UCIe1.1 인터페이스 IP 검증 칩 제작 (TRL 6단계) • LPDDR6 및 UCIe1.1 IP 검증 • LPDDR6 및 UCIe1.1 IP 검증보드 및 측정
	3차년도	- UCIe to LPDDR6 기반의 칩렛 인터페이스 제작 (TRL 7단계) • UCIe to LPDDR6 칩렛 인터페이스 통합설계 및 제작, 패키지 • UCIe to LPDDR6 칩렛 인터페이스 검증보드 제작 및 검증기술 개발

6-3 온디바이스 AI 반도체

구분		내용
분류체계	산업기술	- (200406) SoC 반도체
	과학기술	- (ED0406) SoC
기술개요		- eMRAM과 SRAM을 결합한 복합 메모리 구조를 개발함으로써 기존 - 인공지능 학습 가속기의 on-chip 메모리의 한계를 극복하고, 학습 데이터 처리 효율을 높여 전력 소모를 줄일 수 있는 기술을 개발 및 상용화할 필요가 있음 • 현재 인공지능 학습 가속기는 on-chip SRAM과 off-chip DRAM을 기반으로 학습 데이터를 처리하고 있어 on-chip SRAM의 한정된 용량과 고밀도 구현에 제약이 있어 성능 개선에 어려움이 존재함 • eMRAM과 SRAM 복합 인메모리 컴퓨팅 구조를 통해 기존 고성능 저전력 인공지능 학습 가속기의 한계를 극복하고 테이처 처리 효율을 높이고, 전력소모를 줄이는 기술 개발 필요
기술 요구사항		- 신경망 인퍼런스 MAC 연산 효율성 • 단위 전력 당 온디바이스 인공신경망 인퍼런스 성능으로 0.5 POPS/W 이상 - 신경망 인퍼런스 MAC 연산 성능 • 온디바이스 AI 반도체에서 인공신경망 인퍼런스 성능으로 5TOPS 이상
기술개발 최종 목표		- 연산효율을 갖는 온디바이스 AI 반도체 개발 • 높은 연산효율성을 가지는 Computing-In-Memory 컴퓨팅 회로 설계 • Computing-In-Memory 기반 온디바이스 AI 반도체 개발
단계별 목표	1차년도	- 높은 연산효율을 갖는 온디바이스 AI 반도체 아키텍처 개발 (TRL 5단계) • 높은 연산효율성을 가지는 Computing-In-Memory 컴퓨팅 회로 구조 • Computing-In-Memory 컴퓨팅 회로 기반 Macro 구조 • 높은 연산효율을 갖는 온디바이스 AI 반도체를 위한 SoC Platform 구조
	2차년도	- Computing-In-Memory를 통한 높은 연산효율을 갖는 온디바이스 AI 반도체 설계 (TRL 6단계) • 높은 연산효율성을 가지는 Computing-In-Memory 컴퓨팅 회로 설계 • Computing-In-Memory 컴퓨팅 회로 기반 Macro 설계 • 높은 연산효율을 갖는 온디바이스 AI 반도체를 위한 SoC Platform 설계
	3차년도	- Computing-In-Memory를 통한 높은 연산효율을 갖는 온디바이스 AI 반도체 구현 및 검증 (TRL 7단계) • Computing-In-Memory를 통한 높은 연산효율을 갖는 온디바이스 AI 반도체 운용 SW 환경 구축 • Computing-In-Memory를 통한 높은 연산효율을 갖는 온디바이스 AI 반도체 구현 및 검증

6-4 보안 반도체

구분		내용
분류 체계	산업기술	- (200406) SoC 반도체
	과학기술	- (ED0406) SoC
기술개요		- 하드웨어 기반 RoT(Root of Trust)를 제공하는 보안 반도체 및 보안 토큰 개발 • 내성암호(Post-Cryptography) 알고리즘 임베디드 구현 및 최적화 • 저전력 보안반도체 기반 안티탬퍼링 기능 및 암호기능 개발 • 안티탬퍼링 보안반도체를 적용한 하드웨어 보안토큰 개발
기술 요구사항		- 암호 알고리즘 임베디드 구현 및 최적화 • PQC Lattice 알고리즘(Crystals-Kyber and Crystals-Dilithium) 임베디드(ARM Cortex M33급) 최적화 구현 • 임베디드 Hash-based PQC 알고리즘(XMSS or LMS) 임베디드 최적화 구현 - 암호기반 안티탬퍼링 보안반도체 개발 • 암호 기반의 안티탬퍼링 및 암호 기능(Secure boot, 키교환, 전자서명, 무결성 검증 등) 개발 - 하드웨어 보안토큰 개발 • 하드웨어 RoT(Root of Trust) 보안을 제공하는 보안토큰 개발
기술개발 최종 목표		- 안티탬퍼링 기능과 암호기능을 제공하는 보안 반도체를 개발하고 반도체를 적용한 보안토큰의 개발 • 저전력 안티탬퍼링 반도체(Cortex M33 급)에서 암호 최적화기술 확보 • 하드웨어 기반 RoT, 사용자 인증 기능과 USB, SPI 인터페이스 제공하는 보안토큰의 개발
단계별 목표	1차년도	- 임베디드 내성암호 구현 (TRL 5단계) • 저전력 안티탬퍼링 보안반도체 테스트베드 구축 • PQC Lattice 알고리즘 임베디드 구현 • Hash-based PQC 알고리즘 임베디드 구현
	2차년도	- 안티탬퍼링 보안반도체 기술개발 (TRL 6단계) • 임베디드 PQC 알고리즘 최적화 • 안티탬퍼링 및 양자내성 암호기능 개발 • 고속 인터페이스(USB, SPI) 장치드라이버 개발
	3차년도	- 보안토큰 개발 (TRL 7단계) • 고속인터페이스(USB, SPI)를 통해 하드웨어 기반 RoT 보안(사용자 인증, 장치 인증, 안전저장, 안전부팅 등) 기능을 제공하는 보안토큰 개발 • 보안토큰 테스트베드 구축

2 기술로드맵 구축

가. 기술개발 목표

[「보안용 인공지능 반도체」 기술개발 로드맵]

구분	핵심 요소기술	기술 요구사항	개발목표 1차년도	개발목표 2차년도	개발목표 3차년도	최종목표
1	AI 프로세서 기술	인칩 메모리 융합을 통한 고성능 AI 프로세서 설계	고성능 AI 프로세서 아키텍처 설계	고성능 AI 프로세서 설계	고성능 AI 프로세서 제작 및 검증	대용량 인칩 메모리를 포함한 고성능 AI 프로세서 개발
2	AI 반도체 인터페이스	LPDDR6 및 UCIe 기반 초고속, 저전력 칩렛 인터페이스 구현	LPDDR6 및 UCIe1.1 인터페이스 설계	LPDDR6 및 UCIe1.1 IP 검증 및 보드 제작	UCIe to LPDDR6 기반 칩렛 인터페이스 제작 및 검증	UCIe to LPDDR6 기반 초고속, 저전력 AI 반도체 인터페이스 개발
3	온디바이스 AI 반도체	eMRAM과 SRAM을 활용한 온디바이스 AI 반도체의 연산효율 극대화	연산효율 높은 온디바이스 AI 반도체 아키텍처 개발	Computing-In-Memory 설계 기반 온디바이스 AI 반도체 설계	Computing-In-Memory 기반 온디바이스 AI 반도체 구현 및 검증	Computing-In-Memory 기반 연산효율 높은 온디바이스 AI 반도체 개발
4	보안 반도체	암호기반 안티탬퍼링 및 하드웨어 보안토큰 개발	임베디드 내성암호 구현 및 테스트베드 구축	안티탬퍼링 보안반도체 기술 개발 및 인터페이스 장치 드라이버 개발	보안토큰 개발 및 테스트베드 구축	암호기반 안티탬퍼링 및 하드웨어 보안토큰 개발

나. 로드맵 기획

❖ **(총론)** AI 프로세서 성능 향상, 칩렛 인터페이스 표준화, 온디바이스 AI 효율 개선, 하드웨어 보안 기술 이슈에 대응하는 중소기업 전략기술로드맵 구축

- (중소기업 기술개발전략 1) 인칩 메모리 융합 기반의 고성능 AI 프로세서 개발 필요
- (중소기업 기술개발전략 2) 초고속, 저전력 칩렛 인터페이스 설계를 위한 표준 기반 기술 확보 필요
- (중소기업 기술개발전략 3) Computing-In-Memory 기반 온디바이스 AI 반도체 기술 개발 필요
- (중소기업 기술개발전략 4) 암호기반 안티탬퍼링 및 보안토큰 개발을 통한 하드웨어 보안 강화 필요

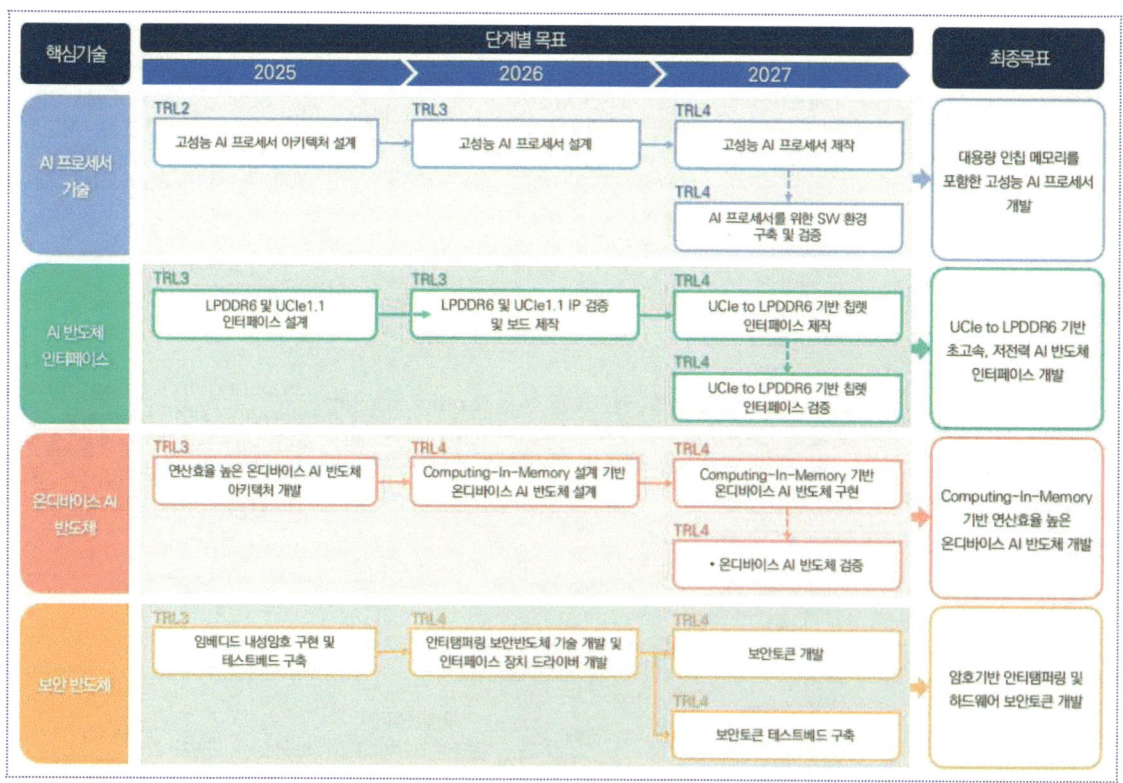

[「보안용 인공지능 반도체」 기술개발 로드맵]

중소기업 전략기술로드맵 2025~2027 시스템반도체

초판 인쇄 2025년 03월 11일
초판 발행 2025년 03월 17일

저　자 중소벤처기업부, 중소기업기술정보진흥원
발행인 김갑용

발행처 진한엠앤비
주소 서울시 서대문구 독립문로 14길 66 205호(냉천동 260)
전화 02) 364 - 8491(대) / 팩스 02) 319 - 3537
홈페이지주소 http://www.jinhanbook.co.kr
등록번호 제25100-2016-000019호 (등록일자 : 1993년 05월 25일)
ⓒ2025 jinhan M&B INC, Printed in Korea

ISBN 979-11-290-5805-8　(93560)　　[정가 38,000원]

☞ 이 책에 담긴 내용의 무단 전재 및 복제 행위를 금합니다.
☞ 잘못 만들어진 책자는 구입처에서 교환해 드립니다.
☞ 본 도서는 [공공데이터 제공 및 이용 활성화에 관한 법률]을 근거로 출판되었습니